KB036335

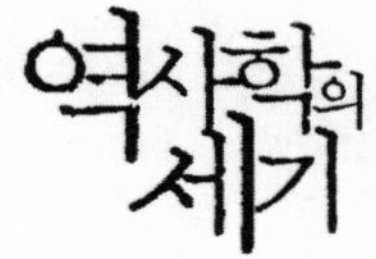

20세기 한국과 일본의 역사학

엮은이

도면회 대전대학교 역사문화학과 부교수. 서울대학교 국사학과와 동대학원을 졸업했으며, 〈1894~1905년간 형사재판제도 연구〉로 박사학위를 받았다. 식민지화 전후 시기를 근대국가론의 관점에서 재조명할 필요를 느끼고 형사법과 사학사를 다시 검토하고 있다.
지은 책으로 《북한의 역사 만들기》(공저, 푸른역사, 2003), 《한국 근대사회와 문화II―1910년대 식민통치정책과 한국사회의 변화》(공저, 서울대학교출판부, 2005), 《화폐와 경제활동의 이중주》(공저, 두산동아, 2006), 옮긴 책으로는 《한국의 식민지근대성》(삼인, 2006) 등이 있다.

윤해동 성균관대학교 동아시아학술원 HK교수. 서울대학교 국사학과와 동대학원을 졸업했으며, 와세다대학에서 외국인 연구원으로 있었다. 한국 현대사회의 구조적 형성과정을 역사적으로 추적하기 위해 촌락사회의 성격과 산림 입회권의 변화과정 등에 관심을 가져왔으며, 더불어 식민지 근대의 공시성과 통시성, 곧 식민지 근대의 보편적 성격을 확인하기 위해 관심의 영역을 확대해가고 있다.
지은 책으로 《식민지의 회색지대》(역사비평사, 2003), 《지배와 자치》(역사비평사, 2006), 《식민지 근대의 패러독스》(휴머니스트, 2007) 등이 있으며, 공동 편저로 《근대를 다시 읽는다(1 · 2)》(역사비평사, 2006)가 있다.

기획

비판과 연대를 위한 동아시아 역사포럼
'성찰적 동아시아 역사상'을 구축하기 위해 밑으로부터 자발적인 방식으로 동아시아의 시민적 연대망을 구축하는 것을 목표로 한 · 일 양국의 연구자들이 2000년 1월에 결성하였다. 2001년 9월부터 2005년 11월까지 5년 동안 모두 8차례에 걸쳐 워크숍을 개최했다. 워크숍은 〈한일 역사교과서의 상호비판〉(1차, 2001), 〈식민지주의와 근대〉(2 · 3차, 2002), 〈동아시아라는 시공간〉(4 · 5차, 2003), 〈동아시아에 있어서 역사학의 위상〉(6 · 7 · 8차, 2004~2005) 등의 내용으로 진행되었다. 참가자들은 이러한 지적 네트워크를 국제적인 인식공동체를 형성하기 위한 실천의 일환으로 받아들였다. 워크숍의 성과는 《기억과 역사의 투쟁》(삼인, 2002), 《국사의 신화를 넘어서》(휴머니스트, 2004 ; 《植民地近代の時座》, 岩波書店, 2004) 두 권의 책으로 출간되었다. 이 책 《역사학의 세기》는 6 · 7 · 8차(2004~2005년) 워크숍의 성과를 집약한 것이다.

필자 소개

- 도면회(대전대학교, 한국근대사)
- 고야마 사토시(교토대학, 서양근대사)
- 미쓰이 다카시(도시샤대학, 한국근대사)
- 박광현(동국대학교, 일본문학)
- 윤해동(성균관대학교, 한국근대사)
- 김기봉(경기대학교, 서양사학사)
- 육영수(중앙대학교, 서양근현대사)
- 도노무라 마사루(도쿄대학, 재일조선인사)
- 도베 히데아키(도쿄 게이자이대학, 일본근현대사)
- 다나카 사토시(리쓰메이칸대학, 일본고대사)
- 이와사키 미노루(도쿄 외국어대학, 정치사상사)
- 이성시(와세다대학, 한국고대사)

역사학의 세기

20세기 한국과 일본의 역사학

비판과 연대를 위한 동아시아 역사포럼 기획

도면회 윤해동 엮음

휴머니스트

'국사'를 둘러싼 '연쇄와 차이'

2006년 8월 8일 — 평가: '실천으로서의 동아시아'

일본 도쿄대학의 한 조그만 교실에서는, 한국 · 일본 · 타이완의 관련자 20여 명이 참여한 가운데 '비판과 연대를 위한 동아시아 역사포럼'(이하 '역사포럼')의 지난 5년 동안의 활동 경험을 최종적으로 정리 · 평가하는 모임이 진행되고 있었다. 염천의 더위 속에서, 그 모임은 차분함과 냉정함을 유지하는 가운데 일종의 흥분과 짜증 같은 감각도 뒤섞여 진행되었다. 한국 측 보고서를 작성한 나는 역사포럼 5년의 성과를 '절반의 성공'이라고 평가했다. 물론 이 평가는 어디까지나 개인적인 것일 수밖에 없고, 앞으로도 역사포럼에 대한 평가는 개인에 따라 다양하게 이루어질 것이다.

역사포럼은 그 취지문에서, "미래에 대한 간절한 희망과 과거에 대한 철저한 자기반성이 담긴 성찰적 동아시아 역사상을 구축하는" 작업을 발판으로, 밑으로부터 자발적인 방식으로 동아시아의 시민적 연대망을 구축하는 것을 목표로 설정한 바 있다. 또한 동아시아의 시민적 연대는 "국가에 의해 전유된 기억을 비판적으로 성찰하고 해체하여 자율적 개개인의 밑으로부터의 연대"를 구축함으로써 이루어질 수 있을 것으로 보았다. 자율적 개인을 중심으로 하는 시민적 연대망을 구축하는 작업을 성찰적 동아시아 역사상을 구축하는 작업과 사실상 동일한 과정으로 설정했던 것이다.

그런 점에서 역사포럼의 5년간 활동은 지구화(globalization)시대에 지역적(regional) 문화교류의 일환으로서 다발적(多發的)으로 형성되고 있는 국제적 인식공동체(International Epistemic Community)의 한 형태로 규정할 수 있겠다. 그런데 그것은 단지 '절반의 성공'만을 거두었을 뿐이다. 그때 나는 시민적 연대망과 성찰적 동아시아 역사상의 구축이라는 역사포럼이 내세웠던 두 가지 목표가, 활동의 지향이나 재원과 관련해서 모두 다 뒤집어진 상태에 있었다고 보았다. 요컨대 원래 내세웠던 목표로부터 조금씩 어긋나 있었던 것이다.

그럼에도 식민지 근대 논의를 통해 '성찰적 동아시아상'을 만들어나갈 수 있었다는 점에서는 의미 있는 실천이었다고 본다. 나는 이를 '실천으로서의 동아시아'라고 부르고자 했다. 동아시아는 결코 하나의 공동체로서 또는 근사한 지적 체계로서 동아시아인들의 눈앞에 나타나지 않는다. 동아시아는 상호교류와 상호의존의 체계로서만 그 모습을 보일 것이다. 또 다차원적이고 다발적인 지적 공동체의 조그마한 실천이 동아시아 상호의존 체계를 강화시키는 중요한 계기로 작용할 것이다. 그런 점에서 동아시아 식민지 근대의 가능성을 확인하고, 이를 동아시아 역사학을 통해 확인한 것은 아주 중요한 지적 실천일 수 있었다. 역사포럼은 '지적 실천으로서의 동아시아'를 시도했고, 일정한 성과를 거두었다. 동아시아라는 실마리를 놓치지 않은 것, 그리하여 그 실마리를 잡고서 동아시아로 향해 해 나아가는 것, 그것을 나는 '실천으로서의 동아시아'라고 부르고자 했던 것이다.

역사포럼이 성찰적 동아시아 역사상 구축작업을 한·일 양국의 교과서 비판으로 시작한 점은 상징적이다. 특히 한국에서는 2001년 9월 첫 워크숍의 성과를 통해 정전(canon)으로서의 자국사 비판의 근거를 마련했다는 평가를 받기도 했다. 첫 워크숍의 결과물은 《기억과 역사의 투쟁》(삼인, 2002)으로 출간되었는데, 이 책이 한국사회에 미친 영향은 다의적(多義的)이다. 이 책의 논의가 보수 일간지의 사설(社說)에서 언급될 정도로 매스컴의 주목을 받았음에도 학계에서는 공식적으로 언급된 적이 거의 없었다는 점에서도 그렇다.

교과서 비판작업은 실은 '식민지 근대' 논의를 위한 전제작업이었다. 또 식민지 근대 논의는 동아시아 논의를 위한 디딤돌이 될 것으로 기대되었다. 2002년 2차, 3차에 걸친 두 번의 워크숍은 '동아시아에서의 식민지 근대성'을 주제로 내걸고 진행되었다(이 논의는 《국사의 신화를 넘어서》, 휴머니스트, 2004 ; 《植民地近代の時座》, 岩波書店, 2004로 양국에서 출간되었다). 그러나 한국에서는 비교적 생소한 개념이었던 식민지 근대 논의가 동아시아 차원에서 가능할 것이라는 발상은 처음부터 지난한 지적 도전이었음이 틀림없다. 그럼에도 식민지 근대 논의는 몇 가지 차원에서 충실한 성과를 낳았고, 논의의 확장 가능성을 열어놓았다. 이는 물론 논의의 다양한 차이를 인정한 위에서의 평가이겠다.

첫째, 한국에서는 수탈론과 식민지 근대화론에 갇혀 있던 식민지 논의를 한 차원 비약시키는 계기가 되었다. 식민지에서 근대를 인정할 수 있는가 없는가 하는 점에 모여 있던 논의의 초점을, 식민지에서의 근대를 어떻게 볼 것인가, 그리고 식민지 역시 근대의 전형적인 현상이 아닌가라는 차원으로 이끌어갈 수 있었던 점에서 그러하다. 하지만 식민지 근대의 이런 성격은 그 논의를 종적으로, 또 횡적으로 확대하는 과정에서 다양한 차이를 발생시킬 수밖에 없었다.

둘째, 동아시아 근대 혹은 식민지 근대가 일국사적 현상일 수 없다는 점을 논증한 것 역시 중요하다. 동아시아에서 근대란 일국사 차원에서도 다양한 내부 균열과 통합을 반복할 뿐 아니라, 제국과 식민지 사이에서도 상호영향을 미치면서 확장되는 것일 수밖에 없었다는 것이다. 이로써 동아시아 근대 또는 동아시아에서 식민지 근대 논의의 성찰적 진지를 구축했다고 할 수 있겠다.

셋째, 식민지 근대 논의가 '국사' 해체 논의와 연관되어 전개되었다는 점을 들 수 있다. 식민지 근대 논의가 교과서 비판의 연장선에 있었다는 점, 동아시아에서 근대란 일국사적 현상일 수 없다는 점에서 국사 해체 논의는 자연스러운 것이기도 했다. 그런데 한국에서는 심포지엄과 책 출간을 통해 식민지 근대 논의가 국사 해체 논의로만 포장되어버렸는데, 이는 식민지 근대 논의가 다양한 차이에서 기인했기 때문이기도 하다. 그럼에도 한국의 국사 해체 논의가 민족사(national history)에 대한 자성의 기회를 학계와 시민사회에 폭넓게 제공했다는 점은 분명하다. 식민지 근대 논의가 국사 해체 논의로 포장되어 전개되었던 사실이 한국에서는 이처럼 양의성(兩義性)을 가진다.

2004년 12월 4일 — 혼란: '동아시아 역사학의 위상'

한국 경기도 용인의 한 기업 연수원에서는, 초겨울의 을씨년스러움 속에서 이른바 '실증사학'의 위상과 성격을 둘러싼 역사포럼 참가자들의 논쟁이 진행되고 있었다. 통역을 통한 뉘앙스의 미묘한 어긋남 때문에 그 논쟁은 더욱 격화되어 종국에는 고성이 오가는 상황이 되고 말았다. 마침 여기서는 역사포럼의 7차 워크숍이, '동아시아에 있어서 역사학의 위상 Ⅱ'라는 주제를 가지고 진행되고 있었는데, 실증주의라는 것이 얼마나 사소하고도 중요한 문제인지를 새삼 일깨워주었으며, 역사포럼의 갈 길이 멀다는 생각을 확인시켜주었다. 미리 얘기해두는 것이지만, 독자들은 이 책을 다 읽고 난 뒤에 실증주의의 성격을 둘러싼 평가가 필자들끼리도 일치하지 않는다는 사실을 알게 될 것이다.

역사포럼의 2003년 4차, 5차 워크숍은 '동아시아라는 시공간'을 공동주제로 내걸고 진행되었다. '동아시아'를 주제로 내걸었지만, 이를 정면에서 다룬 논의는 2~3개 정도에 지나지 않았다. 특히 한국 참여자의 경우 — 그때나 지금이나 솔직하게 토로하는 것이지만 — 동아시아를 다룰 만한 지적 축적이나 준비를 전혀 갖추지 못하고 있었다. 1990년대 초반부터 간헐적으로나마 진행되고 있던 이른바 '동아시아 담론'의 성과에 대해서도 전혀 검토하지 못했다는 것은, 자기 사회를 검토할 능력조차 갖지 못했다는 점을 암시한다(이는 개별 발표의 성과를 전면적으로 부정하는 것이 아님을 인정해주기 바란다). 동아시아를 정면에서 다룰 능력이 없다는 점을 두 번의 워크숍을 통해 확인한 것이 성과라면 성과일 것이다.

따라서 두 번의 워크숍이 동아시아 논의를 진전시키기 위한 틀에 대한 논의로 마감한 것은 자연스러운 귀결이었다. 이후 '동아시아 미시사'인가 '동아시아판 기억의 장'인가를 두고 설왕설래가 있었지만, 결국 동아시아 논의의 부재를 노정한 채 우회하는 과정을 거칠 수밖에 없었다. 2004년과 2005년 사이에 개최된 6차, 7차, 8차 워크숍 주제를 '동아시아에 있어서 역사학의 위상'으로 정한 것은 그 때문이었다. 한국에서 국사-동양사-서양사라는 3분법에 대한 검토는 매우 중요한 학문적 의의를 가지는 것이었지만, 국사 해체 심포지엄과 단행본 출간으로 인한 파장과 유혹이 그런 논의를 자극한 면이 없지 않았다. 주제를 둘러싼 지리멸렬함이 한국 참여자의 내부 분화와 분열을 불러오는 것은 시간 문제인 것처럼 보였다.

그렇다면 성찰적 동아시아 역사상의 구성을 위한 문턱을 넘어섰는가? 식민지 근대 논의를 활성화시키고, 국사 해체 논의를 촉발함으로써 동아시아 논의의 필요성을 환기시키는 데에는 성공했지만, 동아시아 논의를 본격적으로 전개할 만한 내공과 의지를 결여한 수준이라고 봐야 하는 것은 아닐까? 2005년 11월 8차 워크숍에 타이완의 연구자가 참가함으로써 동아시아 논의가 대단히 복합적이라는 점을 환기시킨 것은 중요하다. '타이완 역사'의 독자성을 정립하려는 추구가 존재한다는 것은 동아시아라는 지평에서도 대단히 의미심장한 일이다. 또 그런 노력이 또 다른 형태의 '국사'로 귀결되지 않을까 하는 우려를 간단히 무시할 수도 없다. '타이완사'는 독자성과 '국사'라는 이데올로기의 경계선 위에 서 있는지도 모른다. 또한 동아시아란 주제는 두 번의 워크숍에서 노정된 타이완사를 둘러싼 논란보다도 더욱 논쟁적일 것이다.

2007년 7월 어느 여름날 — 수습: 역사학의 세기

한국 서울의 어느 찻집에서는, 한 · 일 양국의 관련자들 몇 명이 모여 2005년까지 진행된 역사포럼 워크숍의 성과를 단행본으로 출간하는 데 합의하고, 편집책임자를 선정했다. 한국의 도면회, 박환무, 윤해동(우여곡절 끝에 이렇게 하기로 하였다), 일본의 이와사키 미노루(岩崎稔), 이타가키 류타(板垣龍太) 이렇게 5인으로 확정되었는데, 한국 측과 일본 측은 독립된 단행본 구상을 통해 별도의 편집을 진행하기로 했다.

이 책은 2007년 여름 이후 한국 측 책임자 3인이 한 · 일 양측의 발표자와 필자를 대상으로 진행한 편집작업의 성과물이다. 일본 측 필자의 원고를 모으는 과정에서 특히 이타가키 씨에게 많은 도움을 받았다. 이 자리를 빌려 감사 인사를 드린다. 박환무는 전작 《국사의 신화를 넘어서》를 출간할 때와 마찬가지로 이번에도 기획과 편집에 깊숙이 관여했으나, 여러 가지 개인 사정으로 책임편집자로 이름을 올리지 못했다. 고마운 마음과 더불어 아쉬운 마음을 함께 전한다.

2004년부터 2005년 사이에 '동아시아에 있어서 역사학의 위상'을 주제로 내걸고 진행된, 역사포럼 6~8차 워크숍의 구체적인 내용은 다음과 같다. 6차 워크숍은 한 · 일 양국의 '국사' 체계의 편성을 주제로(2004년 5월, 일본 교토), 7차 워크숍은 한 · 일 양국의 동 · 서양사 체계의 편성을 대상으로(2004년 12월, 한국 용인), 8차 워크숍은 주변적이거나 대안적인 역사체계의 편성을 중심으로(2005년 11월, 일본 교토) 한 것이었다.

세 번의 워크숍을 거치면서 한 · 일 양국, 나아가 동아시아 지역의 국사 편성은 동양사와 서양사를 포함한 3분과 체제를 바탕으로 한 것이며, 아울러 그 문제점이 선명하게 드러났다. 하지만 워크숍에서 발표된 논문만으로는 이런 인식체계를 드러내는 단행본을 균형 있게 구비할 수 없었다. 이에 편집자들은 이미 발표된 논문들 가운데 취지에 부합하는 논문을 모으기로 결정했다. 이리하여 추가된 논문이 육영수, 박광현 두 분의 논문이다. 특히 두 분께 감사를 드리지 않을 수 없다. 여기에다 이성시 선생의 논문은 외부에서 발표된 것이고, 김기봉 선생의 논문은 필자의 또 다른 논문이다.

한편 아쉬움 역시 없을 리 없다. 워크숍에서 발표를 했으나 논문을 게재하지 못한 분들이 많다. 곽차섭(부산대), 김태승(아주대), 설혜심(연세대), 윤선태(동국대), 정지영(이화여대) 등 여러 분의 논문이 실리지 못했다. 그 중에서도 우미차(吳密察, 타이완) 선생의 논문이 빠진 것은 정말 아쉬운 일이다. '타이완사' 혹은 타이완의 '국사' 형성에 관한 논의를 실을 수 있었다면 한 · 일 양국으로 제한된 '동아시아' 지향의 논의를 조금이라도 보완할 수 있었을 것이다.

워크숍과 편집작업을 거치면서, 한 · 일 양국의 근대역사학에는 수많은 차이 혹은 균열이 존재한다는 사실을 확인할 수 있었다. 국사-동양사-서양사라는 분화를 바탕으로, 민족주의-제국주의를 둘러싼 균열, 실증주의 해석을 둘러싼 차이가 존재하는 것은 어쩌면 당연한 일이겠다. 여기에 국사 성립을 둘러싼 해석의 차이, 중심과 주변, 다수자와 소수자, 남성과 여성 등등을 둘러싼 차이의 체계가 바로 근대역사학이라고 할 수 있다. 《국사의 신화를 넘어서》라는 전작의 문제의식의 일각을 '국사의 연쇄(連鎖)'가 차지하고 있었다면,

여기서는 국사의 연쇄란 바로 차이의 무한한 발생이라는 점, 연대를 말한다는 것은 차이를 말한다는 것을 확인하고자 한다. 이에 이번 작업의 성과는 전작《국사의 신화를 넘어서》에 대한 답변의 의미도 있다는 점을 밝혀두고자 한다.

그동안 역사포럼에 참여한 연인원은 수백 명에 달한다. 참가했던 모든 분들을 일일이 거론할 수는 없지만, 심심한 감사를 뜻을 전한다.《국사의 신화를 넘어서》와 함께 이 책의 출간도 흔쾌히 맡아준 휴머니스트 출판사의 선완규 주간과 최세정 편집장에게도 감사의 뜻을 전한다. 이 책의 필자와 편자들의 문제제기가 현실을 조금이라도 성찰하고 변화시킬 수 있는 힘과 계기로 작용할 수 있었으면 좋겠다.

2009년 5월 14일
엮은이를 대표하여
윤해동 씀

| 차례 |

총론

한국과 일본의 20세기 역사학을 돌아보며

도면회

이 책은 서유럽의 근대역사학을 수용한 일본, 이를 재차 수용하면서도 일본의 식민사관을 벗어나고자 했던 한국의 지난 100년간을 비판적으로 검토하고자 했다. 과연 지난 100년간 일본과 한국의 역사학은 성립기 근대역사학의 틀에서 벗어났는가?

도면회(都冕會)

서울대학교 국사학과와 동대학원을 졸업했으며, 〈1894~1905년간 형사재판제도 연구〉로 박사학위를 받았다. 경기대학교, 국민대학교, 서울대학교 등에서 강의하고 서울대학교 규장각 특별연구원으로 근무했으며, 2002년 대전대학교에 부임하여 현재 역사문화학과 부교수로 재직 중이다.

내재적 발전론의 관점에서 개항기 화폐금융 · 재판제도 연구를 통해 한국 식민지화의 원인을 구명하고자 했으나 한계를 느끼고 새로운 연구방법을 모색하기 시작하다가, 1990년대 후반부터 탈민족주의 역사이론들을 접하면서 식민지화 전후 시기를 근대국가론의 관점에서 재조명할 필요를 느끼고 형사법과 사학사를 다시 검토하고 있다.

최근 논문으로〈갑오개혁 이후 근대적 법령 제정과정〉(2001), 〈황제권 중심 국민국가체제의 수립과 좌절〉(2003), 〈을사조약은 어떻게 기억되어 왔는가?〉(2005) 등이 있다. 공동 저서로 《북한의 역사 만들기》(푸른역사, 2003), 《한국 근대사회와 문화 II—1910년대 식민통치정책과 한국사회의 변화》(서울대학교출판부, 2005), 《화폐와 경제활동의 이중주》(두산동아, 2006), 역서로는 《한국의 식민지근대성》(삼인, 2006)(원저는 Gi Wook Shin & Michael Robinson ed., *Colonial Modernity in Korea*, Harvard University Press, 1999) 등이 있다.

1. 왜 역사학의 세기인가?

지금부터 100여 년 전, 청의 량치차오(梁啓超)와 한국의 신채호는 역사는 애국심의 원천이고 민족주의를 고취시키는 데 목적이 있다고 천명했다. 물론 그 역사는 전통시대 국왕 중심의 역사가 아니라 국민 또는 민족 중심의 역사다. 고대부터 당대에 이르기까지 국민 또는 민족이 단일한 흐름으로 내려와 현재의 국민 또는 민족을 구성했음을 과학적으로 서술하고자 하는 역사학이다. 다시 말해 근대 국민국가를 형성할 때 주민을 '국민'으로 호명하기 위해 근대역사학이 필요했던 것이다.

근대역사학은, 동아시아 삼국 중 가장 먼저 산업혁명과 국민국가를 성취한 일본이 유럽 모델을 수용해 성립시킨 뒤 한국과 중국이 다시 수용하는 형식을 취했다. 일본이 제국주의 국가 대열에 동참하고 한국과 중국이 식민지와 반식민지로 가는 등 서로 다른 역사행로를 겪었지만, 이들의 근대역사학은 모두 보통교육과 대중매체를 통해 국가의 정통성을 수립하고 법적으로 균등한 국민을 창출 · 동원한다는 측면에서 다르지 않았다.

이러한 측면은 1945년 이후 일본의 패전과 한국의 해방, 중국의 공산주의정권 수립이라는 격변 속에서도 오늘날까지 본질적인 변화를 겪지 않았다. 삼국은 각각 패전과 식민지 구조의 존속, 국공내전의 상처를 단일한 국사 형성을 통해 치유 · 회복해야 할 필요가 있었다.

1990년대 중반 이후 일본의 역사교과서 왜곡을 둘러싼 한 · 일 간의 외교분쟁, 중국의 동북공정을 둘러싼 한 · 중 간의 외교분쟁이 한 · 중 · 일 삼국 국민의 감정을 뜨겁게 달구어왔다. 그뿐인가, 한국에서도 일본과 유사하게 고등학교 근현대사 교과서를 둘러싸고 격렬한 논쟁이 전개되었다. 이 모든 사태는 근대역사학이 갖고 있는 자국 중심의 역사관, 국민 동원 기능에서 비롯되었다.

그런 의미에서 동아시아 삼국의 20세기는 가히 '역사학의 세기'라고 부를 만하다. 역사를 편찬하여 자국민을 구성하고, 자국민을 동원하여 침략전쟁에 나서거나 침략과 이민족 지배에 저항하는 도식이 지난 100년간 동아시아 삼국을 관통하는 흐름이었다.

이러한 근대역사학은 유럽에서 수용되었다. 그 역사학은 문명/야만, 발전/정체, 남성/여성이라는 이분법적 세계관에 입각해 있었고, 이러한 구도는 지난 100년간 한 · 중 · 일 삼국의 근대역사학에도 고스란히 계승되었다.

그러나 차이를 차별로 바꾸는 근대역사학의 틀 속에 갇혀 있는 한 우리는 국가 · 민족 간 갈등이 없는 평화로운 세계를 기대할 수 없다. 이 책의 기획 의도는 여기에 있었다. 일본 역사교과서 논쟁을 계기로 시작한 동아시아 역사포럼 5년 작업 중 마지막 2년간은 동아시아 삼국에서 근대역사학의 존재형태를 검토했다. 이 책은 서유럽의 근대역사학을 수용한 일본, 이를 재차 수용하면서도 일본의 식민사관을 벗어나고자 했던 한국의 지난 100년간을 비판적으로 검토하고자 했다. 과연 지난 100년간 일본과 한국의 역사학은 성립기 근대 역사학의 틀에서 벗어났는가? 벗어났다면 어떤 측면에서, 어느 만큼인가?

제1부에서 동아시아에서 근대역사학을 가장 먼저 수용한 일본에서 역사학이 천황 중심 국가를 구성하고 대외적으로 침략하는 데 봉사하면서 성립했음을 검토했다. 그 과정은 또한 유럽의 내셔널히스토리를 수용하면서도 그 오리엔탈리즘적 시각을 중국과 한국에 재차 적용하는 과정이었음을 밝혔다. 그리고 한국에서도 청일전쟁과 갑오개혁을 계기로 일본의 근대역사학을 수용하면서 국사를 구성하지만, 일제강점 이후 식민지 근대적으로 재편되는 상황을 정리했다.

제2부에서는 해방 후 한국/북한에서 근대화를 위하여 일제 식민주의 사학을 비판하고 극복하는 역사학적 노력이 진행되었지만, 그러한 노력은 여전히 유럽 또는 일본이 만들어놓은 근대역사학의 틀을 벗어나지 못하고 공전하고 있다는 점에 주목했다.

제3부에서는 패전 후 일본에서 마르크스주의 역사학이 이전의 황국사관을 비판하면서 역사학계를 주도하는 '전후역사학'으로 성립했으나 그들 역시 주변국가와 민족에 대한 가해의 기억을 망각하고 자국 중심의 역사상을 일방적으로 만들어왔음을 살펴보고, 이를 비판하고 등장한 민중사상사라는 새로운 사학사의 흐름을 정리했다.

이 글에서는 각 부의 순서에 따라 개별 논문들의 의의와 한계를 정리하고, 21세기 초 우리에게 어떤 과제가 남아 있는가를 전망하고자 한다.

2. 통치와 침략의 도구로서의 일본 근대역사학

'국사'라는 개념은 근대 이전에도 존재했다. 유럽 지역과 달리 한 · 중 · 일 삼국에서는 통일된 왕조국가를 수립한 이후 왕조의 정통성을 수립하기 위해 '국사'라는 명칭의 역사서와 국사 편찬기관으로서 국사관(國史館), 국사원(國史院) 등을 설립했다.[1)]

그러나 전근대에 존재했다는 '국사'는 이 책에서 말하는 국사와는 전혀 다른 것이다. 그 '국사'는 왕조 지배의 정당성을 신화 · 설화 · 종교에서 구하는 기념비적 문화에 불과했다. 근대역사학의 국사는 성립된(또는 성립될) 국민국가를 까마득한 고대부터 지금에 이르기까지 단일한 주체가 면면히 계승 · 발전한 결과로 묘사함으로써 국민을 동원하고 통치를 합리화하기 위한 국가장치였다.

그렇다면 일본에서 국사는 어떻게 형성되었는가? 근대국가를 수립시킨 메이지유신 이후 일본에서 국사를 창출할 때는 크게 네 가지 흐름이 존재했다. 첫째, 도쿠가와 막부시대 이래 유교적 명분론을 존왕론으로 뒤집고 천황-신민(臣民)의 명분론으로 소생한 후 〈교육칙어(教育勅語)〉를 만들어낸 유학자 그룹, 둘째, 유교를 모체로 하면서 청조 고증학을 배워 봉건적 명분론을 넘어서려고 한 사족 출신

---

1) 신승하, 《중국사학사》, 고려대학교출판부, 2000. 한국사에서 '국사'라는 명칭의 역사서는 신라왕조대에 편찬된 것으로 전한다. 그 이후는 대체로 조선시대에 편찬된 《동국통감》, 《동사강목》 등 중국의 중화질서를 인정한 명칭의 역사서에서 고조선 이래의 왕조를 하나의 흐름으로 구성하고 있다. 중국을 천하의 중심에 두었다는 한계는 있지만 이들 역사서 역시 당대까지의 과거 사실을 하나의 흐름으로 정리했다는 점에서 '국사' 서술의 원형으로 보아야 할 것이다.

한학자 그룹, 셋째, 신도(神道) 국교화운동에 편승해 일본 건국신화에서 국가 정체성을 구하는 국학-신도계 학자들, 넷째, 일본이 유럽 문명의 흐름을 배우고 유럽과 같은 국가·국민을 형성해야 선진국으로 나아갈 수 있다고 하는 문명개화파 등이었다.[2)]

이들 네 그룹 가운데 한학자 그룹은 서유럽 근대역사학을 수용하여 철저한 사료 수집에 기초한 고증과 실증을 강조하면서 통사를 서술하려고 한 반면, 국학-신도계 학자들은 천황을 역사와 도덕의 중심에 두는 국체사관을 구축해나갔다. 정치권력이 국가 신도·국체사관과 결합함으로써 실증과 합리적 역사서술은 뒷전으로 밀렸다. 1881년 〈소학교 교칙강령(教則綱領)〉을 제정하고, 역사교육의 목적을 '존왕애국의 지기(志氣)를 양성'하는 것으로 명시했다. 아울러 초등교육에서 외국사 교육을 추방하고 "건국의 체제, 신무천황의 즉위"부터 시작하는 일본사만 가르치게 되었다.[3)]

이 두 그룹은 1891년 말에 전면 충돌했다. 실증사학 그룹에 속하는 제국대학 국사과 교수 구메 구니다케(久米邦武)가 〈신도(神道)는 제천(祭天)의 옛 풍속(古俗)〉이란 논문을 발표하여 역사를 신화로부터 분리하고 역사의 내재적 발전 속에서 신화를 다시 파악하고자 했다. 국체사관론자들이 이를 집중 공격하면서 구메 구니다케는 해직되고 논문이 게재된 두 잡지는 발행정지 처분을 당하는 사태가 일어났다.[4)]

---

2) 永原慶二, 《20世紀日本の歷史學》, 吉川弘文館, 2003, 8~9, 19~20쪽.

3) 宮地正人, 〈幕末·明治前期における歷史認識の構造〉, 《日本近代思想大系 13―歷史認識》, 岩波書店, 1991, 550~551쪽.

이후 일본의 실증사학자들은 1895년부터 일본사 사료 편찬작업을 주도하여 정치사 · 외교사 · 제도사 중심의 《대일본사료(大日本史料)》를 간행함으로써 사학계의 주류를 차지했다. 그러나 이 사건을 계기로 현실에 정면으로 맞서는 자세가 약화되었고, 이것이 근현대를 관통하는 일본 실증사학의 체질을 규정했다.[5)]

한편 이 사건을 통해 국체사관의 논리가 명료해졌다. 첫째, 국가의 대사, 군의 기밀과 아울러 황실에 관한 것은 "신민된 자가 마땅히 입에 올리거나 글로 써서는 안 되는" 것이며, 역사학자도 예외는 아니다. 둘째, 역사학자의 본분은 국체존엄이란 요소를 발휘하여 신민보국의 마음을 두텁게 하고, 충신효자의 위업을 증명하여 군주를 받드는 도를 올바르게 하는 것이다. 셋째, 역사 편찬의 목적은 황통(皇統)이 영원무궁한 까닭을 밝히고 충신의사의 전기가 영원히 사라지지 않도록 하는 데 있다. 넷째, 사료 고증과 실증에서는 "가령 사실이라도 만일 군국에 해가 있고 이로움이 없는 것은" 강구해서는 안 된다. 다섯째, 역사교육의 목적은 국가가 바라는 장래의 국민을 주조하는 데 있고, 역사교과서는 주조하는 바의 '모형'인 것이다.[6)]

국사의 성립을 전후하여 '제도로서의 역사학'이 성립하고 서양사와 동양사가 구성되었다. 제도로서의 역사학이란, 국가가 역사 편찬을 주도하는 것이 아니라 대학의 사학과 설치, 학회 · 학술지 등을

---

4) 宮地正人, 위의 글, 558쪽.

5) 永原慶二, 앞의 《20世紀日本の歷史學》, 40~41쪽.

6) 宮地正人, 앞의 〈幕末 · 明治前期における歷史認識の構造〉, 557~558쪽.

통해 분과 학문으로 성립한 역사학을 말한다.[7] 일본정부는 1887년 독일 근대역사학의 선구자 레오폴트 폰 랑케(Leopold von Ranke)의 제자인 루트비히 리스(Ludwig Riess)를 교사로 초빙하고 도쿄제국대학 문과대학에 사학과를 창설했다. 이어 1889년에는 국사과를 개설하고 시게노 야스쓰구(重野安繹), 구메 구니다케, 호시노 히사시(星野恒) 등 실증사학자를 교수로 임명했다. 이 교수들이 리스의 조언을 받아 같은 해에 사학회를 창설하고 《사학회잡지》를 창간함으로써 유럽의 근대역사학을 수용한 일본의 근대역사학이 지속적으로 생산될 수 있었다.

고야마 사토시(小山哲)의 연구는 리스를 통해 수용된 랑케의 역사학이 일본 근대역사학에 어떤 영향을 미쳤는지를 리스의 일본인 제자들의 연구성과를 통해 검토한 것이다. 그동안 한국이나 일본 사학사에서 랑케의 역사학은 주로 역사 발전의 법칙성을 해명하기보다는 각 시대의 개성을 기술하는 것을 목적으로 하는 역사학이며, 문헌 사료의 중시와 고증, 동시대 사료의 비판적 검토 등을 강조했다고 정리되어왔다.

그러나 랑케 역사학에는 이러한 실증사학의 측면뿐만 아니라 세계사라는 개념 틀이 따로 존재했다. 전자가 주로 일본사와 동양사 연구에 기여했다면, 후자는 주로 일본의 서양사와 역사철학에 영향을 주었다. 특히 후자의 측면은 일본의 한국 식민지 지배와 제2차 세계대전 참여를 이론적 · 도덕적으로 정당화하는 양상으로 나타났

7) 백영서, 〈'동양사학'의 탄생과 쇠퇴〉, 《창작과비평》 126, 2004, 95~99쪽.

다. 리스의 제자 사카구치 다카시(坂口昂)는 조선총독부의 지시에 따라 독일의 폴란드 지배정책을 조사연구한 결과를 1910년대 후반에 발표했다. 폴란드의 분할 멸망과 독일의 지배과정에 대한 그의 '실증적' 분석은 한국사를 일본 식민주의 입장에서 편찬하려고 할 때의 논리와 매우 흡사하다. 이어서 사카구치의 제자인 스즈키 시게타카(鈴木成高)는 랑케가 고안한 '도덕적 에네르기'라는 용어를 인용하여 일본의 개국과 근대화, 천황제에 봉사하는 국민도덕, 중일전쟁과 태평양전쟁의 정당성, 아시아에서 일본의 지도적 지위 등 일본의 과거와 현재가 필연적인 결과임을 설명했다. 이것이 바로 랑케 역사학의 세계사 개념을 전유한 일본 서양사학의 존재형태였다.

일본의 서양사학이 랑케 역사학의 사료 실증방법과 세계사 개념을 수용하여 성립·발전했다면, 동양사학은 유럽의 오리엔탈리즘으로부터 일본의 지위를 방어하기 위해 창출되었다. 제도의 변화만 보자면 1894년 중등교육과정에 '동양사'라는 교과목이 설치되어 동일한 아시아에 속하는 일본과 분리된 대상으로서 '동양' 개념이 만들어졌다. 1904년에는 도쿄제대 사학과에 '지나사학'이 개설되고 1910년에 '지나사학'이 '동양사학'으로 개칭되면서 도쿄제대에 국사학·서양사학·동양사학의 3분과가 성립되었다.[8)]

'동양' 개념은 일본의 정치적 발전, 군사적·문화적 팽창, 문화적 가치와 같은 문제를 해명해주는 권위 및 선례로 사용되었다.[9)] '동

8) 永原慶二, 앞의 《20世紀日本の歷史學》, 43~44쪽.

9) 스테판 다나카 지음, 박영재 외 옮김, 《일본 동양학의 구조》, 문학과지성사, 2004, 112쪽.

양'의 고대는 일본의 본질, 나아가 그 전통들의 원료를 제공해줌으로써 서양과 대등한 존재로 자리매김하는 데 이용되었다. 그리하여 일본은 스스로를 동양문화의 근대적 정점, 동양문화에서 가장 뛰어난 국가로 공인받고자 했다.[10] 그와 더불어 '동양' 안에 포함되어 있는 중국을 '지나'라고 불렀으며, 힘없고 거만하고 기만적이며 무능하고 일본의 진정한 목적을 왜곡시키는 존재로 묘사했다.[11]

미쓰이 다카시(三ッ井崇)의 논문은 동양사학의 창설자로 불리는 시라토리 구라키치(白鳥庫吉)를 통해 동양사학의 형성과정을 검토한 것이다. 시라토리는 한국, 중국, 만주뿐만 아니라 북아시아, 중앙아시아, 서아시아, 동남아시아 등으로 넓혀가면서 동양사를 구축했다. 초기에 그는 언어학적 방법을 사용해 일본민족이 한반도 및 만주 · 몽고의 여러 종족뿐 아니라 헝가리의 마자르족에 이르기까지 같은 우랄알타이어계의 '동양'이라고 인식하여 일본에서 중앙아시아에 이르는 인종적 동조론을 주장했다.

그러나 1909년 후반부터 시라토리는 일본-조선 간 언어동조성을 부정하고, '국민성'의 차이를 통해 중국 · 조선과 일본의 차이를 설명했다. 중국 · 조선의 지리적 위치로 인해 '국민성'의 차이가 발생한다고 설명함으로써 중국 · 조선의 역사를 타율적인 것으로 바라보았다. 그러나 시라토리의 연구가 '지리'를 절대적인 것으로 보는 이상, 일본 역시 중국 · 조선과 마찬가지로 '동양'에 불과하며, 그러한 의미에서 그의 담론은 일본을 서양에 준하는 '특수 동양'으로서 '기

---

10) 스테판 다나카 지음, 박영재 외 옮김, 위의 책, 266 · 286쪽.

11) 스테판 다나카 지음, 박영재 외 옮김, 위의 책, 290쪽.

타 동양'과 차별화하려는 것이었다.

이 점에서 시라토리는 일본문화를 '동양문화, 지나문화'의 연장선에서 파악했던 나이토 고난(內藤湖南)과 대조적이었다. 미쓰이는 이 두 사람의 차이를 통해 당시 일본의 동양사학이 '일본'의 정체성을 어떻게 자리매김시킬지 몰라 방황하고 있었으며, 더 나아가 '동양'에 실제로 존재하는 여러 인간집단의 주체성을 연구 대상에서 제외하는 "인간 부재의 역사학"을 만들어냈다고 비판하고 있다.

3. 저항과 모방 사이의 한국 근대역사학

한국에서는 일본과 같이 대학, 편사기관 등을 중심으로 한 제도로서의 역사학이 온전히 성립되지 않았기 때문에 개인 저작 중심으로 근대역사학의 성립을 논해왔다. 대체로 신채호, 박은식 등을 통해 민족주의 역사학이 성립되면서 근대역사학이 시작되었다고 하는 견해가 지배적이다. 이러한 견해는 그 이전, 즉 갑오개혁 이후 학부에서 발행한 교과서나 김택영 · 현채 · 정교 등 개인이 저술하고 각급 학교 교과서로 사용된 역사서는 모두 일본의 제국주의 역사관, 즉 식민사관에 빠져 있다는 전제에서 출발한다.

그러나 신채호, 박은식도 국권회복운동의 한 갈래인 계몽운동에 참여하고 있었기에 사회진화론의 약육강식, 우승열패의 논리에서 크게 벗어날 수는 없었다. 이들 역시 한국의 무기력화와 식민지화의 원인을 조선왕조의 정체성과 당파투쟁, 관리의 부정부패로 설명하고 있었다는 점에서 식민사관과 크게 다르지 않았다. 다만 이들은 을사늑약 이후 국가 주권의 사멸을 바라보면서 국가 · 국민 중심에서 민족 중심으로 역사를 보게 된 것이다. 다시 말해서 충성의 대상이었던 국가가 사라졌으므로 이를 대체할 수 있는 대상으로서 민족을 등장시킨 것뿐이다.

이러한 논리 위에 서면 우리는, 민족주의 역사학의 기본 코드, 즉 고대부터 현재까지를 단일한 민족의 독자적 활동으로 서술하는 방식이 신채호 · 박은식 이전에 이미 창출되었음을 알 수 있다. 도면회는 이 점에 착안하여 한국의 근대역사학이 갑오개혁기에 창출되어 1905년 말 을사늑약 체결 이후 보편화되고 두 가지 통사체계를 확립했다고 주장한다. 갑오개혁 이후 1905년경까지 초 · 중등 교과서로 사용된 역사서는 역사를 경학에서 분리하여 독자적 교과목으로 만들고, 중국사가 아니라 자국사 교육을 강조했다. 중화질서에서 벗어나 한국 및 중국 · 일본에 대한 호칭이 달라졌으며, 중국에 대한 평가절하와 일본에 대한 우호적 서술이 등장했다. 또한 1897년 대한제국 성립을 전후하여 구래의 마한정통론이 '대한'이라는 국호 제정에 원용되면서, 근대적으로 변용된 정통론에 의거한 통사체계가 구성되었다.

을사늑약 이후에는 신사체(新史體)가 역사서술의 기본 체제로 보편화하고 두 가지의 통사체계가 확립되었다. 서유럽 근대역사학의 서술체제인 신사체는, 일본인 하야시 다이스케(林泰輔)의 《조선사》를 한국의 관점에서 번안한 현채를 통해 보편화되었다. 현채의 《동국사략》은 이후 통감부기 역사교과서 편찬의 전범(典範)을 이루었고 일제강점기와 해방 이후까지 강력한 영향을 미쳤다. 이 점에서 《동국사략》은 한국인이 쓴 최초의 근대적 통사라고 할 수 있다. 그의 통사체계는 단군조선→기자조선→삼한→삼국→통일신라→태봉 · 후백제→발해→고려→조선으로 구성되었고 오늘날에도 거의 그대로 사용되고 있다.

동일한 시기에 중국 량치차오의 영향을 받은 신채호는 〈독사신론(讀史新論)〉을 통해 기존의 역사교과서를 강렬히 비판하면서 '부여주족설'을 주장했다. 이를 통해 정통의 주체를 왕조에서 민족으로 옮김으로써 구래의 정통론을 부정하고, 중국 · 일본으로부터 독립한 민족정통론의 관점에 입각하여 통사체계를 구성했다. 민족정통론에 입각한 그의 통사체계는 단군조선→부여→고구려→발해로만 제시되고 이후 고려와 조선왕조에 대해서는 언급이 없지만, 한국인의 만주 진출과 지배 열망의 논리로 기능한 데 이어 일제강점기에는 만주 지역 한국인을 동원하는 주요한 민족주의 텍스트로 기능했다고 한다.

이처럼 한국의 근대역사학은 직접적으로는 일본과 청의 영향을 받으면서 창출되었다. 일본 · 청과 마찬가지로 한국에도 고대국가 이래 역사 편찬의 전통이 지속되었지만, 이 시기에 와서야 역사를 왕조의 교체가 아니라 국가 · 국민 또는 민족의 단일한 흐름으로 서술하여 국민 동원의 기제로 사용하는 방식이 만들어졌다.

그러나 한국의 근대역사학은 일제강점으로 인해 '국사'로 존속하지 못하고 일제 측에는 지역사로, 한국인에게는 잠재적 '국사'로 존속했다. 일본 국내에서는 역사학이 국사(일본사) · 동양사 · 서양사라는 3분과 체제로 구성되었지만, 식민지 조선에서는 국사(일본사) · 동양사 · 조선사라는 구성을 취했다.

박광현의 논문은 경성제국대학 내에서 동양사학이 어떤 방식으로 존재했는가를 구명함으로써, 해방 직후 한국 동양사학계의 출발 지점을 돌아보게 해주고 있다. 그에 따르면 1910년대 초까지도 일본 학계에서는 조선사가 '국사(일본사)'에 속하는지 동양사에 속하는지 확정하지 못한 상태였다. 이후 경성제대에 조선사학 강좌가 설치되면서 조선사학이 독립되었지만, 그 위상은 '국사'와 지나사, '국사'와 만선사 사이의 비교 · 관계사를 밝히는 역할, 즉 모호한 상태가 그대로 유지되었다. 그리고 이 시기 동양사학은 전통적 질서였던 '중화'를 해체하기 위해 '중화'의 주변 연구를 통해 '지나사'와 대등한 '만선사'나 '서역사'를 구상하여 동양사를 새롭게 재편하려고 했다.

당시 경성제대의 조선인 학생들 중에는 '국사(일본사)' 전공자가 한 명도 없었으며 조선사와 동양사 전공자가 각각 반씩 차지하고 있었다. 이는 그들의 인식 속에서 현재 권력인 '국사(일본사)'와 조선사라는 잠재적 '국사' 사이의 중간지점에 동양사학이 존재했기 때문이라고 할 수 있다. 그리고 이러한 경험, 즉 '국사'인 일본사를 전공한 사람이 단 한 명도 없었기에 해방 후 오랫동안 일본사 연구자가 배출되지 못했다는 것이다.

서양사는 일본의 제국대학 또는 사립대학에 유학한 사람들이 식민지 조선에 돌아와 숭실전문 · 연희전문 · 이화여전 등 전문학교에서 강의하면서 전파되었다. 그러나 식민당국은 서양사 교육을 통한 민족주의 또는 자유주의 고취, 국제정세에 대한 올바른 판단 등이 가져올 파급효과를 우려하여 교과용 도서 또는 강의를 위한 연구 등에 제약을 가했다. 경성제대에도 서양사학이 강좌로 존재했지만 전공으로 설치되지는 않아 전공자가 단 한 명도 배출되지 않았다.

또 이 시기 서양사 연구자들은 대체로 일본에서 공부하고 돌아왔으며, 일본인이 저술 · 번역한 서양사 서적들로 공부해왔다. 이러한 현상은 서양철학 선구자들 중 상당수가 일본을 거쳐 독일, 프랑스 등 유럽 지역으로 건너가 직접 서양철학을 연구하고 돌아온 사실과 대조적이다. 해방 후 상당 기간 한국의 서양사학이 일본의 영향권에서 크게 벗어나지 못한 이유도 이와 무관하지 않을 것이다.[12)]

따라서 해방 직후 한국 역사학계에서 일본 역사학의 영향은 결코 벗어날 수 없는 강력한 권위였음을 짐작할 수 있다. 뒤에 서술하듯이 제도로서의 한국 역사학계는 일본과 마찬가지로 국사 · 동양사 · 서양사라는 3분과 체제를 갖춘 세계적으로 거의 보기 드문 구조를 취하고 있으며, 이로부터 일본과 유사한 문제점을 낳고 있다. 또 해방 이후 일본의 식민사관을 비판 · 극복한다고 하면서도 일본이 식민지 지배를 위해 축적한 한국에 대한 지적 성과들을 자신도 모르게 수용하게 되었다.

4. 과거를 망각한 일본 전후역사학의 일방성

국체사관의 우위 속에서 성립한 일본의 국사는 서양사 · 동양사와 더불어 일본의 식민지 지배와 중국 침략, 태평양전쟁 도발의 논리를 구성해주었다. 그러나 패전 이후 일본 역사학계에는 과거의 침략적 역사학이 발붙일 곳을 잃고 마르크스주의 역사학이 확고한 위

---

12) 차하순, 《서양사학의 수용과 발전》, 나남, 1988, 47~48쪽.

치를 차지하는 상황이 되었다.

일본에서는 이처럼 역사학계를 주도하게 된 마르크스주의 역사학을 '전후역사학'이라고 이름 붙였다. 도베 히데아키(戶邊秀明)의 논문은 한국의 독자들을 위해 전후역사학의 기본 구조를 설명하고 이에 대한 비판으로 등장한 야스마루 요시오(安丸良夫)의 '민중사학'을 논하고 있는데, 일본 전후역사학의 상황은 1980년대 이후 한국 역사학계의 경향과 매우 유사하여 많은 시사점을 주고 있다.

도베의 설명에 따르면, 일본에서는 한국전쟁 기간 동안 미점령군에 의해 공산당 · 사회주의 세력이 탄압당하면서 이것을 일종의 식민지 경험으로 인식했으며, 이 식민성의 극복이 역사학의 방향성을 강력히 규정했다고 한다. 여기에 전쟁 이전부터 천황제의 지배구조를 "군사적 · 봉건적 · 절대주의적"인, 다시 말해 전근대적인 지배구조로 보는 강좌파 마르크스주의의 기본 논리가 있었다. 이로 인해 일본의 전후역사학은 일본사회를 봉건유제와 식민지성이 중첩된 구조로 인식하고, 그 변혁 주체를 '민족'이나 '국민'으로 설정했다는 것이다.

이러한 논리로 인해 전후역사학은 마르크스주의 사회상이나 변혁론을 원리적으로 비판하고 서양 시민사회를 추구 대상으로 삼았던 '근대주의'자들과 가치관을 공유하고 있었고, 봉건유제의 극복을 위해 근대적 인격의 창출이 필요하다는 관점도 공유하고 있었다. 따라서 '전후역사학'과 '근대주의' 그룹은 보수세력 부활에 대항하는 계몽활동의 추진 주체로도 간주되었다.

그런데 1960년대 들어서부터는 일본의 경이적인 경제성장을 현실적 근거로 해서 일본의 역사를 긍정적으로 바라보는 '근대화론'

이 등장했다. '전후역사학'과 '근대주의' 그룹은 근대화론이 학문적 근거가 박약해 논박하기 쉽다고 여기고 맹렬히 비판했다. 그렇지만 '근대화론'은 일본의 고도 경제성장 속에서 민중이 느끼는 '풍요로운 사회'의 리얼리티와 합치되면서 강력한 영향력을 발휘했다. 여기에 전후역사학의 위기가 존재하고 있었다.

도베는, 야스마루 요시오가 이러한 전후역사학의 위기를 절실히 느끼고 이를 극복하기 위해 구래의 민중 개념에 담겨 있는 수동적·봉건적 이미지를 부정하고 새로운 민중 개념을 구성했다고 한다. 즉 민중도 나름대로 '통속도덕'이란 사상의식을 가지고 있는데, 이는 근면·검약·효행·절제 등의 덕목이 일상 생활규범으로서 실천에 나타나는 현상을 말한다. 이런 덕목을 통상 봉건시대의 유교적 산물로 보아왔지만 야스마루는 이들 통속도덕의 실천이야말로 일본 근대화의 원동력이 되었다고 한다. 즉, 통속도덕의 실천을 철저히 관철하면 민중이 막대한 자기해방의 에너지를 끌어내어 체제에 대한 전면적 비판으로 귀결되는 경우가 있다는 것이다. 이러한 '민중사상사' 연구는 일본 역사학계에서 '사상' 개념의 극적인 확장을 가져왔으며, 오늘날까지 광범위한 영향을 미쳐왔다고 한다.

도베의 연구가 일본 전후역사학의 근대사 연구와 관련된 분석이라고 한다면, 다나카 사토시(田中聡)의 논문은 고대사 연구와 관련된다. 다나카는, 한국 고대사학계에도 잘 알려진 이시모다 쇼(石母田正)가 1970년대 초에 일본 고대사회가 '민족공동체'적인 사회구성을 취하는 필연적인 근거로 아시아적 공동체론-수장제론에 기초한 고대국가관을 정립한 역사적 배경을 추적했다. 그에 따르면 1970년 전후 일본 역사학계는 베트남전쟁 반대운동, 혁신세력의 통일전선운동, 안보투쟁 등을 둘러싸고 격렬한 논쟁을 전개했으며, 이 과정에서 정치적 변혁 주체로서 '인민'을 통사적으로 검출하여 반국가투쟁의 가능성을 찾는 '인민투쟁사' 연구가 활발해졌다.

이시모다 역시 이 과제를 받아들여, 다양하고 중층적인 인민의 투쟁이 국가를 해체시키지 못하고 결국 천황을 중심으로 한 '환상적인 공동성(共同性) 형태'에 갇혀버린 원인을 아시아적 수장제라는 생산관계가 강고하게 잔존하는 현실에서 구했다. 이로 인해 일본 고대사연구는, 당시 율령국가의 주요 구성원인 공민과 이적(夷狄) 사이에 마치 근대 국민국가와 같은 문명/미개의 이분법을 들여와 질서화했으며, 여기서 이적은 "국가가 만들어낸 의사민족"이고 타율적인 "지배의 객체"로 형상화되었다. 그러나 이러한 연구는 사료에 나타나는 매우 다양한 이적집단의 실태를 무시하고, 고대국가 율령체제의 틀을 넘어선 이들의 자율적인 활동 역시 무시함으로써 일방적 역사연구로 귀결된다는 것이 다나카의 비판 요지이다.

이처럼 전후역사학은 대체로 일본의 입장만 중시하고 일본이 침략 · 지배했거나 고통을 준 외부에 대해서는 애써 눈감으려 한다는 지적이다. 전후시와 전후역사학의 관계에 대한 이와사키 미노루(岩崎稔)의 글은 역사학과 문학을 가로지르는 분석을 하고 있는데, 여기서도 마찬가지의 결론을 내리고 있다.

일본의 전후시 중에서 《황무지(荒地)》파의 시는 전쟁에 대한 후회와 죽은 자와의 강한 격절(隔絶) 감각을 담아 '전후 일본사회의 출발점'과 같은 표상이 되었지만, 그 속에는 특정한 망각의 구조가 은폐되었다고 한다. 즉 이 시들은 전쟁의 의미를 특정하게 이해하고 해석한 것인데, 이러한 작위적 기억으로 인해 그 전쟁이 식민지 지배의 귀결이었으며 결국 식민지를 상실한 점을 은폐하고 있다는 것이다. 이러한 망각은 같은 시기 《황무지》와 필적할 만한 의의가 있던 잡지 《열도》가 완전히 잊히고, 1950년대 좌파의 서클시(詩)운동 등이 묵살된 점에서도 알 수 있다. 실제로 1950년대 일본에서는 중국혁명이나 한국전쟁을 민족적인 것, 반미적인 것의 모범으로 이해하고, 국민적인 것이 무엇인지 배워야 할 선례로 받아들였다. 그러나 그때 일본인들은 자신들이 중국이나 조선에 대한 제국주의적 지배의 가해자였던 사실을 잊고 완전히 반대로 생각했던 듯, 조선민족과 중국민족을 자각적인 민족 주체로 삼아 선망의 대상으로 묘사했다는 것이다.

이처럼 자신들의 과거 사실을 망각하고 주변 국가와 민족에 대해 배려하지 않는 구도는, 최근 한국사회에도 풍미하는 동아시아론이 처음 출발할 때부터 지니고 있던 성격이라는 것이 이성시(李成市)의 분석이다. 1960년대 이래 일본 역사학 연구방법론으로 주도적인 역할을 수행한 동아시아세계론의 핵심은 니시지마 사다오(西嶋定生)의 책봉체제론이었으며, 이 책봉체제론을 통해 고대 동아시아국가들이 중국문명화되는 현상을 설명해왔다. 그러나 이성시의 연구에 따르면, 고대 동아시아가 중국문명을 수용한 것은 중국왕조와 주변 여러 나라의 관계(책봉관계) 때문이 아니라 오히려 주변 여러 나라의 상호관계 때문이었으며, 이는 7세기 말 신라와 일본의 율령국가 체제 형성과정을 통해 증명된다는 것이다.

이성시는 책봉체제론의 허점을 비판하면서 책봉체제론이 제출된 사학사적 맥락을 추적했다. 그에 따르면 책봉체제론이 제출되던 1960년대에는 중국 · 한국 · 베트남 · 일본 등 동아시아의 네 지역이 미국의 제국주의적 지배에 대항해 싸워야 하는 공통의 문제와 일체성을 가지고 있었다고 한다. 이 네 지역의 공통항을 인식하고 그 지역의 과거를 연구해보면 2천 년 동안 책봉체제에 의해 형성된 정치권과 문화권이 드러난다는 것이다. 그러나 이러한 동아시아권 개념은 결코 자명한 지역개념이 아닌 것이다. 돌이켜보면 19세기 후반의 '동양', 20세기의 '대동아', 전후의 '동아시아'에 이르기까지 이들 지역개념은 일본인이 아시아 국가의 국민들과 대화하는 가운데 만들어진 것이 아니라, 항상 '서양'·'서구'·'구미'를 의식하는 가운데 만들어진 것이었다. 요컨대 일본에서 제기된 동아시아세계론은 언제나 일방적인 모놀로그였을 뿐이었다는 것이다.

5. 민족/국가 기획으로서의 한국 현대역사학

1945년 해방 이후 오늘날까지 한국의 역사학계, 특히 한국사학계에서는 한결같이 일본 식민사관에 대한 비판과 극복을 최우선 과제로 내세웠다. 이처럼 식민지 경험과 학문적 후진성이 역사학계를 짓누르고 있었을 뿐만 아니라 냉전체제로 인한 남북분단의 현실 또한 역사학계를 옥죄고 있었다. 현실적으로 존재하는 국가가 대한민국이고 그 우방이 미국인 이상, 한국 역사학계는 분단 현실을 비판하면서도 냉전체제에 정면으로 도전하는 역사연구 성과를 산출하기 어려웠다.

어찌 보면 민족주의 역사학의 정치적 성격을 비판하면서 실증적 역사연구를 통해 진리를 발견하려고 한 이기백의 역사학이야말로 냉전체제의 숨막히는 구도 속에서 역사학의 본령에 더 접근했을 수도 있겠다. 김기봉의 논문에 따르면, 이기백 역사학의 목표는 식민사관에서 탈피해 한국사학의 과학성을 정립하는 것이었다. 이기백은, 민족주의 사학이 역사를 위해 민족을 연구하는 것이 아니라 민족을 위해 역사를 연구하기 때문에 필연적으로 역사의 과학성을 결핍할 수밖에 없다고 보았다. 그는 오직 하나의 법칙만이 역사를 지배한다는 일원론적 입장을 버리고 다원적 법칙을 이해해야 한다고 역설했으며, 인류 전체가 실현해야 할 보편적 가치로 공인받은 자유와 평등을 원리로 해서 한국사를 재구성해야만 보편사적 개체성을 구현할 수 있다는 신념을 가졌다.

그러나 김기봉은, 역사에서 진리를 발견하기 위해 이기백이 주장한 실증사학이 대부분의 역사분쟁에서 보듯이 아무런 효력을 발휘하지 못했으며 더 나아가 민족주의 대신 국가주의를 지향하는 모습으로까지 원용되었다고 지적했다. 아울러 이기백은 식민주의 사학의 핵심을 지리적 결정론으로 파악함으로써 역사의 모든 지정학적 요인을 거부하여 일국사적 관점을 초월하는 역사학으로 넘어가기 어렵다고 지적하고 있다.

이기백 실증사학의 대척 지점에 민족주의 역사학과 마르크스주의 역사학이 존재한다. 한국사학사에서 마르크스주의 역사학은 냉전체제의 폭압으로 인해 '사회경제사학'이란 명칭으로 서술되어왔다.[13] 이 때문에 마르크스주의 역사학은 실상과 달리 "사회경제사만 연구하는 역사학"인 것처럼 인식되었다. 이 마르크스주의 역사학은 일제강점기에 발전했다가 냉전체제의 분단 현실 속에서 잠복, 재구성되어 '내재적 발전론'이란 이름으로 불렸으며 진보적 역사학의 대명사처럼 사용되어왔다. 앞의 도베 히데아키의 글에서 정리된 일본의 전후역사학과 유사한 위상을 지닌다고 할 수 있다.

윤해동의 글은 이 내재적 발전론의 대표자라고 할 수 있는 김용섭 역사학의 구조를 총체적으로 분석·비판한 최초의 작업이다. '내재적 발전론'에 대해서는 주로 경제사 연구자들이 실증적·이론적 비판을 해왔으나 역사연구 방법론과 역사관 전반에 걸쳐 비판한 것은 이 글이 최초라고 할 수 있다.

윤해동은 김용섭의 내재적 발전론의 성격을 다음과 같이 정리했다. 첫째, 내재적 발전론은 역사적 유물론의 발전 도식에 입각해 있지만, 민족주의와 발전론을 박정희정권과 공유하고 있었다는 점에

---

13) 그런 의미에서 한국 근대사학사의 개념을 정의할 때 논하는 실증사학, 사회경제사학, 민족주의 사학이란 구분은 식민지 체험과 냉전 이데올로기의 공포 속에서 만들어진 분류법이라고 할 수 있다. 실증사학은 이 책의 고야마 사토시 논문에서 보듯이 실증 자체에 매달리는 것이 아니라 역사를 개체성 중심으로 파악하여 "실제 일어났던 것"을 보여주고자 하는 역사연구 방법이기에 독일에서는 이를 '역사주의'로 부르고 있다(조지 이거스 지음, 임상우·김기봉 옮김, 《20세기 사학사》, 푸른역사, 1999, 43~56쪽). 물론 이는 칼 포퍼가 《열린 사회와 그 적들》에서 말하는 플라톤, 헤겔, 마르크스 등의 '역사주의'와는 정반대의 의미이다. 또, 민족주의 사학은 민족주의 자체가 부차적 이데올로기인 이상 거기에는 많은 지향이 포함될 수 있다. 그러나 마르크스주의와 대립하는 의미에서 민족주의가 지향하는 사회가 자본주의 경제체제와 독립한 국민국가인 이상 대부분의 민족주의 역사학은 근대주의 역사학이란 이름으로 바꿔 불러야 할 것이다. 조동걸은 이러한 문제에 대해 고민한 결과 한국 근대사학사를 일제에 대한 대결자세에 따라 민족주의 사학(유심론사학과 문화사학)·유물론사학·실증사학으로, 역사방법론에 따라 관념사학·사회경제사학·실증사학으로 분류하여 사학사 정리에 크게 기여했다. 하지만 개념의 뒤섞임이 심하여 여전히 요령부득이다(조동걸, 《한국현대사학사》, 나남, 1998, 164~170쪽).

서 근대 국민 만들기에 이데올로기적 기반을 제공했다.

둘째, 내재적 발전론의 식민사학 비판은 식민사관의 타율/자율, 정체/발전이라는 이분법 도식을 뒤집어놓은 데 불과하다는 점에서 원천적으로 유럽 중심의 오리엔탈리즘을 재생시킬 위험을 안고 있다. 즉, 내재적 발전론을 구성하는 자본주의 맹아론, 식민지 수탈론, 두 가지 길 이론, 민족국가 수립이론 등은 모두 서구 근대를 전범으로 설정하고 한국사회의 발전 경로를 이에 입각해 증명하려 함으로써 강력한 목적론적 도식을 구성하고 있다.

셋째, 내재적 발전론은 민족 지상, 국가 지상, 근대 지상의 논리 위에 구축되었기에 인간과 사회는 내재적 발전론의 역사서술 구도에서 축출되어버린다. 이는 완결된 민족과 국가의 형식, 그리고 근대가 곧 선이라는 환상을 조장하고, 현실 비판의식을 마비시켜버린다.

윤해동은, 내재적 발전론이 1980년대 이후 고착화되면서 스스로에 대해 질문할 능력을 상실했다고 주장한다. 이는 국가와 대립한 것처럼 보이지만 민족을 매개로 협력관계를 유지하고, 사회와 대립한 것처럼 보이지만 발전을 매개로 밀월관계를 유지해왔기 때문이라고 한다.

내재적 발전론을 수용한 역사학자들은 현재 한국사학계의 중추적 역할을 담당하고 있는데, 기존의 방법론을 비판적으로 성찰할 여지는 그리 많지 않아 보인다. 그뿐만 아니라 내재적 발전론을 비판하는 연구에 대해서는 식민사학의 아류로 보거나 또는 식민지 근대화론과 동일시하기도 한다.

한국사학계가 이렇다면 동양사학계와 서양사학계는 어떠한가?

이 책에는 여러 가지 어려움으로 인해 해방 이후 동양사학사를 검토하는 글을 실을 수 없었다. 이에 대해서는 기존의 글을 소개하는 것으로 대신하고[14] 서양사학계를 검토해보자.

일제시대 서양사 연구와 교육이 제한적이었다면 해방 이후에는 미국의 영향으로 서양사가 독립적인 분과학문으로 성장할 수 있었다. 각 대학의 교과과정에는 '문화사'가 예외없이 포함되었는데, 이로 인하여 문화사는 1974년 한국사 교육의 강화로 그 특권적 지위를 박탈당할 때까지 서양사학의 가장 확실한 제도적 기반이 되었다. 문화사는 오리엔트-고전고대문명-유럽문명-미국으로 이어지는 계보를 체계화하여 미국을 서양문명의 담당자로 부각시켰는데, 내용상 서양사가 압도적인 부분을 차지했기에 대체로 서양사 연구자들이 강의를 담당했다. 문화사는 유럽문명을 실제보다 훨씬 이상적인 모습으로 서술했기 때문에 '동양문명'을 타자화하는 유럽중심주의를 지녔을 뿐만 아니라, 유럽 근대의 밝은 면을 주로 부각시킴으로써 친서방적인 태도를 함양시켰다.[15]

이와 함께 서양사 연구자들은 발달된 자본주의에 토대를 둔 합리적 시민사회의 건설이라는 실천적 문제의식을 갖추고 1960년대 이후의 당대 현실을 비판적으로 검토하기도 했다. 그러나 그러한 시민

---

14) 하세봉, 《동아시아 역사학의 생산과 유통》, 아세아문화사, 2001 ; 김태승, 〈중국 근현대 인식의 계보와 유산—탈근대적 중국사인식의 전망을 위한 문제제기〉, 한국역사연구회, 《20세기 역사학, 21세기 역사학》, 역사비평사, 2000 ; 김희교, 〈동양사 연구자들의 '객관주의' 비판〉, 《역사비평》 51, 2000 ; 황동연, 〈중국현대사 이해의 문제점들과 그 극복의 전망〉, 《중국현대사연구》 10, 2000.

15) 최갑수, 〈한국의 서양사학과 근대성의 인식〉, 《서양사론》 95, 2007, 57~58쪽.

계급적 당파성으로 인해 박정희정권의 권위주의적 정치체제를 비판하면서도 자본주의적 공업화에 대해서는 원칙적으로 동의하는 이율배반적 태도를 보였다.[16)]

육영수의 논문은 1970년대까지 한국 서양사학계의 개척자라고 할 수 있는 민석홍을 통해 한국 서양사학의 이러한 흐름을 비판적으로 분석하고 있다. 민석홍은 이기백과는 달리 반실증주의적 · 현재주의적 관점을 지니고, 역사가와 그가 살고 있는 역사적 현재가 역사연구의 출발점이 되어야 한다고 강조했다.

대부분의 서양사 연구자들이 그러했던 것처럼 민석홍 역시 근대화를 서구화 및 공업화와 동일시하고, 선진 근대 서양이 밟아간 모범적이며 정상적인 진보의 역사를 후진 비유럽 국가들이 모방 · 계승해야만 전통사회의 정체와 무지의 굴레에서 해방될 수 있다고 확신했다. 이러한 유럽중심주의 역사관을 지니고 있었기에 그는 4 · 19혁명을 옹호하고 5 · 16군사쿠데타를 비판했다. 그러나 1960년대 후반 이후로는 공업화와 경제성장이 시급한 과제라고 하면서 박정희정권의 국가/근대화 기획을 옹호하는 모습으로 변모했다.

육영수는 민석홍이 역사교과서 저술을 통해 각인시킨 유럽중심주의 역사관으로 인해 서양학의 독립이 지연되었다고 하지만, 그것을 결코 서양사학자 일개인의 문제로 치부할 수는 없을 것이다. 서양사학계가 갖는 유럽중심주의는 서양사를 통해 국가/근대화 기획의 전범을 찾으려 했던 해방 이후 한국사회의 지배적인 담론이었기

16) 임지현, 〈한국 서양사학의 반성과 전망〉, 《역사비평》 10, 1990, 109~110쪽.

때문이다.

6. 유럽중심주의와 국사 중심 체제를 넘어서

1990년대 이후 냉전체제가 해체되고 국민국가 기획으로서 역사학의 역할에 대한 비판이 활발해지면서, 유럽중심주의와 그 바탕에 깔린 인식론인 오리엔탈리즘이 비판 대상이 되었다.[17] 이와 더불어 고대 그리스문명의 이집트 기원설, 세계 자본주의체제의 중국 기원설, 영국 산업혁명의 내적 기원 부정설 등 서유럽 역사를 추동한 동력이 서유럽 자체가 아니라 아프리카, 중국 등 비유럽권으로부터 나왔다는 연구성과가 소개되었다.

이처럼 과거에 볼 수 없었던 사학사적 성찰이 등장하고 유럽중심주의를 벗어나는 새로운 연구방법에 대한 모색이 이루어지고 있지만 아직도 한국 역사학계에는 많은 문제가 남아 있다.

첫째, 일본이 서유럽의 오리엔탈리즘으로부터 자신을 방어하기 위해 만든 서양사와 동양사라는 개념에 대해 한국 역사학계는 진지하게 성찰해본 적이 없다.[18] 서양이 단일한 지역이나 국가 또는 사회가 아니라는 사실은 명백하지만, 대부분의 서양사 연구자들 글에

---

17) 서양사 연구에서 유럽중심주의에 대한 비판은 〈특집: 유럽중심주의 서양사를 넘어〉, 《서양사론》 90, 2006에 실린 김택현 · 김봉철 · 강성호 · 김봉중의 논문 ; 박용철, 〈한국의 서양사 연구와 유럽중심주의의 극복〉, 《서양사론》 96, 2007 등 참조.

서는 여전히 서양이란 말이 아무런 의심 없이 사용되고 있다. 도대체 서양이란 명칭에는 어떤 나라나 지역이 들어가는 것인가? 서양으로 지칭되는 지역과 문화는 고대에는 그리스 · 로마, 중세에는 이탈리아의 르네상스와 프러시아 · 프랑스의 종교개혁, 근대에는 영국 · 프랑스의 시민혁명과 산업혁명, 현대에는 러시아의 사회주의와 독일의 파시즘화 등 전혀 단일한 흐름이 아니다. 그럼에도 불구하고 서양이란 개념을 계속 사용할 경우엔 숙명적으로 서양우월론과 오리엔탈리즘에서 벗어날 수 없을 것이다.

동양사 개념 역시 마찬가지다. 20세기 전후의 서양과 대등한 존재로서의 동양, 그 동양문화의 적장자가 곧 일본이라는 도식을 만들기 위해 일본인들이 고안한 개념이 바로 동양사였다. 해방 이후 한국 역사학계에서는 이러한 개념 틀에 대한 대안을 만들어냈어야 하지만 현실은 그렇지 못했다. 현재 중국에서는 대부분의 대학 교과과정에 서양사라는 교과목은 있어도 동양사 교과목은 전혀 없다. 한국과 일본에만 동양사 과목뿐만 아니라 학과까지 존재하고 있다.

역사 3분과 체제가 유럽중심주의로부터 나왔다면, 이 체제는 유럽중심주의를 유지 · 고착시키는 역할을 할 것이며, 외국사 전공자와 자국사 전공자 사이의 교류를 원천적으로 막을 것이다. 왜냐하면 역사학이 학과 또는 전공이라는 대학제도 속에서 연구되는 한 경계를 넘나드는 연구자는 대학이 제공하는 제도적 연구공간 속에 정착할 수 없기 때문이다. 그 결과 역사연구에서는 자국사 연구가 항상

---

18) 역사 3분과 체제의 발생과 문제점에 대한 지적은 앞의 최갑수의 글이 최초라고 알고 있다.

우월한 지위를 차지하게 되고 원격 지역은 물론, 인근 지역의 역사 연구가 자국사와 관계 맺고 나갈 수 있는 공간을 부여하지 않는다.

둘째, 1980년대 후반 이후 일본에서 출발하여 한국과 일본에서 당연하게 받아들여온 동아시아 개념에 대해서도 역사학계의 치열한 논의가 요청된다. 앞서 이성시 글에서도 분석되었듯이, 일본이 제기한 '동양'·'동아'·'동아시아' 등의 개념은 일본이 주변 국가와 대화하는 과정에서 도출된 개념이 아니다. 동아시아와 유사한 개념에는 항상 일본이 마스터 역할을 하고자 하는 대등하지 않은 힘의 관계가 도사리고 있다. 더군다나 한국 주변에 위치한 일본·중국·소련 등의 근현대사는 아시아라는 개념만으로는 묶기 어렵다. 1900년 이후, 특히 제2차 세계대전 이후에는 미국이 매우 중요한 존재로 등장했다. 전후 일본의 동아시아 개념이 미국을 대상으로 고안된 복사물에 불과하다면, 한국 역사학계는 이를 그대로 좇아야 할 것인가? 이런 상황에서 '동아시아'라는 개념을 계속 사용하는 것은 어떻게든 동아시아를 증명하려는 욕구를 만들어낼 것이고, 역사 연구자들이 실제와 괴리된 역사상(歷史像) 구축에 힘을 낭비하게 될 것이다.

마지막으로, 현재의 국사 중심 체제는 항상 국가 단위의 역사를 연구주제로 삼을 뿐이기에, 재일조선인과 같이 북한·남한·일본 가운데 어느 국가의 역사에도 포함될 수 없는 집단은 연구 대상에서 제외되었다. 도노무라 마사루(外村大)의 논문은 이 점을 설득력 있게 보여준다. 도노무라에 따르면, 해방 직후 재일조선인은 자신들의 역사를 기억하려는 움직임을 보였지만, 일본인들은 과거 가해의 역사를 기억하려 하지 않았다. 설상가상으로, 1950년대 좌파계 재일조선인들의 치안 문제나 한국과의 어업권 문제 등으로 이들에 대한 일본인의 배외의식이 높아져 재일조선인사 연구 자체가 곤란했다. 1950년대 후반에 연구가 간신히 시작되었지만, 재일조선인의 역사가 김일성 중심의 역사와 다르다는 점, 일본인의 감정을 자극하여 북한 · 일본 간 우호를 저해한다는 점 등으로 인해 저지되었다. 결국 재일조선인사 연구는 남한이나 북한 또는 일본 등의 국가가 보호 · 장려한 것이 아니라 오히려 억압해왔으며, 본격적인 연구는 재일조선인 역사 연구자들이 스스로 개척해왔다는 것이다.

이상으로 역사 3분과 체제를 중심으로 현재 한국 역사학계의 문제점들을 짚어보았다. 역사 3분과 체제는 서양 역사가 보편적 발전 과정이라는 유럽중심주의와 비서구 역사는 후진/정체되었다는 오리엔탈리즘을 인식론적 기반에 두고, 일본이라는 특수 동양만은 예외적으로 서구와 대등한 발전을 이루었다는 발상에서 구성되어 20세기를 지배해온 역사학 제도라는 점을 명심해야 한다. 그렇다면 한국의 역사 연구자들은 오늘날에도 이러한 발상을 계속 수용할 것인가? 21세기에 새로운 사학사가 시작된다면 이러한 문제인식에서부터 출발해야 할 것이다.

1부

오리엔탈리즘 속의 내셔널히스토리

'세계사'의 일본적 전유

랑케를 중심으로

고야마 사토시

20세기 전반 일본의 서양사학을 대표하는 연구자였던 사카구치 다카시와 스즈키 시게타카가 가진 역사 인식은 어떤 형태로 19세기 독일사학을 대표하는 랑케의 역사학과 결부되어 있었던 것일까? 그들은 어떤 맥락에서, 어떤 방법으로 랑케의 텍스트를 잘라내고 비교하여 바꾸고 짜맞추어서 전유했던 것일까?

고야마 사토시(小山哲)

1983년에 교토(京都)대학 문학부를 졸업하고 동대학 대학원 문학연구과에서 서양사학을 전공했다. 1986년부터 88년까지 바르샤바대학 역사학연구소에 유학하여, 폴란드 근세사를 공부했다. 1990년부터 시마네(島根)대학 법문학부에서 서양사학을 담당하고, 1993년부터 94년까지 바르샤바대학 신언어학부 동양학연구소 일본학과에서 강사로 근무했다. 1995년부터 교토대학 인문과학연구소의 조교수로서 유럽관계 공동연구를 담당했다. 2001년부터 교토대학 대학원 문학연구과에서 서양사학 연구와 교육에 종사하고, 현재 문학연구과 교수로 재직 중이다.
전문 분야는 근세·근대의 폴란드 역사다. 최근에는 특히 근세 폴란드의 공화정적인 정치문화 연구를 진행하고 있다. 이 분야 논문은 〈人文主義と共和政 — ポーランドから考える〉(小倉欣一 編,《近世ヨーロッパの東と西 — 共和政の理念と現實》, 山川出版社, 2004), 〈'貴族の共和國'像の變容〉(《東歐史硏究》 30, 2008) 등이 있다. 한편, EU의 동방확대가 역사연구에 미치는 영향에 대해서도 계속 관심을 기울이고 있다. 이 문제에 대해서는 〈よみがえるヤギェウォ朝の記憶 — ヨーロッパ統合と東中歐史の構築〉(谷川稔 編,《歴史としてのヨーロッポ・アイデンティティ》, 山川出版社, 2003)에서 사회주의체제 붕괴 후 폴란드 역사학의 새로운 전개와 문제점에 대해 고찰하고 있다.

1. 일본에서 수용한 랑케 — 또 하나의 측면

이 글에서는 19세기 말부터 20세기 전반까지 일본에서 레오폴트 폰 랑케(Leopold von Ranke, 1795~1886) 역사학의 소개에 관여했던 서양사학자인 사카구치 다카시(坂口昻, 1872~1928)와 스즈키 시게타카(鈴木成高, 1907~1988)를 다루고자 한다.

이 두 사람은 사제관계에 있었고, 각각 제3고등학교에서 교편을 잡았으며, 또 교토(京都)제국대학에서 서양사학 강좌를 담당했다. 사카구치 다카시는 자타가 인정하는 랑케 역사학의 학풍을 이은 계승자이고, 일본에서 최초로 본격적인 《독일사학사》를 저술했다(저자 사후인 1932년에 간행). 스즈키는 32세에 《랑케와 세계사학》(1930)을 집필하여 태평양전쟁 전야의 독서계에 널리 이름을 알렸다. 이 두 역사가는 함께 동시대의 시사적인 문제에 대해서도 적극적으로 발언했고, 서양사 연구자로서 일본의 식민지 통치나 전쟁 수행에 협력했다. 뒤에 서술하는 바와 같이, 사카구치는 한국병합 이

* 이 글의 집필에 즈음해서 오쿠라 요시카즈(小倉欣一), 다카기 히로시(高木博志), 다나카 사토시(田中聰), 도베 히데아키(戶邊秀明), 박환무(朴煥珷) 등 여러 분에게 사료와 문헌에 대한 귀중한 가르침을 받았다. 이에 감사를 표한다.

듬해에 조선총독부의 위촉을 받아 독일 국경 지역의 민족 문제를 조사했고, 스즈키는 태평양전쟁 개전 직전에 해군성의 요청으로 만들어진 브레인집단의 멤버였다.

식민지 통치와 랑케, 총력전체제와 랑케—어느 것도 자명하다고 말하기 어려운 조합이 아닐까? 20세기 전반 일본의 서양사학을 대표하는 연구자였던 이 두 역사가가 가진 역사인식은 어떤 형태로 19세기 독일사학을 대표하는 랑케의 역사학과 결부되어 있었을까? 그들은 어떤 맥락에서, 어떤 방법으로 랑케의 텍스트를 잘라내고 비교하여 바꾸고 짜맞추어서 전유(appropriate)했던 것일까?

* * *

유럽에서 근대 실증사학의 성립은 종종 랑케의 이름과 결부되어 이야기되어왔다. G. P. 구치(George Peabody Gooch)는 《19세기의 역사와 역사가들》(1913년 초판 간행)에서 역사학에 대한 랑케의 공헌을 다음의 세 가지로 정리했다.

> 첫 번째는 과거의 연구를 인간으로서 되도록 현재의 감정으로부터 분리하여 사물이 실제로 어떻게 존재했는가—"Wie es eigentlich gewesen"—를 기술한 점이다. …… 두 번째 공헌은 동시대 사료에서 역사를 엄밀하게 구성할 필요성을 확립한 점이다. 그는 기록을 이용한 최초의 인간은 아니지만, 그것을 올바로 이용한 최초의 인간이다. …… 세 번째로 그는 동시대의 것이든 아니든 전거를 필자의 기질, 친근관계, 그것을 아는 기회에 비추어 분석함으로써 증거에 바탕을 둔 과학의 기초를

닦았다.[1)]

구치로부터 80여 년이 지나, R. J. 에반스(Richard J. Evans)도 랑케의 공헌으로 다음의 세 가지를 지적한다.

첫째, 역사학을 철학과 문학으로부터 독립한, 고유의 전문 분야로 확립한 것이다. …… 과거를 현재의 기준으로 측정할 수는 없다. 과거는 과거 자체의 기준으로 보아야 한다. 이것이 학문으로서의 역사에 대한 랑케의 두 번째 주요한 공헌이다. …… 랑케는 그 무렵 문헌학자가 고전문학과 중세문학 연구에 적용하고 있던 방법을 근대사 연구에 도입했다. 아마 그것이 가장 중요한 세 번째 공헌일 것이다. …… 랑케에 따르면 역사가는 기록에서 위조와 변조를 가려내야만 한다. 어떤 문서에 대해 그 내용 자체에 모순이 없는지, 같은 시대에 유래하는 다른 문서와 어긋나지는 않는지를 조사해야만 한다. (역사가는 ……) 랑케가 했던 것처럼 간행되지 않은 채 유럽 각국의 공문서관이 소장하고 있는 방대한 필기체 원사료를 읽어내기 위해 고문서관에 가지 않으면 안 된다. …… 랑케의 원칙은 지금도 역사연구와 교육의 기본이 되어 있다. 예를 들어 영국 대학에서 '사료강독특론(史料講讀特論)'이라고 하면, 대체로 사료 비판의 기초적인 훈련을 가리킨다.[2)]

---

1) グーチ, G. P., 林健太郎 · 林孝子 譯,《十九世紀の歷史と歷史家たち(上)》, 筑摩書房, 1971, 101~102쪽.

역사 발전의 법칙성을 해명하는 것이 아니라 각 시대의 개성을 기술하는 것을 목적으로 하는 역사학, 문헌 사료의 중시와 동시대 사료의 비판적 검토에 바탕을 둔 역사연구, 사료의 취급방법을 훈련하기 위해 대학 사학과에 도입된 연습 형식의 수업—20세기의 시작과 종결 시점에 이루어진 두 영국 역사가의 평가는, 랑케의 업적을 독일 국민사의 차원을 넘어 역사학 일반의 발전의 역사 속에 자리매김할 때 표준적인 이해를 제시한다고 해도 좋을 것이다.

랑케라는 이름은 일본에서 전개된 근대역사학의 성립사에서도 상징적인 여운을 남기며 영향을 미쳤다. 1887년(메이지 20년)에 일본에 온 루트비히 리스(Ludwig Riess, 1861~1928)에 의해 랑케사학이 도입되던 시점은 일본 근대사학사를 서술할 때 획기적인 시기로 항상 중요하게 언급되어왔다.[3] 리스는 1902년(메이지 35년)까지 일본에 체재하면서 제국대학 사학과에서 강의(역사학 방법론, 세계사, 영국 헌정사 등)와 연습을 담당했다.[4] 리스가 베를린대학 사학과에서 배운 것은 1880년부터 1884년 사이인데, 이 무렵에 랑케는 이미 교단에서 은퇴했으므로 대학 밖에 있었던 리스와 만년의 랑케와의

---

2) エヴァンズ, リチャード J., 今關恒夫 · 林以知郎 監譯, 《歷史學の擁護—ポストモダニズムとの對話》, 晃洋書房, 1999, 16~17쪽.

3) 大久保利兼, 《日本近代史學史》, 白揚社, 1940, 3~4, 269~271쪽 ; 岩井忠熊, 〈日本近代史學の形成〉, 《日本歷史 22—別卷 1》(岩波講座), 59 · 103頁, 岩波書店, 1963, 87~90쪽 ; 大久保利兼, 《大久保利兼歷史著作集 7—日本近代史學の成立》, 吉川弘文館, 1988, 98~99쪽 ; 永原慶二, 《20世紀日本の歷史學》, 吉川弘文館, 2003, 33~36쪽.

4) 西川洋一, 〈東京とベルリンにおけるルートヴィヒ · リース〉, 東京大學史料編纂所 編, 《歷史學と史料硏究》, 202 · 233頁, 山川出版社, 2003, 205~212쪽.

관계에 대해서도 불명확한 점이 남아 있다.[5] 그러나 역사가 리스가 19세기 말 독일에서 신랑케학파(Neurankeaner)에 의한 '랑케 르네상스(Rankerrenaissance)'의 강한 영향 아래 있었던 것은 확실하다.[6] 적어도 일본에서 리스에게 배운 사람들은 그를 랑케의 제자이고, 그의 학풍의 정당한 계승자로 간주했다.[7]

일본의 근대사학은 전통적인 고증학의 토양 위에 유럽 모델을 모방한 역사학의 여러 제도와 사료 비판 수법이 이식됨으로써 성립했다. 리스가 일본에 온 1887년은 제국대학에 사학과가 창설된 해이기도 했다. 1889년에는 사학과와는 별도로 국사과가 설치되었으며, 이후 사학회가 창설되고, 학회지로 《사학회잡지(史學會雜誌)》(1892년부터 《사학잡지》로 개칭)가 창간되었다. 이에 앞서 메이지정부는 이미 1869년(메이지 2년)에 정사(正史)를 편찬하기 위해 국사편집국(國史編輯局)을 개설했다. 당초 수사(修史) 편찬에 종사하던 사람은 청조의 고증학을 학습한 시게노 야스쓰구(重野安繹)를 비롯한 한학자들이었다. 국가에 의한 정사 편찬사업은 그 후 우여곡절을 겪고

---

5) 《사학잡지(史學雜誌)》에 게재된 리스의 약전(略傳)에 따르면, 리스가 랑케의 사자생(寫字生)이 되었다고 한다(〈ルードヰイッヒ・リース先生略傳〉, 1902, 894쪽). 그러나 독일에 남아 있는 리스 관련 사료를 상세히 검토한 니시카와 요이치(西川洋一)는 랑케와 개인적 관계를 보여주는 자료를 찾을 수 없었다고 말한다(西川洋一, 〈史料紹介—ベルリン國立圖書館所藏ルートヴィヒ・リース書簡について〉, 《國家學會雜誌》 115巻 3・4號, 179・223頁, 2002, 185쪽).

6) 岸田達也, 《ドイツ史學思想史研究》, ミネルヴァ書房, 1976, 132~145쪽 ; 西川洋一, 앞의 〈東京とベルリンにおけるルートヴィヒ・リース〉, 203~205, 209쪽.

7) 坂口昂, 〈《世界史論進講錄》を讀む〉, 《藝文》 9巻 6號, 58・64頁, 1918, 60쪽 ; 村川堅固, 〈ルードヴィヒ・リース教授の逝去〉, 《史學雜誌》 40編 4號, 113・115頁, 1929, 113쪽.

나서 수사국(修史局 ; 1875년 개설)에 인계되었고, 리스가 일본에 온 다음해인 1888년에는 제국대학 내에 설치된 임시편년사편찬괘(臨時編年史編纂掛)로 이관되었다. 그러나 제국대학의 수사사업은 구메 구니타케(久米邦武)가 1891년(메이지 24년)에 《사학회잡지》에 발표한 논문 〈신도(神道)는 제천(祭天)의 옛 풍속(古俗)〉에 대한 국학자(國學者)들의 공격으로 갑자기 좌절되었다. 그 후 1895년에 사료편찬괘(史料編纂掛 ; 현 사료편찬소史料編纂所의 전신)가 설치됨으로써 이전의 수사국 사업은 사료 편찬에 한정되는 형태로 재개되었다.[8)]

이리하여 리스가 일본을 떠나는 1902년까지, 대학의 역사학 강좌, 역사학회, 전문잡지, 사료 수집기관 등 근대적인 역사연구를 뒷받침하는 제도가 대충 정비되었다. 리스가 일본 역사학에 미친 영향에 대해 과대평가되었다는 지적도 있지만,[9)] 이러한 일련의 역사학 제도화 과정에 리스가 여러 가지 형태로 관여했던 것은 사실이고,[10)] 일본에서 리스의 역할과 랑케사학의 수용이 지금까지 주로 '아카데

---

8) 岩井忠熊, 앞의 〈日本近代史學の形成〉, 82~90쪽 ; 永原慶二, 앞의 《20世紀日本の歷史學》, 10~42쪽.

9) メール, マーガレット, 〈明治國家と日本近代史學の成立―現東京大學史料編纂所をめぐって〉, 伊藤隆 編, 《日本近代史の再構築》, 127 · 149頁, 山川出版社, 1993, 142~144쪽 ; メール, マーガレット, 近藤成一 譯, 〈明治史學におけるドイツの影響―どれ程意義ある影響だったのか?〉, 東京大學史料編纂所 編, 《歷史學と史料研究》, 182 · 201頁, 山川出版社, 2003, 192~197쪽.

10) 金井圓, 〈歷史學―ルートヴィヒ · リースをめぐって〉, 《お雇い外國人―人文科學》, 107 · 197頁, 鹿島出版會, 1976, 141~189쪽 ; 西川洋一, 앞의 〈東京とベルリンにおけるルートヴィヒ · リース〉, 205~212쪽.

미즘 실증주의 사학의 성립'이라는 측면에서 논의되어온 데에는 그에 상응하는 근거가 있었다고 할 수 있다.

이렇게 랑케적 실증사학이 일본에 이식된 것은 지금까지 주로 근대적인 '국사'의 성립이라는 맥락 속에서 논의되어왔다. 그러나 일본에서 수용한 랑케사학에는 이제까지 일본 근대사학사 서술에서는 그다지 강조되지 않았던 또 하나의 측면이 있었던 것으로 생각된다. 초창기의 아카데미즘 사학이 리스를 매개로 수입될 때, 거기에는 실증사학의 수법과 함께 랑케적인 '세계사'의 이념이 함께 들어 있었다. 이러한 랑케 수용의 두 가지 측면은 그 담당자를 달리하고 있다. 실증사학의 이식이 주로 일본사학이나 동양사학의 연구방법과 관련한 문제였던 데 비해, 세계사 개념의 수용은 오히려 서양사학과 역사철학이라는 두 가지 분야와 관련되어 있었다.[11)]

일본 근대사학이 형성되는 과정에서 서양사학이 수행한 역할은 역설적인 것이다. 서양사학 연구자는 그 연구대상이 구미의 역사였으므로 필연적으로 유럽의 실증주의적인 역사학의 논리와 방법이

11) 이 점에서 "반 노부토모(伴信友) 등의 고증학이 고쿠가쿠(國學)의 이데올로기적인 면을 내던져버린 학문이었다는 점과, 리스가 전한 독일사학이 랑케에게서 그의 역사철학을 제거한 역사학이었다는 점은 서로 어우러져 메이지(明治)시대 실증주의 사학의 무(無)사상성을 배양했다"고 하는 이에나가 사부로(家永三郎)의 지적(家永三郎, 《日本の近代史學》, 日本評論新社, 1957, 82쪽)은 리스가 수행한 역할에 관해서는 일면적이라고 할 수밖에 없다. 리스가 일본에 머물러 있던 1899년에 미쓰쿠리 겐파치(箕作元八)는 《사학잡지》에 발표한 논설 〈랑케의 역사 연구법에 대하여〉에서 랑케의 역사 연구수법을 '고증적 연구법(antiquarische Methode)', '연결적 연구법(kombinierende Methode)', '철학적 연구법(philosophische Methode)'의 3단계로 정리하여 해설했다(箕作元八, 〈ランケの歴史研究法に就きて〉, 《史學雜誌》 10編 6號, 578 · 587頁, 1899, 578~579쪽).

어떤 것인가를 일찍부터 이해할 수 있는 처지에 있었다. 그러나 실증적인 개별 연구에 꼭 필요한 대부분의 사료는 일본 서양사 연구자의 손이 미치지 않는 곳에 있었다. 현지에서 조사 · 연구할 기회는 제한되어 있었고, 유학할 기회를 얻은 경우에도 2~3년의 유학 기간 내에 미간행 사료를 자유로이 활용할 수 있는 수준에까지 도달하기는 곤란한 일이었다. 이 때문에 일본의 서양사 연구자는 최근에 이르기까지 구미 연구로부터 배운 실증주의적인 사료 비판의 방법을 자기 손으로 개별적인 유럽사 연구에 충분히 적용할 수 없었다. 그 대신 서양사학 연구자가 했던 것은 구미 역사가의 주요한 연구성과나 역사이론을 일본에 소개하는 동시에, 그로부터 연구성과나 개념을 독자적인 시각에서 조합하여 유럽사나 세계사 서술을 행하는 것이었다.[12)]

랑케의 역사책도 대부분은 서양사학 연구자가 번역 · 소개했으나, 19세기 말부터 20세기 전반에 걸쳐 일본 내외에서 일어난 지적 · 정치적 환경의 변화로 인해 그들이 번역하는 텍스트의 선택이나 해석도 영향을 받지 않을 수 없었다. 그 중에서 가장 큰 문제는 번역이나 해설을 통해 수용된 랑케의 텍스트가 아시아 · 태평양 지역으로 세력권을 확대하던 일본의 세계사적 입장에 근거를 제공하는 언설 속으로 편입되어 정치적으로 이용되었다는 점이다. 뒤에 서술하는 바와 같이, 랑케로부터 유래하는 세계사 개념은 1930년대 후반부터 1940년대 전반에 걸쳐 대동아전쟁을 이론적 · 도의적으로

12) 大類伸, 〈西洋史學發達の回顧と展望〉, 《歷史教育》 7卷 9號, 625 · 632頁, 1926, 625쪽.

정당화하기 위해 동원되었다. 그런 의미에서 일본의 랑케적 세계사의 수용은, 19세기 후반부터 20세기 전반에 걸쳐 동아시아에서 근대적인 역사인식이 형성되는 과정을 생각하는 데 매우 중요한 문제를 포함하고 있다.

이 글에서 거론하는 두 명의 서양사가, 곧 사카구치 다카시와 스즈키 시게타카는 모두 자신들이 리스를 매개로 랑케의 학통에 연결되어 있다는 점을 강하게 의식하고 있었다. 제국대학에서 리스에게 직접 배운 사카구치는, 1년 후배로 같이 리스에게 배운 무라카와 겐고(村川堅固)가 번역한 랑케의 《세계사론 진강록(世界史論進講錄, Über die Epochen der Neueren Geschichte)》(1888의 번역)의 서평에서 다음과 같이 말하고 있다.

> 최근 우리 나라(일본—옮긴이) 사학의 진보가 도쿄제국대학 문과대학의 전 외국인 고용 교사 루트비히 리스 박사에게 빚진 바가 자못 크다는 데 대해서는 누구도 이의를 제기하지 않을 것이다. 박사는 처음 만년기 랑케 역사학 학풍의 중심이었던 베를린대학에서 배운 후, 메이지 중기에 랑케파의 세계사관 및 그 방법학을 갖고 일본으로 와서 10여 년 동안 당시 유일했던 제국대학 문과대학에서 처음으로 우리 클리오(Clio)의 아이들을 힘써 고취하여 지도했던 것이다. 그렇다면 오늘날 우리 나라 역사가의 대부분은 이 은사를 통해 랑케의 손자 제자 내지 증손자 제자에 해당하는 셈이다. 내가 이번에 《세계사론 진강록》을 접하고서 도저히 다른 사람을 대한다는 느낌이 들지 않아 단연 옷깃을 여미자 마침 눈에 선하여 공경하는 부모님의

사진을 대하는 것처럼 경건한 정을 가지지 않을 수 없었던 것은 바로 이런 이유 때문이다. 특히 이것을 제공한 것은 …… 동문 제자 무라카와 박사이다. 바꿔 말하면 우리 학통상의 조부가 남긴 사학사상 유례없는 양서가, 학통상의 동포 중 우리나라 최대 권위자의 한 사람이 번역한 것이다.[13)]

그로부터 반세기 이상이 지난 뒤에, 스즈키 시게타카는 근대 독일사 연구자인 하야시 겐타로(林健太郎)와 진행한 대담에서 자신과 랑케사학과의 관련성에 관해 다음과 같이 말했다.

메이지 초년에 도쿄대학에 리스가 와서 랑케사학이라는 것을 일본에 들여왔습니다. 그러므로 일본의 역사학과 랑케사학의 밀접한 관계이라는 것은 일본에서 근대역사학이라는 것이 발족하던 당초부터 있었습니다. 저는 이것은 일본의 학문에 대단히 좋은 일이었다고 생각합니다. 서양 역사학의 본류가 수입되었기 때문이죠. 저의 경우 저의 은사인 사카구치 선생이 리스의 매우 충실한 제자였기 때문에 리스-사카구치 선을 통해 랑케사학이라는 것이 알게 모르게 제 속으로 스며들어왔다고 할 수 있습니다.[14)]

---

13) 坂口昂, 앞의 〈《世界史論進講錄》を讀む〉, 60쪽.

14) 鈴木成高 · 林健太郎, 〈〈對談〉ランケ史學の神髓〉, 《世界の名著 續 11—ランケ》付錄, 1 · 12頁, 中央公論社, 1974, 2쪽.

세계사 개념의 수용이라는 측면에서 일본 랑케사학의 계보를 더듬어볼 때, 교토제국대학이라는 장소는 결정적으로 중요한 의미를 가지고 있다. 도쿄의 제국대학에서 리스로부터 배운 사카구치 다카시가 교토로 옮김으로써, 랑케사학의 지류 중 하나가 교토제국대학의 서양사 연구실로 흘러들어왔다. 스즈키 시게타카의 발언에서 명백하게 알 수 있듯이, 이 흐름 속에서 배운 세대는 랑케-리스-사카구치라는 사제관계의 밀접한 관계를 매개로 자신이 서양 역사학의 본류와 연결되어 있다는 자기 인식을 갖고 있었다. 더욱 중요한 것은 교토제국대학이라는 장에서 철학자 니시다 기타로(西田幾多郎, 1870~1945) 제자들의 역사철학과 랑케사학이 만났다는 점이다. 이 양자의 조우가 이른바 교토학파의 '세계사의 철학'을 낳았다. 스즈키 시게타카는 서양사학에서 랑케의 학통과 니시다 철학을 연결 짓는 중개자의 역할을 수행했다.

여기에서는 랑케적 세계사의 계승자임을 자처하는 두 서양사 연구자의 언설을 검토함으로써 일본에서 전유했던 랑케사학의 특질에 대해 생각하는 실마리를 얻고자 하지만, 그에 앞서 초창기 아카데미즘 사학에서 '우리 학통상의 조부'가 어떤 존재였던가를 엿보게 하는 20세기 초의 에피소드를 언급해두고 싶다.

2. 랑케기념제 — 일본 근대사학의 조상숭배

리스가 15년 동안의 일본 체재를 마치고 귀국한 다음해인 1903년 말에 도쿄제국대학에서 랑케 탄생 108주년을 기념하여 '랑케기념제'가 열렸다. 그 모습을 잡지《사학계(史學界)》는 다음과 같이 전하고 있다.

> 우리 나라에서 랑케기념제를 열자는 논의는 이번에 시작된 것이 아니다. 어느 날 학생 유지들이 그들의 하숙집 2층에서 과자 회식을 하며 랑케 씨의 옛날에 대한 이야기로 밤을 지새운 적도 있었을 정도였다.
>
> 이에 1903년 곧 작년 12월이 되어 우리 미력한 사학계는 시기가 무르익은 것을 헤아리고 자진하여 랑케기념제를 공개하기로 결의하자, 안내장 수백 장을 대학 내외에 보내고 또 기발한 광고를 대학 내외에 게시하여 크게 활기를 불러일으켰다. 이리하여 드디어 메이지 36년 12월 20일 오후 1시부터 도쿄제국대학 구내 산조(山上) 집회장에서 레오폴트 폰 랑케 씨의 제108회 탄신을 축하하는 기념회를 개최했다. ……
>
> 기념회장의 정면에는 발기자 중 한 사람이 소장하고 있던 랑케 씨의 유화 초상을 걸었고, 교차하는 두 줄의 월계수로 액자를 장식했으며, 그 밑에는 씨의 절세의 대저 수십 권을 일렬로 배열했고, 그 앞에는 황백의 국화 화분 몇 개와 대여섯 개의 오래된 소나무와 그윽한 난 등 일본의 고유한 분재를 장식했으며, 따로 몇 가지 종류의 과자도 올렸다.
>
> 이미 좌석이 정해지자 발기인 대표 문학사 다카쿠와 고마키치(高桑駒吉) 씨가 개회사를 했다. 그 줄거리는 …… 우리가 이에 이번 기념제를 발기한 것은 사학의 황야를 개척하여 과학적 연구를 사학에 응용함으로써 이제까지 사가가 찾아가야 할

길을 많이 알게 한 랑케 씨의 위대한 공적을 기리고, 씨가 세운 연구방법을 개선하여 완성하고자 하는 변변치 못한 작은 성의임에 틀림없으며, 따라서 씨의 연구방법으로써 오늘날 적용할 수 없는 것은 거리낌 없이 그것을 논란할 수도 있다. 요컨대 오로지 뜻을 같이하는 사람들이 서로 모여 자진해서 상호의견을 교환해나감으로써 학계에 다소의 공헌을 하고자 하는 데 있다. 이상의 취지로 이 랑케기념제를 앞으로 12월 20일 또는 21일을 정하여 개최할 것이다. 그뿐만 아니라 본회는 당연히 내년 2월 10일에 우리 나라 사학의 한 위인인 아라이 하쿠세키(新井白石)의 탄신기념제를 개최할 것이고, 또 때가 맞으면 그리스·로마사학의 대가를 기리는 기념제도 개최할 것 운운.[15)]

우리는 이 보고를 통해 초창기 아카데미즘 사학에서 차지하던 랑케의 상징적인 지위를 알 수 있다. 의례식장의 정면에 초상을 걸고 꽃과 과자를 바침으로써, 랑케는 반은 신격화되어 숭배의 대상으로 바뀌었다. 도쿄제국대학에서 역사를 배우는 학생들이, 랑케기념제 거행 이전부터 랑케를 기리는 집회를 사적으로 가졌다는 사실도 확인할 수 있다. 발기인이었던 다카쿠와 고마키치가 강연 속에서

이과(理科)에는 뉴턴기념제라든가 문학자 쪽에게는 괴테기념제라든가 하는 방식으로 제각기 자기들의 위인을 기리는 기념제가 있는데도 우리 사학계에는 아직 그런 계획이 없어 크게

---

15) 《ランケ紀念講話》(《史學界》 第6卷 別刷), 1904, 1~4쪽.

유감으로 생각하던바, 우리 《사학계》 사람들이 우선 랑케기념제를 지냈던 것입니다.[16]

라고 말하고 있는 데서 보이듯이, 이 무렵 도쿄제국대학에서는 특정 학문 분야의 위인을 현창하는 행사가 다른 분야에서 이미 열리고 있었다. 관학 역사가들이 최초의 기념제에서 랑케를 내건 것은 당시 아카데미즘 사학이 자신들이 의거하는 학문적 패러다임을 어떻게 인식하고 있었던가를 드러내준다고 할 수 있다.

주의해야 할 점은 이 보고의 집필자가 랑케의 "연구방법으로써 오늘날 적용할 수 없는 것은 거리낌 없이 그것을 논란할 수도 있다"고 말하고 있다는 사실이다. 뒤에 서술하는 바와 같이, 랑케기념제에 모인 역사가들은 랑케사학에 대한 독일 학계의 비판을 비교적 잘 인식하고 있었고, 랑케학설을 절대적인 교의로 간주하지는 않았다. 기념강연에서 미쓰쿠리 겐파치(箕作元八)의 발언—"우리는 정말 랑케 씨의 숭배자이다. 그러나 우리는 결코 씨의 맹종자는 아니다"[17]—이 단적으로 표현하는 바와 같이, 랑케기념제의 숭배 대상은 '교조(教祖)'로서의 랑케가 아니라 어디까지나 '학조(學祖)'로서의 랑케였다. 더욱이 따로 제사지내야 할 역사가로 아라이 하쿠세키가 거론되는 데서 알 수 있는 것처럼, 여기에 상정된 역사학의 계보는 독일사학(내지 유럽사학)의 그것이 아니라 일본사학의 계보이고, 랑케는 이 가계에 속하는 조상의 한 사람인 것이다. 여기에서 랑케사학

16) 위의 책, 1쪽.

17) 위의 책, 20쪽.

의 약점을 극복한다는 과제도, 이 계보에 연결되어 있는 일본 역사 연구자 자신의 과제—"(랑케—옮긴이) 씨가 세운 연구방법을 개선하여 완성하고자 하는 변변치 못한 작은 성의"—로서 받아들이게 된다. 랑케의 초상을 교차하는 두 줄의 월계수와 황백의 국화 화분 몇 개와 대여섯 개의 오래된 소나무와 그윽한 난 등 일본의 고유한 분재로 장식한 제단은, 유럽에 기원을 둔 실증사학을 일본 근대사학의 내셔널한 계보 속으로 짜넣는 조작을 의례적인 차원에서 표상하는 것이라고 할 수 있겠다.[18)]

1903년 랑케기념제에서는 4명의 역사가(다카쿠와 고마키치, 아베 히데스케阿部秀助, 쓰보이 구마조坪井九馬三, 미쓰쿠리 겐파치)들이 '기념강화'를 했다. 그 필기 원고는 만년의 랑케 초상 사진과 함께 다음해에 발행된《사학계》에 게재되었다. 리스가 귀국한 바로 직후에 있었던 랑케 기념강연은, 아카데미즘 사학의 담당자들이 랑케가 사학사에서 차지하는 위치를 어떻게 인식하고 있었던가를 보여준다. 랑케기념제의 기획자 대표이기도 했던 다카쿠와는 랑케의 생애

---

18) 몇 년 지나서 1906년(메이지 39년)에 히로시마(廣島) 고등사범학교에서도 랑케, 아라이 하쿠세키를 포함한 서양, 일본, 중국의 역사가를 '역사의 신(史神)'으로 모신 제전이 열렸다. "히로시마 고등사범학교의 역사지리부 교우회에서는 세계고금에 걸쳐 역사학에서 공적이 있는 대가의 기일에 즈음하여 사신제(史神祭)를 거행하고, 역사적 회고의 좋은 취미를 학교 내외에 고취하려고 하여 우리 나라에서는 도쿠가와 미쓰쿠니(德川光邦)·아라이 긴미(新井君美 : 君美는 하쿠세키의 이름—옮긴이)·모토오리 노리나가(本居宣長), 중국에서는 공자·사마천, 서양에서는 랑케·프리먼(E. A. Freeman)을 선정했는데, 9일 제1회 사신제에서는 기코(義公 : 도쿠가와 미쓰쿠니의 시호—옮긴이)의 제의(祭儀)를 집행했다."《全國神職會之報》第78號, 61頁, 明治 39年(1906) 1月 20日 發刊. 이 사료는 다카기 히로시(高木博志)의 가르침에 따른 것이다.

와 실증사가로서 그의 연구방법의 특징을 요약한 뒤, 랑케사학의 결점으로서 다음과 같은 사실을 지적한다.

> 그러나 랑케 씨의 논의가 철두철미하게 결점이 없다고는 이야기되지 않습니다. 상당히 수긍하기 어려운 점도 있는데, 특히 우리가 이상하게 느끼는 것은 씨의 논의가 다분히 종교적인 색채를 띠고 있다는 점입니다. …… 또 랑케 씨는 주로 근세사만 연구한 사람으로서 각별히 쓴 것도 정치사뿐이고 경제적인 것이나 사회적인 것은 쓰지 않았습니다.[19]

아베 히데스케 또한 트라이치케(Heinrich von Treitschke), 하르낙(Adolf von Harnack), 람프레히트(Karl Lamprecht)의 랑케 비판을 인용하면서, 랑케가 민중의 역사적 역할이나 법제사 · 경제사를 경시하고 있는 점, 역사 발전의 개념이 결여되어 있다는 점을 지적했다.[20] 더욱이 미쓰쿠리 겐파치는 "랑케 씨의 한 가지 결점으로서 인정되는 사실은, 씨가 문서 연구에만 중점을 두고 실물 연구를 소홀히 했다는 점이다. 이는 실로 씨를 위해 애석한 일이다"라고 하면서, 랑케의 문서사료 중심주의에 대해 비판적으로 언급했다.[21] 이처럼 랑케기념제를 주최한 역사가들은 랑케사학의 사료 비판정신을 이해함과 동시에 그 한계도 인식했다.

---

19) 앞의 《ランヶ紀念講話》, 8~9쪽.
20) 위의 책, 13~14쪽.
21) 위의 책, 22~23쪽.

다른 한편으로 주목되는 것은 랑케의 《세계사》에 대한 높은 평가이다. 아베 히데스케는 다음과 같이 말하고 있다.

그 연구 범위가 넓어서 감화하는 바가 크다는 점에서, (랑케—옮긴이) 씨에 필적할 사람이 과연 몇 사람이나 있을까요? 잘 아시는 바와 같이 씨의 걸작 《세계사》는 근세에 이르는 과도기 즉 15세기로 종결되었지만, 그러나 우리는 씨의 전집 덕택에 그 이후의 세계사적 발전을 조사하여 소상하게 밝힐 수 있습니다. …… 이렇게 하여 중국 · 일본에서 전개된 기독교의 상태에 대해서도 씨가 붓을 댔지만, 애석하게도 씨가 처한 시대와 상황에서는 이 방면에 대해 더 한층 정치(精緻)한 연구를 하는 것이 허용되지 않았던 것입니다. 이것들은 씨가 극동의 역사학계에 남겨준 것으로서, 우리는 자발적으로 연구할 의무가 있다고 믿습니다.[22]

이 발언을 이어받듯이, 쓰보이 구마조는 "랑케 씨의 이른바 'Weltlichkeit(세계성—옮긴이)'의 일례로서" 포르투갈의 동양 진출에 대해 논하고 있다.[23] 일련의 강연은 미쓰쿠리에 의해 다음과 같이 끝맺는다.

오호라, 랑케 씨는 천재, 이는 실로 따를 수 없도다. 세상에

22) 위의 책, 10～11쪽.
23) 위의 책, 15～19쪽.

서 씨의 책을 읽는 사람은 한 번 읽고서 바로 체득하는 바가 있는 듯이 생각하지만, 다시 이를 정독하기를 재삼재사 하지 않으면 끝끝내 그 진의가 있는 바를 능히 짐작하기 쉽지 않을 것이다. 그래서 자주 몽롱한 한 대상을 만나서 안광(眼光)이 지배(紙背)를 뚫듯이 이해하려고 하면 반드시 이에 없어서는 안 될 것이 있다. 누군가 말하듯이, 랑케 씨와 유사한 명료한 두뇌—특히 그의 'Weltlich(세계적)' 관점, 이것이다.(큰 박수)[24)]

이상에서 본 바와 같이, 도쿄제국대학의 역사가들은 랑케의《세계사》를 동양과 일본의 역사를 서양의 역사와 접합하는 장을 개척한 위업으로 받아들이고 있었다. 이런 인식은 리스의 세계사관과도 대응하고 있었다. 리스는 미완으로 끝난 랑케의《세계사》를 독일 세계사 서술의 최고봉으로 간주했고,[25)] 랑케의 구상을 계승하여 아시아 · 태평양 지역을 시야에 넣으면서 세계사 서술을 완성시키는 것을 자신의 사명이라고 생각했다. 그는 독일에 귀국한 후, 베를린대학에서 세계사 강의를 담당하기 위해 작성한 계획서에 다음과 같이 기록했다.

대학의 수업에서 동아시아 역사, 그리고 동아시아와 그 지역에 편입된 영국이 이룬 세계 제국의 여러 부분, 아메리카합중

24) 위의 책, 25~26쪽.

25) リース, ルートヴィヒ, 坂口昂 · 安藤俊雄 譯,《世界史の使命》, 岩波書店, 1922, 93~94쪽.

국의 태평양 연안과 그것의 남진으로 인한 교착의 역사에 대해 독립 과목으로 보충해야 할 때가 도래했다. 앞세기의 중반까지 우리의 역사 문헌 속으로 끌려 들어온 '영원한 중심의 여러 민족'이라는 관념은 이미 시대에 뒤떨어진 것이 되었다. ……

동아시아에 관한 지식이 세계사의 진정한 관심사라는 것은 이미 랑케가 1854년에 바이에른 왕에게 행한 제19강연에서 정당하게 강조되고 있다.[26)]

리스가 베를린에서 동아시아 · 태평양 지역의 역사를 세계사로 편입하려 한 구상에 상응하는 것처럼, 도쿄 랑케기념제에 모인 역사가들은 미완으로 끝난 랑케의 《세계사》를 극동의 역사학계에서 보완 · 계승하는 것을 자신의 의무로 간주했다. 그들은 일본의 사학이 이 의무를 수행함으로써 역사학 일반의 발전에 공헌하고 세계성을 획득할 수 있다고 확신했던 것이다. 랑케사학은 성립기의 일본 근대사학이 세계를 보는 창이었고, 일본의 역사 연구자가 세계사로 발걸음을 내딛은 문이었다. 일본의 아카데미즘 사학이 학조 랑케에게 진 빚은 그가 확립한 사료 비판의 방법만이 아니었던 것이다.

일본의 근대사학은 이 창의 건너편에서 어떤 세계를 발견해냈고, 어떤 세계사를 묘사하려 했던 것인가? 다음으로 교토제국대학의 서양사학자 두 사람의 경우를 검토한다.

---

26) 西川洋一, 앞의 〈史料紹介 — ベルリン國立圖書館所藏ルートヴィヒ・リース書簡について〉, 218~219쪽.

3. 국민국가와 식민통치 — 사카구치 다카시

1) 국민국가와 세계문화

랑케기념제의 제단을 장식했던 랑케의 유화 초상을 누가 그렸는가에 대해, 유감스럽게도 《사학계》의 기사에는 언급이 없다. 다만 화가 아오키 시게루(青木繁, 1882~1911)가 랑케기념제 전해(1902)에 그린 랑케의 초상화가 알려져 있다(〈그림 1〉). 당시 도쿄미술학교 서양화과 학생이었던 아오키에게 같은 고향 출신인 아베 히데스케가 의뢰하여 랑케 사진을 바탕으로 해서 그린 것이라고 한다.[27] 《사학계》에 랑케기념제 기사와 나란히 게재된 만년의 랑케 사진(〈그림 2〉)이 이 초상화와 일치하므로, 아오키는 아마 이 사진을 보고 그렸을 것으로 생각된다.[28] 아베는 랑케기념제의 강연자 중 한 사람이기도 했으므로, 이 초상화가 랑케기념제에 사용되었을 가능성이 높다고 생각된다.

교토제국대학에서 사카구치에게 배운 안도 도시오(安藤俊雄)의 회상에도 랑케 만년의 초상이 인상 깊은 형태로 등장한다.

> "Labor ipse voluptas(노동 바로 그것이 쾌락이다)." 은사 사카구치 선생을 회상할 때 먼저 갑자기 나의 뇌리에 떠오르는 것은 이 한 구절이다. 회고하면, 10년 전 당시 3회생으로서는 유

27) 《世界の名著 續 11—ランケ》, 中央公論社, 1974, 권두 그림 해설.

28) 《사학계》보다 먼저 《사학잡지》 10편 1호(1899)에 리스의 해설문과 함께 같은 사진이 게재되어 있다. リース, ルートヴィヒ, 〈空前絶後の最大史家〉, 《史學雜誌》 10編 1號, 1899.

〈그림 1〉
아오키 시게루(青木繁), 〈랑케의 초상〉 (1902), 유채, 42.5×32.0cm
(출전 : 《世界の名著 續11—ランケ》, 中央公論社, 1974, 삽화)

〈그림 2〉
랑케제 관련 기사에 첨부된 랑케의 초상 사진(출전 : 《史學界》 第6卷, 1906)

일한 서양사 전공 학생으로, 내가 선생의 연습지도를 받은 첫째 시간의 일이었다. 랑케의 바이에른공 막시밀리안 어전(御前) 진강록을 읽을 때, 선생은 랑케의 약전과 그의 학풍 및 본서의 개요에 대해 간절한 해설을 붙인 후, 랑케 만년의 초상 한 장을 보여주며 한구석에 있는 이 老역사학자의 필적에 주목하게 했다. 그것이 앞에 든 라틴어의 한 구절이었다. 부지런하고도 지치지 않은 평생의 연구, 후진 지도, 특히 고령이 된 뒤에도 세계사를 집필하고자 하는 기개는 참으로 이 한 구절에 드러나는 랑케의 학구적 태도에서 발원하는 것으로서, 적어도 클리오(Clio)의 도움을 받고자 하는 데 뜻을 둔 학도라면 반드시 새겨두어야 할 말이라고 순순히 타이르는 가르침은 선생을 회상할 때마다 나의 기억에 새로운 것이다. 그때 선생의 모습, 특히 열렬히 타는 듯한 눈빛은 나로 하여금 이 사람이야말로 일본의 랑케가 아닐까라고 마음속으로 생각하게 했다.[29)]

사카구치에게 랑케의 역사학은 단순한 학설이 아니라, 역사가가 무엇을 해야 하는가를 가르쳐준 지침과 다름이 없었다. 제1차 세계대전 중에 쓴 논설 〈시대의 추세와 사가의 임무〉에서 사카구치는 “역사적 연구라는 것은 본래 나폴레옹적 사상의 단독 발호에 대한 반항운동에서 배태하여 발생한 것이다”라는 랑케 자전의 한 구절을 인용한 뒤, 세계 규모의 전시(戰時)를 사는 역사가로서 자신의 입장을 랑케의 그것과 겹쳐서 다음과 같이 설명했다.

---

29) 《藝文》, 1928, 42~43쪽.

요컨대, 나폴레옹 시대의 추세와 역사가의 임무 사이의 상호 관계는 자못 밀접하고 긴요한 것이 있다. 세계적 대세가 없었으면 역사학 학풍의 발전이 없었고, 역사학 학풍의 발전이 없었으면 세계적인 대세는 근거 있는 해석과 유력한 지도를 결여했던 것이다. 그러면 나폴레옹 시대보다도 중차대한 현재의 카이저 시대에 대해서는 어떠한가. …… 나폴레옹 시대의 결과와 마찬가지로 카이저 시대에 자극되어 이제 역사적 연구는 다시 크게 일어나고 있고, 아니 일어나지 않으면 안 된다. 따라서 때는 바야흐로 우리가 역사가로서 현재의 역사학 및 실생활에 대해 충분한 각오를 가지고 많은 노력을 해야 하는 중요한 시기라는 말이다.[30)]

사카구치는 교토제국대학 사학과에서 최초로 서양사학 강좌를 담당한 교관이다. 사카구치는 1892년(메이지 25년)에 도쿄제국대학 문과대학 사학과에 입학하여, 1897년에 대학원에 진학한 뒤, 1898년 제3고등학교에 교수로 부임했다(따라서 랑케기념제가 개최된 해에 그는 이미 교토에 있었다). 1906년(메이지 39년) 교토제국대학에 문과대학이 설치되고, 다음해인 1907년에 사학과가 개설됨에 따라 조교수로 전임한 그는 1912년(메이지 45년)에 교수로 승진한 뒤 1928년(쇼와 3년)에 폐렴으로 세상을 떠날 때까지 그 자리에 있었다.

도쿄제국대학 사학과 학생시절에 사카구치에게 가장 큰 영향을 미친 교사는 리스였다. 사카구치는 졸업논문에서 중국 예수회의 활

30) 坂口昂, 〈時代の趨勢と史家の任務〉, 《史林》 1卷 1號, 90 · 100頁, 1916, 98~99쪽.

동을 다뤘는데,[31] 이 주제의 선택은 리스의 교육방침을 충실히 따른 결과이고, 또 랑케의 《세계사》를 의식한 것이었다.[32]

사카구치의 리스에 대한 경의는 일생 동안 사라진 적이 없었다. 사카구치는 처음으로 유럽에 체재(1909~1911)하는 동안 리스와 재회했고, 리스가 나중에 게오르크 베버(Georg Weber)가 저술한 크고 작은 두 종류의 세계사 개설서 개정판—《세계사(Weltgeschichte)》(1918)와 《일반세계사(Allgemeine Weltgeschichte)》(Bd. 1, 1919 ; Bd. 2, 1920)—을 출판하자, 이것을 개정자 리스의 업적으로 높이 평가하는 서평을 썼다.[33] 또 《일반세계사》 제1권의 권두에 실린 리스의 세계사론을 안도 도시오와 공역하여 '세계사의 사명'이라는 제목으로 간행했다.[34] 병으로 쓰러졌기 때문에 그의 생애 최후가

---

31) 〈예수회사 특히 중국에서의 관계〉. 뒤에 그 일부가 《사학잡지》에 발표되었다. 坂口昂, 〈マルチニ氏韃靼戰爭記につきて〉, 《史學雜誌》 9編 2號, 66 · 73頁, 1898 ; 坂口昂, 〈在支那耶蘇會に關する硏究の片々〉, 《史學雜誌》 10編 8號, 850 · 864頁, 1899. 또 坂口昂, 〈ライプニッツの〈支那の最近事〉について〉, 《內藤先生還曆祝賀支那學論叢》, 865 · 880頁, 弘文堂, 1926에서도 졸업논문의 일부가 이용되었다.

32) 《藝文》, 1928, 48쪽 ; 坂口昂, 위의 〈ライプニッツの〈支那の最近事〉について〉, 866쪽. 리스는 제국대학 연습 수업에서 시마바라(島原)의 난을 다루며 일본 측과 유럽 측의 사료를 비교하면서 사료 비판의 수법을 학생들에게 교육했다(西川洋一, 앞의 〈東京とベルリンにおけるルートヴィヒ · リース〉, 206~207쪽). 또 리스는 일본 체재 중에 〈네덜란드 헤이그시에 있는 일본 역사에 관한 고문서〉(《사학잡지》 6호), 〈히라도(平戶) 영국 상관(商館)의 역사〉(《사학잡지》 10편 1호), 〈포르투갈인이 일본에서 방축된 원인〉(《사학잡지》 10편 4 · 5 · 6호) 등 일본과 유럽관계에 관한 논문을 발표했다.

33) 坂口昂, 〈リース博士の近著《世界史》〉, 《史學雜誌》 31編 1號, 75 · 81頁, 1919 ; 坂口昂, 〈日本のビスマルク〉, 《史林》 7卷 3號, 97 · 100頁, 1922.

34) リース, ルートヴィヒ, 앞의 《世界史の使命》.

된 수업에서도, 사카구치는 리스가 저술한 《근대영국사(Englische Geschichte hauptsächlich in neuer Zeit)》(1926)를 텍스트로 이용했다.[35)]

사카구치가 제국대학에서 배운 1890년대는, 일본의 근대사학에서 서양사학과 동양사학의 구분이 차츰 명료해지기 시작하는 시기에 해당한다.[36)] 청일전쟁이 발발한 1894년(메이지 27년)에 나카 미치요(那珂通世)가 중등학교의 외국사를 서양 역사와 동양 역사로 구분할 것을 제언했고, 고등사범학교에서는 역사과를 국사 · 동양사 · 서양사로 나누어 교수하게 되었다. 1898년(메이지 31년) 신중학교령에 의해 제4 · 5학년에 서양 역사를 부과함으로써 서양사라는 분야명이 정착하게 되었다.[37)] 또한 1907년에 개설된 교토제국대학의 사학과는 처음부터 국사학, 동양사학, 서양사학, 지리학으로 이루어지는 체제를 채용했다.[38)] 도쿄제국대학에서 지나(중국)사학에서 동양사학으로 과목명이 변경(1910)되고 동양사학 강좌가 설치(1918)되기까지 일련의 변화는, 청일 · 러일전쟁과 한국병합이라는

---

35) 《藝文》, 1928, 56쪽.

36) 잡지 《역사교육(歷史教育)》 7권 9호(1926)의 특집 〈메이지 이후 역사학의 발달〉에서 서양사학을 담당한 집필자들은 학문 분야로서 서양사학의 성립을 메이지 30년(1897) 전후로 간주하고 있다. 大類伸, 앞의 〈西洋史學發達の回顧と展望〉, 626~629쪽 ; 池田哲郎, 〈明治三十年以前の西洋史〉, 《歷史教育》 7巻 9號, 633 · 650頁, 1926, 645~648쪽 ; 山中謙二, 〈明治三十年以後の西洋史〉, 《歷史教育》 7巻 9號, 651~677頁, 1926, 651~655쪽.

37) 池田哲郎, 위의 글, 647쪽.

38) 정확하게는 국사학(강좌수 2), 동양사학(강좌수 3)과 아울러 설치된 사학지리학(강좌수 3) 가운데, 제1강좌와 제3강좌가 서양사, 제2강좌가 지리학에 해당한다. 京都大學文學部 編, 《京都大學文學部五十年史》, 京都大學文學部, 1956, 8쪽.

새로운 상황에 대응하기 위해 일본 근대사학이 편성·전환되는 과정이라고 간주할 수 있다. 이리하여 "세계를 동양과 서양으로 2대 구분하고, 그 사이에 일본을 독자적으로 두는 세계사관"이 제도화되었다.[39] 사카구치는 교토제국대학에 신설된 서양사학 전공의 초대 담당 교관으로서 이 새로운 역사학 체제를 지탱하는 역할을 수행했다.

서양사 연구자로서 사카구치의 업적은 다방면에 걸쳐 있지만, 크게 고대사 · 사학사 · 세계사의 세 영역으로 나눌 수 있다. 이들 세 분야는 상호 밀접하게 연결되어 있고, 어느 분야의 작품에도 랑케의 존재가 그림자를 드리우고 있다.

고대사와 관련한 그의 업적 가운데 가장 규모가 크고 또 독창적인 저작은《세계에서의 그리스문명의 조류》(초판 1917, 증보판 1924)이다. 이 저서의 주제는 고전고대로부터 19세기 낭만주의에 이르는 그리스문명의 전파와 변용의 과정이다. 저자는 공간적으로는 서유럽부터 인도 · 중앙아시아까지 시야를 넓혀서 그리스문명의 영향을 세계사적 관점에서 거시적으로 묘사하고 있다. 이런 저술 스타일은 고대 유럽을 세계사의 원류라고 보는 랑케적인 세계사 이념을 바탕으로 함과 동시에, 일본에서도 1910년대 무렵부터 성행하게 되는 문화사에 대한 관심의 고조를 반영한 것이라고 할 수 있다. 사카구치는 랑케의 공적을 중시하는 한편, 정치사 중심의 랑케사학을 비판하고 문화사를 기축으로 하는 전체사를 구상한 칼 람프레히트에게도 관심을 기울여 사학사에서 그의 의의를 상세히 논하고 있다.[40]

---

39) 山室信一,《思想課題としてのアジア—基軸 · 連鎖 · 投企》, 岩波書店, 2001, 434~436쪽.

사카구치의 사학사 연구는 독일사학을 중심으로 한 것으로, 사후에 간행된《독일사학사》는 그 집대성이었다. 이 저작은 18세기의 계몽사학부터 19세기 후반의 프로이센학파까지 취급하고 있는데, 랑케에 대한 기술은 그 속에서도 핵심적인 위치를 차지한다.[41] 이 밖에도 그는 랑케의 생애에 관한 논문을 여러 편 집필했다.[42]

사카구치는 "랑케의 사학에 대한 공헌은 두 개로 나뉜다"고 하여, '문헌학적 · 비판적 방법'과 '세계사적 파악'을 들고 있다.[43] 사료비판이 역사연구의 기본이라고 생각하는 점에서는 사카구치 역시 근대 실증주의 사가의 한 사람이었다. 1917년(다이쇼 6년)에 발표한 '사료 해방의 의의(史料解放の議)'라는 제목의 글에서는 사료 관리 체제와 역사연구의 공공성에 관한 그의 사고방식을 드러내고 있어 흥미롭다. 사카구치는 역사학의 발전을 위해서는 사료를 널리 일반에 개방하여 학문의 진정한 자유경쟁을 촉구할 필요가 있다고 주장한다. 그를 위해서는 유럽의 문서관에서 채용하는 '레게스타(regesta)식' 목록과 같은, 일반 이용자도 사용하기 쉬운 사료목록의 정비가 급선무이고, 국립 · 공립 · 사립의 여러 기관, 연구기관, 연구자는 되도록 현재 가지고 있는 사료를 공개해야 한다고 하면서 다음

---

40) 坂口昂, 〈ランプレヒトを憶ふ〉, 《史林》 1卷 4號, 81 · 109頁, 1916(坂口昂, 《世界史論講》, 岩波書店, 1931, 518~554에 재수록).

41) 坂口昂, 《獨逸史學史》, 岩波書店, 1932, 202~336, 402~407쪽.

42) 坂口昂, 〈フイヒテとランケ〉, 《藝文》 5卷 1號, 153 · 170頁, 1914 ; 坂口昂, 〈ローマンチック時代に於ける一青年史家の生立(上 · 下)〉, 《史林》 5卷 1號, 21 · 31頁, 5卷 2號, 60 · 94頁, 1920 ; 坂口昂, 〈ランケの史學と彼れの體驗したる革命との關係〉, 《史學雜誌》 37編 11號, 1009~1126頁, 1926.

43) 坂口昂, 앞의 《獨逸史學史》, 283쪽.

과 같이 제언했다.

> 이에 대해서는 먼저 궁내성 소관의 것부터 그 모범을 보여줄 것을 무엇보다도 간절히 바란다. 게이키(京畿)지방에 대해서만 예를 들면, 궁궐의 배관(拜觀), 쇼소인(正倉院)의 어물(御物 ; 천황 유물—옮긴이) 배관과 같은 것도 지금까지보다 한층 더 편리하고 자유롭게 공개하기를 바란다. …… 쇼소인 같은 것은 건물 자체가 이미 굉장한 사료이기 때문에 그것은 그것대로 두고, 그와 같은 건축 몇 개 동을 알맞게 그 부근에 나란히 증설하여 남아도는 어물을 적당히 나누어 보관하고, 각각 전등 또는 채광 등의 최신식 설비를 더하여 전체를 하나의 쇼소인박물관으로 만들어서, 지금까지 정해진 관람 일시나 자격 등의 제한을 관대하게 하여 되도록 다수의 내외 국민으로 하여금 직접 어물을 접할 수 있도록 할 수는 없을까?[44)]

언뜻 자유주의적으로 보이는 이런 제안이, 되도록 많은 내외 국민에게 천황가의 문화유산에 접하는 기회를 주자는 데서 찾고 있는 점은 주의를 요한다. 뒤에 말하는 바와 같이, 사카구치는 아이누 · 조선 · 타이완 등의 여러 민족도 일본국민에 포함시켜 생각하고 있기 때문이다.

사료 비판의 중요성을 인정하면서도, 사카구치로서는 그것만으로 역사서술이 충분하다고 할 수는 없었다. 랑케의 사료 비판 수법

---

44) 坂口昂, 〈史料解放の議〉, 《歷史と地理》 1巻 1號, 1 · 6頁, 1917, 4~5쪽.

을 엄밀히 적용한 법제사가 게오르크 바이츠(Georg Waitz, 1813~1886)의 업적에 대해, 사카구치는 세계사적 파악이 결여되었음을 다음과 같이 비판한다.

> 랑케의 문헌학적 · 비판적 방법은 그 엄밀한 의미에서 바이츠에게 가장 잘 전해졌다. (그러나) 그는 사필(史筆)에서 또 세계사적 파악에서 랑케의 후계자는 아니다. 이것은 독일 법제사에서 잘 드러나 있다. 이 저작은 사료의 수집, 비판, 정돈, 이용을 통한 고증에서 모범적이다. …… 그러나 그의 저작은 신중하게 사료가 말하는 바에 고착하여 추종하는 경향이 있다. 역사적 상상력, 정치적 실현성, 개념의 구성, 보편적 파악 등을 결여하고 있다.[45]

그러면 사카구치 자신의 세계사적 파악은 어떤 것이었던가? 안도 도시오의 도움을 받아 정리한 《개관 세계사조(槪觀世界史潮)》(1920)는 고대 그리스부터 제1차 세계대전 종결까지 취급하고 있다. 그 내용은 저자 스스로 "서양을 출발점으로 하는 세계사의 주조(主潮)를 개관한다"[46]고 단언하고 있는 것처럼, 거의 완전히 구미 중심의 서술로 시종하고 있고, 아시아 · 아프리카 지역의 역사는 구미 제국의 영향이 미치는 경우에 한해서 언급하는 데 지나지 않는다. 그런 의미에서 이것은 '세계사조'라기보다는 '서양사조'라고 불려야 할 저

---

45) 坂口昂, 위의 글, 288쪽.

46) 坂口昂, 《槪觀世界史潮》, 岩波書店, 1920, 1쪽.

작이다. 단, 이 작품에는 사카구치의 세계사 서술의 전체를 관통하는 주도적인 동기가 드러나 있어, 그의 역사인식의 특징을 아는 데 중요하다. 사카구치는 고대에서 유래하는 '고전'과 중세에서 유래하는 '국수(國粹)'를 대립적으로 파악하고, 근대에서 고전을 지지하는 조류를 '고전주의'(18세기), 국수를 지지하는 조류를 '로맨틱'(19세기)이라고 부른다. 고대는 세계주의적이고 또 개인주의적인 경향을 가진 시대였다. 이와 달리 현대의 민족과 국민은 국수에 뿌리를 두고 있다. 다른 한편, 19세기 후반 이래 서구의 여러 국민적 국가가 세계정책을 전개한 결과 전 지구적으로 확장하는 세계문화가 형성되었다. 그러나 이 세계문화는 국민적 국가의 위에 서 있기 때문에 불안정하고, 세계정책 사이의 충돌이 일어난 결과 "20세기 들어 점점 사태가 위급해져서 결국 전에 없던 세계대전란의 폭발을 보았고, 이른바 아마겟돈의 싸움이 이것인가라고 전율하기에 이르렀다."[47] 여기에서도 사카구치가 세계사를 인식하는 시각은 정치사적이라기보다는 오히려 문화사적이다.

이상 세계사조의 윤곽에서도 명확해지는 것처럼, 사카구치는 민족과 국민을 근대의 역사적 형성물로 간주했다.[48] 또 민족과 국민은 반드시 일대일의 관계로 대응하는 것이 아니라, 예를 들어 일본은 일본인 · 아이누 · 조선인 · 타이완인을 포함하는 다민족국가로 간주된다.

---

47) 坂口昂, 위의 책, 10쪽.

48) 坂口昂, 〈民族と國民と世界文化〉, 《日本社會學院年報》 5卷 1 · 2 · 3號, 325 · 342頁, 1918, 102쪽.

민족은 반드시 단순한 인종으로 이루어져 있지 않다. 국민도 역시 단순히 하나의 그리고 완전한 민족으로 구성되는 것을 필요로 하지 않는다. 대부분의 경우에는 하나의 국민이 다수의 이민족으로 구성되고, 또 어떤 경우에는 그 반대로 하나의 민족이 여러 개의 독립 국민으로 나뉘는 일이 있다. 예를 들어, 우리가 이른바 영국민이라고 하는 것은 잉글랜드인 외에 색슨 출신의 스코틀랜드인, 웨일즈인, 게일인, 영어를 사용하는 아일랜드인, 켈트어를 사용하는 아일랜드인, 유대인으로 이루어져 있다. 그 모습은 마치 우리 일본국민이 일본민족 외에 아이누 · 조선 · 타이완 등의 여러 민족을 포함하는 것같이, 아니 그 이상으로 복잡하다.[49)]

그러면 복수의 민족을 내포하는 국민적 국가인 일본에서, 서양사가로서 사카구치는 어떻게 역사가의 임무를 수행했던가? 다음에서 사카구치와 식민지 통치의 관계로 눈을 돌려보자.

2) 식민지 통치와 서양사학

사카구치는 그의 생애에서 두 번 유럽에 체재했다. 첫 번째는 교토제국대학 부임 직후인 1909년부터 1911년까지 2년 동안이며, 주된 체재국은 영국과 독일이었다. 이 사이에 사카구치는 대영박물관에서 이집트학을, 베를린대학에서 고대사를 공부하면서, 이탈리아 · 그리스 · 터키 · 이집트 · 폴란드에도 조사여행을 갔다. 두 번째

49) 坂口昂, 위의 책, 102~103쪽.

유럽 체재는 1922년의 세계여행에 따른 것으로, 하와이를 경유하여 미국을 방문한 뒤, 대서양을 건너 유럽 여러 나라(영국 · 프랑스 · 독일 · 이탈리아 · 폴란드)를 방문하고, 인도양을 경유하여 귀국했다. 이 가운데 서양사가로서 사카구치의 학문 형성에 중요한 의미를 가지는 것은 첫 번째 유럽 체재이다.

사카구치는 유학 중에, 연구대상인 고대 역사만이 아니라 유럽의 고대사 연구체제에도 관심을 기울였다. 1911년에 아테네를 방문한 사카구치는, 구미 열강이 각기 연구소를 설치하여 연구자의 편의를 도모하고 있는 데 강한 인상을 받았다.

> 그리스 연구에 대해 부기해야 할 사실은, 구미의 여러 국가가 여기에 출장 연구소를 설치하여 각자 여러 장소에서 발굴 연구를 하는 외에, 강연과 출판 등을 하고, 아울러 도서실을 설치하여 독지가가 열람토록 하고 있다. 나는 독일(Kaiserl. Deut. Archaeol. Institut)과 영국(Brit. School at Athens)의 연구소에서 귀한 손님이 되어 여러 가지 편의를 얻었다.[50)]

10년 뒤에 아테네 체재를 회고하면서 사카구치는 다음과 같이 쓰고 있다.

> 아테네 대영학회(大英學會)는 아크로폴리스의 동북방, 리카

---

50) 坂口昻, 〈雅典の栞〉, 《藝文》 2卷 5號, 1911(坂口昻, 앞의 《世界史論講》, 610쪽에 재수록).

베투스(Lycabettus) 산의 동남쪽 기슭, 현재 왕궁이 있는 일리소스(Ilissos) 계곡의 강을 사이에 둔 멀지 않은 곳에 있다. 미국 고전연구학회도 그와 이웃하며, 테니스 코트도 부설되어 있다. …… 앞의 영 · 미 양국 학회 외에, 다른 문명국도 각기 출장 연구소를 설치하여 이른바 학문의 국제경쟁을 벌이고 있다. 독일, 오스트리아, 이탈리아 모두 그렇다. 러시아도 당시에 학회 조직에 착수 중이라고 했다. …… 이처럼 고전문화의 중심지에 각국이 각기 출장 연구소를 설치하여, 시즌에는 각각 내외의 연구 여행가를 비롯하여 관광 내지 견학하는 손님들을 떠들썩하게 출입시키고 있는 것은 부러워할 만하다. 극동에서 고전 연구의 사명을 자임하는 국민은 모름지기 삼성(三省)해야 하지 않을까?[51)]

이처럼 사카구치에게 아테네에 설치된 각국의 연구시설은 문명국 사이에서 확대되던 학문 국제경쟁의 최전선에 있던 전략거점이었고, 동아시아에서 고대사 연구의 지도자를 자인하는 일본이 모델로 삼아야 할 것이었다.

사카구치는 유럽에서 귀국한 다음해(1912)부터, 조선총독부 총무국장에서 미야자키현(宮崎縣) 지사로 전임한 아리요시 주이치(有吉忠一)의 요청에 따라, 미야자키현 사이토바라(西都原) 고분의 발굴에 참여하게 된다. 조사팀은 도쿄와 교토의 두 제국대학 스텝을 중심으로 구성되었고, 1917년(대정 6년)까지 모두 6회의 발굴조사가

---

51) 坂口昂, 〈十年前〉, 《藝文》 11卷 6號, 615 · 621頁, 1920, 80 · 83쪽.

실시되었다. 사이토바라 고분의 발굴은 일본에서 진행된 최초의 학술적인 발굴조사사업으로서, '천황 조상의 발상지'를 학문적으로 연구하고 현창하는 것을 목적으로 삼았다. 조사보고서는 3차에 걸쳐 간행되었으며(1915 · 1917 · 1918), 사카구치는 그 후 최초로 간행된《미야자키현 고유군 사이토바라 고분 조사보고(宮崎縣兒湯郡西都原古墳調査報告)》에 구로이타 가쓰미(黑板勝美)와 공동으로 〈총설〉을 집필했다.

흥미로운 사실은, 이 발굴조사가 진행되는 사이에 사이토바라 사적연구소가 설치된다는 점이다(1914). "사적 연구에 이바지하기 위해 이 고분 부근에 연구실을 설치하여 동서 양 대학이 활용하도록 할 계획"이었으므로, 이 연구소를 건설할 때 사카구치와 구로이타의 자문을 받았다.[52] 고대 유적을 발굴하는 것뿐만 아니라 사적 근처에 연구시설을 상설한다는 발상은, 아테네에 연구기관을 설치하여 학문 국제경쟁의 거점으로 만든 구미 제국의 수법과 통하는 점이 있다. 연구소 설치에 대해 자문을 받은 사카구치의 머릿속에는 아크로폴리스 언덕과 사이토바라의 풍경이 중첩되고, 올림포스 산과 다카치호노미네(高千穗峰)가 이중으로 겹쳐 있었음에 틀림없다. 물론 사카구치가 나중에 탄식한 것처럼, 실제 건설된 연구소 규모는 결코 만족할 만한 것은 아니었지만.

〔아테네의 영국학원은〕 그 설비가 그다지 굉장하다든가 사치

52) 田中茂, 〈有吉忠一知事と西都原古墳發掘調査〉,《宮崎縣地方史硏究紀要》9, 11 · 22頁, 1983, 21쪽.

스럽다든가 하지는 않지만 자못 훌륭해서, 우리 미야자키현 유적조사소도 우리 나라에서는 첫 시도로서 귀중하게 여겨지고 있지만, 도저히 그것과는 비교되지 않는다.[53)]

사카구치는 유럽 체재 중에, 서구 제국의 식민지 연구 동향에 대해서도 관심을 가졌다. 사카구치는 영국 '식민지학'의 제도화에 대해 다음과 같이 보고하고 있다.

> 우리 나라에서 학예의 장려나 증진의 경향이 현저하게 늘어난 것은 도서관과 박물관 등의 특설, 학교가 없는 지역의 개선 등으로 나타나 진실로 기뻐할 만한 일이지만, 이를 구미의 경향과 비교하면 아직도 배워야 할 점이 상당히 많다. …… 영국에서는 이 무렵에 시드니 로우(Sidney Low)가 왕립과학원(Imperial Learning) 내의 학교 조직을 제안했다. 이것은 …… 인도 및 직할식민지를 포함하는 대영제국의 역사, 제도 및 발전, 그리고 그와 연관된 범위에서 다른 식민지를 소유하고 식민을 국시로 삼는 여러 나라의 역사 및 제도를 대상으로 하는 실제적 학술연구를 주된 목적으로 삼는다. …… 그래서 모든 제국적 학술을 조직적으로 연구하는 학교의 설립이 급선무이며, Imperial Literature를 융성하게 하고 제국에 관한 사료를 정리하고 공표하며, 제국의 역사 및 여러 전기를 완성해야 한다. 이런 학교를 런던대학과 연결하여 필시 한 분과를 형성하

53) 坂口昂, 앞의 〈十年前〉, 80쪽.

고, 단지 제국에 대한 정치 · 역사뿐만이 아니라 식민지 문제에 필요한 이학 · 의학 · 공학 및 산업 지식도 추가하고, 또 식민지 대학의 유학생 및 제국 문제에 이해가 걸린 모든 사람에게도 공개되어야 할 것이다. 이 제안자는 독일의 함부르크 식민학회를 이상으로 삼았으며, 이미 식민국(植民局) · 인도국(印度局) · 자치식민지(自治植民地)의 출연 및 개인의 기증을 지시하여 안을 작성한 것 같다.[54]

유럽 제국의 식민지 통치 경험과 지식의 축적은, 사카구치의 유럽 체재 중에 한국을 병합한 일본이 확실히 '배워야 할 것'이었다. 1911년(메이지 44년) 독일에 체재 중이던 사카구치는, 조선총독부로부터 독일 국경지방의 교육 상황을 시찰하라는 명령을 받았다. 위촉을 받은 사카구치는 독일 동부의 프로이센 왕국령 폴란드와 서부의 알자스-로렌(Alsace-Lorraine) 지방을 실지조사했다. 조사 결과는 1913년(다이쇼 2년)에 《독일제국 경계지방의 교육상황》이라는 보고서로 간행되었다. 이 보고서 자체는 비밀로 취급되어 일반에게 유포되지는 않았으나, 조사 내용의 일부는 나중에 학회 보고와 잡지에 논문으로 공표되었다.[55] 아래에서는 독일령 폴란드에서 이루어진 언어교육과 역사교육의 상황을 둘러싼 사카구치의 기술을 중심으로 그 실지조사의 의미를 살펴보고자 한다.

사카구치가 조사 대상으로 삼은 독일령 폴란드는, 옛 폴란드-리투아니아 공화국의 영토 가운데 18세기 후반 3차에 걸친 폴란드 분

54) 坂口昂, 〈狗尾錄〉, 《藝文》 4卷 9號, 78 · 80頁, 1913, 78~79쪽.

할과 1815년 비인회의 결과로 프로이센 왕국에 병합된 지역(포젠·서프로이센)과 폴란드계 주민이 비교적 많은 슐레지엔을 가리킨다. 이 지역은 19세기 내내 독일계, 폴란드계, 유대계의 주민이 혼재하는 지역이었다. 언어적으로는 독일어·폴란드어·이디시(Jiddisch)어의 3개 언어가, 종교적으로는 프로테스탄트(독일계 주민)·가톨릭(폴란드계 주민)·유대교(유대계 주민)의 세 신앙이 병존하고 있었다. 이 가운데 사카구치가 주목한 것은 프로테스탄트 독일계 주민과 가톨릭 폴란드계 주민의 관계였다.

사카구치는 이 지역 언어교육의 실태를 보여주는 사례로 포젠시 근교 라타이촌의 경우를 소개하고 있다.[56] 1833년의 시학관(視學官) 보고에 따르면, 이 마을은 독일풍으로서 학교에서는 독일어 교육이 이루어지고 있었다. 그런데 1840년대부터 폴란드어 교육이 시작되어 1867년에는 독일어 수업이 완전히 없어지는 상태가 되었다. 사카구치는 이 상황을 "독일의 국민적 국가가 아직 수립되지 않은 사이에 폴란드 문화국민(Kulturnation)은 자기의 국어 교육을 통해

---

55) 1911년 조사에 바탕을 둔 논설로는, 坂口昂, 〈エルザス·ロートリンゲン問題〉, 《歷史地理》 23卷 4號, 54·63頁, 1914 ; 坂口昂, 〈エルザス·ロートリンゲンの現在及び將來〉, 《歷史地理》 23卷 5號, 22·40頁, 1914 ; 坂口昂, 〈獨乙領波蘭の國史敎育(上·下)〉, 《歷史と地理》 1卷 2號, 1·10頁, 1卷 3號, 28~33頁, 1917이 있다. 모든 논설에서 실지 답사의 결과에 기초했음을 명기하고 있지만, 조사가 조선총독부의 위촉에 의한 것이라는 점은 언급하지 않고 있다. 이외에 일본사회학원(日本社會學院)에서 보고(坂口昂, 앞의 〈民族と國民と世界文化〉)한 내용에서는 독일령 폴란드에서 시행하는 언어교육의 실정에 대해 언급하고 있다.

56) 坂口昂, 《獨逸帝國境界地方の敎育狀況》, 朝鮮總督府, 1913, 10~13쪽 ; 坂口昂, 위의 〈民族と國民と世界文化〉, 335~337쪽.

현저하게 자기를 확장하여 독일민족의 문화를 압도했다"고 설명한다. 여기에서 사카구치가 말하는 '문화국민'이라는 것은 언어 · 종교 · 문화 등의 영역에서는 국민적 자각을 하면서도, 아직 완전한 국가를 형성하는 데 이르지 못한 상태의 국민을 의미한다. 이와 달리 국가적 통일을 이룬 국민은 '국가국민(Staatsnation)'이라고 불린다.[57] 이 용어법에 따르면, 독일제국이 성립되기까지 독일계 주민과 폴란드계 주민의 관계는—후자가 정치적 · 사회적으로 종속적인 입장에 있었음에도— '문화국민'끼리의 관계가 된다. 게다가 이 단계에서는 폴란드 측이 공세적인 입장에 서 있었고, 이로부터 "한 문화국민이 자각하여 노력할 때에는 다른 민족을 국어 교육으로 국민화할 수 있는 것이 분명하다"고 사카구치는 지적한다.[58] 이와 달리 독일제국 성립 후 양자의 관계는 '국가국민' 대 '문화국민'이라는 관계로 변화한다. 비스마르크가 독일화정책을 추진하자, 라타이촌의 학교에서도 1882년에 전 교과를 독일어로 교육했는데, 이에 대해 학부형들이 정부에 항의하는 사태가 일어났다. 이상과 같은 경과를 설명한 뒤, 사카구치는 다음과 같은 평가를 내리고 있다.

> 폴란드 독일화정책의 결과는 오늘날까지는 반은 성공 반은

57) 坂口昂, 위의 〈民族と國民と世界文化〉, 332~333쪽. 이 '문화국민'과 '국가국민'의 구별은 프리드리히 마이네케(Friedrich Meinecke)의 《세계시민주의와 국민국가》(1908)에서 유래하는 것일 터이다. マイネッケ, フリードリヒ, 矢田俊隆 譯, 《世界市民主義と國民國家—ドイツ國民國家發生の硏究》, 岩波書店, 1968, 5~9쪽 참조.

58) 坂口昂, 위의 글, 336쪽.

실패이다. 그 원인은 19세기 중엽 폴란드 국민의 문화적 자각이 향상한 결과, 민족으로서도 국민으로서도, 정신에서도 경제에서도, 상당히 충분한 자아를 양성하고 프로이센 정부의 관료적 정책에 대항할 수 있는 견실한 능력을 만들고 있기 때문이다.[59)]

사카구치는 또 독일 · 폴란드 양 국민 사이의 항쟁과 세계문화의 관계에 대해 다음과 같이 말하고 있다.

> 민족 내지 국민 상호간의 문화(전) 내지 정치전은 동시에 그것보다도 훨씬 광대한 문화 분위기 속에서 일어나고 있다. …… 문화국민으로서 저 폴란드인의 국민적 자각은 실로 원래 서유럽의 자유주의 · 국민주의와 상응하여 일어난 것으로서, 근래에는 미국의 민주주의와 깊이 주의(主義)를 제휴하는 바 있으며, 이리하여 그들은 전 세계에 가득 찬 문화사조에 의해 유도 · 장려되고 있는 것이다.[60)]

이처럼 사카구치는 언어교육에 관해서는, 세계문화 차원의 동향과도 관련 지으면서 문화국민으로서 폴란드 측의 실력을 인정하고, 독일 측의 정책이 충분한 성과를 거두지 못한 상황을 지적했다.[61)]

59) 坂口昻, 위의 글, 336~337쪽.
60) 坂口昻, 위의 글, 337~338쪽.

잡지 《역사와 지리》에 게재된 〈독일령 폴란드의 국사교육(상·하)〉(1917)은 이런 상황에서 이루어진 국사교육에 대해 해설하고 있다. 사카구치는 폴란드계 아동을 독일 국가에 동화시키기 위해 어떤 대안이 마련되었는가 하는 관점에서 역사교과서의 기술을 검토했다. 황제의 용모나 인품의 소개, 황제가 포젠을 방문했을 때의 묘사("포젠 도내에서는 모두 그에게 충순함을 표하게 했다. 도내 각지의 주민은 황제를 배관하려 몰려들었다"), 황제에 의한 사회정책과 종교적 관용("황제는 특히 가난한 자와 노동자의 생활 안정을 생각한다. …… 황제는 종교의 구별 없이 모든 국민을 평등하게 사랑한다. …… 황제는 엄숙한 학교의 벗이다"), 군사대국화("황제는 특별한 사랑으로 군인을 생각한다. 독일은 그 정예한 병력으로 강대해졌다. …… 황제의 정예 병력은 오직 국토를 옹호하기 위한 것이다. 그는 세계평화의 벗이자 보호자이다") 등의 기술을 인용한 뒤, 사카구치는 다음과 같은 점에 대해 독자의 주의를 촉구한다.

> 정부가 어떻게 황제중심주의를 고취하기 위해 카이저의 인격을 역설하고 있는가를 미루어 생각해야 한다. 특별히 생각해야 할 것은, 되도록 군주의 인품과 그 사업의 이상적인 모습을

61) 독일령 폴란드의 언어정책에 대해서는, 사카구치와 거의 교대한 것처럼 유럽에 유학했던 국어학자 호시나 고이치(保科孝一)가 조선총독부의 위촉으로 조사를 행하여 《독일 속령시대 폴란드에서의 국어정책》(1921)이라는 보고서를 냈다. イ·ヨンスク, 《'國語'という思想—近代日本の言語意識》, 岩波書店, 1996, 228~244쪽 ; 安田敏朗, 《近代日本言語史再考—帝國化する'日本語'と'言語問題'》, 三元社, 2000, 88~97쪽 참조.

묘사하여 폴란드 아동의 직감에 호소하고, 군주에 대해 경외하는 마음을 가지면서 이에 가까이하여 감화를 받는 느낌을 일으키도록 노력한 점에 있다.[62)]

이어서 사카구치는 "가장 필요한 것은 폴란드 분할에 관한 여러 사항이다. 그러므로 잠깐 이를 다시 충실하게 번역하여 독자가 음미하고 생각하는 데 이바지하려 한다"고 하면서, 폴란드령의 분할과 병합을 독일 측의 관점에서 정당화하는 교과서의 기술을 상세히 소개한 뒤에 그 특징을 다음과 같이 요약한다.

> 이 교과서의 취지가 황실에 대한 충애의 마음을 양성하고 조국에 대한 경건한 마음을 배양하는 것에 주의하며, 그 가운데 폴란드의 분할 멸망이 어쩔 수 없는 사정에서 나왔다는 점, 즉 프로이센 왕국은 자국의 정당방위와 폴란드 인민의 보호를 위해 본의 아니게도 분할에 참가하여 그를 실행한 점을 역설하면서, 일의 책임을 오로지 폴란드 귀족과 침략적 러시아에 전가하고, 특히 프로이센이 폴란드 합병 후 그 국토의 개척, 농민의 개방, 생활의 행복, 사회의 진보에 노력 · 성공한 점을 고창 · 고취하는 것을 본다. …… 그리고 병합 후 오늘에 이르기까지 프로이센이 폴란드인의 생활을 물질에서 개선 · 향상시킨 것은, 앞의 국사교과서가 설명하는 바와 같이, 매우 공평한 관찰자가 널리 승인하는 바이다.[63)]

---

62) 坂口昂, 앞의 〈獨乙領波蘭の國史教育(上)〉, 8~9쪽.

사카구치가 이 역사교과서에 주목한 것은 "일반적으로 병합지에 적용해야 할 국사교육의 참고"가 되고, 특히 조선에서 역사교육의 모델이 될 수 있었기 때문이다.

> 외국 정부로서 같은 국민 문제를 안고 있는 자는 자주 이를 연구하고 또는 이를 참작한다. 우리 조선의 통치도 그러한 바가 있을 것이다.[64]

폴란드 분할을 정당화하는 독일 역사교과서의 기술은, 장래 식민지 조선에서 역사교육을 할 때 한국병합의 설명 모델로 참작할 수 있는 것이었다. 폴란드인의 민족성에 대한 사카구치의 다음과 같은 기술 역시 이런 맥락에서 읽혔던 것이다.

> 폴란드인은 슬라브종족 중에서 프랑스인이라고 불리며, 독일인과 비교하면 자못 성정의 차이를 본다. 이들은 예민하고 친절하며 의협심이 풍부하고, 미술 · 음악 · 무도를 즐기며, 사교에 뛰어나고 곧잘 사람을 환대하여 여러 가지 장점을 구비하고 있다고 하더라도, 개략적으로 말하여 이성과 감정이 모두 격렬하여 자칫하면 평형을 잃고, 낙천과 비관의 양극단을 오가는 경향이 없다고 할 수 없다. 또 오랫동안 관습상의 가업(家業)을 영위하는 일을 처리할 때 하여간 질서를 결여하여 난잡

63) 坂口昂, 앞의 〈獨乙領波蘭の國史教育(下)〉, 31쪽.
64) 坂口昂, 앞의 〈獨乙領波蘭の國史教育(上)〉, 4쪽.

하고 불결함을 면하지 못한다. 독일인은 이를 배척하여 '폴니세 비르트샤프트(polnische Wirtschaft)'라고 부르는데, 모두 무질서하고 불결하다는 속담으로 삼기에 이르렀다. 특히 폴란드인이 국민으로서 가지는 결점은 당쟁 알력과 경거망동에 있다. 이 때문에 18세기에는 국가의 쇠망을 초래했고, 19세기에는 누차 불행한 반란을 일으켰으며, 그 결과 더욱더 억압을 받았다. 그렇지만 오늘날의 폴란드인은 점차 내부의 알력을 삼가고, 당시와 비교하면 비교적 평정함을 스스로 가지는 경향이 나타남으로써, 서서히 국민 정신의 보유와 경제 능력의 양성을 도모하고, 시기의 도래를 기다려 최후의 보복을 기약하고 있는 것 같다.[65)]

사카구치가 귀국한 후, 유럽은 제1차 세계대전의 전장이 된다. 개전 2년째에 이미 사카구치는 "독일은 조만간 실패할 수밖에 없을 것이다"라고 예측했다.[66)] 그러나, 그럼에도 여전히 그는 독일을 국민적 국가로서 일본이 배워야 할 모델이라고 생각했다. 사카구치가 무엇보다도 중시한 것은 병합한 지역의 비독일계 주민을 독일화하는 문화정책과 국민적 정체성을 강화하는 다양한 조직의 존재였다.

독일은 신영토에서도 식민지에서도 있는 힘을 다해 독일화

65) 坂口昂, 앞의《獨逸帝國境界地方の教育狀況》, 95쪽. 구두점은 인용자가 적절히 보완했다.

66) 坂口昂, 〈國民的國家の發展と歐州の大戰亂〉, 《京都教育》 269號, 7 · 6頁, 1915, 13쪽.

하고자 노력한다. 알자스-로렌의 프랑스인에 대해서도, 프로이센 왕국 동부에 살고 있는 폴란드인에 대해서도 자신의 문화를 전하여 자신과 같게 만들려고 하는 것이 독일의 최대 국시(國是)이다. …… 열강 간의 경쟁에서 독일과 같은 국민적 국가의 세계정책에서 배우는 것이 우리 일본에게 가장 필요한 것이 아닐까? 독일의 재향군인회나 사적회(射的會), 체육회나 삼림구락부(森林俱樂部) 모두 모범으로 삼아야 한다. 삼림구락부는 도로를 개착(開鑿)하고 사적(史跡)을 보존한다. …… 또 향토보존회라는 것도 있다.[67]

한국병합 다음해에 독일 경계 지역에서 수행한 사카구치의 교육조사는, 식민지 조선에서 일본의 통치자가 바로 직면한 실천과제에 대해 유럽사 연구자의 식견을 바탕으로 구체적인 처방전과 유의점을 예시한 것이었다.[68] 이성시는 일본사학과 동양사학의 사례를 바탕으로 "근대 일본의 역사학은 일찍부터 독일을 중심으로 하는 유럽의 역사학을 배웠으나, 그 역사학이 일본의 식민 지배에 철저하게 이용되었던" 점을 지적했는데,[69] 사카구치의 실지조사는 이 지적이 서양사학에도 그대로 해당한다는 것을 보여주고 있다. 식민지 조선에 대한 교육정책이 형성되는 과정에서, 초창기 서양사학의 지식과 연구자의 인맥이 이용되었던 것이다.[70]

랑케를 모범으로 사양사학의 세계사적 파악에 노력했던 사카구치 다카시는, 독일을 모범으로 하는 제국의 문화정책 모델을 일본의

---

67) 坂口昻, 위의 글, 14~15쪽.

식민지 통치기관과 학계·교육계에 제시함으로써 시대의 추세에 대한 역사가의 임무를 수행했던 것이다.[71]

---

68) 사카구치의 조사 보고를 일본의 대조선정책과 관련하여 검토한 구로다 다미코(黒田多美子)는, 사카구치가 '독일에 무의식적으로 경도한 점'을 지적하면서도 다른 한편으로 다음과 같이 말하고 있다. "무엇보다도 인상적인 것은 사카구치의 가치중립적인 태도이다. 이 보고서는 확실히 '조사', '보고'라고 부르기에 걸맞고, 정책 제언 등은 전혀 하지 않고 있다. …… 사카구치는 …… 사료로 하여금 말하게 하는, 'Wie es eigentlich gewesen sei' 랑케류의 사학을 튼튼한 바탕 위에서 말하고 있다."(黒田多美子, 〈一歷史學者のみたドイツ領ポーランドにおける教育政策—坂口昂《獨逸帝國境界地方の教育狀況》をめぐって〉, 《獨協大學ドイツ學硏究》 21號, 239·263頁, 1989, 254쪽) 그러나 진짜 문제는 오히려 그 앞에 있는 것은 아닐까? 사카구치의 조사보고서는 실증주의적인 연구수법에 의한 선행 사례의 분석이야말로 이 시기 일본 식민지 통치기관이 필요로 하던 정보였음을 보여주고 있다. 랑케류 사학의 수법에 기초하는, 언뜻 보아 가치중립적인 분석이 식민지 지배를 지탱하고 있다는 사실에서, 일본 근대사학에서 전개된 랑케 수용의 문제성이 드러나고 있는 것이다.

69) 李成市, 〈コロニアリズムと近代歷史學—植民地統治下の朝鮮史編修と古蹟調査を中心に〉, 寺內威太郎·李成市·永田雄三·矢島國雄, 《植民地主義と歷史學》, 71~103頁, 刀水書房, 2004, 84쪽.

70) 사카구치가 독일령 폴란드에서 조사할 때, 폴란드인 한 사람이 관여하고 있었을 가능성이 있다. 1911년 2월 이집트 방문 중에, 사카구치는 폴란드인 저널리스트 스타니스와프 벨자(Stanislaw Belza)와 아는 사이가 되었다. 그해 9월, 사카구치는 벨자와의 인연으로 옛 폴란드령을 방문했다. 교육 상황 조사가 행해진 것은 이때이다. 조사에 즈음하여 독일정부의 협력을 얻을 수 없었던 사카구치는 사적인 인맥에 의존하여 자료를 수집해야만 했다. 벨자와의 지우(知遇)로 인해 폴란드의 조사가 용이했을 것이라는 점을 상상하기에 어렵지 않다. 또 벨자는 1911년에 이집트 여행의 인상을 책으로 간행했는데(*Wojczyźnie Faraonów. Z podróży i przechadzek po Egipcie*, Warszawa, 1912), 유감스럽게도 일본인과 아는 사이가 되었다는 기술을 발견할 수는 없었다.

4. 철학화된 랑케 — 스즈키 시게타카

전후에 와세다대학에서 스즈키 시게타카로부터 배운 서양중세사가 노구치 요우지(野口洋二)는 은사가 죽은 뒤에 쓴 추도문에서 다음과 같이 말하고 있다.

> 선생님의 말 한마디 한마디에는 항상 철학이라 할까, 사상의 울림이 느껴졌다. 이른바 실증주의 역사학에 대해 "그 따위는 재미없다"라고 확실하게 말하시며, 세계사를 설파하고 역사주의를 논하며 정신사를 강의하신 선생님 덕택에 눈에서 비늘이 떨어진 것(사도행전 9장—옮긴이) 같은 느낌이 들어서 자신의 눈으로 역사를 보고 생각하는 것을 배운 것은 나만이 아닐 것이다.[72]

---

71) 다른 한편으로, 사카구치가 적대하는 국민적 국가의 틈바구니에서 번롱(翻弄)된 민족의 처지에 감정이입하는 일면도 있었던 사실을 공평을 기하기 위해 기술해두어야 한다. 두 번째 유럽 방문 중(1922), 제1차 세계대전의 결과로 독일령에서 프랑스령으로 병합된 알자스를 다시 방문한 사카구치는 다음과 같이 기록하고 있다. "촌락의 한 곳에는 최근 전사자를 위해 새로 기념비가 건립되어 있었다. 비석의 표면에는 일본이라면 충혼비라도 쓰여 있을 터이지만, 알자스인에게는 충군애국이 있을 리가 없다. 그들의 자제는 누구를 위한 것인가, 아니 무엇을 위해 죽었는가. 만약 전사자가 독일 조국을 위해 충사(忠死)했다고 하면, 지금 그들은 말하자면 조국으로부터 이미 잘린 채 내버려져 있다. 더구나 새로 지배자가 된 프랑스에 대해서도 볼 낯이 없다. 그렇다고 해서 무수히 희생된 사랑스런 자제와 부형을 위해 아무런 기념도 하지 않고서는 그들의 인정으로 참기 어려울 것이다. 그러면 뭐라고 제목을 붙일 것인가, 가로대, '불행히도 전쟁에서 죽은 마을의 건아들을 위하여', 다만 이것뿐이다. 이 제목을 어찌 슬퍼하지 않으랴." 坂口昻, 《歷史家の旅から》, 中公文庫, 1981, 270쪽.

스즈키 시게타카는 1926년(다이쇼 15년)에 교토제국대학 문학부에 입학하여 서양사학을 전공하면서, 사카구치 다카시와 우에무라 세이노스케(植村淸之助)의 지도를 받았다. 스즈키는 1928년에 세상을 떠난 사카구치가 마지막으로 가르친 사람 중 한 사람으로, 1931년(쇼와 6년)에는 사카구치의 최종 강의인 〈독일사학사〉의 출판을 위해 원고와 학생 노트를 교정하여 정리하는 일을 위촉받았다. 1932년에 교토제국대학 문학부 강사가 되었으나 결핵으로 요양을 위해 일단 퇴직했다가, 1935년부터 제3고등학교의 교단에 섰다. 1942년에 교토제국대학 문학부 조교수로 전임했다가, 1947년 '대동아전쟁'의 이념적 근거를 제공했다는 책임으로 공직에서 추방되는 처분을 받았다. 1948년에는 그의 본래 전공인 서양중세사 연구를 정리한《봉건사회의 연구》가 간행되었다. 1951년 가나카와(神奈川)대학 강사로 교단에 복귀했고, 1954년 와세다대학에 교수로 초빙되어 이후 23년간, 정년퇴직까지 서양사학의 교육과 연구에 종사했다.[73]

스즈키의 최초의 저서는《랑케와 세계사학》(1939)이다. 이 저서는, 체제는 오늘날 신서 크기의 조그만 것이지만, 일본 서양사학자가 랑케를 정면에서 다룬 최초의 연구서로서, 일본의 랑케 수용사에서 중요한 위치를 차지한다. 그런 스즈키가 실증주의 사학에 대해 "그 따위는 재미없다"라고 공언했다는 것은 상징적이다. 랑케사학으로부터 실증주의를 제거했을 때 무엇이 태어났는가? 아래 몇 개

72) 野口洋二, 〈鈴木成高先生を悼む〉, 《史觀》 第120冊, 156頁, 1989, 156쪽.

73) 《史觀》, 1977, 68~72쪽 ; 京都大學文學部 編, 앞의《京都大學文學部五十年史》, 42~43쪽.

의 예문을 인용해보자.

> 랑케는 두 개의 유산을 우리에게 주었다. 하나는 국가는 제각기 독자적인 생명을 잉태한 창조적인 개체라는 것, 곧 그가 말하는 이른바 **도덕적 정력**이라는 것이다. 다른 하나는 그럼에도 불구하고 국가는 그 발전의 계기를 다른 여러 국가와의 관계에 힘입는다는 것, 곧 äussere Politik의 inner Politik에 대한 우위를 제창한 것이 바로 이것이다.[74)]

> 랑케는, 위대한 침략자는 동시에 위대한 문화 전파자라는 취지의 말을 했다. 그의 말은 충분히 음미해야 할 것이다. 이런 매개를 결여했을 때, 하나의 국가는 세계에서 단순한 특수에 그치고, 구체적 보편이 아니면 세계에서 지속할 수 없다.[75)]

> 국가는 랑케가 말하는 것처럼 das Real-Geistige이다. 국가를 이러한 구체성으로 파악할 수 있는 입장은 인간학적 입장이고, 이것을 실제로 보증하는 것이 세계사학의 입장이다. 이런 면에서 볼 때, 국가는 세계사적 개념이라고 해도 좋다.[76)]

랑케의 국가를 das Real-Geistige라고 하는 사상처럼, 국가

---

74) 高坂正顯, 《歷史的世界》, 京都哲學叢書 第25卷, 燈影舍, 2002, 236쪽. 이하 고딕 표시는 강조를 위해 인용자가 한 것이다.

75) 高坂正顯, 《歷史の意味とその行方》, こぶし書房, 2002, 55쪽.

76) 高山岩男, 《世界史の哲學》, こぶし書房, 2001, 196쪽.

의 근저에 근원적인 생명력이 있음과 아울러 국가에는 항상 정신적인 힘이 움직이고 있다. 이 정신적인 힘을 랑케는 '**도의적 세력**(**모랄리세 에네르기**)'이라고도 한다.[77)]

힘은 국가의 불가결한 본질이지만 유일한 본질은 아니다. 국가는 또 동시에 하나의 정신이고, 랑케의 이른바 '**도덕적 정력**(**모랄리세 에네르기**)'이다. 이것이 있으므로 국가는 비로소 단지 문화의 용기에 그치지 않고 그 자신에게 실체이고 내용일 수 있다.[78)]

고야마 이와오(高山岩男) …… 랑케 등도 말했던 바와 같이 전쟁 속에 **도의적 에네르기**가 있다. 형식화된 정의감, 실제로는 구질서라든가 현상을 유지하고자 하는 부정의(不正義), 이런 것에 대한 건강한 생명의 반격, 그것이 **도의적 에네르기**라고 생각한다. …… 독일이 이긴 것은 나는 독일민족이 가진 **도의적 에네르기**가 이긴 것이라고 생각한다.[79)]

이상의 텍스트는 모두 1930년대 말부터 1940년대 전반에 걸친 교토학파의 저작이나 좌담회의 발언에서 채록한 것이다.[80)] 이들의 언설에 공통되는 특징은 랑케를 언급하면서 사료 비판과 실증주의에

---

77) 高山岩男, 위의 책, 199쪽.

78) 鈴木成高, 《歷史的國家の理念》, 弘文堂, 1941, 188쪽.

79) 高坂正顯 · 西谷啓治 · 高山岩男 · 鈴木成高, 《世界史的立場と日本》, 中央公論社, 1943, 102~103쪽.

대해서는 전혀 거론하지 않고, 국가의 생명력과 세계사적 성격을 둘러싼 추상적인 사변으로 시종하고 있는 점이다. 게다가 그것이 유럽 전선에서 독일의 승리라는 동시대의 사건과 강하게 결부된다. 그리고 이들 언설이 항상 참조하는 중심 개념은 '모랄리세 에네르기'—도의적 세력, 도덕적 정력, 도의적 에네르기, 도덕적 에네르기 등의 번역어로서 통일되어 있지 않았다—이다. 좌담회 〈세계사적 입장과 일본〉에서 그들은 말할 때마다 이 개념에 대한 애착을 드러내고 있다.

> **니시타니 게이지**(西谷啓治) 아무리 생각해도 모랄리세라고 하면 에네르기의 면이 소거되고, 에네르기라고 하면 모랄리세의 면이 소거된다. 모랄리세 에네르기라고 하는 것은 대단히 좋은 말이다.
>
> **고야마** 크라토스(kratos, 力)와 에토스(ethos, 道義)가 결합하는 방법, 결합시키는 방법, 이른바 스타트레존(Staatsräson)이지만, 그러나 그것만으로는 제대로 결합하지 않으므로, 진정으로 결합시키는 매개자가 도덕적 에네르기라고 생각한다. ……
>
> **고사카 마사아키**(高坂正顯) 모랄리세 에네르기는 좋다.[81]

80) 高坂正顯, 앞의 《歷史的世界》(1937년 초판 간행) ; 鈴木成高, 앞의 《歷史的國家の理念》; 高山岩男, 앞의 《世界史の哲學》(1942년 초판 간행) ; 高坂正顯 · 西谷啓治 · 高山岩男 · 鈴木成高, 위의 책(1941~1942년 초판 간행). 인용할 때 최근에 다시 간행된 판이 있는 경우에는 그것들을 이용했다.

81) 高坂正顯 · 西谷啓治 · 高山岩男 · 鈴木成高, 위의 책, 105쪽.

고야마 이와오는 서양문명에 대한 중국과 일본의 태도 차이를 '도덕적 에네르기'로 설명한다.

> **고야마** …… 지나(중국)는 조금 달라서 중화의식과 같은 전혀 비역사적인 입장에서 유럽문명까지 경멸하는 태도로 나왔다. 그런데 일본은 그것을 자주적으로 받아들였다. 거기에 소극적인 것과 능동적인 것 사이의 비상한 차이가 있다. 일본에는 이런 의미에서 모랄리셰 에네르기라는 발랄한 생명력이 있다. 지나가 점점 유럽에 침식되어 저항할 수 있는 실력이 없어진데 비해, 일본이 오늘날의 전환기에 미 · 영을 한 덩어리로 상대하여 혼내주고 있는 것도 결국 이런 차이로부터 나온다고 나는 생각한다.[82]

니시타니 게이지에게 '도덕적 에네르기'라는 것은 멸사봉공을 통해 국민을 "아마테라스 오미카미(天照大神)의 마음"으로 이끄는 힘이다.

> 각 개인이 그 직역(職域)에서 사(私)를 멸(滅)하고 공(公)을 받듦으로써 국가의 도덕적 에네르기를 발현시키고자 할 때, 개인은 그 직역에서 연달(練達)과 멸사(滅私)에 노력하는 수행에서 청명(淸明)한 마음을 자득(自得)함에 따라, 국가의 역사를 관통하는 국가 생명의 본원에 합류함과 동시에 세계 역사의 저류

82) 高坂正顯 · 西谷啓治 · 高山岩男 · 鈴木成高, 위의 책, 165쪽.

에 잠복한 세계 윤리(옛사람의 이른바 하늘의 도)에 접할 수 있다. …… 만일 또 그가 자기 멸사의 수행에 철저하고 청명심의 자득을 깊게 하여 자기의 심원(心源)에 도달할 수 있고 주체적 무(無)에 입각할 수 있다면, 그는 국가 생명의 가장 깊은 곳을 통해 기타바타케 지카후사(北畠親房) 경의 "일물(一物)을 쌓아두지 않고서도 만상(萬象)을 비춘다"는 말과 같이 '아마테라스오미카미의 마음'이라고 하는 것에 접하고, 동시에 또 역사적 세계의 저류에서 초역사적이라고 할 수 있는 본래의 종교적 세계가 열리는 것을 자각하게 될 것이다.[83)]

스즈키 시게타카는 진주만 공격의 성공 속에서 도덕적 에네르기의 발로를 발견한다.

스즈키 모랄리세 에네르기라고 하면, 12월 8일은 결국 우리 일본국민이 자신이 가진 모랄리세 에네르기를 가장 생생하게 느낀 날이었다고 생각합니다만. …… 우리가 주체적으로 움직이는 바에 비로소 필연이 있다. 곧 역사적 필연성은 주체적 필연이라 할까, 실천적 필연이라는 것이었다고 생각합니다만, 그것을 나는 12월 8일에서 특히 통감한 것입니다.[84)]

---

83) 西谷啓治, 〈〈近代の超克〉私論〉, 河上徹太郎 · 竹內好 外, 《近代の超克》, 富山房, 1979, 35~36쪽.

84) 高坂正顯 · 西谷啓治 · 高山岩男 · 鈴木成高, 앞의 《世界史的立場と日本》, 139쪽.

스즈키는 또 '대동아전쟁'은 '도덕적 에네르기를 가진 전쟁'이고, 그런 의미에서 '세계사적 전쟁'이라고도 한다.

> **스즈키** 민족의 모랄리세 에네르기라고 하는 것 외에 전쟁의 모랄리세 에네르기, 이런 것을 이번 대동아전쟁에서 나는 비로소 체득한 기분이다. 모랄리세 에네르기를 가진 전쟁, 이런 것이 진정한 세계사적 전쟁이라고 나는 생각한다.[85]

또 일본은 스스로의 도덕적 에네르기를 아시아 여러 민족에게 전할 사명을 지고 있다고 한다.

> **니시타니** 그런데 현재 일본이 지도적이라고 하는 것은 어떤 것인가 하면, 더욱이 자신의 모랄리세 에네르기를 대동아권 내의 다양한 민족에게 전하고, 그것을 그들 안에서 불러 깨우며, 그들이 민족적인 자각을 하게 하거나 민족의 주체성을 자각시킨다. 일본의 원동력이 되어온 모랄리세 에네르기를 다른 여러 민족에게 전하고, 자신의 내부에서 활동하도록 그들을 육성하는 것이다.[86]

이처럼 도덕적 에네르기는 일본의 개국과 근대화, 천황제에 봉사하는 국민도덕, 중일 · 태평양전쟁의 정당성, 아시아에서 일본의 지

---

85) 高坂正顯 · 西谷啓治 · 高山岩男 · 鈴木成高, 위의 책, 214쪽.
86) 高坂正顯 · 西谷啓治 · 高山岩男 · 鈴木成高, 위의 책, 238~239쪽.

도적 지위 등, '대일본제국'의 과거와 현재를 설명하는 만능의 '매직 워드'로 사용되었다. 교토학파의 논자들에게 편애된 이 개념은 도대체 어디에서 온 것인가?

랑케의 〈정치문답(Politische Gespräch)〉(1838)에 다음과 같은 구절이 있다.

> **프리드리히**(Friedlich) 앞에서 말한 바와 같이 세계는 구석구석까지 점령되어 있다. 그 가운데서 어떤 지위를 얻기 위해서는 자력으로 발흥하고 자유로운 독립성을 발휘해야 한다. 그리고 다른 사람이 승인해주지 않는 권리는 우리 스스로 싸워 손에 넣을 수밖에 없다.
>
> **칼**(Karl) 그러면 이것저것 모두 매우 난폭한 폭력으로 결정하게 되는 것은 아닌가?
>
> **프리드리히** 싸운다는 말에서 그런 방식으로 생각되기 쉽지만, 실제로는 그 정도로 폭력이라는 것이 효력을 나타내는 것은 아니다. 기초가 존재하고 단결이 형성되어 있다고 해도 그것이 이제 막 발흥하여 세계적인 세력을 이루려고 하는 경우에 무엇보다도 먼저 첫째로 필요한 것은 도덕적 에네르기다. 이 도덕적 에네르기에 의해 비로소 경쟁에서 경쟁자인 적을 패배시킬 수가 있다는 것이다.[87]

87) ランケ, レオポルト・フォン, 相原信作 譯,《政治問答 他一篇》, 岩波文庫, 1941, 33~34쪽.

랑케의 〈강국론(Die Grossen Mächte)〉(1833) 말미의 다음과 같은 구절은 '도덕적 에네르기'를 세계사의 원동력으로 간주한다는 점에서 교토학파에게 중요한 텍스트가 되었다.

> 세계사의 한순간을 보면, 여러 국가와 여러 민족이 어떻게든 우연적인 종횡무진으로 광분하고 각축하고 계기(繼起)하는 것으로 보이지만, 실제로 결코 그런 것은 아니다. …… 우리들이 세계사의 전개에서 목격하는 것은 여러 가지 힘이고, 더구나 정신적인 생명을 산출하는 창조적인 힘이며 생명 그 자체이다. 그것은 실로 도덕적 에네르기인 것이다. …… 이들 힘은 개화하여 세계를 매료하고 극도로 다양한 표현으로 자기를 드러내며, 상호투쟁하고 제한하고 압도하는 것이다. 이들 여러 힘의 상호작용과 계기 속에서 그 생존과 소멸 또는 부흥 …… 의 가운데에서야말로 세계사의 비밀이 가로놓여 있는 것이다.[88]

위에 인용한 이와나미(岩波) 문고의 《정치문답 기타 일편》(1941)과 《강국론》(1940)을 번역한 아이하라 신사쿠(相原信作, 1905~1996)는 니시다 기타로의 문하로, 제3고등학교에서 스즈키 시게타카의 동료였다. 스즈키와 아이하라는 1941년에 이와나미 문고에서 공역으로 랑케의 《세계사 개관－근세사의 제 시대》를 간행했다. 1940년대 전반에는 이외에도 랑케의 번역서가 잇따라 출판되어, 일종의 '랑케 붐'이 일어났던 것을 알 수 있다.[89] 이 일련의 번역서 중

---

88) ランケ, レオポルト・フォン, 相原信作 譯, 《强國論》, 岩波文庫, 1940, 78쪽.

에서 이와나미 문고의 랑케 번역은, 사료 비판을 바탕으로 한 장대한 역사 기술이 아니라 국가관과 세계사의 구상에 대한 이론적인 고찰을 포함한 비교적 짧은 텍스트를 선정한 점에서 특색이 있다. 랑케는 역사인식에 대해 체계적으로 논하는 타입의 저술가가 아니어서, 그 역사관을 운운하는 경우에는 "그의 여러 가지 많은 저작에서 여기저기를 추상하여 구성하는 길밖에 없다"라고 이미 사카구치 다카시는 《독일사학사》에서 지적했다.[90] 정확히 랑케의 여러 많은 저

---

89) 필자가 확인한 1945년 이전에 간행된 랑케의 번역서는 다음과 같다.

① 《世界史論進講錄》(村川堅固 譯), 興亡史論刊行會, 1918〔*Über die Epochen der Neueren Geschichte*, 1888의 번역. 부록에 〈근세열강사론(Die grossen Mächte)〉, 〈정치학설사론(Zur Geschchte der politischen Theorien)〉 포함〕.

② 《歐洲近世史》(阿部秀助 譯), 泰西名著歷史叢書 第5卷, 國民圖書, 1923(*Geschichten der romanischen und germanischen Völker*, 1822의 번역).

③ 《强國論》(相原信作 譯), 岩波文庫, 1940("Die Grossen Mächte"의 번역).

④ 《政治問答 他一篇》(相原信作 譯), 岩波文庫, 1941〔〈정치문답(Politische Gespräch)〉 및 〈역사와 정치의 유사 및 상이에 대하여(De historiae et politices cognatione atque discrimine)〉 2편 번역〕.

⑤ 《世界史概觀―近世史의 諸時代》(鈴木成高 · 相原信作 譯), 岩波文庫, 1941(*Über die Epochen der Neueren Geschichte*, 1888의 번역).

⑥ 《프리드리히 대왕》(溝邊龍雄 譯), 白水社, 1941(*Friedrich II. König von Preussen*, 1878의 번역).

⑦ 《랑케선집 제6권―小論集》(小林榮三郎 譯), 三省堂, 1942(*Abhandlungen und Versuche*, 1872의 번역).

⑧ 《랑케선집 제4권―19세기 독일-프랑스사》(堀米庸三 外 譯), 三省堂, 1943(*Zur Geschichte Deutschlands und Frankreichs im neunzehnten Jahrhundert*, 1887의 번역).

⑨ 《랑케선집 제5권―傳記》(西村貞二 · 祇園寺信彦 · 增田重光 譯), 三省堂, 1943(〈사보나롤라와 15세기 말 피렌체 공화제〉, 〈돈 · 카를로스〉, 〈마키아벨리〉 포함).

90) 坂口昂, 앞의 《獨逸史學史》, 407쪽.

작에서 교토학파의 입맛에 맞는 일부 텍스트가 뽑혀져 문고로 만들어진 것이다.

랑케가 문고본으로 읽혀지기 조금 앞서부터, 교토학파의 학자들이 세계사나 역사철학을 논한 책이 속속 간행되었다. 간행 순서에 따라 열거하면 다음과 같다.

다나베 하지메(田邊元)의 《사학(史學)의 의미》(1937), 고사카 마사아키의 《역사적 세계》(1937)와 《역사철학과 정치철학》(1939), 스즈키 시게타카의 《랑케와 세계사학》(1939), 다나베 하지메의 《역사적 현실》(1940), 스즈키 시게타카의 《역사적 국가의 이념》(1941), 고야마 이와오의 《세계사의 철학》(1942)과 《일본의 인식과 세계사》(1943), 고사카 마사아키의 《역사철학 서설》(1943), 고사카 · 고야마 · 스즈키 · 니시타니의 《세계사적 입장과 일본》(1943), 아이하라 · 고사카 · 고야마 · 스즈키 · 니시타니 외의 《세계사 강좌(1)—세계사의 이론》(1944).[91]

1930년대 후반부터 역사와 사회를 총체적으로 파악하는 인식 틀이었던 역사적 유물론이 국가권력에 의해 철퇴당한 그 자리에서 교토학파의 세계사의 철학이 번성했던 것이다. 이들 텍스트는 자주 랑케를 언급하지만 그것은 국가의 생명력이나 도덕적 에네르기를 논하는 맥락에서이고, 랑케의 실증사가로서의 측면은 언급된다고 해도 부차적인 의미밖에 가지지 않는다. 사카구치가 조화를 유지했던 랑케사학의 두 가지 측면—문헌학적 · 비판적 방법과 세계사적 파악—의 균형은 상실되고, 세계사 철학의 선구자로서의 랑케가 전면에 내세워진다. 랑케는 말하자면, '철학화'된 위에서 총력전체제를 이념적으로 지지하는 기둥의 하나로 동원되었던 것이다.

교토학파가 편집한 일련의 역사사상서 중에서 스즈키 시게타카의 랑케론은 쓴 사람이 철학자가 아니라 서양사 연구자라는 점에서 독자적인 위치를 차지한다. 《랑케와 세계사학》은 적어도 저자의 의도에서는 역사철학이 아니라 역사학 책이고, 그 집필 동기는 "랑케 사학을 통해 현재의 역사학이 직면한 과제에 도달"하는 데 있었다.[92] 저자가 말하는 '현재의 역사학이 직면한 과제'라는 것은, 하나는 '역사주의의 위기 극복'이고, 다른 하나는 '새로운 세계사상(世界史像)'의 획득이다. 이 두 개의 과제는 밀접하게 결부되어 있었다.

장래의 역사학은 반드시 세계사가 아니면 안 되며, 세계사적

---

91) 이들 일련의 텍스트군 속에 니시다 기타로의 〈세계 신질서의 원리〉(1943)—그것이 어느 정도로 니시다 자신에 의해 쓰였는지에 대해서는 문제가 남지만—를 덧붙여야 할지도 모른다. 니시다는 그 속에서 "각 국가는 각자 세계적 사명을 자각함으로써 하나의 세계사적 세계, 즉 세계적 세계를 구성해야만 한다. 이것이 오늘날의 역사적 과제이다. …… 지금 동아의 여러 민족은 동아민족의 세계사적 사명을 자각하여 각자 자기를 넘어 하나의 특수적 세계를 구성하고, 이로써 동아민족의 세계사적 사명을 수행해야만 한다. 이것이 동아공영권 구성의 원리이다"라고 말하고 있다(西田幾多郎, 《西田幾多郎全集》 第12卷, 岩波書店, 1979, 427~429쪽). 니시다가 랑케의 '세계사'도 염두에 두면서 스스로의 '세계적 세계'를 이미지화하고 있었던 것을 〈어진강초안(御進講草案) 역사철학(歷史哲學)에 대하여〉(1941)의 다음과 같은 구절에서 확인할 수 있다. "대역사가 랑케가 로마 이전의 문화는 모두 로마라는 호수로 흘러들었고, 로마 이후의 문화는 모두 로마라는 호수로부터 흘러나갔다고 하고 있는 것처럼, 로마의 정복으로 구주 제국은 하나로 통일되고 그 이래 하나의 세계를 형성했다고 합니다. 그러므로 오늘날은 세계적 교통의 발달로 전 세계가 하나의 세계로 되었습니다."(西田幾多郎, 위의 책, 270쪽)

92) 鈴木成高, 《ランケと世界史學》, 弘文堂, 1939, 1쪽.

입장이야말로 역사주의의 위기를 극복하는 최선의 수단이라고도 일컬어지고 있다. 게다가 우리는 이제까지의 구라파주의 세계사가 이미 성립할 수 없다고 하는 미증유의 단계에 처해 있는 것이다. 내일의 세계사는 반드시 새로운 세계사상을 가지지 않으면 안 된다.[93]

랑케의 《세계사》는 구라파주의의 세계사이지만, 그런 것으로서 유일무이한 '정신의 깊이'를 가졌기 때문에 상세하게 검토할 만하다. 스즈키는 "랑케 이후에 역사가는 있을지라도 세계사가는 없다"[94]라고까지 말한다.

랑케는 만년에 《세계사》를 집필함으로써 비로소 '세계사가'가 되었던 것은 아니고, 그 출발점부터 항상 '세계사가'였다고 스즈키는 주장한다.

세계사는 랑케사학의 일면이 아니라 전부였다. 만년에 저술한 《세계사》만이 세계사가 아니라, 50권의 전집을 만든 방대한 생애의 작품 하나하나가 모두 세계사라는 점을 잊어서는 안 된다. 그는 프랑스사 · 영국사를 비롯하여 수많은 국민사를 썼고, 그럼에도 그는 국민사가가 아니라 항상 세계사가였다. 세계사적 입장을 떠난 국민사는 랑케의 작품 중에는 하나도 발견되지 않는다.[95]

---

93) 鈴木成高, 위의 책, 2쪽.

94) 鈴木成高, 위의 책, 30쪽.

여기에서 스즈키가 말하는 세계사라는 것은 과거의 사실을 망라한 역사의 백과전서가 아니라, 체계적인 완결성을 가진 구성적 역사이다.

> 보편적인 것과 포괄적인 것은 명확히 구별되지 않으면 안 된다. 세계사는 무엇보다 먼저 보편적이어야만 한다. 그러나 그것은 산술적 전체, 지식의 최대량으로서가 아니라, 의미의 전체로서 구성의 체계적 완결성에 따르지 않으면 안 된다.[96]

스즈키가 세계사의 보편성을 보장하는 것으로서 염두에 둔 것은, 랑케가 〈강국론〉에서 묘사한 것과 같은 상호대립하는 국민국가군으로 이루어지는 국가간 시스템이다.

> 서로 싸우는 여러 개의 민족에 의해 세계사의 보편 관련이 구성된다. 서로 투쟁하는 것의 동적(動的) 조화, 서로 상용(相容)하지 않는 것의 통일성, 제각기 가진 독자성을 없앤 적이 없는 통일이 세계사의 통일인 것이다. 국민은 각각 국민적이라는 사실로 인해 도리어 세계적이다. 그 때문에 세계사는 먼저 국민의 독자적인 역사를 그 기초에 가져야만 한다. …… 국민사는 그것만으로는 완결성을 가지지 않고 오히려 더 고차적인 세계사적 완결성 속에서 그 위치가 정해짐으로써 비로소 완결되

95) 鈴木成高, 위의 책, 114~115쪽.
96) 鈴木成高, 위의 책, 116쪽.

는 것이다.[97]

랑케의 시대에 그 시스템은 유럽적 세계로서 존재했다. "그러나 현재로서는 유럽은 더 이상 세계가 아니다. 우리는 지금 새로운 세계상을 가져야만 한다."[98] 왜냐하면 미국과 아시아가 유럽과 나란히 이 시스템에 가담했기 때문이다. '대동아전쟁'은 이 변화를 결정적인 것으로 만들었다.

> 한편으로는 대동아전쟁이라고 하는 하나의 세계사적 사실이 역사의 학문적 대상이기도 하고, 또 어느 면에서는 대동아전쟁의 현실이 역으로 학문 그 자체에 변혁을 요구하고 있다. 곧 세계사학의 이념적 전환을 요구하고 있다.[99]

이 변혁은 동시에 국사학 · 동양사학 · 서양사학이라는 일본 근대사학의 공간적 · 학과적 편제 그 자체에 대한 근본적인 재고를 요청하는 것이기도 했다.

> 예를 들어 태평양 문제라는 것은 현재로는 세계 정치의 중심 문제인데, 그런데 왜 그것이 중요한가 하면, …… 시국적인 중요함만이 아니라, 비상한 역사성을 가지고 있다. …… 그런데

97) 鈴木成高, 위의 책, 118～119쪽.

98) 鈴木成高, 위의 책, 135쪽.

99) 高坂正顯 · 西谷啓治 · 高山岩男 · 鈴木成高, 앞의 《世界史的立場と日本》, 427쪽.

이제까지의 서양사학에는 그런 것을 제대로 파악할 용의가 조금도 없었는데, 그것은 지식의 많고 적은 문제가 아닌 입장의 문제라고 생각한다. 서양사학의 입장에서는 어딘가 충분히 파악할 수 없는 바가 있다. 그러나 국사학도 동양사학도 역시 그런데, 그런 점에서 세계사학의 입장이라는 것이 더욱 요구되지 않으면 이런 문제는 제대로 파악할 수 없는 것이 아닐까?[100]

스즈키에게 '대동아전쟁'은 유럽적 세계사로부터 세계적 세계사로의 전환을 결정짓는 세계사적 사실이었다. 랑케의 유럽 중심적인 세계사를 넘어서지 않으면 안 되는 이유가 여기에 있다. 그러나 그것만은 아니다.

현대의 세계사학은 랑케의 세계사학과 근본점에서 중대한 성격을 달리한다. 그것은 결코 랑케의 세계사학이 유럽적 세계사였던 데 비해 오늘날의 세계사학이 세계적 세계사를 표방하는 것이라는 사실만은 아니다. 오히려 그 차이는 랑케사학의 특징으로서 사학사상 랑케의 관상주의(觀想主義, Quietismus)로 불리는 그의 엄격한 관상적(觀想的) 입장과 오늘날의 세계사학이 표방하는 바의 …… 행위적 · 건설적 입장이, 입장으로서 본질적으로 차이가 나는 바에 있다. 랑케의 세계사학은 보는 자의 입장에 철저한 세계사학이다. …… 오늘날의 세계사학은 만든 자의 입장, 곧 세계 신질서 건설의 주체적 입장에서

---

100) 高坂正顯 · 西谷啓治 · 高山岩男 · 鈴木成高, 위의 책, 9~10쪽.

성립하는 것임에 틀림없다.[101]

랑케적인 '관상의 세계사'로부터 대동아전쟁을 통해 '행위하고 건설하는 세계사'로—이것이 스즈키 시게타카가 생각한 '역사학에서 근대의 초극'이었다.[102]

스즈키는 스스로 제기한 과제를 실천에 옮겼다. 1940년(쇼와 15년)부터 다음해에 걸쳐 해군성 조사과의 다카기 소키치(高木惣吉) 대령이 교토학파 멤버와 비밀리에 접촉하여, 육군에 대항하는 독자적인 브레인집단 결성을 호소했다. 스즈키는 이 그룹에 가담함으로써 사상전에 참가하는 형태로 전쟁 수행에 협력했던 것이다. 브레인집단의 비밀회의는 도쿄에서 온 게스트도 맞이하여 열렸지만, 그 핵심은 교토제국대학 문학부에 있었다. 사무를 담당한 오시마 야스마사(大島康正)는 이렇게 말했다.

---

101) 鈴木成高, 〈世界史觀の歷史〉(1944), 西田幾多郎 · 西谷啓治 外, 《世界史の理論—京都學派の歷史哲學論攷》, 京都哲學叢書 第11卷, 燈影舍, 2000, 113쪽.

102) 좌담회 〈근대의 초극〉에 앞서 제출된 〈근대의 초극 각서〉(《사학계》 1942년 9월호)에서, 스즈키는 "근대의 초극이라는 것은 정치에서는 데모크라시의 초극이고, 경제에서는 자본주의의 초극이고, 사상에서는 자유주의의 초극을 의미한다"라고 말한 뒤에, 6가지에 걸친 문제제기를 하고 있다. 그 여섯 번째가 역사학에서 '근대의 초극'과 관련되어 있다. "(6) 역사학으로서는 특히 가장 관련이 깊은 문제로 진보의 이념을 초극하는 것이 문제가 되고, 또 역사학 고유의 문제로 역사주의의 초극이 가장 큰 근본 문제가 되지 않으면 안 된다. 역사주의의 초극은 곧 역사학에서 근대의 초극이다."(廣松涉, 《〈近代の超克〉論—昭和思想史への一視角》, 講談社學術文庫, 1989, 18~19쪽에서 재인용) 랑케적 '관상의 세계사'의 극복은 여기에서 말하는 '역사주의의 초극'에 대응하는 것일 터이다.

표면적으로는 고야마 이와오 혼자만 해군성 촉탁이 되는 것으로 하여 문학부 교수회에서 승인되었다. 그러나 동시에 고사카 마사아키, 니시타니 게이지, 기무라 모토모리(木村素衛), 스즈키 시게타카가 안에서 그에 협력하게 되었다.[103)]

회의에는 이 밖에 미야자키 이치사다(宮崎市定), 히다카 다이시로(日高第四郎)가 참가하고, 다나베 하지메도 때로 출석했다. 게스트로는 유카와 히데키(湯川秀樹), 야나기다 겐주로(柳田謙十郎), 다니카와 데쓰조(谷川哲三), 오쿠마 노부유키(大熊信行)가 초대되었다.[104)] 비밀회의는 1942년부터 다음해에 걸쳐 매월 내지 격월로 열렸고, 그 후에도 페이스는 떨어지지만 패전 직전까지 이어졌다. 잡지《중앙공론(中央公論)》의 3회에 걸친 좌담회〈세계사적 입장과 일본〉,〈동아공영권의 윤리성과 역사성〉,〈총력전의 철학〉(1942년 1·4월호, 1943년 1월호. 단행본《세계사적 입장과 일본》으로 1943년 3월 간행)은 이 비밀회의의 핵심 멤버 네 명에 의한 것이었고,《문학계》의〈근대의 초극〉이라는 좌담회(1942년 10월호)에 교토에서 참가한 것도 그들 가운데 두 명이었다.

이 브레인집단의 목적과 활동 내용은 오시마 야스마사의 회상과 그가 남긴 당시 회의 메모(〈오시마大島 메모〉)에 의해 꽤 구체적인 것까지 밝혀져 있다. 다만〈오시마 메모〉의 발견자이기도 한 오하시

103) 大島康正,〈大東亞戰爭と京都學派〉, 西田幾多郎 · 西谷啓治 外, 앞의《世界史の理論—京都學派の歷史哲學論攷》, 281쪽.

104) 大橋良介,《京都學派と日本海軍—新史料〈大島メモ〉をめぐって》, PHP新書, 2001, 13쪽.

료스케(大橋良介)가 이 회의의 성격을 '체제 내 반체제', '반체제적인 전쟁 협력'으로 규정하고, "일종의 화평공작을 구상한 그룹이었다"[105)]라고 하는 점에 대해서는 의문이 남는다. 오하시에 의해 제시된 〈오시마 메모〉[106)]를 읽는 한, 전쟁의 조기 종결이나 대미 · 대중 화평공작을 주장하는 발언은 찾을 수 없다고 해도 좋다. 주요한 논의는 '대동아전쟁'의 이념적 · 도의적 근거 제시와, '사상전'의 방책 검토에 소비되고 있다(전쟁 말기에는 패전의식이나 전범 문제에 대한 대응이 의제가 된다). 육군과 관계를 맺은 황도주의자(皇道主義者)와 해군과 관계를 맺은 교토학파는 총력전체제를 이데올로기적으로 지탱하는 차의 두 바퀴로서, 체제 내에서 헤게모니 다툼을 되풀이하던 양자 중 한쪽에 대해 반체제의 성격을 읽고 이해하는 데는 무리가 있다.

〈오시마 메모〉에는 회의에서 스즈키 시게타카가 한 발언도 기록되어 있다. 스즈키는 고대 로마 말기의 황제권과 게르만 여러 부족의 관계를, 일본과 만주국 · 타이와의 관계와 비교하여 논한다던지(1942년 3월 2일), 논의의 시안으로 〈대영미사상전 방책〉을 작성하는(1943년 6월 4일) 등 서양사 지식을 회의의 장에서 활용하고 있다.[107)] '대동아전쟁'에서 주창된 일본의 세계사적 사명과 전쟁의 도의성은 이 회의에서도 스즈키가 고집한 논점이었다.

---

105) 大橋良介, 위의 책, 13~14, 21~22쪽.

106) 大橋良介, 위의 책, 175~336쪽.

107) 大橋良介, 위의 책, 186~187, 279~281쪽.

왜 일본이 맹주인가 하는 것은 역사로부터 나오는 것으로서, 하늘에서 내려온 국체로부터 정해진 것은 아니다. 그것이 일본의 세계사적 필연성에서 나오는 역사적 사명임을 명확히 의식하고, 그것을 논리적으로 파악하여 역사철학을 확립하는 것이 우리의 중요한 과제여야 한다(스즈키 및 모두).[108]

민족은 각각에 따라 'Idee'가 달라 입장을 바꾼다. 세계사적 사명을 자각한 역사적 형성력으로서 도의성을 구체적 정책으로 한다(스즈키).[109]

이 주장의 희극적인 일면은 그들이 그것을 미국에 대한 사상전에 적용하고자 했을 때 노정된다.

"모든 나라가 각기 제자리를 얻는다"고 하는 일본이 하는 방식이야말로 도리어 참된 데모크라시가 아닐까라고 미국에 설명할 것. 즉 아메리칸 데모크라시의 진리는 오히려 일본의 팔굉일우(八紘一宇)에 있다는 것. 그것은 '통일 없는 통일'로서 모든 나라에게 각기 어울리는 지위나 장소를 얻게 하는 원리라는 점을 설명할 것. 미국의 먼로주의도 또한 진실은 이런 의미의 것이 아닐까라고 설명할 것(다나베, 고야마, 스즈키).[110]

---

108) 大橋良介, 위의 책, 181쪽.
109) 大橋良介, 위의 책, 195쪽.
110) 大橋良介, 위의 책, 274쪽.

오늘날의 시각으로 보아 스즈키가 제창한 '역사학에서 근대의 초극'에는 몇 가지 주목할 만한 주장이 포함되어 있다. 하나는, 국사학 · 동양사학 · 서양사학이라는 일본 근대사학의 공간적 · 학과적 편제에 대한 재검토와, 유럽중심주의적 세계사에 대한 비판적 성찰에 입각한 새로운 세계사학의 제창이다. 또 하나는 역사연구를 개별적인 사실의 확정작업에 한정하고, 실증 그 자체를 자기 목적화한 근대역사학에 대한 회의적인 시선이다. 후자의 논점에 관해서는 정치사적 사건의 검증과 기술에 시종하는 실증주의 사학에 대해, 과거의 인간이 영위한 것을 더욱 심층부로부터 포괄적으로 포착하고자 했던 뤼시앵 페브르(Lucien Febvre)와 마르크 블로흐(Marc Bloch)의 '전체사' 주장과 동시대성을 지적할 수 있을지도 모른다. 아날학파의 창시자들은 뒤르켕학파의 사회학, 프랑수와 시미앙(François Simiand)의 경제사 연구와 제휴하면서 역사학의 방법적 · 사료적 기반을 확대하고, '심성(mentalité)'과 '장기지속(longue durée)'의 영역을 역사연구의 대상으로 포섭하는 데 성공했다. 이와 달리 교토학파의 근대사학 비판은 신칸트파와 헤겔의 역사철학을 절충한 틀 속에서 랑케 텍스트를 바꿔 읽는 데 시종했다. 그들은 일본 근대사학이 수용했던 랑케사학의 두 가지 측면 가운데 사료 비판을 사상(捨象)하고 세계사적 파악만을 강조했으며, 랑케가 〈강국론〉에서 묘사한 경합하는 국민국가군으로 이루어진 체계인 세계사를 유럽적 세계로부터 세계적 세계로 확대함으로써 역사학에서 '근대의 초극'이 가능해진다고 믿었던 것이다. 그러나 실증과의 긴장을 결여한 채 정치적 실천—세계사를 창조하기 위한 '사상전'—으로 돌진한 교토학파의 역사철학은, 스스로 내건 세계사적 사명과 전쟁의 현실 사이에 놓인 간격을 대상화하지 못한 채 공전(空轉)함으로써 파탄했다.

태평양전쟁이 시작하기 전에 쓰인 《랑케와 세계사학》에서 스즈키는 랑케의 정치기자 시대(1832~1836)에 대해 언급하면서 이렇게 말하고 있다.

> 정치는 역사에 기반을 두지 않으면 안 되지만 역사학이 바로 정치는 아니라는 것, 좋은 역사가가 반드시 좋은 정치가는 아니라는 것은, 랑케 자신의 정치적 활동이 실패로 끝난 것에서도 입증되고 있다.[111]

패전을 맞이했을 때, 예전에 자신이 썼던 이 문장이 그의 뇌리를 스쳤던 것은 아니었을까?

5. 일본적 랑케의 망령—망각과 소생

1947년에 프리드리히 마이네케(Friedrich Meinecke, 1862~1954)는 베를린의 독일 학사원에서 '랑케와 부르크하르트'라는 제목의 강연을 했다. 독일사학계에서 랑케사학 전통의 정통적인 계승자로 지목되고 있던 마이네케는 이 강연에서, 전체주의와 패전이라는 독일의 체험 위에서 랑케 역사관의 한계성을 부르크하르트와 대비하면서 다음과 같이 지적했다.

111) 鈴木成高, 앞의 《ランケと世界史學》, 95쪽.

랑케는, 저에게는 면학시대 이래 이른바 길잡이별, 북극성이었습니다. 이와 달리 부르크하르트는 저에게는 그 후에 점차 빛나기 시작했습니다. …… 오늘날 우리는 다음과 같은 의문을 가지기 시작했습니다. 곧 우리에게도 또 우리 뒤에 역사를 연구하는 사람에게도, 결국은 부르크하르트 쪽이 랑케보다 한층 더 중요한 사람이 된 것은 아닐까라고. …… 최근 14년 사이에 우리가 체험해온 것이 우리 자신의 역사적 과거에 대한 완전히 새로운 관점과 문제를 우리에게 강요하게 되었습니다. …… 모든 주의를 기울인다고 해도 또한 다음과 같이 말할 수 있겠죠. 곧 부르크하르트는 자기 자신의 시대가 가진 역사적 본질을 랑케보다도 더 확실하게 예견할 수 있었다라고.[112)]

같은 해에 교토대학 서양사 연구실의 교관 네 명(하라 즈이엔原隋円, 이노우에 치유井上智勇, 나카야마 지이치中山治一, 마에카와 데이지로前川貞次郎)이 행한 좌담회 기록이 남아 있다(좌담회 〈'서양사를 말한다'—패전 직후의 발언〉). 거기에는 패전 때까지 지배적이었던 세계사의 철학과 역사주의의 초극에 대한 비판적 성찰은 보이지 않는다. 그 대신에 좌담회의 말미에 다음과 같은 랑케에 대한 언급이 나온다.

나카야마 비근한 일이지만 역사의 전문가가 되고자 하는 학

112) マイネッケ, フリードリヒ, 中山治一・岸田達也 譯, 《ランケとブルクハルト》, 創文社, 1960, 4~6쪽.

생 제군과 일반 학생 제군은 구별하여 생각하는 것이 좋지 않을까? 이상으로는 전공을 하는 사람은 역시 랑케가 말하는 바와 같이 자아를 소거하고 사실로 하여금 말하게 하는 방법, 사실 그 자체로써 비판하게 하는 방향을 취하는 것, 곧 사실주의 정신을 가지는 것이 바람직하다고 생각하지만, 이와 달리 전문가가 되고자 하지 않는 일반 학생 제군은 니체의 〈반시대적 고찰〉 가운데 나오는 이른바 '역사병(歷史炳)'에 빠지지 않도록, 과거의 지식에 빠지지 않고 오히려 현재의 실천 주체로서 비판적으로 역사를 보는 것이 좋다고 생각한다.

이노우에 이것은 반대로도 말할 수 있는 것이네. …… 그러면 이 정도로 마치죠.[113)]

똑같이 패전이라는 현실 위에서 발언하면서도, 베를린의 노역사가와 교토의 서양사가들의 랑케사학에 대한 자세는 대조적이다.

교토대학 서양사 교관 좌담회에서 전쟁 중에는 무대배경으로 물러나 있던 랑케의 사실주의 정신이 역사 연구자의 마음자세로서 전면에 내걸려 있는 것은 특징적이다. 반대로 랑케의 세계사 이념은 그것이 1945년 이전의 일본 근대사학에서 어떤 의미를 가지고 있었던가가 비판적으로 검증되지 않은 채, 역사학의 언설로부터 모습을 감추어버린다. 마이네케의 강연이 있었고, 교토대학 서양사 교관의 좌담회가 있었던 1947년은, 마르크스의 유고 〈자본주의 생산에 선행하는 제 형태〉의 번역과 소개가 잡지 《역사학연구》에 게재된 해이

113) 前川貞次郎, 《歷史を考える》, ミネルヴァ書房, 1988, 301쪽.

기도 했다. 전후 일본에서 세계사 인식을 둘러싼 논의는 마르크스주의 발전단계론의 영향을—그것에 대한 비판이나 대항하는 역사상의 제시도 포함하여—매우 강하게 받으며 전개된다. 이런 맥락에서 랑케적인 세계사는, 이념적으로도 이론적으로도, 적극적인 의미를 가진 역사인식으로서 도마 위에 오를 여지는 없었다고 할 수 있다.[114] 1970년대 이후 '사회사 붐' 속에서 다시 랑케에 대한 언급이 이루어지지만, 정치사 중심의 역사학이나 문서사료 중심주의를 비판하는 맥락 속에서, 극복해야 할 구식 실증주의 사학의 창시자로 지목되었던 것이고, 세계사가로서 랑케가 논의 대상이 된 적은 없었다.

그러나 랑케적인 세계사는 저 '도덕적 에네르기'와 함께, 전후역사학과는 다른 언설 공간 속에서 살아남았다. 예를 들어 니시다 기타로의 문하에서 전후에 문부대신(1950~1952)으로 근무했던 윤리학자 아마노 데이유(天野貞祐, 1884~1980)는, '일본민족의 혈육에 맥맥하게 살아 발전하고 있는 국민적 에네르기'에 대해 다음과 같이 말하고 있다.

---

114) 단 중요한 예외가 있다. 전후 새로운 세계사 인식을 둘러싼 사색과 발언을 계속하던 우에하라 센로쿠(上原專祿, 1899~1975)는 랑케의 《세계사》 텍스트를 면밀히 독해하면서, 《세계사 개관—근세사의 제 시대》와 《강국론》·《정치문답 기타 일편》에만 의거하는 랑케의 오류를 정정함과 동시에 랑케의 세계사 인식의 기본 특징을 논했다. 우에하라가 행한 랑케의 '전유'에 대해서는, 교토학파의 랑케 이해에 대한 공통점과 차이점, 랑케의 세계사와 그 자신의 새로운 세계사상의 관계 등 아직도 검토를 요하는 문제가 남아 있다.

> 일본민족의 문화 창조력에 대해서는, 세계도 이것을 인정하며, 자타가 공인하는 것이라고 해도 좋다. 도덕적 에네르기에 대해서는 건국 이래 약 2천 년, 태평양의 이 아름다운 같은 섬들에 살며 같은 국어를 말하고 같은 황실을 받들고 일민족 일국가를 형성하여 여러 가지 곤란을 극복해온 운명공동체로서, 메이지시대에는 일청 · 일러전쟁의 국난도 견디고, 다이쇼(大正)시대에는 관동대지진에도 꺾이지 않고, 쇼와(昭和)시대에 이르러서는 국력을 모두 기울여 결국 철저한 패전을 만나서 국토가 초토화되어도 용기를 잃지 않고 금세 부흥하여 세계의 경이의 표적이 된 것, 그 정신적 에네르기는 높이 평가되어야 한다. 우리의 혈육에는 조상 이래 이 에네르기가 깃들어 있다는 것을 자각해야만 한다.[115)]

스즈키 시게타카도 1945년 이전의 랑케 인식을 기본적으로 바꾸지 않았다. '세계 속의 일본'이라는 제목의 강연(1970)에서 그는 다음과 같이 말하고 있다.

> 나는 역사학을 하고 있습니다만, 우리 역사학의 개조(開祖)로 랑케라는 대역사가가 있습니다. …… 이 랑케가 특히 어떤 점에서 위대했던가 하면, 세계사가였다는 점에 있습니다. 그때까지의 국민사에 대해 세계사—그것은 국민사를 모은 것은 아

115) 天野貞祐, 〈日本は誇っていい—まれな國民的エネルギー〉(1965), 《天野貞祐全集 第3卷—信念と實踐》, 栗田出版會, 1971, 313~314쪽.

닙니다—라는 것을 처음 학문으로 세웠던 사람이었습니다. 그 세계사가인 랑케가 "국민은 국민적인 것으로 인해 세계적이 된다"라고 말하고 있습니다. 즉 세계인이 되는 길은 국민임을 그만두는 것에 의한 것은 아닙니다. 일본인이라는 것을 그만두는 것에 의해서는 아닙니다. …… 일본인이기 전에 우선 세계인 따위라고 하는 것은 거짓말입니다. 단순한 관념론에 지나지 않습니다. 반대로 세계인이기 전에 일본인이 되지 않으면 안 됩니다. 그럼으로써만 세계인이 될 수 있습니다.[116)]

이런 종류의 언설은 일찍이 '세계사의 철학'의 어휘와 개념체계를 스스로 만들어낸 세대가 타성적으로 반복하는 것이므로, 세대교체가 진행되면 자연히 소멸하는 것이라고 단언할 수 있을까? 2000년을 지난 무렵부터 교토학파의 역사철학 텍스트가 차츰 새로운 체제로 복간되고 있다. 그 속에는 고사카 마사아키의 《역사적 세계》, 고야마 이와오의 《세계사의 철학》, 스즈키 시게타카 · 니시타니 게이지 외의 《세계사의 이론》 등이 포함되어 있다. 지금이야말로 도서관에서 노래진 조악한 지질의 초판본 책장을 넘기지 않아도, '세계사의 철학'의 깊은 뜻에 접할 수 있다. 그러나 이 책들은 과연 고전일까? 가령 고전이 되었다고 해도, 이 텍스트들은 지금부터 대체 어떻게 읽힐 것인가?

랑케적인 세계사가 장래에 학문적인 역사인식의 이론적인 토대로 부활하는 것은 상상하기 어렵다. 세계사의 철학이 향후 형태를

116) 鈴木成高, 《世界史における現代》, 創文社, 1990, 95쪽

달리하여 살아남는다고 한다면, 아카데믹한 역사연구에서가 아니라 오히려 교육이나 정치의 장에서 애국심이나 국제 공헌을 말하는 담론에서일 것이다.[117] 국제관계를 국민국가가 경합하는 장으로 이미지화하고, 일본의 국민적 활력의 회복과 증대를 희구하며, '글로벌라이제이션'을 '세계사적 필연'으로 바꿔 읽으면, 일본적 랑케의 망령은—랑케라는 역사가의 이름을 쓰지 않는다고 해도—쉽게 소생할 수 있는 것이다.

다른 한편, 일본 서양사 연구에서 심각한 문제는 서양사학이라는 학문 영역의 성립이 '국사'의 성립과 불가분의 관계에 있고 동아시아에서 근대역사학의 형성사와 깊이 관련되었다는 점, 또 서양사 연구자의 지식이 일본의 식민지 지배에 이용되었고 제국의 팽창을 정당화하기 위해 동원된 과거가 있다는 점이 연구자 사이에서 충분히 인식되지 않고 있는 것이다. 이 글에서 다룬 랑케사학의 '전유'는 일

117) 2005년 9월 처음 원고를 집필한 시점에서 필자는 위와 같이 인식하고 있었다. 그러나 그 후, 일본의 학술세계에서 교토학파 재평가는 필자의 상상을 넘어 나아가고 있다. 고바야시 도시아키(小林敏明)는 마르크스주의 철학자 히로마쓰 와타루(廣松涉)의 근대 비판을 논의하는 가운데, 교토학파의 '근대의 초극론'을 거론하면서 히로마쓰의 저작 속에는 교토학파의 이데올로그들에 대한 "경의와 같은 것이 느껴진다"라고 지적했다. 고바야시는 교토학파의 '헤겔이나 랑케를 모델로 삼는 역사관'을 "당시 대단히 창궐하고 있던 황국사관과는 정면으로 대립"하는 것으로 위치 짓고, "교토학파의 '전쟁 협력'을 비판하는 경우에도 이것은 공평한 논의를 위해서 알아두어야 한다"라고 주장한다. 또 고야마 이와오의 '세계사적 세계론'을 소개할 때에도, 교토학파의 비판적 근대관에 대해 일정한 평가를 하고 있다(小林敏明, 《廣松涉—近代の超克》, 講談社, 2007, 123~135쪽). 그러나 필자는 본문에서도 말한 바와 같이, 황국사관과 교토학파의 대립에 대해서는 고바야시와 평가를 달리한다. 역사학 영역에서는, 일본 근현대사 전문가인 나가이 가즈(永井和)가 유럽과는 다른 아시아의 입장에서 구성된 세계사상으로서 '다세계론'의

본의 서양사학과 동아시아 근대사 사이에 존재하는 여러 가지 문제의 일부에 지나지 않는다. 일본의 역사연구를 내셔널한 이야기(내러티브)의 질곡으로부터 해방하여, 동아시아 연구자와 함께 논의하는 장을 확대하기 위해서라도, 서양사학의 학문적 재검토가 앞으로 더 다각적으로 이루어질 필요가 있다.

(번역 윤해동, 교열 박환무)

계보를 논의하는 과정에서, 그 가장 이른 제창자로 고야마 이와오를 언급하고 있다. 나가이는, 고야마의《세계사의 철학》은 "(대동아전쟁을 아시아 해방의 전쟁으로 간주하는) 전쟁의 자리매김을 제외하고 읽으면" 전후의 우에하라 센로쿠와 거의 동일한 내용의 세계사상을 주장하고 있다고 지적한다(永井和, 〈東アジアの'近世'問題〉, 夫馬進 編,《中國東アジア外交交流史の研究》, 506 · 556頁, 京都大學學術出版會, 2007, 516~517쪽). 고야마의 세계사론이 대동아전쟁의 수행과 그 세계사적 의의 규정이라는 역사적 맥락 속에서 전개되었다는 점, 또 우에하라의 세계사 인식이 교토학파의 랑케 이해에 대한 비판 위에 구축되었다는 점을 고려하면, 고야마의 텍스트를 "전쟁의 자리매김을 제외하고" 읽은 뒤에, 그것을 우에하라의 세계사상과 외면적으로 비교하여, 양자를 "거의 동일하다"고 지적하는 것이 과연 논증의 절차로 적절하다고 할 수 있는 것인가, 의문이 들지 않을 수 없다. 어떻든 교토학파의 '세계사의 철학'에서 긍정적인 측면을 읽고자 하는 이런 논조가, 향후 일본의 아카데믹 담론 속에서 정착해갈 것인지 여부에 대해서는 주시할 필요가 있다(2008년 3월의 부기).

일본의 동양사학은 어떻게 형성되었는가?

시라토리 구라키치(白鳥庫吉)의 역사학

미쓰이 다카시

동양사학자의 지적 담론이 갖는 정치성을 지적하는 데 그치지 않고, 그것을 성립시킨 지적 기반이 어떠한 것이었던가 하는 차원까지 파헤치는 새로운 사학사적 고찰이 필요하다. 이것은 결국 동양사학이 '동양'을 어떻게 규정해왔는가를 역사라는 맥락에서 다시 한 번 생각해야 한다는 의미이다.

미쓰이 다카시(三ツ井崇)

요코하마(横浜) 국립대학을 졸업하고, 히토쓰바시(一橋)대학 대학원에서 언어사회학과 한국근대사를 전공했다. 2002년에 〈식민지하 조선의 언어지배 구조 — 조선어 규범화 문제를 중심으로(植民地下朝鮮における言語支配の構造 — 朝鮮語規範化問題お中心に)〉로 박사학위를 받았다. 현재 도시샤(同志社)대학 언어문화교육연구센터에 재직 중이다.
언어와 그에 따라 형성된 '지(知)'를 둘러싼 언설(言說)을 근대 한국의 정치사 · 문화사 · 사상사 등의 맥락에서 평가하고 생각하는 것이 연구주제이다. 구체적으로는 근대 한국의 언어정책, 운동사의 전개, 근대 일본 아카데미즘(역사학 · 언어학 등)의 아시아상이란 문제를 주된 관심으로 하여 근대 일본과 한국, 나아가 동아시아에 지식사회가 어떻게 형성되었고, 또 어떤 영향을 끼쳐왔는가를 대학원 때부터 계속 사고하고 있다. 최근에는 근대 정치권력의 규정관계 속에서 문화사에 대한 이해를 주로 연구하고 있으며, 또 전전(戰前) · 전쟁 중 재일조선인의 지역사에 대해서도 연구를 시작했다.
공동 저서로 《흔들리는 언어들 — 언어의 근대와 국민국가》(성균관대학교출판부, 2008)와 《日本植民地研究の現狀と課題》(アテネ社, 2008)가 있고, 논문으로는 〈近代アカデミズム史學のなかの '日鮮同祖論'〉(《朝鮮史研究會論文集》 42, 2004), 〈植民地期朝鮮におけるハングル運動と '傳統'〉(《歷史評論》 673, 2006), 〈日中戰爭期以降の福井縣における朝鮮人融和/統制團體の教育 · 教化事業〉(《日韓相互認識》 1, 2008) 등이 있다.

1. 인간 부재의 역사학

제2차 세계대전 이후 일본에서 근대 동양사학사(東洋史學史)에 대한 관심이 고조된 것은 1960년대 초반이었다. 1962년 미국 포드 · 아시아재단의 자금 공여로 추진되었던 현대 중국 연구계획이, 미국의 국책으로 추진되던 '공산주의 중국' 연구의 일환이었다는 사실이 밝혀짐에 따라 일본의 동양사학계에서 반대운동이 크게 일어났다.[1] 이때 정치로부터 학문의 자유가 호소되었고, 그 반면교사로서 근대 일본의 동양사학이 아시아 침략에 관여한 사실이 비판적으로 검증되기 시작했다. 그 중에서도 하타다 다카시(旗田巍)는 시라토리 구라키치(白鳥庫吉) · 이케우치 히로시(池內宏) · 가토 시게시(加藤繁) · 쓰다 소우키치(津田左右吉) 등 전전(戰前)의 동양사학자들을 문제 삼아, 그들의 "사상과 학문의 분리"에 바탕한 동양 연구가, 한편으로는 무의식중에 '근대주의'적인 아시아관에 좌우되었으며, 또 다른 한편으로는 "학문과 현실의 기묘한 결합을 낳았다"고 비판했다.[2] 하타다는 이미 1950년대에 근대의 조선사 연구를 "비인

1) 遠山茂樹, 《戰後の歷史學と歷史意識》, 岩波書店, 1968, 276~277쪽.

2) 旗田巍, 〈近代における東洋史學の傳統〉, 《歷史學硏究》 270, 1962, 31~32쪽.

간적인 학문", "인간 부재의 역사학"[3]으로 보고 있었다. 포드 · 아시아재단 문제가 한창일 때 중국사 연구자인 우에하라 다다미치(上原淳道)는 하타다가 말하는 이른바 "인간 부재의 역사학"을 "지배자(권력자)만 존재하고 피지배자(민중)가 존재하지 않은 역사학"이라고 다시 정의하고, 하타다의 동양사학자 비판을 보완하는 형태로 와다 세이(和田淸)에 대한 비판을 시도했다.[4] 그 밖에 마스부치 다쓰오(增淵龍夫)가 쓰다 소우키치, 나이토 고난(內藤湖南)의 중국관에 대해 비판적 검증을 시도하는 등[5] 동양사학사의 비판적 검토가 왕성해졌다. "인간 부재의 역사학"에 대한 비판의식은 1970년대에 근대 동양사학사의 전체 흐름을 기술하려고 한 오구라 요시히코(小倉芳彦), 고이 나오히로(五井直弘) 등에게도 계승되었다.[6]

그러나 이러한 "인간 부재의 역사학"을 고이 나오히로처럼 동양사학의 전체적인 흐름 속에서 자리매김한 사례는 결코 많지 않으며, 그 밖의 대부분은 옛 동양사학자의 사상이나 학문에 대한 개별적인 비판 형태로 나타났다. 물론 거기에는 전전과 같은 동양사학의 구조

3) 旗田巍,《朝鮮史》(岩波全書), 岩波書店, 1951, 4~5쪽(《序》). 이를 대신하는 역사학의 모습으로 어떤 것이 구상되고 있었는지는 바로 전후역사학의 존재 양태와 관련지어 논해야 할 것이다. 그러나 현 단계에서는 필자의 역량 부족으로 그 문제까지 언급할 여유가 없다. 앞으로의 과제로 삼고자 한다.

4) 上原淳道, 〈東洋史學の反省〉,《歷史評論》150, 1963.

5) 增淵龍夫, 〈歷史認識と國際感覺 — 日本の近代史學史における中國と日本〉,《思想》462 · 468, 1963. 뒤에 〈日本の近代史學史における中國と日本(1)(2)〉로 增淵龍夫,《歷史家の同時代的考察について》, 岩波書店, 1983에 재수록되었다.

6) 小倉芳彥, 〈日本における東洋史學の發達〉,《世界歷史 別卷》(岩波講座), 岩波書店, 1971(《吾レ龍門ニ在リ矣》, 龍溪書舍, 1974) ; 五井直弘,《近代日本と東洋史學》, 青木書店, 1976.

에서 탈피하여 새로운 학문의 형태를 어떻게 구축할 것인가 하는 문제의식이 있었을 것이다. 그러나 지금까지 명확하지 않은 것은 "인간 부재의 역사학"으로서 동양사학은 과연 어떠한 과정을 거쳐 구축되었는가 하는 문제이다.

동양사학이 지니고 있는 그러한 성격을 과연 학자 개개인의 연구 자세의 문제로 돌릴 수 있는 것인가, 아니면 동양사학의 지(知)의 체계 그 자체에 내재된 정치성의 문제로 생각해야 할 것인가. 이제는 동양사학자의 지적 담론이 갖는 정치성을 지적하는 데 그치지 않고, 그것을 성립시킨 지적 기반이 어떠한 것이었던가 하는 차원까지 파헤치는 새로운 사학사적 고찰이 필요하다고 생각한다. 이것은 결국 동양사학이 '동양'을 어떻게 규정해왔는가를 역사라는 맥락에서 다시 한 번 생각해야 한다는 의미이다. 이 글에서는 매우 제한된 시도이기는 하지만 위와 같은 과제를 고찰해나가려고 한다.

이 글에서 주목하는 것은, 아카데미즘으로서 동양사학의 창설자라고 불리는 시라토리 구라키치(1865~1942)가 진행한 동양사 연구의 성격에 관한 것이다. 물론 동양사학의 전체 성격을 시라토리로 대표할 수 있을까 하는 비판의 여지는 남아 있다. 다만, 그의 동양사학의 궤적을 더듬어보는 것은 다음과 같은 몇 가지 점에서 '근대 일본에서 동양사학의 형성'을 언급할 때 매우 유용하다고 생각된다. 첫째, 시라토리가 역사학에 뜻을 두고 제국대학 사학과에 입학한 것은 독일에서 루트비히 리스(Ludwig Riess)가 부임하여 사학과를 설치한 1887년의 일인데, 이는 그가 일본 근대역사학의 형성과정을 지켜보았다는 것을 의미한다. 둘째, 이제까지 한학자(漢學者)식의 중국 중심적 역사연구를 넘어서 동북아시아뿐만 아니라 중앙아시아 · 서아시아 · 동남아시아 · 남아시아에까지 이르는 광범위한 지리적 영역을 동양사의 대상으로 본격적으로 다루었다는 점, 즉 오늘날 동양사학의 지리적 틀의 대부분이 그에 의해 만들어졌다는 점이다. 셋째, 그가 19세기 말부터 20세기 초까지 일본 '동양(사)학'의 융성과 중국대륙 침략과정에 관여했다는 점이다. 이하에서는 시라토리가 주도한 '동양사학'의 형성과정과 그 배경을 검토함으로써, 그의 '동양사학'이 '동양'을 어떻게 규정했고 그 규정 행위가 어떠한 의미를 가졌는가에 대해 고찰하여, 근대 일본의 동양사학이 가진 성격을 파악하기 위한 실마리를 얻고자 한다.

2. '동양'의 대상화

1) 동양사학의 '가치'

도대체 왜 '동양'인가. 먼저 학문 대상으로서 '동양'이 구성되는 과정에 대해 살펴보기로 하자. 고이 나오히로는 그 계기로서 1891년 9월에 열린 철학자 이노우에 데쓰지로(井上哲次郎)의 강연을 꼽는다. 사학회(史學會)에서 '동양사학의 가치(東洋史學の價値)'라는 제목으로 열린 이 강연은 시라토리가 동양사학을 개척해나가는 데 큰 영향을 주었다고 알려져 있다.[7] 이노우에는 유럽의 동양 연구는 "유치"하므로,[8] 동양인 특히 일본인에 의한 연구가 이루어져야 한

7) 五井直弘, 위의 책, 39~40쪽.

8) 井上哲次郎, 〈東洋史學の價値〉, 《史學會雜誌》 第24號, 1891, 3~4쪽.

다고 했다.[9] 또한 역사학이라는 방법을 취한 이유에 대해서는, 역사 연구가 불충분하면 인류학·언어학 등이 진보할 수 없으며 "인류의 내력"[10]도 알 수 없기 때문이라고 지적했다. 그리고 이노우에가 가장 중요하게 꼽은 것은, 동양사 연구를 통해 "우리 나라(일본—옮긴이)의 내력을 알게 되고 그 국체가 분명해지므로" "우리 나라 사람에게 애국심을 불러일으킬" 수 있다는 점이었다.[11]

이보다 1년 전에 시라토리는 학습원(學習院) 교수 겸 역사지리과 장에 부임하여 고등과(高等科)에서 서양사와 동양 여러 나라의 역사를 강의했다. 시라토리의 회고에 따르면, 제국대학 사학과 출신인 자신으로서는 동양 여러 나라의 역사에 대해 완전히 비전문가였지만, 학생들을 가르치기 위해 "황급히 일본에서 가장 가까운 조선의 역사부터 조사하기 시작했"다고 한다. 이것이 그의 동양사 연구의 시작이었다.[12] 당시 미우라 고로(三浦梧樓)를 원장으로 한 학습원에서는 학제 쇄신에 착수하고 있었으며, 귀족 교육의 주축으로 역사교육을 가장 중요시하고 있었다.[13] 시라토리가 이노우에의 강연 내용에 어느 정도 공감했는지는 알 수 없으나 그가 학습원에 부임한 시점에는, 그 다음해에 이노우에가 언급하듯이 동양사 연구를 통해 일본인의 "애국심을 불러일으킬" 수 있는 가장 중요한 자리에 있었

9) 井上哲次郎, 위의 글, 13쪽.
10) 井上哲次郎, 위의 글, 5쪽.
11) 井上哲次郎, 위의 글, 10쪽.
12) 白鳥庫吉, 〈學習院に於ける史學科の沿革〉, 《學習院輔仁會雜誌》 第134號, 1928(《白鳥庫吉全集》 第10卷, 岩波書店, 1971, 3쪽).
13) 白鳥庫吉, 위의 글, 380쪽.

던 것만은 틀림없다.

그러나 그로부터 10년 후 시라토리가 주장하는 유럽의 동양사 연구 상황에 관한 인식은 이노우에의 생각과 미묘하게 달랐다.

> 유럽의 학자가 동양 연구에 착수한 지 이미 백 년 정도 되었는데, 그 사이 많은 학자가 배출되어 여러 방면에 연구성과를 축적했다. 그 결과 그토록 황폐했던 동양 천지에 찬란한 과거의 문화를 불러일으켜 이 오래된 세계에 무한한 흥미를 부여했다. 이는 물론 근대 문운(文運)의 융성함 때문이라고 하더라도 우리 동양인은 마땅히 서양학자의 이러한 위대한 훈공에 대해 감사의 뜻을 표하지 않으면 안 된다. 그러나 또한 스스로 돌이켜 보면 동양의 것은 동양 사람이 연구하는 것이 편의하기도 하고 지당하기도 한 것인데, 오히려 서양인 학자에게 선수를 빼앗겨 동양학의 영토가 정치계에서와 같이 침략 · 유린당했다고 본다면 역시 분개하지 않을 수 없다. 지금 동양의 제국은 노쇠하여 빈사지경에 이르렀으며, 이들 각국의 학자들에 대해 학문의 진흥을 바라는 것은 무리한 주문일지도 모른다. 그러나 다른 동양 제국과 달리 사회 만반에서 장족의 진보를 이루어가는 우리 나라의 경우에는, 정치계나 상업계 등에서 그들의 침입을 허하지 않는 바와 같이 학술계에서도 또한 깊이 연구하여 스스로 터득하는 바가 없으면 안 된다. 특히 동양학에서는 그들도 능가하여 그 결함을 보완하겠다고 할 정도의 포부가 없으면 안 된다.[14]

여기서 볼 수 있는 것은, 이노우에가 일찍이 언급했던 바와 같이 유럽의 동양 연구가 '유치하다'라는 논리가 아니고 오히려 "서양인 학자에게 선수를 빼앗"기고 있는 것에 대한 위기의식이다. 이 논문은 그가 학습원의 명으로 유럽 유학을 출발하기 직전에 발표한 것으로서, 직접 현지에서 견문한 뒤에 쓴 것은 아니지만 그 이전부터 유럽 동양학의 상황을 간접적으로 알고 있었음을 추정케 한다. 이미 '만국동양학회'의 정보가 《사학잡지(史學雜誌)》〈휘보〉란을 통해 소개되고 있었고, 시라토리 자신도 제12회 만국동양사학자대회에 쓰보이 구메조(坪井九馬三)를 통해 논문을 제출하기도 했다. 그리고 이후 그의 유럽 유학 체험(1901~1903)이 향후 일본의 동양사학을 크게 규정해나간다.

2) 시라토리 구라키치의 유럽 유학과 '아세아학회' 설립

여기서 시라토리의 유학시절 행적을 간단히 정리하고자 한다. 프랑스에 도착한 시라토리는 즉시 독일로 향했다. 독일에서는 베를린대학에서 리히트호펜(Ferdinand von Richthofen, 지리학), 그루베(Wilhelm Grube, 언어학) 밑에서 지도받았다. 또한 동양어학교에서 터키어를 학습했다고 한다. 그런데 기후가 맞지 않아서 헝가리의 부다페스트로 옮겼다. 헝가리에서는 터키어 학습을 계속했는데 헝가리어 학습도 시작했던 것 같다. 동양의 여러 민족에 관한 연구를 헝가리에서 착수했던 것이다. 시라토리가 헝가리에 간 것은 무엇보다

---

14) 白鳥庫吉, 〈戎狄が漢民族に及ぼした影響〉, 《東洋哲學》第8卷 第1號, 1901(《白鳥庫吉全集》第8卷, 岩波書店, 1970, 3쪽). 이하 인용 부분에서 강조의 표시는 인용자가 한 것이다.

도 그곳에 '우랄알타이(Ural-Altai)'학이 성행했다는 점이 가장 큰 이유인데, 헝가리에서의 경험이 그 후 시라토리의 연구활동을 크게 규정했다고 본다.

1902년에는 〈오손에 대한 고(烏孫に就いての考)〉, 〈조선고대왕호고(朝鮮古代王號考)〉를 헝가리의 잡지 《Keleti Szemble》지에 독일어로 발표하고, 함부르크에서 개최된 제13회 만국동양사학자대회에서 그것을 낭독하기도 했다. 그 후 프랑스 · 독일 · 핀란드 · 러시아를 방문한 뒤 시베리아 철도를 타고 일본에 귀국했는데, 그것이 1903년 10월의 일이다.[15]

다시 앞으로 돌아가서, 시라토리는 독일에 도착한 지 한 달쯤 지난 뒤 학습원장 고노에 아쓰마로(近衛篤麿, 1895년 3월 취임)에게 서간을 보냈는데, 거기에는 다음과 같이 쓰여 있다.

> 베를린대학에서 근래 동양학을 장려하여 여러 나라의 학자를 강사로 고용하는 것에 대해 주의해야 할 것으로 여겨집니다. 독일이 산둥성(山東省)을 점령하려는 정치적 야심이 자연스럽게 이 방면의 학술 발흥을 초래하지 않을까 하는 생각이 듭니다. 우리와 같이 아세아의 극동에 나라를 세우고 있는 입장에서는 동양의 연구가 가장 급무임에도 일반 인민은 아직도 이 방면에 냉담하니 지극히 탄식할 일이라고 생각합니다.[16]

---

15) 유학 중 시라토리의 행적에 대해서는 石田幹之助, 〈白鳥先生小傳—その略歷と學業〉, 1942(《白鳥庫吉全集》 第10卷) ; 五井直弘, 앞의 《近代日本と東洋史學》 ; 津田左右吉, 〈白鳥博士小傳〉, 《東洋學報》 第29卷 第3 · 4號, 1944 ; 松村潤, 〈白鳥庫吉〉, 江上波夫 編, 《東洋學の系譜》, 大修館書店, 1992 등을 참조.

시라토리는 이러한 현상을 목도하면서 유학 직전에 표명한 위기의식을 한층 심화시켰을 것으로 생각된다. 무엇보다도 먼저, 시라토리 개인으로 보자면 이 위기의식이야말로 유학 중에 유럽의 연구성과를 탐욕스럽게 흡수해가는 원동력이 되었을 것이다. 그리고 이때 공고해졌을 일본인 동양학자로서의 사명감은 귀국 후 현실화되어갔다.[17)]

유학에서 돌아온 뒤 시라토리는 1904년에 도쿄제국대학 조교수에 임명된다('한학지나어학' 제3강좌 담당). 그리고 인류학자 도리이 류조(鳥居龍藏)의 제안을 받고 1905년에 스스로 발기인이 되어 동양 연구 학술단체를 설립한다. 발족 당시에는 '동양학회' 또는 '동

16) 近衛篤麿日記刊行會 編, 〈近衛篤麿宛白鳥庫吉書簡(1904年 9月 4日 受信)〉, 《近衛篤麿日記》 第4卷, 鹿島研究所出版會, 1968, 267쪽.

17) 시라토리의 유학은 단순히 자신의 연구를 위한 것만은 아니었다. 유학 중 그가 몇 번에 걸쳐 고노에에게 보낸 서간을 보면, 시라토리의 유학이 유럽 교육제도의 조사도 겸하고 있었음을 알 수 있다〔近衛篤麿日記刊行會 編, 〈近衛篤麿宛白鳥庫吉書簡(1902年 2月 20日, 6月 9日, 10月 8日, 12月 2日 受信)〉, 《近衛篤麿日記》 第5卷, 鹿島研究所出版會, 1969, 39~40, 111~112, 194~195, 234~235쪽〕. 동양학의 동향을 파악하는 것도 그 일환으로 생각할 수 있는데, 그것은 고노에에게도 큰 의미를 가졌다고 본다. 왜냐하면 1886년에 폐지된 도쿄상업학교 부속 도쿄외국어학교를 1897년에 복구할 때 고노에가 깊이 관여한 것이 밝혀졌는데(石川遼子, 〈露·清·韓語學科設置の構想〉, 《人間文化研究科年報》 第13號, 1998), 이 복구는 청일전쟁 이후 전후 경영의 일환으로서 러시아어·중국어·조선어를 한꺼번에 가르치기 위해 이루어졌고, 마침내 러일전쟁 때 큰 역할을 한다(石川遼子, 〈東京外國語學校の再興と朝鮮語教育—日清戰爭と日露戰爭のあいだ〉, 《人間文化研究科年報》 第12號, 奈良女子大學, 1997, 181~183쪽)는 사실이 있기 때문이다. 시기적으로는 조금 뒤의 일이지만 시라토리가 실제로 동양어학교에 입학한 것은 어학 습득에 힘씀과 동시에, 유럽 동양어학교의 분위기를 스스로 체험하여 일본에 전하기 위한 하나의 임무였다고도 할 수 있다.

양학 연구 담화회'라고도 보도되어 정식 명칭이 확실치 않지만,[18] 이 단체는 규모나 참가자 면면으로 볼 때 시라토리가 구상했다는 '아세아학회(亞細亞學會)'라고 봐도 거의 틀림이 없을 것이다.[19]

학회 발족에 즈음하여 시라토리는 "본회는 시세의 필요에 의해서 생겨났다. …… 오늘날과 같이 우리 일본인 대부분이 아시아대륙의 연구에 냉담하여 오히려 서양의 이른바 동양학자의 청부를 받는 데 불과하게 된 것은 매우 유감스러운 일이다. 특히 시국의 발전과 함께 장래 아시아 방면에 크게 웅비할 국민이 우리 일본인밖에 없다는 것을 생각하면 이러한 동양 연구 학회의 발기는 필연적인 추세라고 하지 않을 수 없을 것이다"라고 하면서, "앞으로는 …… 이를 국가의 사업으로 성립시키려는 큰 희망을 가지고 있다"라고 개회 인사를 했다.[20] 이것은 시라토리만의 소감은 아니었다. 당시 기사를 참

---

18) 관련 기사는 〈東洋學會設立の計畫〉, 《史學雜誌》 第16編 第6號, 1905, 83~84쪽 ; 〈東洋學會(?)の發會〉, 《史學雜誌》 第16編 第7號, 1905, 81~82쪽 ; 〈東洋學研究談話會〉, 《史學界》 第7卷 第7號, 1905, 75~82쪽 ; 〈東洋學研究談話會の活動を促す〉, 《國學院雜誌》 第12卷 第2號, 1906, 102~104쪽 등이 있다.

19) '담화회' 발족 때 참가한 인물은 62명이며, 그 가운데 제국대학생 12명을 빼면 50명이 사학사상 이름을 남긴 동양학자들이었다. 나카미 다쓰오(中見立夫)에 따르면 '아세아학회' 구상은 좌절되고 말았다고 하지만(中見立夫, 〈日本的'東洋學'の形成と構圖〉, 岸本美緒 編, 《'帝國'日本の學知》 第3卷, 岩波書店, 2006, 36쪽), 나중에 동양협회 조사부 임원이 된 인물 가운데 白鳥庫吉 · 上田万年(이상 특별위원), 坪井九馬三 · 三上參次 · 市村瓚次郎 · 宮崎道三郎 · 那珂通世 · 松村任三(이상 위원) 등이 '담화회' 발족 당시 참가자였으므로(위의 〈東洋學研究談話會〉, 82쪽 ; 〈調査部新設〉, 《東洋時報》 第111號, 1907, 81쪽), '담화회' 발족의 의미를 무시할 수는 없을 것이다.

20) 위의 〈東洋學研究談話會〉, 75~76쪽.

조하면 적어도 쓰보이 구메조, 우에다 가즈토시(上田万年), 쓰보이 쇼고로(坪井正五郎) 등의 찬동까지 얻었던 것으로 확인되어 이러한 의식이 공유되고 있었다고 생각할 수 있다.

나중에 흡수 모체가 된다는 동양협회(東洋協會)는, 1907년 2월에 타이완(臺灣) 경영에서 "피아(彼我)의 복리 진척에 기여하려고 한" 타이완협회가 "국운의 진보"에 따라 "그 목적으로 삼는 바를 만한(滿韓)에 널리 추진하려고" 개칭한 단체였다.[21] 이 점은 동양협회 첫 대회에 한국통감 이토 히로부미(伊藤博文), 남만주철도주식회사(南滿洲鐵道株式會社, 이하 '만철') 총재 고토 신페이(後藤新平) 등이 내빈으로 인사하고 있는 사실에서도 상징된다. 그 중에서도 고토의 연설은 매우 흥미롭다. 고토는, 동양협회의 역할은 "지식이 다른 지역에 대해, 지식이 더 우등한 쪽이 열등한 쪽을 인도하여 비슷한 수준까지 도달하게 만들어 서로가 복리를 얻으려고 하는" 의미의 "식민(殖民)"에 있다고 하면서 다음과 같이 말했다.

> 동서 문명의 충돌점인 일본인이 오늘날까지 동서 문명을 융화시킨 경험을 가지고 이 충돌을 없애고 동서 문명의 융합점으로 만들려는 것은 오늘날 국민이 혼연일치하여 힘써야 할 일이라고 생각합니다. 그러기에 이러한 목적을 달성하기 위해서는, 학자든 아니든 경륜가든 아니든, 공동일치의 힘을 요하는 일입니다.[22]

21) 〈東洋協會趣意書竝びに規約〉, 《臺灣協會會報》 第100號, 1907, 1쪽.
22) 《東洋時報》 第101號, 1907, 10~11쪽.

말할 나위도 없이 '식민'의 대상은 '만주와 한국'이며, 협회 발족과 같은 해인 1907년 7월에 '정미칠조약'이 체결되어 대한제국의 내정권을 빼앗고, 이러한 '만한(=만선)' '식민'을 학문적으로 뒷받침하는 조사부가 신설되었던 것이다. 동양학자들은 고토가 말한 '식민'으로의 '공동일치'의 장에 관여하게 된다. 그리고 다음해에 시라토리를 중심으로 한 동양사학자들이 바로 고토 밑에서 연구의 장을 얻는다. 만철 도쿄지사 내에 설치된 '만선역사지리 조사실'(이하 '조사실')이 바로 그것이었다.

3) '만선역사지리 조사실'과 도쿄제국대학 동양사학과 설치

당시 문부차관이었던 사와야나기 마사타로(澤柳正太郎)를 통해 만철 총재 고토를 소개받은 시라토리가 고토를 설득해서 만철 내에 조사실을 설치하게 한 것은 유명한 이야기이다. 1908년 1월에는 시라토리를 주임으로 하고 야나이 와타리(箭內亘), 이나바 이와키치(稲葉岩吉), 마쓰이 히토시(松井等), 세노 마구마(瀬野馬熊), 와다 세이, 이케우치 히로시, 쓰다 소우키치(이케우치와 쓰다는 1908년 4월부터)를 연구원으로 하는 조사실이 설치되었다. 고토의 지휘 아래 만철은 본사 조사부를 비롯하여 정치 · 경제 · 법률 · 광산 조사 · 화학시험 등 여러 조사부서 및 연구소를 개설했고, 조사실도 그러한 고토의 "조사주의"[23]를 만족시키는 것이었음은 말할 나위도 없다. 조사실은 《만주역사지리》(전2권), 《조선역사지리》(전2권)를 1913년에 간행했는데, 1915년 1월에 폐지되어 그 사업이 도쿄제국대학 문

---

23) 西宮紘, 〈後藤新平と日米關係〉, 《環》 8, 2002, 304~306쪽.

과대학에 이관되었다. 그러나 만철의 원조는 계속해서 이루어지고 있어 만철의 영향력이 완전히 없어진 것은 아니었다. 이후에도《만선지리역사 연구보고》(전16권, 1915~1941)를 간행해 연구성과를 발표해나갔다.

조사실이 설치되고 폐지될 때까지의 기간 동안 동양사 연구의 제도적 기반이 확립되어갔다. 1897년에 설립된 교토(京都)제국대학에는 1906년에 문과대학이 설치되고 그 다음해에 사학과가 개설되면서 동양사학 전공이 만들어졌다. 그와 동시에 동양사학 강좌도 설치되어 1907~1908년 사이에 1강좌씩 증가해 모두 3강좌를 차지하기에 이르렀다.[24]

한편 도쿄제국대학에서는 이미 1904년에 문과대학 사학과 하위의 전수학과(專修學科)로 '지나사(支那史)'학과가 설치되었고, 한국병합의 해(1910)에는 동양사학과로 개칭되었다.[25] 또한 1914년 3월에는 조선사 강좌가 신설되었고, 1916년 9월 이케우치 히로시가 담당 조교수로 취임했다.[26] 더욱이 1918년 7월에는 이제까지 존재했던 '지나철학 · 지나사학 · 지나문학' 3강좌 중 1강좌와 '사학지리학' 3강좌 중 1강좌를 합하여 동양사 강좌 2강좌가 신설되었는데, 전자는 이치무라 산지로(市村瓚次郎), 후자는 시라토리 구라키치가 각각 담당 교수가 되었다.[27] 특히 조선사 강좌 설치 이후의 움직임이, 만철의 역사지리 조사사업이 도쿄제국대학으로 이관된 것과 비

24) 五井直弘, 앞의《近代日本と東洋史學》, 54쪽.
25) 東京帝國大學 編,《東京帝國大學五十年史(下)》, 東京帝國大學, 1932, 389~394쪽.
26) 東京帝國大學 編, 위의 책, 414쪽.

슷한 시기에 이루어진 점이 흥미롭다.

3. 언어와 '국민성'

1) 비교언어학과 민족계통론

시라토리 구라키치는 연구 영역을 한국, 중국, 만주뿐만 아니라 요즘 말하는 북아시아, 중앙아시아, 서아시아, 동남아시아, 남아시아로 넓혀갔다. 그 대상 지역의 넓이를 보면 오늘날 '동양사학'의 틀이 그에 의해 구축되었다고 해도 과언이 아니다.

시라토리가 행한 역사연구의 특징은 언어학적 수법을 이용한 연구이다. 일본의 근대역사학에서 역사시대 이전을 대상으로 한 인종론뿐만 아니라 고대 대외관계를 밝히려고 할 때, 어휘 비교에 의해 공통 조어(祖語)를 찾아 맞추는 비교언어학 수법이 주목되었다는 사실은 이미 잘 알려진 이야기이다. 다시 말해 일본인과 주변 민족들의 역사적 관계를 규정할 때 '언어'라는 자료가 각광을 받았는데, 당시 역사학계에서도 언어론이 일종의 유행처럼 되었으며,[28] 특히 시라토리가 언어론에 의존하는 비중은 다른 그 어떤 학자와도 비할 수 없을 정도였다. 원래 그가 문학박사 학위를 취득한 것도 언어론이 계기가 되었으며,[29] 유럽 유학을 출발할 때에는 '우랄알타이' 어

---

27) 東京帝國大學 編, 위의 책, 415~417쪽. 그 결과 '지나철학, 지나사학, 지나문학'은 '지나철학, 지나문학' 2강좌로 개편되었다.

28) 三ッ井崇, 〈近代アカデミズム史學のなかの'日鮮同祖論'—韓國併合前後を中心に〉, 《朝鮮史硏究會論文集》 第42集, 2004, 54~55쪽.

학의 발전을 바라고 있었던 국내 언어학계가 "대단한 기쁨과 엄청난 촉망으로 그의 출발을 환송하지 않으면 안 된다"[30]고 할 만큼 그 성과가 기대되고 있었다.[31]

시라토리의 동양사 연구의 단서가 그의 학습원 부임과 함께 시작되었음은 앞서 언급했는데, 동양사학자로서 그의 최초 논문은 〈단군고(檀君考)〉(1894)였다. 그리고 1897년의 〈《일본서기》에 보이는 한국어의 해석(《日本書紀》に見えたる韓語の解釋)〉이 비교언어학적 시점을 명확하게 보여준 최초의 논고였다고 할 수 있다. 시라토리는 이 논문에서《일본서기》에 보이는 몇 개의 한국어 어휘가 "일본어와 다툴 수 없을 정도로 확실한 유사성을 가지고 있"어서, "우리 나라 말과 어맥이 통할 뿐만 아니라 대륙 종족들의 언어와도 통하는 점을 갖고 있음은 가장 주의해야 할 문제이다"라고 서술했다.[32] 또한 1900년에는 "일본민족이 반도 및 대륙의 종족과 밀접한 관계를 가지고 있다는 점을 의심하지 않는다"라고 단언했다.[33] 이른바 '일선

29) 1899년에 로마에서 열린 제12회 만국동양사학자대회에 쓰보이 구메조를 통해 제출한 논문 중 하나인 "Über die Sprache des Hiung-nu Stämmes und der Tung hu Stämme"가 다음해 *Bulletin de l Akademie des Sciences de St. Petersburg*, vol. 17-2에 게재된 것이 계기가 되었다.

30) 〈白鳥先生を送る〉,《言語學雜誌》第2巻 第2號, 1901, 68쪽.

31) 시라토리와 언어학의 접점에 대해서는 三ッ井崇, 〈白鳥庫吉の歴史認識形成における言語論の位相—朝鮮語系統論と朝鮮史認識をめぐる言說から〉,《史潮》新48號, 2000, 79~82쪽을 참조.

32) 白鳥庫吉, 〈《日本書紀》に見えたる韓語の解釋〉,《史學雜誌》第8編 第4・6・7號, 1897(《白鳥庫吉全集》第3巻, 岩波書店, 1970, 149~150쪽).

33) 白鳥庫吉, 〈支那の北部に據つた古民族の種類に就いて〉,《史學雜誌》第11編 第4號, 1900(《白鳥庫吉全集》第4巻, 岩波書店, 1970, 21쪽).

동조론'(日鮮同祖論, 이하 '동조론')이다. 시라토리의 동조론은 일본과 한국의 관계에만 머물지 않았다. 시라토리는 고구려 · 백제 · 옥저(沃沮)가 "말갈(靺鞨) · 거란(契丹) · 선비(鮮卑) 등과 같은 유의 종족"인 "예맥(穢貊)종족"이며, "한국은 지리상 만주 · 몽고(蒙古)에 접해 있고 또한 선비 · 거란 등에도 이어져 있어 그 방면으로부터 끊임없이 다른 인종들의 파동을 겪었"다고 했다. 또한 "필경(畢竟) 다른 인종들이 한반도에서 뒤섞인 결과인지 아니면 이미 뒤섞인 민족이 이 반도로 이주한 결과인지" "오늘날의 한국어가 몽고도 아니고 또한 만주도 아닌 일종의 특색을 띠고 있다"라고 함으로써, 한국인과 북아시아 여러 민족과의 동조성(同祖性)을 시사함과 동시에, 일본도 역시 그렇게 연관되어 있다고 인식한 것이다.[34)]

더 나아가서 시라토리는 관심을 서쪽으로 넓혀갔다. 앞서 말한 바와 같이 1902년의 〈오손에 대한 고〉는 바로 시라토리의 서역사(西域史) 연구의 효시인데, 투르크(Türk)계의 오손과 신라 · 백제 · '임나' · 선비 · 돌궐(突厥) · 몽고의 언어적 동계성(同系性)을 시사하고 있으며,[35)] 결국에는 마자르(Magyar ; 헝가리)에 이르기까지 같은 '우랄알타이'어계의 '동양'으로 인식하기에 이르렀다.[36)] 다시 말해 일본에서 중앙아시아에 이르기까지 인종적 동조성의 논리가 구축되려 하고 있었다.[37)] 이처럼 언어적 동조성으로부터 인종의 동조성을

34) 白鳥庫吉, 위의 글.

35) 白鳥庫吉, 〈烏孫に就いての考〉, 《史學雜誌》 第11編 第1號 · 第12編 第1~2號, 1900~1901(《白鳥庫吉全集》 第5卷, 岩波書店, 1970, 49~50쪽).

36) 白鳥庫吉, 〈ハンガリア國史の梗概〉, 《史學界》 第7卷 第2號, 1905(《白鳥庫吉全集》 第10卷, 10~11쪽).

설명하는 행위는, 언어학 쪽에서 준비된 "언어만큼 인종학상의 분류에 유익한 것이 없다. …… 언어의 상사성(相似性)으로 인종의 상사성을 설명하는 방식이 의식주의 관계로 설명하는 것보다 안전하다"[38]라는 논리에 역사학 측이 호응했기 때문이었다.

2) 조선과 일본의 사이—일선비동조(日鮮非同祖)와 '국민성'

그러나 1900년대 후반부터 그의 아시아관에 변화가 나타났다. 1909년에 발표한 〈일 · 한 · 아이누 삼국어의 수사에 대해(日 · 韓 · アイヌ三國語の數詞に就いて)〉에서 시라토리는 다음과 같이 말한다.

> 세계의 언어 중에서 한국어와 가장 밀접한 유사성을 지닌 언어가 일본어라는 점은 현재 국내외 언어학자들이 거의 일반적으로 생각하는 바인 듯하다. …… 나도 과거 이 양 국어 사이에는 분명 긴밀한 관계가 있을 것이라고 믿었기 때문에 다년간 두 언어의 비교 연구에 종사해 일반의 기대를 만족시킬 정도의 결과를 내려고 애를 썼다. 그러나 사실은 예상과 정반대로서,

---

37) 이 도식은 헝가리에서 발생한 투란주의(Turanism)가 일본에서 전개된 사실을 연상케 한다. 나가타 유조(永田雄三)에 따르면, 투란주의가 일본에 도입된 것은 제1차 세계대전기였다고 하는데, 본고에서 다루는 이 시기는 헝가리에서 투란주의가 성행한 시기였다(永田雄三, 〈トルコにおける'公定歷史學'の成立—'トルコ史テーゼ'分析の一視角〉, 寺內威太郎 · 李成市 · 永田雄三 · 矢島國雄, 《植民地主義と歷史學—そのまなざしが殘したもの》, 刀水書房, 2004, 173~196쪽). 시라토리의 담론을 이 관점에서 상세히 검토하는 것도 중요하다.

38) 우에다 가즈토시(上田万年)가 1896년에 제국대학에서 했던 강의로부터. 上田万年, 〈新村出筆錄〉, 《言語學》(シリーズ名講義ノート), 教育出版, 1975, 41쪽.

연구를 진척시킬수록 더욱더 두 언어 사이의 관계가 소원(=疎濶)하며 당초 기대했던 것처럼 친밀하지는 않음을 느끼게 되었다.[39]

단적으로 말하면 일본-한국 간 언어적 동조성의 부정이다. 그리고 이러한 논리를 가지고 "일본인과 한국인이 아주 먼 옛날부터 이처럼 다른 언어를 쓰고 있었다고 한다면 이 두 나라 사람들이 가까운 친척이라고는 도저히 말할 수 없다"[40]라고 인종적 동조성도 부정하기에 이르렀다. 당시 한국병합에 이르는 여론 중 동조론이 병합의 정당화에 크게 역할을 했는데, 시라토리는 그러한 동조론의 역할 자체를 근본적으로 부정하고 있었다.

시라토리가 동조론을 부정한 배경에는 매우 현재적인 의식이 반영되어 있었다. 1907년 8월에 열린 '한사개설(韓史概說)'이라는 강연에서 시라토리는 일본인과 한국인의 관계가 "일본인과 류큐인(琉球人)의 관계 같은 것은 아니다"[41]라고 말했다. "일본인과 한국인은 우랄알타이라는 커다란 부류에 함께 들어 있다"[42]라고 마지못해 '동계(同系)'임을 인정하면서도, 이전에 "밀접한 관계를 갖고 있다"고 논했던 것과는 크게 달라졌다. 이때 시라토리의 문제의식은, "한

---

39) 白鳥庫吉, 〈日・韓・アイヌ三國語の數詞に就いて〉, 《史學雜誌》 第20編 第1~3號, 1909(《白鳥庫吉全集》 第2卷, 岩波書店, 1970, 417쪽).

40) 白鳥庫吉, 〈言語上より見たる朝鮮人種〉, 《人類學雜誌》 第30卷 第8號, 1915(《白鳥庫吉全集》 第3卷, 377~378쪽).

41) 白鳥庫吉, 〈韓史概說〉, 《叡山講演集》, 1907(《白鳥庫吉全集》 第9卷, 岩波書店, 1971, 290쪽).

42) 白鳥庫吉, 위의 글.

국의 국민이 오늘날과 같이 형편없는 상황이 되었으나 일본인이라는 야마토(大和) 민족은 세계를 놀라게 할 만큼 거대한 사업을 해내어 국위가 더욱 양양하다고 말하게 되었으니, 이러한 상황을 어떻게 설명해야 하는가"[43]라는 점에 있었다. 그리고 시라토리는 이 물음을 '국민성'이라는 관점으로써 해결하려고 한다.

이듬해 '청 · 한인의 국민성에 대해(清漢人の國民性に就て)'라는 강연에서는 '지나인(支那人)'과 한국인의 '국민성'에 대해 언급하고 있다. '국민성'은 "그 나라의 위치 · 경력 · 경우 등의 관계에 따라 발생하는" "국민의 성질"이라고 정의할 수 있으나,[44] 그것은 주로 사상 면에서 현저하게 나타나는 것이었다. 이 강연에서는 '지나인'도 한국인도 '진보성'이 부족한 '국민'으로 파악되었다. 특히 한국인의 국민성은 "어떻게 하면 외국을 잘 섬겨서 잘 살아나갈 수 있을까"[45]라는 데 기초가 있는, 자율성이 결여된 존재로 그려져 있다. 한편 일본의 "국민성"은 "어떻게 하면 우리 나라를 진보시킬 수 있나. 어떻게 하면 우리 나라를 더 좋은 모습으로 만들 수 있을까 하는 것이"[46] 기초가 되었다고 하여, 대륙이나 한반도와의 차이를 강조했다. 또한 이러한 논의는 1910년대 이후 신해혁명(1911)의 충격으로 일본과 중국의 '국체'의 차이를 강조하면서 일본 '국체'의 유구성 · 불역성(不易性)을 강조하는 논리로 이어진다.[47] 그리고 그때 적합한 자료

---

43) 白鳥庫吉, 위의 글.

44) 白鳥庫吉, 〈清韓人の國民性に就て〉, 《東洋時報》 第118 · 119號, 1908(《白鳥庫吉全集》 第10卷, 70쪽).

45) 白鳥庫吉, 위의 글, 87쪽.

46) 白鳥庫吉, 위의 글, 87쪽.

로 사용된 것도 역시 '언어'였다. 특히 '국민성'의 차이를 가늠하는 데 수사(數詞)의 분석이 중요시되어, "모든 수사의 연구는 계산에 관한 국민의 사상을 나타내기 때문에, 수사 구성이 유사하면 그 국민들의 사상도 친밀한 정도가 높다"[48]라고 하여, 인종의 같고 다름을 판단하는 기준은 이제 혈족적 관계가 아니라 "사상의 친밀도"라는 정신적 측면에 관계된다고 했다. 그로 인해 '일본민족'의 불역성도 그러한 정신의 일체성 논리로 설명되어 한국-일본 간 동조성의 논리가 배제되기 시작했다.[49] 이제 '동양'을 규정할 때 일본만은, '만한'에서 그 서쪽의 중앙아시아에 이르는 친연적 관계성 가운데 자리매김되는 일이 없었다. 그 후 그 의도는 더욱 명확해진다. 시라토리는 일본도 역시 "동양의 소국"[50]이라고 인식하면서도, "특히 우

47) 三ッ井崇, 앞의 〈白鳥庫吉の歴史認識形成における言語論の位相—朝鮮語系統論と朝鮮史認識をめぐる言説から〉, 76~77쪽.

48) 白鳥庫吉, 앞의 〈日·韓·アイヌ三國語の數詞に就いて〉, 453쪽.

49) 물론 동조론이 아시아주의적 담론이며 그 정치성에 관해서도 검토가 필요한 것은 말할 나위도 없다. 단지 당시 언어학이든 역사학이든, 1890년대 후반 이후의 아카데미즘 가운데서는, 천황제의 기원과도 관계되는 동조론적 민족기원론의 학문적 기반이 약화되어갔다(三ッ井崇, 〈日本語朝鮮語同系論の政治性をめぐる諸様相—金澤庄三郎の言語思想と朝鮮支配イデオロギーとの連動性に關する一考察〉, 《朝鮮史研究會論文集》 第37集, 1999 ; 앞의 〈近代アカデミズム史學のなかの'日鮮同祖論'—韓國併合前後を中心に〉). 또한 일본에서 동조론을 성립시킨 사상적 기반도 유동적이었다(三ッ井崇, 〈'일선동조론日鮮同祖論'의 학문적 기반에 관한 시론—한국병합 전후를 중심으로〉, 《한국문화》 제33호, 2004)고 말할 수 있어, 동조론은 한국병합 정당화의 논리인 반면 이러한 불안정성도 내포하고 있었다고 필자는 생각한다.

50) 白鳥庫吉, 〈日本人種論に對する批評〉, 《東亞之光》 第10卷 第8號, 1915(《白鳥庫吉全集》 第9卷, 190쪽).

리 동양의 역사상 활약하는 민족은 …… 반개민족(半開民族)이었다. 그 종족은 우랄알타이족에 들어갈 만한 민족들이다"라고 하는 한편, "일본 군도(群島)에는 유구한 옛날부터 야마토 민족이 반거(蟠居)하"고 있었다고 하여[51] "반개민족"과의 차이를 강조했다. 거기에는 일본이 '동양' 중에서는 유독 진취적인 정신이 풍부한 이른바 '특수 동양'적 위치에 있다는 의도가 너무나 명확하게 포함되어 있다.

그러나 이러한 시라토리의 언어론이 동조론을 완전히 부정할 수 있는 것은 아니었다. 동조론 이데올로그로서 유력한 언어학자인 가나자와 쇼자부로(金澤庄三郎) 역시 시라토리와 마찬가지로 언어가 "정신적 생명을 대표한다"[52]라고 생각했는데, 그는 한 · 일 양 언어의 수사 차이가 있지만 그것은 동조론을 주장하는 데 큰 문제가 아니라고 했기 때문이다.[53] 시라토리는 비동조론을 성립시키는 논거로서 '언어' 이상의 것을 내놓지 않으면 안 되었다. 언어적 친연성을 부정하는 논리는 도대체 어떻게 도출될 것인가. 다음에서 살펴보자.

---

51) 白鳥庫吉, 《東洋史上より觀たる日本》(岩波講座 日本歷史), 岩波書店, 1934, 7 · 24쪽.

52) 金澤庄三郎, 〈國語に就きて思へる事ども〉, 《國學院雜誌》 第4卷 第3號, 1898, 20쪽.

53) 金澤庄三郎, 〈日韓兩國語同系論〉, 《東洋協會調查部學術報告》 第一冊, 1909, 182~183쪽.

4. '지리'로 향한 시각

1) 시라토리 구라키치의 지리결정론과 중국 · 한국

다시 중국 · 한국의 '국민성'에 대한 시라토리의 인식으로 돌아가 보자. 시라토리는 이미 1901년 단계에서 "지나 북방에 살고 있는 이적(夷狄)", 즉 "흉노(匈奴), 선비, 돌궐, 위구르, 키르기스(Kirgiz), 거란, 여진(女眞), 몽고, 만주"가 고도의 문화를 가지고 있는 한족을 무력으로 격파했으나 문화적으로는 거꾸로 한족이 "융적(戎狄)"을 동화시켜버렸기 때문에, 한족의 자기 문화 우월성에 대한 "교만심(驕慢心)"이 증가하여 "진취 · 겸손의 풍조"가 일어나지 않았다고 했다. 한국에 대해서도 똑같이 설명하는 한편, "똑같은 동양인인 일본국이 다른 대륙 제국과 풍취를 달리하여 진취적인 기질과 성격이 풍부한 것도 이 나라가 옛날부터 융적의 지배를 받은 적이 전혀 없기 때문이리라"라고 하는 등, 이후 '국민성' 논의의 원형이 되는 역사상을 제시하고 있다.[54] 물론 이 시점에는 일본-한국 간 민족 기원의 동일성을 부정하는 데까지 이르지는 않았다.

그런데 시라토리는 1904년이 되면 "일본과 한국은 옛날부터 상반되어왔다"[55]라고 서술하기에 이른다. 그 근거는 도대체 무엇이었을까. 같은 해의 다른 논문에 발표된 다음과 같은 내용에 주의해보자.

---

54) 白鳥庫吉, 앞의 〈戎狄が漢民族の上に及ぼした影響〉, 4~15쪽.

55) 白鳥庫吉, 〈朝鮮の日本に對する歷史的政策〉, 《世界》 第5號, 1904(《白鳥庫吉全集》 第9卷, 276쪽).

그러나 한 국민의 성질은 혈통상의 관계만으로 정해지는 것이 아니라 또한 크게는 그 국민이 접촉하는 바깥세계(=外界)의 사정에 좌우된다. 지금 시험 삼아 예를 하나 들어보자. 우랄알타이 인종 가운데 우리 국민과 가장 밀접한 혈족이 되어 있는 한국인의 성질을 보아도 알 수 있다. 이 국민의 오늘날 모습은 실로 불쌍히 여길 만하지만 그것은 결코 이 국민 원래의 성질이 아니다. 그 증거로, 옛날 이 반도의 작은 나라였던 고구려가 수(隋) 양제(煬帝), 당(唐) 태종(太宗)의 침략을 받고도 훌륭하게 막아낸 것을 보아도 알 수 있다. 이렇게 한때는 용감했던 국민이 지금은 무기력하고 빈약한 나라가 된 것은 실로 이 나라가 북적(北狄), 지나, 일본과 같은 3대국 사이에 끼어 고생을 한 결과이다. 이렇게 우리 국민과 인척관계인 한국인이 바깥세계의 사정이 나빠져 오늘날과 같이 빈약하고 무기력한 백성이 되었다고 하면, 우리 국민이 그 반대로 강성하게 된 데에는 우리 국민을 둘러싼 바깥세계의 사정이 대단히 좋았었음에 틀림없다.[56)]

시라토리가 구체적으로 "바깥세계의 사정"이라고 열거한 점을 일본에 대한 분석에 의거해 들어보자면, "일본 국민이 대륙에 가까운 섬에 살고 있다는 지리적 사정과 그 국민이 태고로부터 일계불역(一系不易)의 황실을 모시고 있다고 하는 역사적 사정", 더 나아가서는 "먼 옛날부터 한국이나 지나와 같은 문화국과 교제하여 항상 그 문

56) 白鳥庫吉, 〈我が國の强盛となりし史的原因に就て〉, 《世界》 第11號, 1904(《白鳥庫吉全集》 第9卷, 166쪽).

물을 수입하고 끊임없이 자신의 단점을 보완했다는 외부 사정" 등의 세 가지 점이었다. 이렇게 지금까지의 '혈통관계'와는 다른 관점을 도입함으로써 한국-일본 간의 역사적 관계에 관한 인식을 변화시킬 수 있었다. 그리고 앞서 말한 바와 같이 1907년에 "한국의 국민이 오늘날과 같이 형편없는 상황이 되었으나 일본인이라는 야마토 민족은 세계를 놀라게 할 만큼 거대한 사업을 해내어 국위가 더욱 양양하다고 말하게 되었으니, 이러한 상황을 어떻게 설명해야 하는가"라는 물음에 대해, 자기 스스로 "일국민의 발달이나 쇠퇴라고 하는 것은 그 국민이 거주하는 곳의 경우에 따라 정해지는 일이 많다. 이것은 주로 지리상의 경우입니다만, 그 경우에 따라 똑같은 인간이라도 발달의 경로를 매우 달리하는 일이 있습니다"[57]라고 설명했다. 이는 역사를 결정짓는 요소로부터 '혈족관계'를 배제하고 지리적 관계라는 논리로 대신하는 것을 의미한다. 여기서 '언어'에 의한 정신성의 차이를 논하는 논리는 지리적 관계성의 논리에 종속하게 되었다. 시라토리의 아시아관이 전환되는 배경으로, 지리결정론이라는 이러한 시각이 명시된 점에 대해서는 주의할 필요가 있다.

원래 아편전쟁(1840~1842)을 계기로 서양에 대한 위기감을 격화시킨 막부 말기 일본의 지식인은 그러한 상황을 직시하기 위해 '국지(國志)'나 지지(地誌)류를 계속해서 번역 · 간행했다. 미야치 마사토(宮地正人)는 그럴 때 필요한 것이 "일본을 둘러싼 세계 전체의 파악, 역사와 지리가 차별 없이 포함된 세계적 통일상 = 세계 지지"였다고 지적했다.[58] 근대역사학이 시작될 때 지리학은 이미 역사학

57) 白鳥庫吉, 앞의 〈韓史槪說〉, 290쪽.

의 보조학과로서 인식되었다. 근대 일본이 수사(修史)사업을 진행할 때 수사관 편집관인 시게노 야스쓰구(重野安繹, 뒤에 제국대학 국사학과 교수가 됨)가 서양사학의 방법을 배우기 위해 참고로 한 제르피(G. Zerffi)의 《사학(The Science of History)》에는, "모든 사건에는 반드시 시간과 장소가 있다. …… 장소의 역사적 사실에 관해서 알려면 이 지구를 아는 것이 급선무다"[59]라고 했다. 시라토리가 제국대학 입학 전에 다닌 도쿄대학 예비문에서는 제1·2학년에 지리학이 과목으로 설정되어 있었고,[60] 예비문 졸업 후 제1고등학교를 지나 제국대학에 입학했는데, 사학과 필수과목으로 '사학 및 지리학'이 존재했다. 사학과에 부임한 리스도 지리학을 강의했음이 확인되었다.[61] 또 시라토리는 예비문 시절에 버클(Henry Thomas Buckle)이나 기조(F. Guizot)의 저작을 자주 읽었다고 회상하고 있다.[62] 특

58) 宮地正人, 〈幕末・明治前期における歷史認識の構造〉, 田中彰・宮地正人 校註, 《日本近代思想大系 13—歷史認識》, 岩波書店, 1991, 510~511쪽.

59) 重野安繹注, 〈ゼルフィー《史學》第一編抄譯〉, 위의 책, 270쪽. 원전은 東京大學史料編纂所 所藏, 〈重野家寄贈史料〉. 인용 단락의 첫 번째에는 "역사의 보조학, 편년사 및 지리학"이라고 적혀 있다.

60) 東京帝國大學 編, 《東京帝國大學五十年史(上)》, 東京帝國大學, 1932, 883~888쪽.

61) "…… 사학과 학생을 위해 매주 2시간 지문학(地文學) 강의를 하고 또 실지 연습을 시켰다. 본 강의에서는 지리학상의 문제를 해설하는 각 방법, 수리적 지리학의 요론, 지리학 기사법(技寫法)・제면법(製面法) 이론, 또는 기계(氣界)・수계(水界)・육지(陸地)의 여러 현상 범론, 그리고 광물・식물・동물의 자연 분배를 상세히 설명하고, 이에 덧붙여 지구상 문명 발달의 여러 단계의 형상을 설명했다." 東京大學史史料研究會 編, 〈文科大學申報 自明治二十一年九月至明治二十二年七月〉, 《東京大學年報》 第6卷, 東京大學出版會, 1994, 360쪽.

62) 白鳥庫吉, 앞의 〈學習院に於ける史學科の沿革〉, 379쪽.

히 버클의 경우, 유럽에서는 사람이 자연보다 우월하고 비유럽 지역에서는 자연이 사람보다 우월하다고 하여, 역사의 진보 요인을 기후지리학적(geoclimatic) 기준에 두고 있었던 점은 이미 스테판 다나카(Stefan Tanaka)가 지적한 바이기도 하다.[63] 이상의 점들로 볼 때, 시라토리가 역사학의 보조학과로서 지리학과 접촉할 계기는 여러 번 있었으며 실제로도 접촉했음이 거의 틀림없을 것이다.

시라토리가 자신의 저작 가운데 지리학에 대한 관심을 가장 빨리 나타낸 것은, 1889년 《사학회잡지(史學會雜誌)》 제1호에 발표한 〈역사와 지지와의 관계(歷史と地誌との關係)〉라는 논문에서였다. 이것은 영국의 역사가 제임스 브라이스(James Bryce)의 "The Relations of History and Geography"를 번역한 것인데, 다나카는 이 두 개의 문헌을 비교하며 흥미로운 지적을 하고 있다. 자연환경과 인간 사이의 규정관계에 대해 시라토리가 원전과는 약간 다르게 번역하고 있다는 것이다.[64] 해당 부분을 각각 추출해보면 다음과 같다.

> 〔전략〕 he[=man] is in history the creature of his environment, not altogether its creature, but working out also those inner forces which he possesses as a rational and moral being ; but on one side, at all events, he is largely determined and influenced by the environment of Nature.[65]

---

63) Stefan Tanaka, *Japan's Orient: Rendering Pasts into History*, University of California Press, Berkley, 1993, p. 44.

64) Stefan Tanaka, *ibid*, p. 6.

> 대저 역사적 관점에서 볼 때 인간에게는 일종의 특별한 활력이 준비되어 있어 능히 자연에 저항하고 자연을 제어한다고 하지만, 다른 한편으로 볼 때에는 인간도 또한 자연만유의 일부라 그 발달성쇠에 대해서는 항상 그를 둘러싼 풍토 기후 등의 지배를 받는 것이라.[66]

환경의 피조물인 인간은 이성적이면서도 윤리적인 존재로서 소유하는 내적인 힘(inner force)을 만들어내기는 하지만 어차피(at all events) 자연환경에 크게 좌우되어 영향을 받는 존재라고 하는 브라이스의 주장에 대해, 시라토리의 '번역'에서는 인간이 "자연에 저항하고 자연을 제어"하는 더욱더 능동적인 존재로 그려진 점이 눈길을 끈다.

"브라이스의 인간에 대한 자연환경의 우위성 논리가 시라토리의 자연에 대한 인간의 우위성 논리로 전환되고 있는 것은, 미야케 요네키치(三宅米吉)가 버클의 지리결정론을 비판한 것과 비슷하다"[67] 고 다나카가 논하고 있는 점에 주목하고 싶다. 나카 미치요(那珂通世)와 함께 유럽의 문명사 수용에 적극적이었던 미야케는 "그 옛날을 돌아보면, 지금 문명의 중심지라고 칭하는 유럽 제국이 아직 꿈틀거리는 흉측한 미물들의 소굴이었을 때 우리는 이미 훌륭하게 고도문명에 도달했었다. 오늘날 개화의 경쟁에서 조금 뒤떨어졌던 까

---

65) James Bryce, "The Relations of History and Geography", *The Contemporary Review*, vol. XLIX, 1886, p. 42.

66) 白鳥庫吉, 〈歷史と地誌との關係〉, 《史學會雜誌》 第1號, 1889, 57쪽.

67) Stefan Tanaka, *op. cit.*, pp. 60~61.

닭은 대체로 자연의 방해가 있어서 그런 것이 아니라 오로지 사회의 인위적인 원인에 의해서일 뿐"[68]이라고 하여, 문명사론에서 지리결정론을 비판했다. 미야케의 이러한 비판은 일본과 유럽의 "존재론적 동등성(ontological equivalence)을 발견하기"[69] 위한 것이었으니, 시라토리가 과거 지바중학교 시절의 교사이기도 했던 미야케의 이러한 사고방식의 영향을 받았으리라는 것은 충분히 추측할 수 있는 일이다.

시라토리가 지리적 요인의 영향력에 대해 언제부터 인식을 바꾸었는가 하는 것은 확실하지 않다. 그러나 지리결정론이 그의 아시아관 전환에 노골적으로 작용한 것이 러일전쟁 이후임을 생각해볼 때, 그 직전 즉 시라토리의 유럽 유학시기의 학문적 환경에 주목하는 것이 결코 헛되지는 않을 것이다. 다음은 이런 점에 대해 생각해보자.

2) 독일 인류지리학의 수용과 거리—리히트호펜과 시라토리 구라키치

앞에서 말한 바와 같이 시라토리는 베를린대학에서 지질학자이자 지리학자인 리히트호펜에게서 배웠다. 독일 체재 기간은 그다지 길지 않았으나 그가 베를린에서 고노에에게 보낸 서간을 보건대, 리히트호펜에게 개인적으로 질문하는 등 얻은 바도 많았던 듯하다.[70]

리히트호펜은 지질학자로서 주로 자연지리학적 입장에서 중국

---

68) 三宅米吉, 《日本史學提要》 第1編, 普及舍, 1886(文學博士三宅米吉著述集刊行會編, 《文學博士三宅米吉著述集(上)》, 目黑書店, 1929, 30~31쪽).

69) Stefan Tanaka, *op. cit.*, p. 60.

및 중앙아시아 연구를 해왔던 인물이었다. 19세기 말부터 20세기 초에 걸쳐 독일에서는 지리학이 성행했는데 그도 틀림없이 그 일익을 담당하고 있었다고 해도 과언이 아니다. 1860년에 프러시아 통상친선사절단을 수행하여 1872년까지 중국을 비롯해 동남아시아 · 일본 등의 지질을 조사했으며, 그것을 근거로 한 연구가 독일의 동양학을 대표하는 연구로 인정받기도 했다. 그러나 1890년대 말에는 독일의 중국 점령정책에도 관여하여, 1898년에 독일이 자오저우만(膠洲灣)의 권익을 확보할 때 그 근거를 마련해주었다고 한다.[71] 앞서 본 것과 같이 시라토리는 고노에 앞으로 보낸 서간에서 "독일이 산둥성을 점령하려는 정치적 야심이 자연스럽게 이 방면의 학술 발흥을 초래하지 않을까 하는 생각이 듭니다"라고 했는데, 그것은 리히트호펜의 관여를 의식한 발언이었을지도 모른다. 그런 의미에서 시라토리가 리히트호펜을 사사하고자 했던 데에는 무언가 목적의식이 있었으리라고 추측할 수도 있겠으나 이에 대해서는 향후 과제로 삼고 싶다.

한편, 지질학자인 리히트호펜이 같은 시기 인문지리학의 성과도 적극적으로 받아들이고 있었던 점은, 1883년 라이프치히대학 교수 취임 때의 강연이나 베를린대학에서 했던 '거주 · 교통지리학' 강의 내용,[72] 또는 자신의 연구로의 응용[73] 등과 같은 사실에서 확인할 수 있다.

---

70) 近衛篤麿日記刊行會 編, 〈近衛篤麿宛白鳥庫吉書簡(1920年 2月 20日 受信)〉, 앞의 《近衛篤麿日記》 第5卷, 39쪽.

71) リヒトホーフェン, 望月勝海 · 佐藤晴生 譯, 〈解說〉, 《支那(Ⅰ)—支那と中央アジア》, 東亞硏究叢書 第14卷, 岩波書店, 1942, 10쪽.

인류지리학에 대한 리히트호펜의 인식을, 시라토리 유학시절과는 시기가 다소 어긋나지만 리히트호펜이 라이프치히대학 교수로 취임할 때의 강연 내용에서 찾아보기로 하자.

리히트호펜은 인류지리학의 관점으로, ① 지표상의 인간 분포를 다루는 "외부 형태", ② 인종 · 언어 · 종교(윤리) 등의 원칙으로 인간을 범주화한 후 "자연 지역(natüflidhes Erdraum)", 국가 형성, 기타 지역 구분이라는 원칙을 여러 번 겹친 다면적 시각에 의해 얻을 수 있는 총괄적 관점인 "소재적 조성", 그리고 ③ 이들 카테고리를 기초로 지역의 자연과 인간의 상호작용을 포착한 "인과관계", ④ 지표상의 인류 발달사나 지표 등 인과적 요소가 인류 발달에 미친 작용을 생각하는 "발생론적 관점" 등 네 가지를 든다.[74] 이들 관점 중 시라토리가 가장 관심을 보인 것은 "발생론적 관점"이었을 것이다.

리히트호펜도 이 "발생론적 관점"과 역사학의 관련을 강하게 의

---

72) 國松久彌, 〈リヒトホーフェンの人類地理學思想〉, 國松久彌 編著, 《リヒトホーフェン—現代地理學の課題と方法》, 古今書院, 1976, 119쪽.

73) 리히트호펜은 자신의 저서 《支那(China: Ergebnisse eigener Reisen und darauf gegründeter Studie)》에서 "이 나라가 아시아대륙 중에서 차지하는 지리적 위치를 파악하려면 지질학적 문제가 해결되어야 한다. …… 그러기 위해서는 되도록 최근의 연구를 받아들여 서쪽으로부터 동쪽으로 이어지는 아시아의 지주산맥(支柱山脈, Gebligsgerüst)이 어떠한 상태로 분기되었는지 해명하지 않으면 안 된다. 이 상태의 서술은 곧바로 이 상태와 위대한 민족사와의 관계로 이끌어준다. 즉 여러 가지 역사상이 전체 대륙 위에 전개되는데, 그 대부분이 대륙의 구조 속에 기초를 두고 있는 것이다"라고 서술했다. リヒトホーフェン, 望月勝海 · 佐藤晴生 譯, 앞의 《支那(I)—支那と中央アジア》, 2쪽.

74) リヒトホーフェン, 國松久彌 譯, 〈現代地理學の課題と方法〉, 앞의 《リヒトホーフェン—現代地理學の課題と方法》, 44~45쪽(원전은 F. von Richthofen, *Aufgaben und Methoden der heutigen Geographie*, 1883).

식하고 있었기에, 1883년에 독일 인류지리학회에서 "역사가 없는 여러 민족에 특히 흥미를 가지고 있는 인종학, 여러 문화 지역에서 인류의 원사(原史, Urgenschichte) 발생에 대해 특히 활발한 흥미를 지니고 이루어지는 여러 연구 및 인류학이라는 어려운 과학 속에 점진적으로 도입되는 정밀한 방법의 결과, 지표의 여러 형태와 자연과 밀접한 관계에 서 있는 지금까지의 여러 민족의 이동에 대한 인식이 점차 발달해오고 있다"[75]라고 말했을 정도였다. 그로부터 몇 년 후 이 관점이 더욱 '발달' 내지 정착한 것을 보았을 시라토리 역시 이에 커다란 관심을 보였음이 틀림없다.

그러나 리히트호펜은 "인류지리학의 공통적 특색은 그것이 직접 인간으로부터 출발하여, 인간을 지표와 인간의 관계 및 인간을 둘러싼 자연과 인간의 관계라는 점에서 고찰하는 데 있다. 인간은 자기의 거주 장소를 결정할 뿐만 아니라 각각의 거주 장소에서 생존의 제반 조건을 독립적으로 형성하고, 자연을 자신을 위해 이용하는 능력을 갖고 있다고 전제하는 데서부터 출발"한다고 서술하여,[76] 의사 결정 능력을 지닌 인간 존재에 주목한다. 시라토리가 초기에 인간이 "자연에 저항하고 자연을 제어하는" 힘을 가진다고 한 점은 이러한 관계의 포착방식과 유사하다.

그러나 러일전쟁기 이후의 지리결정론은 이 점에서 정반대로 선회하여 몰주체적인 것으로서 '국민성'을 규정하기 위해 들고 나온 기준이었다. 인간 정신의 작용에 대한 시라토리의 관점은, 리히트호

75) リヒトホーフェン, 위의 글, 46~47쪽.

76) リヒトホーフェン, 위의 글, 47~48쪽.

펜이 말하는 "인과관계"의 관점에서 보더라도, '지리적 환경으로부터 인간의 정신으로'라는 일방적 작용관계만을 인정할 뿐, 도저히 상호작용을 인정한 것이라고는 말하기 어렵다. 마치 과거 버클이 제시한 지리결정론으로 회귀한 듯하다고까지 말할 수 있다.

시라토리의 대표적인 논리 가운데 '남북이원론(南北二元論)'이 있는데, 이것은 역사의 동태를 남북 2대 세력의 대립구도로 보려는 틀로서, 남북의 지리적 대립에 '문(文)-무(武)' 대립이라는 도식을 대응시키는 것이 특징이다. 구체적으로 보면, 고대에는 한족과 북방 여러 민족의 대립, 근대에는 아시아대륙을 둘러싼 영국과 러시아의 대립을 염두에 두는 것이었다. 시라토리는 "동아의 역사가 옛날부터 이 이원론으로부터 도출된다는 견지에 서서 역사의 사실을 바라보면 이 양 세력 각자의 소장(消長)은 물론, 서쪽으로는 중앙아시아로부터 동으로는 만주 · 조선 및 나아가서는 바다 건너 우리 일본의 역사까지 매우 타당한 해석을 얻는 바가 적지 않다"[77]라고 한다. 앞의 '국민성' 논의에 비춰보면 '문-무'의 대립항은 그대로 '진보성'의 유무, '문명(文明)-미개(未開)'의 대립 도식에 겹쳐진다. 제1차 세계대전의 와중에 시라토리는 이 '남북이원론'으로 세계정세를 설명하여, 아시아대륙의 남북에서 영국 · 러시아 두 세력이 대치하게 되었고, "그 대립선의 서쪽 끝에서 새로 세력을 발휘한" 독일에 대립하는 세력으로서 "동방"의 "일본제국"이 있다고 자리매김하려고 했다.[78] 중국 · 한국의 '국민성'은 이러한 필요성 때문에 규정된 것

---

77) 白鳥庫吉, 〈東洋史に於ける南北の對立〉, 《東洋史講座》 第16卷, 國史講習會, 1926(《白鳥庫吉全集》 第8卷, 69쪽).

이었는데, 이것은 일본이 '특수 동양'=준 서양적 위치에 서서 '기타 동양'을 바라보는 오리엔탈리스틱한 구조를 시라토리가 창출한 것을 의미한다. '지리'라는 것은 바로 일본을 '특수 동양'으로서 '기타 동양'과 차별화하기 위해 준비한 담론이었던 것이다.

3) 조사 대상으로서의 '지리'와 '역사'—다시 '만선역사지리 조사실'에 대해

이상의 점을 바탕으로 다시 한 번 '만선역사지리 조사실' 설치의 의미를 생각해보고 싶다. 1913년에 간행된 《만주역사지리》의 서문에 시라토리는 다음과 같은 글을 게재했다.

> 현대의 제반 사업이 확실한 학술적 기초 위에 서야 할 것은 말할 것도 없으며, 만한의 경영 또한 마땅히 그러하지 않을 수 없다. 그럼에도 우리 국민의 이 지방에 관한 학술적 연구는 아직도 유치한 지경에 있으며, 실제 사업의 지침으로 만족할 만한 것이 많지 않다. 내가 전공하는 역사학에 비추어 보아도 그 정치사나 민족 경쟁의 사적조차 아직 분명히 밝혀지지 않은 것이 대단히 많고, 수많은 민족이 그 흥망성쇠의 행적을 새긴 백산흑수(白山黑水 ; 백두산과 흑룡강을 말함—옮긴이)는 먹구름이 깊어 봉쇄된 느낌이다. 반도국이 우리 나라에 대해 밀접한 관계가 있는 것은 지금이나 과거나 다름이 없다. 그래서 반도

78) 白鳥庫吉, 〈歐洲大戰争と東洋との關係〉(《白鳥庫吉全集》 第10卷, 264~265쪽). 1916년에 화족회관(華族會館)에서 했던 강연 내용이다.

에서 풍운의 동요가 항상 만주의 광야로부터 일어나며, 따라서 만주도 역시 곧바로 우리 국운의 소장에 관련된 바가 있다는 점이 옛날이나 지금이나 똑같다는 것을 생각하면, 이 와중에서 민족 경쟁의 진상을 구명하여 현재의 형세가 유래하는 근원을 아는 것은 경세가가 결코 등한시할 수 있는 바가 아닌데도, 사학의 상태가 이와 같음은 참으로 유감스럽다.[79)]

그리하여 "역사의 기초는 지리에 있다"[80)]라고 했으며, 먼저 '만한'의 지리를 조사할 필요성을 설명한 것이다. 이러한 언사에서는 학술연구를 실제적인 식민지 · 점령지 경영의 기반으로 자리매김하려는 의도가 엿보인다. 여기서 만한의 "정치사", "민족 경쟁의 사적"이 "우리 국운의 소장"에 관계되며 그 때문에 지리 연구가 필요하다는 인식은, 시라토리가 독일에서 배워온 지리학의 관점을 정치적으로 응용한 것이라고 할 수 있으며, 독일이 중국 점령정책을 세울 때 리히트호펜이 관여한 것도 이와 유사하다. 또한 고토는 1906년 7월 타이완 경영에 관해 "통치의 방책은 지문학적(地文學的) 고찰에 따라야 할 것", "새로운 판도의 통치는 생물학적 원칙을 바탕으로 하고 지문학적으로 조명하고 고찰"할 것 등이라고 훈시하고 있었으니,[81)] 아마 만주 경영에 임하면서도 똑같은 것을 생각하고 있었을 것이다. 학문적 조사의 필요를 어느 정도 인정하고 있던 고토에게 조사실을 설치

79) 南滿洲鐵道株式會社, 〈序〉, 《滿洲歷史地理》, 南滿洲鐵道株式會社, 1913, 1~2쪽.
80) 南滿洲鐵道株式會社, 위의 글, 6쪽.
81) 後藤新平, 〈台灣統治ニ關シ訓示シ部下官僚ニ贈言セシ覺書〉, 1906(《環》 10, 2002, 356쪽).

하자는 시라토리의 요청은 받아들이기 쉬운 것이었으며, 그런 의미에서 '만한'의 역사지리 연구는 '학술적' 조사의 장을 비교적 쉽게 얻을 수 있었다. 사실 조사실 폐지 이후에도 지리조사의 필요성 자체가 없어진 적이 없었다는 사실은, 1942년 이후 만철 조사사업의 일환으로 리히트호펜의 《지나》가 번역 · 출간되고 있었다는 사례에서도 쉽게 추측할 수 있다.[82)]

그러나 그 "지문학적"=지리학적 고찰의 필요성이 시라토리에 의해 언급될 때, "반도국이 우리 나라와 밀접한 관계가 있다"고 한 시라토리의 주장은 학술적 성과를 정책적으로 유효하게 자리매김하려는 의도를 보인다. 그럼에도 앞서 본 것과 같은 지리학관을 전제로 하면, 그와는 정반대로, 지리학적 고찰의 결과로 도출되는 "현재 형세(形勢)"의 "유래"란 것이, 필경 일본과 한반도 및 유라시아대륙의 관계를 부정하는 것일 수밖에 없음은 명백하다. 그러므로 조사실의 정비는 결과적으로, 일본과 한반도 · 대륙과의 역사적 관계를 분리하고, 현재 '국민성'의 차이를 강조하는 동양사학의 담론이 학문적 기반을 확보해나가는 것을 의미했다.

조사사업은 정책을 입안하는 데 즉각적으로 응용되지 못한다는 이유로, 1913년 말에 대장성(大藏省)이 조사연구기관들을 정리 · 폐

---

82) 이노우에 나오키(井上直樹)는 조사실에서 이루어진 역사지리 연구가 고토의 조선총독부 평양 설치안, 간도 문제, 만주국 건국 등 정치적 사건과 관련이 깊다는 점에서, 이들 연구의 군사적 · 정치적 성격에 대해 언급하고 있다. 정치과정과 지리로 향한 시각이 결합하는 현상을 구체적으로 지적한 것으로서 대단히 큰 의의가 있다. 井上直樹, 〈日露戰爭後の日本の大陸政策と'滿鮮史'—高句麗史研究のための基礎的考察〉, 《洛北史學》 第8號, 2006.

지할 때 그 대상이 되었다.[83] 1915년 1월에는 조사실이 폐지되었으며, 사업은 도쿄제국대학 문과대학으로 이관되었다.[84] 이는 만철이라는 경제적 · 문화적인 식민정책 수행기관 차원에서 형성된 학문의 기초가 도쿄제국대학을 중심으로 한 '관학 아카데미즘'으로 계승된 것을 의미했다. 그리고 그 순간 시라토리가 제시한 것과 같은 일본관, 아시아관='만선사'관도 또한 '관학 아카데미즘'이라는 권력장치 위에 뿌리를 내리게 되었다. 사실 이 '만선사'관은 동양사학의 모습을 크게 규정해왔다. 위에서 말한 역사관이나 지리결정론은 이제 조사실의 멤버가 계승해가게 되었다. 예를 들면, 앞의 '남북이원론'

83) 安藤彦太郎 · 山田豪一, 〈近代中國硏究と滿鐵調査部〉, 《歷史學硏究》 270, 1962, 38쪽.

84) 고토는 1915년의 조사실 폐지에 대해서는 "새로운 만철 중역(重役)의 근시안적 행위는 참을 수 없을 만큼 의문스럽습니다"(鶴見祐輔, 《後藤新平》 第2巻, 後藤新平伯傳記編纂會, 1937, 868쪽)라고 불쾌감을 나타냈다. 조사실의 설치를 결정했던 당사자이며 자신도 학술적 조사의 필요성을 어느 정도 인정했던 고토가 정책 입안에 도움이 안 된다는 이유로 조사실을 폐지하는 것에 대해 유쾌하게 생각할 수 없었으리란 것은 상상하기 어렵지 않다. 그는 "우리 일본이 남만주에서 횡포를 부린다는 유언비어를 학자의 힘을 빌려 자연스럽게 오해를 풀어간다"고 역사 조사의 필요성을 말하고, 그 예로 중국과의 관계에서 영유권이 해결되지 못한 간도 문제를 들어 그것도 "이와 같이 조사를 완료하여 착수하는 순서로 가면 잘못을 안 저지르게 됩니다"라고 말했으니(鶴見祐輔, 위의 책), 학술조사를 통해 영유의 근거를 더욱 강력하게 하기 위한 자세는 앞에서 말했듯이 고토의 '조사주의'와도 충분히 일치했다고 할 수 있다. 덧붙여 말하면 이 사례는 조사실의 폐지가, 1915년 1월 일본정부가 위안스카이(袁世凱)에게 제출한 '21개조 요구'의 제2호 안건에서, 남만주 · 동부내몽고에서 일본의 우선권(〈남만주 및 동부내몽고에 관한 조약〉)을 강요한 사실과도 관련 있음을 추측하게 한다. 당시 주임인 시라토리는, 일본과 러시아가 "창춘(長春) 근방의 경계로 만주땅을 양분하고 있는 것은 오늘날 시작된 일이 아니고 지금으로부터 1,200년 전 고구려시대에 나타난 것과 동일한 현상

은 와다 세이에게 인계되었다. 와다는 '몽고'와 '지나'의 관계를 "북방 유목민족"과 "남방 농경민족"의 대항관계로 보고, 이와 같은 "남북 대치의 형세는 항상 존재했"다고 했다.[85] 그 밖에 데라우치 이타로(寺內威太郎)에 따르면, '만선사' 연구를 학문적으로 이론화한 것은 이나바 이와키치이며,[86] 또한 시라토리의 영향력이 강력함을 포착할 수밖에 없다. 이나바는 "조선민족의 현 사회는 한마디로 말하자면 정체라는 것밖에 없다"라고 하며, "조선민족의 사회의 정돈(停頓)"은 "반도민족의 주위 상황과 그 주위로부터 받는 충동이 어떠하였는가"에 규정되는 것이며, 그런 의미에서 먼저 한반도가 놓여진

이다. 그러기에 만약에 러·일이 서로 그 범위를 넘어서 북에 위치한 것이 남으로 나오고 남쪽의 것이 북으로 나가는 날에는, 권력의 균형을 깨트려 크게 우려할 만한 결과를 낳지 않는다고 할 수 없다. 나는 현상 유지야말로 이 방면의 평화를 영구히 지속시킬 수 있는 근거라고 생각한다"라고 '만주중립지화'론을 주장한다〔白鳥庫吉, 〈滿洲問題と支那の將來〉, 《中央公論》第27卷 第6號, 1912(《白鳥庫吉全集》第10卷, 154쪽)〕. 그런데 이러한 '역사적' 설명은 거꾸로 장래에 대외 진출의 논리를 끌어내지 못하게 하고, 식민지·점령지 경영의 지리적 확대를 기도하는 측을 구속할 수도 있었다. 이 점과 관련하여 나카미 다쓰오는 "한국병합에 의해 조선의 식민지화가 이루어지고, 제3차 러일협상(1912)에 의해 '동부내몽고'의 권익이 확정된 단계에서는, 이제 '만선(滿鮮)'이 아니고 '만몽(滿蒙)'이라는 지역 개념에 커다란 정치적 의미가 부여된 것이며"(中見立夫, 〈地域概念の政治性〉, 《アジアから考える 1―交錯するアジア》, 東京大學出版會, 1993, 281~284쪽)라고 하였으니, 이미 1915년 단계에는 '만선'을 연구대상으로 하는 조사실의 의의가 약해져버렸다고 생각할 수 있다. 상세한 정치적 배경의 분석과 아울러 앞으로 검토해볼 가치가 있을 것이다.

85) 和田淸, 〈滿蒙史論〉, 《アジア問題講座 7―民族·歷史篇(一)》, 創元社, 1939, 227~229쪽.

86) 寺內威太郎, 〈'滿鮮史'研究と稻葉岩吉〉, 앞의 《植民地主義と歷史學―そのまなざしが殘したもの》, 47쪽.

"지리적 사정을 주된 요소로 생각하지 않으면 안 된다"라고 서술했으니,[87] 이러한 지리결정론은 시라토리로부터 이어져왔다고 볼 수 있다.

5. 동양을 바라보는 일본의 시선

이상 시라토리 구라키치의 동양사학의 특징에 대해 검토해왔다. 연구 분야와 지역 대상의 세분화가 진행된 오늘날, 시라토리의 다면적 연구를 총괄하는 것이 어려워진 것만은 사실인 듯하다. 그러기에 이 글의 분석도 불충분함을 면할 수 없음은 물론이다. 이 점을 인정하면서 이상에서 검토해온 시라토리의 동양사학의 특징을 굳이 한마디로 표현한다면, 그것은 일본이 '동양'을 바라보는 시선을 조선 · 만주 · 기타 북방 여러 민족 내지 중국과 똑같은 지점에 둘 것인가, 다른 지점에 둘 것인가 하는 선택의 과정이었다는 것이리라. 그 선택은 러일전쟁기를 중심으로 180도 전환되었는데, 전환 뒤의 시선은 이후 일본 동양사학의 흐름을 크게 규정지었다.

---

87) 稻葉君山, 《朝鮮文化史硏究》, 雄山閣, 1925, 48~49쪽. 그러나 이나바는 시라토리와 같이 조선이 "아시아 북부에 사는 여러 민족"에 의해 압력을 받았다고 설명하지(白鳥庫吉, 앞의 《東洋史上より觀たる日本》, 12쪽) 않고, 오히려 지리적으로 그 압력을 직접 받기 어려운 "무풍지대에 위치하"여 "거란 · 몽고와 같은" "외부 민족"의 압력으로 한족이 그 생활양식을 받아들인 것과 같은 영향관계를 조선에서는 볼 수 없으며, "반도의 평온한 공기가 민족을 안일하게 지내게 한 것"이 "정돈(停頓)"의 원인이라고 분석하고 있어, 시라토리와는 다른 관점을 제출하고 있는 점에 주의해야 한다(稻葉君山, 위의 책, 50~53쪽).

첫머리에서도 미리 말해두었듯이, 동양사학의 전체상을 시라토리만으로 말할 수는 없다. 임시변통적이기는 하지만, 여기서 나이토 고난의 아시아관에 대해 간략하게 소개하고 시라토리의 그것과 대조시켜봄으로써 그러한 질책을 얼마간이라도 면하고 싶다.

이제까지 지적된 바와 같이 나이토는 '일본문화'를 '동양문화, 지나문화'의 '연장'선상에서 이해했다.[88] 그가 "지나문화에 의해 일본문화가 형성된 시대는 매우 오랜 세월에 걸쳐 있으므로 정치적 · 사회적으로 그 진보가 서서히 완성되어간 것이다"라고 한 점은 시라토리의 중국관과는 전혀 다른 것임을 알 수 있다. 나아가서 그는, "지나문화가 최초로 일본민족에게 영향을 끼친 시대에, 일본민족은 아직 국가다운 단체를 형성하지 못하고 있었"으나, "이는 단순히 일본민족을 통해서만 알 수 있는 사실이 아니라 지나문화를 수용한 지나 주위의 각 종족은 거의 모두 이와 동일한 경로를 걸어왔다"고 한다.[89] 그리고 이러한 인식이 그대로 아시아주의적 담론으로 기능할 여지를 지니고 있었음은 이미 마스부치(增淵)나 고이(五井) 등도 지적하고 있는 바이다.[90] 일본주의적 관점으로부터 일본을 '특수 동양'으로 자리매김한 시라토리의 담론과는 매우 대조적이라고 할 수 있다.

그러나 나이토의 말을 조금 더 상세히 검토해보면 시라토리와 공

---

88) 內藤虎次郎, 〈日本文化とは何ぞや(其二)〉, 1921(內藤虎次郎, 《日本文化史研究》, 弘文堂書房, 1924, 19쪽).

89) 內藤虎次郎, 〈日本文化とは何ぞや(其一)〉, 1922(위의 책, 7쪽).

90) 五井直弘, 앞의 《近代日本と東洋史學》; 增淵龍夫, 〈日本の近代史學史における中國と日本(2)ー內藤湖南の場合〉, 앞의 《歷史家の同時代的考察について》.

통된 점도 볼 수 있다. 마스부치나 고이가 다 같이 인용하는 다음 문장에 주목해보자.

> 지나라든지 일본이라든지 조선이라든지 안남(安南)이라든지 하는 각 국민이 존재하는 것은 각 국가에는 상당히 중요한 문제이기는 할지라도, 동양문화의 발전이라는 전체 문제로부터 생각해보자면 그러한 문제들은 말할 만한 가치가 없고, 동양문화의 발전은 국민의 구별을 무시하고 일정한 경로를 걸어가고 있는 것이다.
>
> 오늘날 지나 본국에서 옛날부터 민족의 관계 등을 음미해보면, 원래 반드시 단일한 민족이라고 생각할 수도 없다. 적어도 2, 3종 이상의 민족으로 구성되어 있으며, 그들도 문화 발전으로 인하여 민족의 구별을 없애버려 하나의 동양문화를 형성하는 경로를 밟아오고 있다. 그 문화가 발전하고 이동해가면서 나아가는 것은 이미 지나의 상고시대부터 일어나고 있는 것으로, 개벽부터 전국시대까지 사이에도 그러한 역사를 갖고 있다. ……
>
> 문화 중심의 이동은 전술한 바와 같이 국민의 구역을 개의치 않고 진행해나가는 것이기 때문에, 지나문화를 받아들이는 데 광둥(廣東) 등보다 결코 늦지 않은 일본이 오늘날 동양문화의 중심이 되려 하고, 그것이 지나의 문화에 대해 하나의 세력이 된다는 것은 전혀 불가사의한 일이 아니다.[91)]

마스부치는 나이토의 이러한 말에 대해 “중국으로 경제 진출을 한 일본을 문화주의의 이름으로 정당화한" 것이며, "여기서 중국문화의 존중은 민족 주체로부터 분리된 문화의 존중으로서, 중국민족의 주체성 존중은 동반되지 않은 것이었다"라고 비판했다.[92] 오늘날 상황에서 보자면, 문화를 '민족 주체'와 일원적으로 연결하는 것이 타당한지 여부는 별도의 문제로 삼지 않으면 안 되지만, 적어도 나이토에게는 "문화 중심의 이동"이란 것이 그 문화 담당자들의 주체성을 무시한 형태로 논해지고 있다는 점을 확인해두고 싶다. 나이토가 자리매김한 '동양문화'가 이러한 모양으로 조정되는 것은, 시라토리가 지리결정론으로 '국민성'을 규정한 것과 마찬가지로, 몰주체적인 '동양'상을 그렸다고 할 수 있겠다.

시라토리와 나이토를 비교할 때 드러나는 것은, 중국을 비롯한 동아시아에 대한 인식의 차이는 물론이고, 일본을 '동양' 가운데 어떻게 자리매김하는가에 대한 인식의 차이였다. 이것은 곧바로 일본의 '동양사학'이 '일본'이라는 자기 정체성을 어떻게 자리매김할지 몰라 방황하고 있었던 것을 의미하며, 그러므로 '동양'관은 그 자리매김 여하에 따라 좌우되었던 것이다. 그리고 '동양'이라는 '지리'의 확정작업이 이러한 상태인 와중에, 가장 중요한 '동양'에 존재하는 여러 인간집단의 주체성은 고찰 대상에서 제외되어버린 것이다. 이는 확실히 근대 일본 동양사학의 한 단면이었으며, "인간 부재의

91) 內藤虎次郎, 《新支那論》, 博文堂, 1924(《內藤湖南全集》 第5卷, 筑摩書房, 1972, 508쪽).

92) 增淵龍夫, 앞의 〈日本の近代史學史における中國と日本(2) ― 內藤湖南の場合〉, 79쪽.

역사학"은 이렇게 하여 탄생했는지도 모르겠다.

(번역 류미나, 교열 도면회 · 임경화)

국사는 어떻게 구성되었는가?

한국 근대역사학의 창출과 통사체계의 확립

도면회

역사로 국민을 계몽하는 데는 두 가지 요소가 필요하다. 하나는 현재의 국가와 국민이 머나먼 과거로부터 단선적으로 일관되게 내려온 결과로 존재하는 독립적 주체임을 밝혀주는 통사체계이며, 또 하나는 이러한 역사지식을 생산하여 소수 지식층이 아니라 국민 다수가 '자신의 역사'로 인식하게끔 하는 역사 편찬 및 교육기관 등의 제도적 장치이다.

도면회(都冕會)

서울대학교 국사학과와 동대학원을 졸업했으며, 〈1894~1905년간 형사재판제도 연구〉로 박사학위를 받았다. 경기대학교, 국민대학교, 서울대학교 등에서 강의하고 서울대학교 규장각 특별연구원으로 근무했으며, 2002년 대전대학교에 부임하여 현재 역사문화학과 부교수로 재직 중이다.

내재적 발전론의 관점에서 개항기 화폐금융 · 재판제도 연구를 통해 한국 식민지화의 원인을 구명하고자 했으나 한계를 느끼고 새로운 연구방법을 모색하기 시작하다가, 1990년대 후반부터 탈민족주의 역사이론들을 접하면서 식민지화 전후 시기를 근대국가론의 관점에서 재조명할 필요를 느끼고 형사법과 사학사를 다시 검토하고 있다.

최근 논문으로〈갑오개혁 이후 근대적 법령 제정과정〉(2001), 〈황제권 중심 국민국가체제의 수립과 좌절〉(2003), 〈을사조약은 어떻게 기억되어 왔는가?〉(2005) 등이 있다. 공동 저서로 《북한의 역사 만들기》(푸른역사, 2003), 《한국 근대사회와 문화II—1910년대 식민통치정책과 한국사회의 변화》(서울대학교출판부, 2005), 《화폐와 경제활동의 이중주》(두산동아, 2006), 역서로는 《한국의 식민지근대성》(삼인, 2006)(원저는 Gi Wook Shin & Michael Robinson ed., *Colonial Modernity in Korea*, Harvard University Press, 1999) 등이 있다.

1. 근대역사학의 구성 요건

한국의 근대역사학은 언제 어떤 모습으로 창출되었는가?[1] 이러한 질문을 던지는 이유는 근대역사학이 오늘날 구성되어 있는 '한국사'와 '한국인'이라는 '상상의 공동체'를 설명하는 데 원형적 틀을 제공하기 때문이다.

기존 연구성과에서는 대체로 근대역사학이 갑오개혁 직후 계몽운동기의 역사학을 거쳐 박은식과 신채호에 이르러 성립된 것으로 보고 있다.[2] 연구자들 사이에 일치된 기준이 있는 것은 아니지만, 근대역사학이란, 국가·민족·민중을 중심에 두고 역사를 발전적·객관적으로 파악하여 이를 실증적·비판적으로 서술하되 사회 발전을 인과관계 위에서 분석·종합하는 학문이어야 한다고 정리되었다.[3]

이를 위해서는 역사학이 경학(經學)에 예속된 상태에서 벗어나고 중화주의 질서에 예속된 서술체계를 극복하며, 왕실 중심의 서술과

1) 여기서 '형성'이란 말보다 '창출'이란 말을 사용하는 이유는 역사학이 자연스럽게 형성되는 것이 아니라 국가 또는 개인에 의해 인위적으로 구성되는 것이기 때문이다.

정통론(正統論), 편년체 서술방식 등을 탈피하고 근대 이후 서구의 역사학을 수용하되 일본 제국주의 역사학을 비판 · 극복해야 한다고 했다. 이러한 요건을 충족시키는 역사학으로 1908년 8월에서 12월 사이에 신채호가 《대한매일신보》에 연재한 〈독사신론(讀史新論)〉을 주목해왔다.[4)]

이에 따라 갑오개혁 이후 계몽운동기에 발간된 역사교과서들은 중화질서와 왕조 중심의 정통론에 입각한 편년체 서술을 어느 정도 극복했지만, 유교의 경학에 예속된 역사관과 서술방식을 완전히 지양하지는 못했다. 또, 근대적 역사서술을 전개했다고 하더라도 일본 제국주의 역사학의 침략성에 함몰되어 고대 일본의 한국 지배를 인정하거나, 개항 이후 일본의 한국 침략을 간과하거나 옹호하는 친일성을 보이고 있었기 때문에 이를 근대역사학으로 인정하기 어렵다고도 했다.[5)]

---

2) 김용섭, 〈우리나라 근대역사학의 성립〉, 이우성 · 강만길 편, 《한국의 역사인식(하)》, 창비, 1975, 423쪽 ; 이만열, 《한국근대역사학의 이해》, 문학과지성사, 1981, 88~89쪽 ; 조동걸, 《현대한국사학사》, 나남, 1998, 137쪽 ; 박찬승, 〈한말 신채호의 역사관과 역사학〉, 《한국문화》 9, 1988, 293쪽. 다만 박은식과 신채호에 의해 근대역사학이 성립된 시기에 대해서는 1908년, 1920년 전후 두 가지로 나뉜다.
한편, 한영우는 '근대역사학'이라는 개념을 쓰지 않고 '민족주의 사학'이라는 개념을 사용해, 1905년 을사늑약을 계기로 신채호에 의해 '민족주의 사학'이 성립한다고 본다. 한영우가 서술한 '민족주의 사학'이란 대내적으로는 반봉건 시민운동을, 대외적으로는 반제국주의를 통한 민족자주와 영토 확장을 동시에 추구했던 역사학을 의미하는데, 이는 위의 논자들이 사용한 '근대역사학'보다는 좁은 개념으로 보인다. 한영우, 《한국민족주의역사학》, 일조각, 1994, 4~7쪽.

3) 김용섭, 위의 글, 422~423쪽.

4) 조동걸, 앞의 《현대한국사학사》, 64쪽, 136~148쪽 ; 박찬승, 앞의 〈한말 신채호의 역사관과 역사학〉, 293쪽.

그러나 신채호의 〈독사신론〉이나 1910년대 후반 저작들도 앞서 말한 근대역사학의 요건을 완전히 갖추고 있는 것은 아니었다. 빨라도 1920년대 이후 백남운의 마르크스주의 역사학이나 안확 · 안재홍 등 후기 민족주의 역사학 단계에 가서야 이러한 요건을 갖추었다고 할 수 있다. 이 글에서는 이러한 개념 규정의 문제를 극복하기 위해 전술한 근대역사학 개념의 핵심이 주권을 지닌 근대국가와 국민을 전제하고 있다는 점에 주목했다.

근대 주권국가는 자본주의 시장경제 도입과 신분제 폐지를 통해 법적으로 동등한 국민을 창출하고, 이들을 국가적으로 동원하기 위해 보통교육과 대중매체를 통해 공동운명체임을 느끼게 하는데, 여기에 핵심적 계몽수단으로 사용되는 것이 언어와 역사이다. 후자, 즉 역사로 국민을 계몽하는 데는 두 가지 요소가 필요하다. 하나는 현재의 국가와 국민이 머나먼 과거로부터 단선적(單線的)으로 일관되게 내려온 결과로 존재하는 독립 주체임을 밝혀주는 통사(通史) 체계이며, 또 하나는 이러한 역사 지식을 생산하여 소수 지식층이 아니라 국민 다수가 '자신의 역사'로 인식하게끔 하는 역사 편찬 및 교육기관 등의 제도적 장치이다.

이러한 두 가지 요소가 결합한 역사학이 창출되고 교육됨으로써 국민이 만들어진다. 이를 다른 식으로 말하면 근대국가가 만들어낸 '한국사'라는 구성물이 다시금 '한국' 또는 '한국인'이라는 상상의 공동체를 만들어낸다는 것이다.[6] 이 글은 이러한 관점에 입각해 자국사 편찬과 교육, 중화질서로부터의 탈피, 정통론을 변용시킨 통사

---

5) 조동걸, 위의 책, 64~136쪽.

체계의 성립이라는 틀로 근대역사학이 창출되는 과정을 정리하고, 이러한 통사체계가 1905년 을사늑약 이후 어떻게 변화하는가를 추적하고자 했다.

2. 자국사 교육의 도입과 역사교과서 편찬

1894년 갑오개혁 이전까지 한국[7] 역사는 중국 중심의 중화질서 속에서 인식되고 교육되어왔다. 물론 조선왕조 초기부터 자국사를 편찬하는 흐름이 없었던 것은 아니었다. 태조대부터 시작된 고려 역사 편찬작업이 문종대에 《고려사》·《고려사절요》로 완성되었고, 태종대에는 《동국사략》이 편찬되었다. 자국사 편찬작업이 최초로 집대성된 것은 세조대부터 시작해 성종대에 완성된 《동국통감》에 이르러서였다. 《동국통감》은 단군조선을 자국사가 출발하는 시점으로 설정하여 고려왕조 말까지의 역사를 서술한 최초의 통사라는 점에서 사학사에서 갖는 의미가 적지 않다.[8]

---

6) 통사체계와 국민 창출의 관계에 대해서는 酒井直樹, 〈通史という實踐系について〉, 《日本通史》 月報 21, 岩波書店, 1995, 5쪽 참조. 본 참조문을 제공해주신 일본사 전공자 박환무 선생에게 감사드린다.

7) 이 글에서는 국호를 통시대적으로는 '한국', 1897년 대한제국 성립 이전까지는 '조선', 그 이후는 '대한제국', 1910년 이후는 '식민지 조선', 1945년 이후는 '한국'으로 지칭하기로 한다.

8) 이에 대해서는 정구복, 〈《동국통감》에 대한 사학사적 고찰〉, 《한국사연구》 21·22 합집, 1978 ; 한영우, 〈《동국통감》의 역사서술과 역사인식(상·하)〉, 《한국학보》 15·16, 1979 참조.

조선 후기에 정통론적 역사인식이 강화되면서 한국사 특히 고대사를 중국으로부터 독립시켜 주체적이면서도 체계적으로 재구성하려는 사서들이 간행되기 시작했다.[9] 중국 중심의 화이사상(華夷思想)에 입각한 역사인식을 비판하면서 조선 소중화의식에 의거한 새로운 역사인식이 성립되었고, 안정복은 이러한 움직임을 《동사강목》으로 집대성했다. 《동사강목》은 조선 후기 이래 활기를 띠기 시작한 역사지리 연구 및 사실 고증의 성과를 집대성하고 재해석함은 물론, 정통론적 역사인식을 한층 세련시켜 역사의 정통이 단군→기자→마한→통일신라→고려로 계승되었다고 함으로써, 조선왕조 이전의 역사를 단선적인 역사로 파악하는 논리를 구성해냈다.

조선 전기부터 한국사 연구와 편찬이 이루어져왔지만 한국사는 여전히 중국사에 부차적인 역사였으며, 역사서 또한 경서에 부차적인 존재였다. 갑오개혁 이전의 교육은 역사 과목을 따로 분리해 가르치는 것이 아니었다. 서당에서는 《천자문》과 《동몽선습》, 《소학》, 《명심보감》 등의 경서, 한성의 사부학당과 지방의 향교에서는 《소학》과 사서오경, 성균관에서는 사서오경과 《자치통감》 등의 서적을 통해 자국사보다는 중국사, 역사보다는 경학을 우선하여 교육했다.[10]

9) 이하의 서술은 이우성 · 강만길 편, 앞의 《한국의 역사인식(하)》에서 이만열, 〈17 · 8세기의 사서와 고대사인식〉 ; 이우성, 〈이조후기 근기학파에 있어서의 정통론의 전개〉 ; 송찬식, 〈성호의 새로운 사론〉 등 참조. 한편, 《동사강목》에 대해서는 한영우, 〈18세기 후반 남인 안정복의 사상과 《동사강목》〉, 《조선후기사학사연구》, 일지사, 1989 참조.

10) 김여칠, 〈한국개화기의 국사교과서와 역사인식〉, 단국대학교 사학과 박사학위논문, 1985, 46~47쪽.

중국사 교육보다 자국사 교육을 중시해야 한다는 논의는 1880년대부터 개화파 정치세력에게서 나오기 시작했다. 일본에 망명해 있던 박영효는 1888년 국왕에게 올린 〈내정개혁에 관한 건백서〉에서 "국사 · 국어 · 국문을 먼저 인민에게 교육시켜야 한다", "인민에게 국사를 배우게 하여 역사상에 있었던 영광과 치욕의 사실을 마음속에 깊이 새겨서 그 시비를 판별하여, 과거 민족의 자랑스러운 역사에 긍지를 가지게 하며 부끄러운 역사에 대해서는 다시 그러한 일이 일어나지 않도록 노력함으로써 나라의 부강을 도모해야 한다"라고 하면서 자국사 교육을 강조했다.[11)]

이러한 구상은 1894년 갑오개혁과 더불어 구체화되었다. 1894년 8월에 공표된 학무아문(學務衙門) 고시와 이듬해 3월 일련의 법령에 의해 소학교 · 한성사범학교 · 성균관 등의 신규 교과과정에 역사가 필수 교과목으로 도입되었는데, 이때의 역사란 자국사 및 외국사를 말하는 것이었다.[12)] 이어서 개화파 정부는 1895년 8월에 일본의 제도를 차용하고 조선의 실정을 감안하여 좀 더 구체적인 교육지침으로 〈소학교 교칙대강(敎則大綱)〉을 공포하고 역사교과의 교육목표까지 설정했는데, 이러한 목표는 이후에도 크게 변화하지 않았다.[13)]

---

11) 김홍수, 〈개화세력의 교육사상〉, 《국사관논총》 83, 1999, 60~66쪽.

12) 양정현, 〈근대개혁기 역사교육의 전개와 역사 교재의 편성〉, 서울대학교 사회교육과 박사학위논문, 2001, 17~22쪽.

13) 양정현, 위의 글, 40~49쪽. 일본의 〈소학교 교칙대강〉은 1891년에 제정되었는데, 조선정부는 이것을 거의 그대로 번역하되 조선의 실정과 맞지 않는 몇 개 단어만 수정했다. 이처럼 메이지유신 이후 일본의 제도를 도입하여 조선의 실정에 맞추어 부분적으로 변용시킨 양상은 갑오개혁기 이래 정치 · 경제 · 사회 · 문화 등 전반적인 분야에서 나타나고 있었다.

소학교 학제는 심상과 3년과 고등과 2년으로 편제되어 있었기에 역사교육의 목표도 그에 따라 차등화했다. 심상과에서는 "국체(國體)의 대요를 알게 하여 국민된 지조(志操)를 양성함을 요지로 하되, 향토에 관한 역사 이야기부터 시작하여 점점 건국의 체제와 현군의 업적과 충량하고 현명하고 뛰어난 신하들의 사적과 개국 유래의 개요를 가르쳐 국가 시초부터 현재에 이르기까지 사력(事歷)의 대요를 알게 한다"는 것이었다. 고등과에서는 이를 좀 더 소상하게 가르친다고 했다.[14)]

여기서 확인할 수 있는 것은 자국사가 독립 교과목으로 되어 외국사나 경학 교육보다 우선되었다는 점, 군주에 충성하고 국가를 사랑하는 균질적인 국민을 양성하여 근대국가를 구성하려고 했다는 점이다.

역사교과가 독립함에 따라 1895년부터 정부에서 소학교 · 중등학교용 역사교과서를 편찬하기 시작했다. 그러나 1910년에 이르기까지 역사연구는 조선 후기까지의 성과에서 크게 진전된 바가 없었다. 대부분의 교과서는 《동국통감》 · 《동사강목》 등 기존 통사류를 요약 정리하거나, 위 양대 사서 편찬 당시 수록되지 못한 조선왕조 창건 이래의 역사를 편년체로 추가하거나 서구 역사학의 편사체제(이하 '신사체')로 정리했다. 즉, 이 시기에는 역사학이 서구나 일본처럼 대학이나 독립기관을 통해 '제도로서의 학문'으로 성립하지 못하고[15)] 역사교과서 편찬과정을 통해 형성되고 있었다.[16)] 이들 교과서에 대

---

14) 《구한국관보(舊韓國官報)》 개국 504년 8월 15일 학부령 제3호 〈소학교 교칙대강〉 제7조.

해서는 기존의 연구성과가 다수 축적되어 있으므로 이 글에서는 필요한 부분에서만 검토하고자 한다.[17]

3. 중화질서의 탈피와 만국공법 질서의 수용

1894년 청일전쟁에서 일본이 승리함으로써 조선은 청의 속방(屬邦)상태에서 벗어났다. 1876년 조일수호조규와 그 이후 서양 열강들과 체결한 수호통상조약에서 조선의 독립적 지위가 인정되었지만

---

15) 일본에서 역사학이 '제도로서의 학문'으로 성립하고 확산되는 과정에 대해서는 백영서, 〈'동양사학'의 탄생과 쇠퇴〉, 《창작과비평》 126, 2004, 95~102쪽.

16) 이 시기의 역사교과서는 오늘날의 역사교과서처럼 역사연구가 이루어진 바탕 위에서 이를 좀 더 평이하게 풀어쓴 것도 있지만, 대부분은 그 이전의 관찬(官撰)·사찬(私撰) 역사서처럼 필자의 고증과 평가 등으로 이루어져 있다. 예컨대 1895년에 학부(學部 : 교육에 관한 일을 맡아보던 관청)가 편찬한 역사교과서는 매우 평이하게 쓰여 있지만, 1899년 이후 김택영(金澤榮)·현채(玄采)·최경환(崔景煥)·정교(鄭喬) 등이 편찬한 역사교과서는 그 자체를 역사서로 보아도 무방하리만큼 전문성이 강하다.

17) 김여칠, 〈開化期 國史教科書를 통해서 본 歷史認識(Ⅰ)(Ⅱ)〉, 《서울교대논문집》 13·16, 1980·1982 ; 김여칠, 〈개화기 국사교과서를 통해 본 역사의식(Ⅰ)—《역사집략》을 중심으로〉, 《사학지》 14, 1980 ; 김태현, 〈구한말 국사교과서 분석연구〉, 《역사교육론집》 3, 1982 ; 김흥수, 〈한말의 국사교과서 편찬〉, 《역사교육》 33, 1983 ; 김여칠, 〈1906년 이후의 국사교과서에 대하여〉, 《역사교육》 36, 1984 ; 김여칠, 〈개화후기의 국사교과서연구(상·중·하)〉, 《서울교대논문집》 17·18·19, 1984·1985·1986 ; 김여칠, 〈한국개화기의 국사교과서와 역사인식〉, 단국대학교 박사학위논문, 1985 ; 정창렬, 〈한말의 역사인식〉, 《한국사학사의 연구》, 을유문화사, 1985 ; 최양호, 〈개화기 역사교육의 실태 연구—玄采의 《東國史》와 林泰輔의 《朝鮮史》 비교 분석을 중심으로〉, 《이원순교수화갑기념사학논총》, 교학사, 1986.

청과의 관계는 1882년 군인봉기 이후 속방관계로 유지되어왔었다. 1895년 4월, 청과 일본 사이에 체결된 시모노세키조약으로 조선은 청과 동등한 자격을 갖는 주권국가로 인정되었다. 이와 더불어 조선의 지식인들은 과거 문명의 표상이자 사대의 대상이었던 중국을 야만국으로, '왜'라고 멸시했던 일본을 한국이 본받아야 할 문명국으로 인식하기 시작했다.[18)]

조선의 국가간 지위 변동은 역사교과서에 그대로 반영되었다. 서구 역사학의 방법론을 본격적으로 도입하지는 않았지만, 1894년 12월 고종의 '독립 서고(誓告)' 이래 사용되기 시작한 독립국가 관념을 고대나 중세역사에도 투사하여 과거부터 당대까지의 역사가 단일한 흐름인 양 역사를 서술하고자 했다.

우선 교과서 제목에서 볼 수 있듯이 국가 호칭이 바뀌었다. 이전까지는 중화질서를 반영하여 중국의 동쪽에 있는 나라라는 의미로 '동국', '동사'라는 호칭을 사용해왔다. 그러나 이제는 역사서술 당시의 국호인 '조선'·'대한', 본국사라는 의미에서 '본국', 또는 중국의 동쪽이라고 하더라도 자주성을 지녔던 나라라는 의미로 '대동(大東)'이라는 호칭이 등장했다. 역사교과서와 함께 편찬된 1895년 판 수신교과서 《국민소학독본(國民小學讀本)》에서는 다음과 같이 '대조선'이라는 호칭까지 사용되었다.

> 우리 대조선은 아세아주 중의 일개 왕국이라 …… 세계만국

18) 앙드레 슈미드 지음, 정여울 옮김, 《제국 그 사이의 한국》, 휴머니스트, 2007, 159~167쪽.

중에 독립국이 허다ᄒᆞ니 우리 대조선국도 그 중의 한 나라라. 단군 · 기자 · 위만조선과 삼한과 신라 · 고구려 · 백제와 고려를 지난 오래된 나라요, 태조대왕이 개국ᄒᆞ신 후 오백여 년에 왕통이 연속ᄒᆞᆫ 나라이라.[19]

'중화', '중원', '중국'으로 표현되던 청의 국호도 아래와 같이 일본에서 사용하기 시작한 새로운 호칭인 '지나(支那)'로 바뀌었다. 일본의 국학자들은 '중국'과 '비중국'이라는 용어에 담긴 "문명과 야만", "내부와 외부"라는 사고방식으로부터 일본을 분리하기 위해 '중국' 대신 'China'의 한자 역어인 '지나'를 사용했다. 이 시기에 이르러 '지나'는 일본과 대비하여 과거에 빠져 허우적거리는 청을 의미하는 단어로도 사용되었는데,[20] 한국의 교과서에도 아래와 같이 청에 대한 평가절하를 담고 있다.

> 지나국은 아국과 갓치 아세아 중의 일국이오 아국의 이웃나라라 …… 지나국은 이 같은 대국이고 오래된 나라이며 ᄯᅩᄒᆞᆫ 문화의 선진국이로ᄃᆡ …… 국세ᄂᆞᆫ 날로 쇠잔호ᄃᆡ 지금도 중화라 자존망대ᄒᆞ고 타국을 오랑캐라 멸시ᄒᆞ야 …… 세계의 비웃음과 능욕을 감수ᄒᆞ니 가련ᄒᆞ고 가소롭도다.[21]

---

19) 학부, 《국민소학독본》(1895), 한국개화기교과서총서(이하 '총서') 1, 아세아문화사, 1977, 9쪽.

20) 일본인들이 중국을 '지나'로 호칭하는 문화사적 맥락에 대해서는 스테판 다나카 지음, 박영재 · 함동주 옮김, 《일본 동양학의 구조》, 문학과지성사, 2004, 18~27쪽 참조.

조선정부가 1895년부터 교과서에서 '지나'라는 단어를 사용한 것은 청에 대한 예속관계를 단절하겠다는 의지의 표출이었다.[22] 이러한 의지는 중국과 관련한 역사를 서술할 때, 특히 고조선 관련 서술에서 독립국의 면모를 강조하는 양상으로도 나타났는데, 이러한 양상은 시기가 뒤로 갈수록 더욱 뚜렷했다.

우선, 1895년의 《조선역대사략(朝鮮歷代史略)》에서는 조선 후기의 역사서술과 마찬가지로 단군조선이 중국에 대해 제후의 지위에 있었으나 기자는 주나라 무왕의 신하가 아니었다고 서술하는 정도였다.

> 하나라 우왕 10년 (단군—인용자) 아들 부루가 하나라에 조하(朝賀)하다. 이때 하우는 도산(塗山)에서 제후들을 만나고 있어, 아들 부루를 보내 조하하게 한 것이다. …… 기자는 은나라의 태사요 주나라의 제부이니, 무왕이 상나라를 무너뜨리매 기자가 동으로 조선에 들어와 무왕이 봉하였으나 신하로 삼지는 않았다.[23]

그러나 1899년에 출간된 《동국역대사략(東國歷代史略)》에서는

---

21) 학부, 앞의 《국민소학독본》, 56~58쪽.

22) 이보다 앞서 1894년 7월에 군국기무처 의안에서는 향후 국내외 공사 문건에 중국의 연호를 사용하지 않고 조선왕조 개국 기년을 사용하겠다고 했으며, 1895년 1월에 국왕이 종묘에서 고한 '홍범 14조' 제1조에서는 "청국에 의존하는 관념을 끊고 자주독립의 기초를 확실히 건설한다"고 했다. 이어서 개화파 정부는 송파에 있던 청국 황제 공덕비를 땅 속에 묻고 서대문 밖에 있던 영은문을 헐고 독립문을 세웠으며, 모화관의 명칭을 독립관으로 바꾸었다.

단군이 아들 부루를 그저 "제후들의 모임에 보냈다"라고만 했다. 기자가 주나라 무왕의 봉함을 받았다는 기사는 아예 언급도 하지 않았을 뿐 아니라, 오히려 무왕에게 '홍범구주(洪範九疇)'를 일러주었다고 할 정도로 문화적 우월성을 강조하는 서술로 바뀌었다.

> 단군은 …… 하우가 도산에서 제후들과 모인다는 것을 듣고 아들 부루를 보냈다. …… 기자는 성이 자(子)이고 이름은 서여(胥餘)다. 기(箕) 땅에 봉하였기에 기자라고 부른다. …… 주나라 무왕이 천하를 가졌을 때 제일 먼저 그를 풀어주고 도(道)를 물으니 기자가 이에 홍범구주를 일러주었으니 이는 은나라 · 주나라의 역사에 있다.[24)]

중국과의 관련을 과감히 생략하거나 중국에 대해 조선의 우월적 지위를 보이고자 하는 서술은 대체로 1899년 이후 출간된 역사교과서에서 많이 나타났다. 이러한 변화는 앞서 살펴본 중국에 대한 경멸의 분위기와 아울러 1899년 9월 11일에 청과 체결한 '한청통상조약'과 연관시켜 보아야 한다. 이 조약은 한국 역사상 최초로 중국과 대등한 입장에서 체결된 조약이기 때문이다.[25)]

1905년에 출간된 최경환의 《대동역사》에는 중국에 대한 독립의식과 비판의식이 가장 강렬하게 나타나 있다.[26)] 부루가 '태자'로서

---

23) 학부, 《조선역대사략》(1895), 총서 11, 아세아문화사, 1977, 276~277쪽. 이러한 서술은 안정복의 《동사강목》 내용을 그대로 인용한 것이다. 《東史綱目》 "第一上 己卯年 朝鮮箕子元年條" 참조.

24) 김택영, 《동국역대사략》(1899), 총서 12, 아세아문화사, 1977, 3~4쪽.

당당한 일국의 대표로 도산회의에 참석했다고 하면서, "근일의 만국인들이 박람회에 가는 것과 같다"고 표현했다. 또한 중국의 한·당·위·수·후진·남송 등이 외래국인 흉노·토번·돌궐·거란·여진 등에 조공을 바치거나 토지를 할양하거나 신하로 칭하는 등 굴욕적인 역사가 있었음을 언급하면서, 역대 중국 역사가들이 과장과 거짓에 익숙해 있다고 비난했다.[27] 기자에 대해서도 사마천이 《사기》에서 주 무왕이 기자를 봉하여 신하로 삼았다고 서술한 이후 조선이 중국의 열국처럼 인식되어왔지만, 기실은 그렇지 않아서 기자는 은나라의 정통을 이어받았다고 주장하고 있다.[28]

또 병자호란에 대한 서술 분량은 많은 반면 고종대 이후 중국 관련 사실은 거의 서술되지 않았다. 1882년 군인봉기에 대해서는 "중

---

25) 군인봉기 직후인 1882년 8월 22일(음)에 조선이 청과 체결한 '조청상민수륙무역장정'을 보면 그 첫머리에 "조선은 오래전부터 번방(藩邦)으로 봉함을 받았기에 전례(典禮)가 이미 모두 정해진 제도가 있어 재차 논의할 필요가 없으나"라고 조선이 청의 속국 지위임을 밝히고 있다. 1899년에 체결한 조약에서는 "대한국과 대청국은 피차 인민의 돈숭화호(敦崇和好)의 절실한 필요로 대한국 대황제는 전권대신 종이품 의정부찬정 외부대신 박제순을 특파하고, 대청국 대황제는 전권대신 이품함태복시경(二品銜太僕寺卿) 서수붕(徐壽朋)을 특파하여 각기 전권 위임장을 가지고 호상교열하여"라고 하여, 대등한 관계임을 천명하는 구절로 시작되고 있다.

26) 《대동역사》의 교열을 맡은 정교의 서문에 따르면, 이 책은 원래 1896년에 초고가 완성되어 1898년에 출간하려 했으나 백당 현채가 예전에 없던 내용인 데다가 확증이 없다는 이유로 중단시켰다고 한다. 그러나 현채가 출간을 중단시킨 진정한 의도는 정교가 독립협회 회원인 데 원한을 가진 사람들이 많아서였다고 한다. 최경환, 《대동역사》(1905), 총서 17, 아세아문화사, 1977, 5~6쪽.

27) 최경환, 위의 책, 43~47쪽.

28) 최경환, 위의 책, 51~62쪽.

궁전이 익찬 민응식의 충주 장원 향제(鄕第)로 가시다. 군민에게 윤음(綸音)을 포고하다. 난군 10명을 나획하여 중벌에 처하다. 훈련도감을 혁파하게 하다" 등, 청군이 이 사태를 진압했다는 서술은 없다. 1884년 갑신정변 서술에서도 "10월 17일 밤, 김옥균 · 홍영식 · 박영효 · 서광범 · 서재필 등이 일본군을 불러들이다. 국왕은 경우궁으로 이어하고 찬성 민태호 등이 해를 당하다"라고 하여 일본군에 대한 언급이 있는 반면, 정변을 진압한 청군 관련 서술이 전혀 보이지 않는다.[29] 이러한 서술방식은 고종대 이후에는 중국이 한국 역사에 미친 영향이 거의 없었던 양 표현하려는 의도라고 보아야 할 것이다.

반면, 일본에 대한 서술은 매우 우호적이다. 경멸의 호칭인 '왜', '왜국'은 '일본'으로 변화했다. 《동국통감》과 《동사강목》에서도 '일본'이라는 국호를 사용했지만,[30] 이 시기에는 고려 말의 왜구 침략과 임진왜란에 대한 서술을 제외하고는 거의 대부분의 교과서에서 '일본'이라는 국호를 사용하고 있다. 예를 들어 1895년의 《조선역사》에서는 일본으로 국호를 바꾸기 전의 기사나 임진왜란에 대해서도 '일본'이란 국호를 사용했다.

> 임신년(312년—인용자)에 일본이 사신을 신라에 보내 사위될 것을 청하니 왕이 아찬(阿飡) 급리(急利)의 딸을 허락하다.
>
> 임진 25년(1592년—인용자)이라. 일본 관백(關伯) 평수길(平

29) 학부, 앞의 《조선역대사략》, 589~591쪽.

30) 《동국통감》과 《동사강목》에서는 '일본'이라는 국호를 사용하는 문무왕 10년(서기 670년) 이전까지는 '왜'로 칭했고, 그 이후는 주로 양국간의 외교관계를 서술할 때만 '일본'이라는 국호를 사용했다.

秀吉)이 청정(淸正)의 등(等)을 견(遣)ᄒᆞ야 대거(大擧)하여 래공(來攻)하다. 일병(日兵)이 동래를 함락ᄒᆞ니 부사 송상현이 사(死)ᄒᆞ다. …… **일병**이 경성을 침범하니 상(上)이 출행(出幸)ᄒᆞ시다.[31]

1899년의 《동국역대사략》에서는 "신미년(기원전 50년—인용자) 왜가 신라 국경변을 침략했다가 왕에게 신덕(神德)이 있음을 듣고는 돌아갔다"고 했지만, 이어서 "왜는 지금의 일본국이라"고 부가한 후 일본의 내력과 역대 천황의 이름, 각 천황 당시 신라 · 백제와의 관계, 관백과 천황의 관계를 서술했다. 또 메이지유신에 대해서는 "지금의 황제에 이르러서는 태서(泰西) 여러 나라의 부강을 흠모하여 정치를 개혁하고 관백을 제거하여 강토를 더욱 넓혔다"라고 하여 일본의 최근 역사까지 객관적으로 서술하고 있다.[32]

고종대 이후 일본과의 외교관계에 대한 기사를 보면 매우 상세하게 긍정적으로 표현했으며, 일본의 침략을 의식한 듯한 기사는 찾아보기 어렵다. 최경환의 《대동역사》를 보면 다음과 같다.

광무 7년(1903년—인용자) …… 일본이 러시아를 쳐서 연전 패퇴시켜 다음해에는 여순을 취하고 또 요양 · 봉천 등지에서

31) 학부, 《조선역사》(1895), 총서 11, 아세아문화사, 1977, 29 · 187쪽. 안정복의 《동사강목》에서는 "왜왕이 사신을 보내와 아들의 혼처를 구하므로 아찬 급리의 딸을 보내었다"라고 하여 '왜왕'이라고 표현했다. 인용문의 고딕 표시는 강조를 위해 인용자가 한 것이다.

32) 김택영, 앞의 《동국역대사략》, 17~18쪽.

싸워 모두 이겼다. 대개 우리 대한이 일본과 동문동종(同文同種)의 국가이고 지역도 상접하여 순치보거(脣齒輔車)의 형세인데, (일본의—인용자) 고금의 전쟁과 정치개혁은 우리나라의 젊은 선비들이 연구한 자가 드물다.[33]

이 책에서는 일본과 우호관계를 유지하고 그 역사를 연구할 필요성이 있음을 언급했다. 이는 당대 지식인들이 일본을, 한국의 독립을 도와주는 나라이자 향후 한국이 모방해야 할 문명국가로 인식하는 태도에서 연유하는 것이었다.

그렇다고 하여 일본에 대해 마냥 굴종적이고 의존적인 서술로 일관한 것은 아니었다. 대부분의 교과서가 신라 박제상의 죽음이나 고려 말 왜구의 침략, 임진왜란 등에 대해 서술했고, 위의 《동국역대사략》과 《대동역사》 등에서는 백제가 천자문 · 불상 · 불경을 전해주어 일본에서 유교와 불교가 시작되었다고 하여 문화적 우월성을 주장했다.[34]

1905년 김택영의 《역사집략》에서는 일본 역사서에 수록된 고대 한일관계 기사에 대해 나름대로 합리적인 것은 받아들이면서도 부정할 것은 부정하는 객관적인 자세를 취하고 있다.[35]

① 일본이 우리나라와 교섭한 일들, 예컨대 대가야에 군사를 주둔시켰던 등의 일은 대개 일본의 사서를 보고 확인하여

---

33) 최경환, 앞의 《대동역사》, 200~201쪽.

34) 김택영, 앞의 《동국역대사략》, 17쪽 ; 최경환, 위의 책, 197쪽.

이전 사서의 결함과 잘못을 보충하고 바로잡았다. …… 일본 사서에서 칭하는바 모국(某國)이 조공을 바쳤다는 등의 말은 설사 과장된 바는 있다고 하더라도 없던 일을 날조해내었다고 할 수는 없다고 생각한다.[36)]

② 일본 사서에서는 임나가 대가야이며, 신공황후가 한국을 정벌했을 때 정부(政府)를 그 땅에 두었다고 한다. 그 후 임나는 신라에 의해 멸망하였다. …… 대개 말 많은 대가야는 신라, 백제 사이에 있어 형세가 핍박받으면서도 오랫동안 그 나라를 보전한 후 가락국이 된 후 망한 것이니 이는 곧 일본인과 친한 연고라. 그러나 삼국사에는 도무지 볼 수 없다. 천년지간에 흔적이 마침내 묻혔으니 아! 오늘 오랜 밤의 어둠 끝에 갑자기 이웃집의 불을 빌려 밝히게 되었다![37)]

①의 사료는 중국이나 한국 측 사서에 기록이 없더라도 일본 측 사서에 있다면 객관적으로 고증할 수 있는 한도까지 고증하여 서술

---

35) 조동걸은 이 시기에 김택영 · 현채 등의 역사학자들이 일본 역사서인 《일본서기(日本書紀)》와 하야시 다이스케(林泰輔)의 《조선사(朝鮮史)》를 수용하면서 식민사학으로 전락하고 있었으며 신채호만이 유일하게 여기에 반론을 제기했다고 평가했다(조동걸, 앞의 《현대한국사학사》, 82~158쪽). 하지만 필자는 이러한 분석은 이상형적 민족주의를 설정하고 그에 의거하여 과거를 재단한 지나친 결과론적 분석이라고 본다.

36) 김택영, 《역사집략》(1905), 총서 15, 아세아문화사, 1977, 110~111쪽.

37) 김택영, 위의 책, 119쪽.

해야 한다는 역사학 본연의 태도라고 할 수 있다. ②의 사료 역시 기존의 삼국 역사를 다룬 사서에서는 찾아볼 수 없으나 일본 사서를 통해 가야의 역사를 고증해서 서술할 수 있게 되었다는 감탄이지만, 감탄에만 그치지 않고 가야의 멸망이 일본인과 친했기 때문이라는 일종의 계몽적 사론까지 덧붙였다.[38)]

요컨대, 1905년까지의 역사교과서는 독립국가로서 한국의 지위를 반영하여 중국 중심 역사로부터 탈피하는 동시에 중국에 대한 비판적 입장을 강렬하게 담고 있었다. 일본 또한 한국이 본받고 따라야 하는 문명국가로서 바라보지만, 과거 일본에 대한 문화적 우월성을 주장하면서 일본 역사서에 기재된 사실을 무조건 긍정 일변도로 서술하지는 않았다.

4. 정통론의 근대적 변용을 통한 통사체계 구성

이 시기 역사교과서에서 볼 수 있는 또 하나의 변화상은 정통론을 근대적으로 변용하여 통사체계에 도입한 점이다. 정통론은 중국 송대에 개발되어 조선 전후기 역사서에 등장하고 있어 중세적 역사

---

38) 김택영의 《역사집략》은 중국 중심의 세계관에서 탈피하여 자주적인 역사를 서술해야 한다는 입장에서, 《동국통감》·《동사강목》 등 이전의 대표적인 사서는 물론 중국·일본의 방대한 문헌을 이용해 가야·발해왕조 등까지 포함하는 사실 중심의 역사를 서술하되 토지·군사제도 등으로 서술 분야를 확대함으로써, 역사를 정치사의 일부에서 독립적인 학문으로 분리시키는 데 공헌했다고 평가받고 있다. 《역사집략》에 대해서는 김여칠, 앞의 〈개화기 국사교과서를 통해 본 역사의식(Ⅰ)—《역사집략》을 중심으로〉 참조.

서술방법으로 볼 수도 있지만, 근대국가의 역사서술이 지향하는 단선론적 · 목적론적 계몽주의 역사인식에 부합하는 측면도 지니고 있었다.[39)]

정통론의 '통(統)'이란 하늘 아래 하루라도 군주가 없을 수 없으며, 그 군주는 하늘이 세워 민(民)이 받들어 모시는 대상이라는 의미이다. '정(正)'이란 하늘에 해가 둘일 수 없듯이 민에게도 왕이 둘일 수 없으니, 하나가 진정한 왕이면 나머지는 모두 가짜라는 의미를 내포한다.[40)] 특히 삼국시대의 정통을 둘러싸고 논의가 분분했다. 북송의 사마광은 《자치통감》을 통해 위(魏)를 정통으로, 남송의 주희는 《자치통감강목》을 통해 촉(蜀)을 정통으로 받들었는데, 이는 그들이 소속했던 왕조의 현실을 합리화하려는 역사의식이 작용한 것임과 동시에 중국적 중화의식의 소산이기도 했다.[41)] 아울러 정통론에 입각하여 분열과 통일이 무상한 중국의 역대 왕조를 태초부터 당대까지 통사로 편찬하려고 할 때에는 단대사(斷代史) 서술양식인 기전체보다는 편년체 양식이 필수적이었다.[42)] 그래야만, 태초부터

---

39) 프라센지트 두아라 지음, 문명기 · 손승회 옮김, 《민족으로부터 역사를 구출하기》, 삼인, 2004, 22쪽. 두아라는, 민족사 서술에 의하여 민족은 시대를 거쳐가며 진화해온 동일한 민족적 주체라는 허위의 단일체 지위를 확보하게 되었다고 주장한다(원문을 통해 번역문을 부분 수정함—필자). 이렇게 될 때 민족은 단선적으로 특정한 이념의 달성을 향해 발전해가는 (복잡하지 않고) 단일한 실체로 인식된다.

40) 梁啓超, 〈論正統〉, 《飮氷室文集(下)》 '歷史篇', 廣智書局, 1905, 17쪽.

41) 중국사 서술에서 정통론의 전개에 대해서는 천팡밍(陳芳明) 지음, 이범학 옮김, 〈송대 정통론의 형성과 그 내용〉, 민두기 편, 《중국의 역사인식(하)》, 창비, 1985 참조.

42) 오항녕, 〈성리학적 역사관의 성립: 초월에서 현실로〉, 《조선시대사학보》 9, 1999, 24쪽의 각주 45) 참조.

당대 왕조까지의 역사를 정통의 단일한 흐름으로 서술할 수 있기 때문이다.

정통론은 조선 전기의 《동국통감》 편찬부터 도입되었다. 삼국을 무정통(無正統, 무통)으로 보고, 삼국 통일 이후의 신라(이하 '통일신라')→후삼국 통일 이후의 고려(이하 '통일고려')로 정통이 이어졌다고 하면서도, 서술 내용은 단군조선→기자조선→위만조선→사군→이부→삼한→삼국→통일신라→통일고려의 순서로 했다.[43]

명이 멸망하고 청이 등장하는 17~18세기경부터 정통론이 본격적으로 도입되었으므로 이 시기에 대명의리론이 등장하기도 하지만 중국 중심 세계관으로부터 탈피하는 양상도 나타나기 시작했다.[44] 이러한 분위기에서 1774년에 편찬된 《동사강목》은 《동국통감》에서 위만조선을 단군조선 · 기자조선과 동등하게 서술한 점을 비판하고, 기자조선의 준왕이 위만에게 나라를 빼앗기고 남쪽으로 가서 마한을 세웠다고 하여, 정통의 흐름이 단군→기자→마한→(삼국시대 무통)→통일신라→통일고려로 이어졌다고 했다.[45]

갑오개혁 이후 역사교과서가 편찬되는 시기에는 《동국통감》과 《동사강목》의 두 가지 정통론이 존재했다. 〈표 1〉에서 보다시피 1895~1905년에 발간된 역사교과서는 신사체로 쓰인 《조선약사십

43) 《동국통감》, '범례 및 목차' 참조.

44) 이우성 · 강만길 편, 앞의 《한국의 역사인식(하)》, 341~349쪽.

45) 《동사강목》, '범례 및 목차' 참조. 《동사강목》에서 단군까지 포함한 마한정통론으로 한국사 체계를 서술한 것은 독창적이라기보다는 17세기 중엽 이래 홍여하 · 홍만종 · 이익 · 이종휘 등이 제기한 정통론을 받아들인 것이다. 이에 대해서는 한영우, 앞의 《조선후기사학사연구》, 316~320쪽 참조.

〈표 1〉 1895~1905년에 발간된 역사교과서

서명	편찬자	연도	서술 시기	목차	서술체제	비고
조선역사	학부	1895	단군~1893	단군→기자→삼한→위만→사군→이부→삼국→고려→조선	편년체	국한문(조선역대사략 요약)
조선역대사략			단군~1893	단군→기자→삼한→위만→사군이부→삼국→통일신라→통일고려→조선	강목편년체	한문
조선약사십과			단군~조선	단군→기자→삼한→위만→사군이부→신라→고구려→백제→고려→조선	신사체	국한문
동국역대사략	김택영	1899	단군~1392	단군→기자→위만→마한→삼국→통일신라→통일고려	편년체	한문
대한역대사략			1392~1899	조선	편년체	한문
동국역사	현채		단군~1392	단군→기자→위만→삼한→삼국→통일신라→통일고려	편년체	국한문(동국역대사략 요약)
역사집략	김택영	1905	단군~1392	(단군)→기자→마한(위만 · 진한 · 변한 · 사군이부 · 삼국)→삼국→통일신라(발해)→통일고려	편년체	한문
대동역사	최경환		단군~마한	단군→기자→마한(찬적=위만, 참국=신라 · 고구려 · 백제)	강목편년체	한문
대동역사	정교		통일신라	통일신라	강목편년체	한문

* 출전 : '한국개화기교과서총서' 11~20(국사편), 아세아문화사, 1977.
* 비고 : ① 각 교과서 목차에 제시된 순서와 실제 서술된 순서가 다를 경우에는 후자의 방식을 따라 통사체계를 수정했다.
② ( )는 해당 역사교과서 집필자가 역사적 사실로 확인하기 어렵다거나(단군조선), 같은 시기에 존재하긴 했지만 정통으로 인정할 수 없다고 서술한 왕조 또는 정치체(위만 · 진한 · 변한 · 사군이부 · 삼국 등) 등을 말한다.

과》를 제외하면 모두 편년체 또는 강목(綱目)편년체로 편찬되었다. 강목편년체는 범례에서 정통과 윤통(閏統 ; 참국僭國이나 찬적簒賊),

국호와 국왕의 표기 등에 대해 엄밀하게 정의하고, 기사 내용을 쓸 때 강(綱)은 큰 글씨, 목(目)은 작은 글씨로 기재하는 방식인데, 《조선역대사략》과 《대동역사》만 강목편년체로 편찬되고 나머지는 모두 편년체로 편찬되었다. 그러나 어느 경우든 역대 왕조의 정통과 윤통을 구분하여 서술했다.

여기서 주목되는 것은 우선 《조선역사》와 《동국역사》가 《동국통감》과 유사하게 단군조선→기자조선→위만조선→삼한→삼국→통일신라→통일고려로 통사 흐름을 잡은 데 비해, 나머지는 모두 《동사강목》과 같이 마한정통론에 의거하여 단군조선→기자조선→마한→(삼국 무통)→통일신라→통일고려로 이어지는 통사체계로 목차를 구성하고 있다는 점이다.

이처럼 역사교과서들이 마한정통론에 의거하여 편년체로 서술한 점을 들어 중세적 역사인식으로 볼 수 있을까? 사실, 고대 이래 현대에 이르기까지 모든 국가권력은 자신의 존재에 정통성을 부여해 왔다. 정통성이란 인민이 지속적으로 국가권력에 복종할 수 있는 동기를 부여하기 위해 만들어진 개념인데, 막스 베버는 정통성을 획득하는 방식을 세 가지 이념형으로 분류했다.[46] 전통적 지배, 카리스마적 지배, 합리적 지배가 그것이다. 전통적 지배란 전통의 신성함에 대한 신념이 질서를 유지시키는 경우로서, 가장 순수한 형태는 가부장제적 질서를 바탕으로 한 혈통적 계승관계라고 할 수 있다. 카리스마적 지배는 지배자 개인의 천부적 자질, 특히 주술 능력, 계

46) 이하 정통성 개념에 대해서는 구범모, 〈정치적 정통성에 관한 이론적 고찰〉, 《정치적 정통성 연구》, 한국정신문화연구원, 1990, 11~21쪽 참조.

시와 영웅성 등 개인적 권위에 뿌리를 두고 있다. 합리적 지배는 형식적으로 정당한 절차를 거쳐 정해진 규칙에 의해 합리적 지향을 가지고 임의의 법을 창조·변경함으로써 이루어지며, 가장 순수한 형태는 관료제적 지배이다.

기존 사학사 연구에서 전근대적 역사인식이라고 언급한 정통론은 대체로 첫 번째 또는 두 번째 지배 형태에 속한다. 그래서 근대적 역사서술에 적용되지 않는 중세적 관념으로 정통론을 간주해왔지만 사실은 그리 간단하지 않다. 예를 들어, 일본의 근대역사학 창출과정은 메이지정부에 의해 크게 두 차례의 시련을 겪었는데 모두 정통론과 관련되었다. 우선, 1892년 초 도쿄제국대학 국사학과 교수 구메 구니다케(久米邦武)가 역사를 신화로부터 분리하고 역사의 내재적 발전 가운데 신화를 다시 파악하려 했을 때, 천황을 역사와 도덕의 중심에 둔 국체사관론자들의 집중 공격을 당하면서 해직당하는 사태가 일어났다.[47] 다음으로, 1911년에 '남북조 정윤론(正閏論) 사건'이 일어났다. 일본 중세 남조와 북조 두 왕조의 정통성을 둘러싼 논쟁은 학문적 논의를 거쳐 해결되어야 했던 문제였다. 그러나 일본의 국정교과서가 남북 양조 병립설을 따랐다고 하여 야당인 입헌국민당이 정부 탄핵결의안을 제기하고 국수주의 단체가 공격에 나서자, 제2차 가쓰라 내각은 남조를 정통으로 결정해버리고 교과서 편수관을 휴직 처분해버렸다.[48]

---

47) 자세한 내용은 宮地正人, 〈幕末·明治前期における歷史認識の構造〉, 《日本近代思想大系 13—歷史認識》, 岩波書店, 1991, 550~558쪽.

48) 永原慶二, 《20世紀日本の歷史學》, 吉川弘文館, 2003, 54~57쪽.

한국도 마찬가지였다. 해방 이후 남한과 북한 각각에 정부가 수립될 때에도 국호로 '대한'과 '조선'을 사용했는데, 그 바탕에는 조선 후기 이래 전개되어왔던 정통론적 역사관이 깔려 있었다.[49] 그뿐만 아니라 분단 이후 남한의 역사서술은 대체로 신라를 정통으로 한 반면, 북한의 역사서술은 고구려를 정통으로 두었음을 확인할 수 있다. 이처럼 정통론은 근대역사학이 성립되는 과정은 물론 그 이후에도 역사서술에 매우 민감한 주제로 인식되어왔기에 중세적 역사인식이라기보다 근대국가의 통사체계 구성에 필수적 요소인 것이다.

따라서 이 시기 역사교과서의 마한정통론과 (강목)편년체는 몇 가지 점에서 다른 맥락으로 보아야 한다. 첫째, 1897년 10월에 국호를 '조선'에서 '대한제국'으로 변경할 때 정부의 논의를 보자.

> 상(上)이 이르기를, "우리나라는 곧 삼한의 땅인데, 국초에 천명을 받고 하나의 나라로 통합되었다. 지금 국호를 '대한'이라고 정한다고 해서 안 될 것이 없다" 하니, 심순택이 아뢰기를, "삼대(三代) 이후부터 국호는 예전 것을 답습한 경우가 아직 없었습니다. 그런데 조선은 바로 기자가 옛날에 봉해졌을 때의 칭호이니, 당당한 황제의 나라로서 그 칭호를 그대로 쓰는 것은 옳지 않습니다. 또한 '대한'이라는 칭호는 황제의 계통

49) 이에 대해서는 《역사비평》 21, 1993년 여름호에 게재된 다음의 논문 참조. 박광용, 〈우리나라 이름에 담긴 역사계승의식 — 한 · 조선 · 고려관〉; 임대식, 〈일제시기 해방후 나라 이름에 반영된 좌우갈등〉; 고은 · 박현채 · 한영우, 〈통일조국의 국호를 제안한다〉.

을 이은 나라들을 상고해보건대 옛것을 답습한 것이 아닙니다" 라고 하였다.[50)]

반조문(頒詔文)에, "짐이 생각건대, 단군과 기자 이후로 강토가 분리되어 각각 한 지역을 차지하고는 서로 패권을 다투어 오다가 고려 때에 이르러 마한 · 진한 · 변한을 통합하였으니, 이것이 '삼한'을 통합한 것이다."[51)]

이에 따르면 국호를 새로 정할 때 예전 것을 답습한 경우가 없는 바, '조선'이란 국호는 옛날에 기자가 봉해질 때의 칭호이니 황제국이 그대로 쓸 수 없으며, 단군과 기자 이래 강토가 분열되었다가 고려대에 최종적으로 삼한을 통합했으므로 '대한' 으로 국호를 정하겠다는 것이다. 여기에서 성호 이익으로부터 출발한 '삼한정통론'을 찾아볼 수 있다.[52)] 물론 성호의 '삼한정통론'이 마한에 정통을 둔 입장인 반면, 고종은 마한 · 진한 · 변한을 병렬적으로 사고하고 있다는 차이는 존재한다.

50) 《고종순종실록》 36권, 광무 1년 10월 11일. "上曰 我邦乃三韓之地 而國初受命 統合爲一 今定有天下之號曰大韓 未爲不可 且每嘗見各國文字, 不曰朝鮮 而曰韓者 抑有符驗於前 而有竢於今日 無待聲明於天下 而天下皆知大韓之號矣 舜澤曰 自三代以來 有天下之號 未有承襲于前者矣 而朝鮮乃箕子舊封之號也 堂堂帝國 不宜因仍其號矣 且大韓之號 稽之帝統之國 無襲舊者矣"

51) 《고종순종실록》 36권, 광무 1년 10월 13일. "皇帝詔曰 朕惟 檀箕以來 疆土分張 各據一隅 互相爭雄 及高麗時 呑竝馬韓辰韓弁韓 是謂統合三韓"

52) 이우성, 앞의 〈이조후기 근기학파에 있어서의 정통론의 전개〉 ; 송찬식, 앞의 〈성호의 새로운 사론〉 참조.

아관파천 이래 을사늑약에 이르기까지 황제권이 계속 확대 · 강화되어갔던 사실을 생각한다면, 역사교과서의 삼한정통론은 근대적으로 변화한 군주정치의 정통성을 확보하는 데 가장 적합한 인식체계라고 할 수 있다.[53] 아울러 대한제국 수립 전후부터 단군은 대한제국으로 이어지는 정통의 흐름 중 최초 왕조의 독자성, 즉 중국과 일본에 대한 종족적 대외 독립성을 강조하는 존재로서, 기자는 일본에 대한 문화적 우월성을 강조하는 존재로서 상정되었다는 점을 감안한다면,[54] 역사교과서의 정통론을 중세적 역사인식이라기보다는 근대적 맥락 속에서 변용된 정통론으로 보아야 한다.

둘째, 정통론에 입각하여 통사를 서술할 경우에는 역대 왕조의 계승관계를 정통의 단일한 흐름으로 설명해야 한다. 그런데 통사 서술에 기전체를 사용할 경우에는 왕조별로 역사를 서술해야 하기 때문에 흐름이 끊어지는 약점을 가지는 반면, 편년체를 사용하면 기사의 중복을 피하면서도 역대 왕조 순서대로 서술할 수 있게 된다. 특히 황제 권력이 강력한 상황에서 서구 역사학과 같이 각 시대마다 항목별로 인과관계를 설정하여 서술하는 방식은 권력의 입장에서 볼 때에도 바람직하지 않았을 것이다.

---

53) 대한제국의 근대국가적 성격에 대해서는 도면회, 〈황제권 중심 국민국가체제의 수립과 좌절(1895~1904)〉, 《역사와현실》 50, 2000 참조.

54) 대한제국기에 발간된 《황성신문》과 《대한매일신보》를 분석한 연구에 따르면, 1908년까지는 민족 정체성과 관련하여 단군이라는 종족적 요소와 동시에 기자로 표현되는 동양문명과의 연계성을 지니는 이중구조가 지속되다가, 1909년 이후 단군으로 일원화되어갔다. 백동현, 〈러일전쟁 전후 '민족' 용어의 등장과 민족인식〉, 《한국사학보》 10, 2001.

셋째, 역사교과서로 수업을 해야 할 주체인 공립소학교 · 외국어학교 · 한성사범학교[55] 등의 교사와 학생들 입장에서 볼 때도 기전체나 기사본말체 또는 서구 역사학의 신사체보다는 연대를 따라 흘러가는 편년체 방식이 더 친숙한 것이었다. 《동국통감》 이래 《동사강목》에 이르기까지 대부분의 본국 관련 통사서가 편년체로 서술되어 있었을 뿐 아니라, 17세기 정통론의 강화와 함께 널리 보급된 《자치통감절요》 같은 중국 역사서도 모두 편년체로 서술되었다. 편년체가 사실을 종합적으로 파악하지 못하는 약점을 지니고 있기는 하지만, 기사의 중복을 피해 연대에 따라 정연하게 사실을 서술할 수 있는 이점이 있기 때문이다.[56] 그런 점에서 역사교과서에 편년체를 사용한 것은 교육현장에서 교사와 학생들이 쉽게 읽을 수 있는 점에 주안을 둔 것이다.

이상에서 보았듯이, 갑오개혁 이후 1905년경까지 역사교과서는 자국사를 독립 교과목으로 교육하여 군주에 충성하고 국가를 사랑하는 국민을 양성하기 위해 편찬되었다. 내용상으로는 조선이 청으로부터 독립하고 동아시아 국가간 질서가 중화질서로부터 만국공법질서로 변화한 양상을 반영함은 물론, 정통론을 근대적으로 변용하여 역사를 단군→기자→마한(또는 삼한)→삼국→통일신라→통일고려→조선으로 서술하는 통사체계를 구성하고 있다.

---

55) 갑오개혁으로 한성과 지방에 소학교와 어학교, 사범학교가 설립되는 과정에 대해서는 구희진, 〈한국 근대개혁기의 교육론과 교육개편〉, 서울대학교 사회교육과 박사학위논문, 2004, 156~185쪽 참조.

56) 김여칠, 앞의 〈개화기 국사교과서를 통해 본 역사의식(Ⅰ)—《역사집략》을 중심으로〉, 124~125쪽.

5. 신사체의 보편화와 두 가지 통사체계의 확립

1905년 을사늑약을 계기로 한국은 대외적 주권을 상실하고, 1907년 7월의 정미칠조약으로 대내적 주권도 거의 상실했다. 이 과정에서 역사 서술방식에는 크게 두 가지 변화가 나타났으니, 하나는 서구 역사학의 방법론을 수용한 신사체의 보편화이며, 또 하나는 현채와 신채호에 의한 두 가지 통사체계의 확립이라고 할 수 있다.

신사체는 일본으로부터 도입되었는데, 그 선구자는 하야시 다이스케(林泰輔)라고 할 수 있다. 도쿄제국대학 고전 강수과(講修科)를 졸업한 하야시는 1892년에 《조선사》 5권, 1900년에 《조선근세사》 2권을 저술하고 1912년에 이를 합본하여 《조선통사》로 출간했다. 그는 고증학적으로 역사를 서술하되 구래의 편년체를 지양하고 서양사를 모방하여 새로운 체제로 한국사를 체계화했다.[57)]

그는 총설에서 한국의 지리와 인종, 한국사 전체 연혁과 역대 왕조의 계보를 서술한 뒤 한국사를 태고(기자~삼한), 상고(삼국~신라 경순왕), 중고(고려 태조~공양왕), 근세(조선 태조~1895년)로 시기 구분했다.[58)] 이러한 한국사 체계에는 위만찬적론이나 삼국무통론과 같은 정통론은 존재하지 않는다. 또한 왕실 중심으로 정치적 사건을 나열하던 방식이 아니라 제도, 종교, 문학, 기예, 산업, 풍속 등 다양한 주제에 관하여 서술했다.[59)]

그는 조선 인종이 몽고종으로 일본인과 비슷하며, 백두산 서북

---

57) 김용섭, 〈일본 · 한국에 있어서의 한국사서술〉, 《역사학보》 31, 1966, 129쪽.
58) 林泰輔, 《朝鮮史》, '凡例', 1892.

부여땅에 주거한 부여종족으로서 점차 남하하여 한반도 토인을 구축하거나 정복했다고 했다.[60] 이어서 조선은 태고부터 당대에 이르기까지 지나와의 관계가 끊어진 적이 없는데, 항상 그 견제를 받고 사대의 예를 취하여 거의 지나의 속국과 마찬가지라고 했다.[61]

하야시는 단군조선의 존재를 불신하고 한국사를 타율적인 역사로 보았다는 점에서 식민사학자로 취급되어왔지만, 그의 저서는 이후 한국의 역사서술에 적지 않은 영향을 미쳤다.[62] 그 영향력을 1905년에 출간된 김택영의 《역사집략》에서도 부분적으로 추측할 수 있다. 김택영은 본서의 〈자서(自序)〉에서 "옛 군자가 오늘날 살아있어 오늘날의 역사를 쓰게 한다면 그가 오로지 고래의 방식으로만 쓸 것인가 아니면 따로 별도의 예를 생각할 것인가? 나는 스스로 감

59) 참고로 제3편 상고사의 목차만 기재해보면 다음과 같다. 제1장 삼국의 분립/제2장 삼국의 중세/제3장 삼국의 쟁란 및 신라의 흥륭/제4장 수 · 당의 내침/제5장 백제 · 고구려의 멸망/제6장 가락 · 임나 및 탐라/제7장 지나 및 일본의 관계/제8장 신라의 통일/제9장 신라의 쇠망/제10장 태봉 및 후백제/제11장 발해/제12장 제도/제13장 교법(敎法) · 문학 및 기예/제14장 산업/제15장 풍속

60) 후술하겠지만, 하야시의 부여종족론은 신채호의 〈독사신론〉에 나오는 '부여족 주족설'과 흡사하다.

61) 林泰輔, 앞의 《朝鮮史》 卷之一, 4~5쪽.

62) 김용섭 · 김여칠은 하야시의 저서가 한국 근대역사학의 성립에 미친 영향이 지대했음을 인정하고 있으나, 대부분의 연구자들은 그 점보다는 민족주의 역사학의 발전을 저해한 저서로 비판하고 있다. 대표적으로는 조동걸, 앞의 《현대한국사학사》, 120~126쪽 참조. 홍이섭은 하야시의 저서가 현채와 최남선의 저서를 거쳐 해방 이후의 한국 역사서술에 이르기까지 영향을 미쳤다고 지적했다(홍이섭, 〈구한말 국사교육과 민족의식〉, 《홍이섭전집》 7, 연세대학교출판부, 1974, 543~547쪽 참조). 이 점에서 하야시 저서에 대한 전면적이고 객관적인 평가가 필요한데, 기존 연구는 대체로 김택영의 《역사집략》이나 현채의 《동국사략》과의 비교 속에서만 검토한 경우가 대부분이다.

당하기 어려워 백수(白受 ; 현채의 호는 白堂인데 白受로 오식된 듯함 —인용자)가 고친 데 따르기로 하였다"라고 했다. 이 글에 이어서 현채가 추가한 글이 있는데, "다만 그 중에 한두 가지 서술방식은 내가 직접 그와 토론했으나 여전히 미진한 바가 있었다. 이에 내가 번번이 수정을 가하여 근세 각국 역사 서술방식에 합치하게끔 하였다"라고 하여,[63] 《역사집략》에 하야시의 신사체가 영향을 미쳤음을 알 수 있다.

하야시의 《조선사》와 《조선근세사》는 현채가 이를 한국의 입장에서 번역하고 추가 서술한 《중등교과 동국사략》(이하 《동국사략》)을 통해 한국 역사학에 강력한 영향을 미쳤다. 그러나 두 책은 목차는 대동소이하지만 편찬 동기나 서술내용에서 상당한 차이가 있다. 우선 하야시가 일본의 실리와 침략을 도모하기 위해서는 무엇보다 한국의 역사를 알 필요가 있다는 동기에서 《조선사》를 저술한 반면, 현채는 "인민이 도탄에 빠져도 구할 생각을 하지 않고 국권이 이미 떨어졌는데도 회복할 생각이 없으며 여전히 삼사천 년 전 케케묵은 옛날이야기를 정론이라고 생각하고 있으면서 옛 성인이 남긴 가르침과 깊은 뜻은 모르는" 세태를 한탄하면서, 자국사는 물론 외국 역사도 읽고 군사 · 형벌 · 농업 · 공업 등 실천사업에 힘써야 과거의 문화를 회복하고 독립국의 면목을 세울 수 있다고 했다.[64]

구체적인 내용에서도 현채는 하야시의 저술을 그대로 번역하지 않았다. 하야시가 한국사의 시작을 기자조선→위만조선으로 설정

63) 김택영, 앞의 《역사집략》, 5~6쪽.

64) 현채, 《동국사략》(1906), 총서 16, 아세아문화사, 1977, 4~6쪽

한 데 대해 현채는 단군조선을 역사의 시초로 두고, 위만조선에 대해서는 단 두 줄로 설명하면서, 통사체계를 단군조선→기자조선→삼한→삼국→통일신라→태봉 · 후백제 · 발해→고려→조선으로 구성했다. 하야시가 임나일본부설의 입장에서 대가야가 500년간 일본의 보호를 받아왔다고 한 반면, 현채는 임나는 대가야의 별칭으로 일본과 밀접한 왕래가 있었을 뿐이라고만 서술했다. 하야시가 삼국이 일본과 중국에 사대와 조공외교를 펼침으로써 겨우 존속했다고 한 데 반해, 현채는 삼국의 발전이 자주적 역량에 의한 것이었다고 서술했다. 하야시가 임진왜란에 대해 일본의 전승과 명과의 전투 · 강화 등을 중심으로 서술한 반면, 현채는 조선의 관군이나 의병이 죽음을 무릅쓰고 싸운 역사를 중심으로 상술했다.

또 하야시는 청일전쟁기까지 서술했으나 현채는 1908년에 개정판을 내어 1894년부터 1908년 중반까지 을사늑약과 통감부 설치, 고종 강제 퇴위 등 일제 침략과정과 그에 저항한 각종 사회운동, 을사늑약과 민영환 · 조병세 등의 자결, 민종식 · 최익현의 의병투쟁, 국채보상운동과 을사5적 암살단, 헤이그특사, 군대해산 이후 의병투쟁 등에 대해 상세히 서술함으로써 민족주의적 지향을 보여주고 있다.[65]

1907년 이후에는 통감부에 의해 민족주의적 역사인식이 담긴 출판물에 대한 탄압이 시작되었다. 1907년 7월의 '신문지법'에 따라 안녕질서를 방해하거나 풍속을 어지럽히는 신문에 대해 발행 금지와 압수 처분 조치를 취하기 시작했다. 1908년 9월 이후에는 '교과

65) 이상의 비교 분석에 대해서는 김여칠, 앞의 〈한국개화기의 국사교과서와 역사인식〉, 173~186쪽 참조.

용 도서 검정규정'에 따라 통감부의 통치행위를 비방하거나 배일사상을 고취하는 내용을 담은 역사교과서 발간을 금지했다.

1910년 당시 검정을 통과한 역사교과서는 〈표 2〉 가운데 1909년의 《초등본국역사》, 《초등본국약사》, 《초등대동역사》 및 1910년 유근의 《신찬초등역사》 4종에 불과했다. 1906년의 《대동역사략》, 《신정동국역사》, 《중등교과 동국사략》, 1908년의 《초등대한역사》뿐만 아니라 그보다 앞서 발간된 1899년의 《동국역대사략》, 《보통교과 동국사략》, 1905년의 《대동역사》, 《역사집략》 등도 검정을 통과하지 못해 '절대적 사용 불가' 처분을 받았다. 게다가 현채의 《동국사략》은 1909년 2월의 '출판법'에 따라 발매 · 반포까지 금지당했다. 따라서 검정에 통과한 역사교과서는 그렇지 못한 교과서에 비해 고대 임나일본부를 긍정하거나 일본의 한국 침략 사실을 외면하고 친선관계가 유지되었다는 식으로 미화할 수밖에 없었다.[66]

그렇지만 단군조선과 기자조선에 대한 서술은 검정 통과된 교과서에도 그대로 살아남았다. 〈표 2〉에서 보다시피 편년체 · 신사체라는 차이는 있지만 역사교과서는 모두 단군조선과 기자조선으로부터 한국사가 시작되는 구도를 택하고 있으며, 정통의 소재 여부를 엄격히 따지기보다는 대체로 왕조의 흥망 순서에 따라 통사체계를 구성했다.

또 한 가지 주목되는 점은 새로운 통사체계의 등장이다. 1906년의 《대동역사략》 · 《대한력ᄉᆞ》, 1909년의 《초등본국약사》 · 《초등대

66) 양정현, 앞의 〈근대개혁기 역사교육의 전개와 역사 교재의 편성〉, 100~106쪽 ; 학부 편집국, 《교과용 도서일람》, 1910, 2~34쪽.

〈표 2〉 1906~1910년에 발간된 역사교과서

서명	편찬자	연도	서술 시기	목차	서술체제	비고
대동 역사략	국민 교육회	1906	단군~1392	단군→기자→마한(신라 · 고구려 · 백제)→신라(고구려 · 백제)→통일고려	편년체	국한문
대한력ᄉ	헐버트 · 오성근		단군~1392	단군→기자→마한→삼국(마한)→통일신라→통일고려	편년체	순국문
신정 동국역사	원영의 · 유근		단군~1392	단군→기자→(위만 – 고구려)(마한 – 백제)(진한 – 신라)(변한 – 가락)→통일신라→고려→대한	편년체	국한문
중등교과 동국사략	현채		단군~1895	단군→기자→삼한→삼국→통일신라→태봉 · 후백제→발해→고려→조선	신사체	국한문
초등 대한역사	정인호	1908	단군~1907	단군→기자(위만)→삼한→삼국(신라 · 고구려 · 백제)→오국(가락 · 가야 · 발해 · 태봉 · 후백제)→고려→조선	신사체	국한문
초등 본국역사	유근		단군~1907	단군→기자→(위씨 – 사군 – 고구려)(마한 – 백제)(진한 – 신라)(변한 – 가락)→통일신라→(후백제)(태봉)→고려→조선→대한	신사체	국한문
초등 대한력ᄉ	조종만		단군~1907	단군→기자→(위씨 – 사군 – 고구려)(마한 – 백제)(진한 – 신라)(변한 – 가락)→통일신라→(후백제)(태봉)→고려→조선→대한	신사체	순국문
초등 본국역사	안종화	1909	단군~1907	단군→기자→(위씨 – 사군 – 고구려)(마한 – 백제)(진한 – 신라)(변한 – 가락)→통일신라→(후백제)(태봉)→고려→조선→대한	신사체	국한문
초등본국 약사	흥사단		단군~1909	단군→기자→삼한→신라 · 고구려 · 백제→통일신라→통일고려→조선	신사체	국한문
초등 대동역사	박정동		단군~1907	단군→기자→마한(변한 · 진한)→신라 · 고구려 · 백제 · 가락→통일신라→통일고려→조선	신사체	국한문
신찬 초등역사	유근	1910	단군~1906	단군→기자→(위씨 – 사군 – 고구려)(마한 – 백제)(진한 – 신라)(변한 – 가락)→통일신라→(후백제)(태봉)→고려→조선→대한	신사체	국한문
국조사	원영의		1392~1909	조선왕조	편년체	국한문

* 출전 : '한국개화기교과서총서' 11~20(국사편), 아세아문화사, 1977.
* 비고 : ① '통일신라', '통일고려'라 함은 삼국 통일 이후의 신라, 후삼국 통일 이후의 고려를 의미한다.
② 위 교과서들 중에는 목차에는 상고 → 중고 → 근고 → 국조라고 하여 시대명을 기재하고 왕조를 배치하는 경우도 있고, 목차에는 단군조선기 → 삼한기 → 삼국기 등으로 기재하고 그 아래에 동시대 존재했던 여러 왕조명을 병기하는 경우도 있다. 여기서는 교과서 모두에 별도로 그려진 〈역대왕조전수도(歷代王朝傳授圖)〉 등에 있는 통사체계를 인용했다.

동역사》 등과 같이 마한정통론을 의식한, 단군조선→기자조선→삼한→신라 · 고구려 · 백제→통일신라→통일고려→조선으로 이어지는 통사체계도 있지만, 나머지는 대체로 단군조선→기자조선→(위씨조선-사군-고구려)(마한-백제)(진한-신라)(변한-가락)→통일신라→(후백제 · 태봉)→고려→조선→대한으로 이어지는 통사체계를 구성한 점이다. 이러한 통사체계는 조선 후기 이래의 정통론에 입각한 것이 아니라 고구려 · 백제 · 신라 · 가락국이 차지한 영토에 존재했던 과거 왕조와 연결한 방식으로서, 구래의 정통론에서 벗어난 새로운 통사체계였다.

이들 교과서의 목차와 서술체제에서 알 수 있듯이, 1906년 이후에는 하야시 다이스케의 통사체계를 한국의 입장에서 변용한 현채의 《동국사략》이 역사교과서 서술의 전범이 되었다. 즉, 마한을 중시하는 통사체계가 부분적으로만 남아 있을 뿐, 대부분 단군조선 · 기자조선부터 조선왕조에 이르기까지 각 정치체나 왕조가 존속했던 시기순으로 서술하고 있다. 또, 같은 시기에 존재했던 왕조나 정치체라고 하더라도 정통을 따지기보다는 병렬적으로 서술하고 있다. 이 점에서 현채의 《동국사략》을 한국인이 근대역사학 방법론에 의해 집필한 최초의 한국사 통사라고 할 수 있겠다.

한편, 1908년이 되면 이러한 신사체에 의한 통사체계를 비판하면서 새로운 통사체계를 세우려는 시도가 나타난다. 신채호는 〈독사신론〉에서 1906년 이래 출간된 위의 역사교과서들이 한국 역사를 이민족의 역사처럼 서술한 듯하여 "가치 있는 역사가 거의 없다"고 신랄하게 비판했다.[67] 그리하여 한국에는 선비족 · 부여족 · 지나족 · 말갈족 · 여진족 · 토족 등 6개의 민족이 있었는데, 한국의 4,000

년 역사는 부여족이 다른 5개 종족을 정복 · 흡수하면서 전개된 '부여족 소장성쇠의 역사'라고 주장했다.[68]

이처럼 한국사를 부여족의 역사로 본 것은 하야시의 《조선사》에도 서술되었는데, 신채호는 이를 좀 더 구체적으로 밝혀 이 부여족 왕조가 단군조선에서 시작하여 부여국으로 계승되고 다시 고구려→발해로 정통이 전승되었다고 했다.[69] 반면, 기자조선이란 왕조는 존재하지 않고 다만, "기자가 부여왕의 봉함을 받았으며 부여왕조가 쇠미해졌을 때 그 자손이 단군조선 강역의 3분의 2를 차지하게 되었다"라고 서술했다.[70]

이러한 통사체계는 발해 이후 정통이 어디로 전승되었는지 서술하지 않았다는 문제점이 있지만, 전술했듯이 단군조선→기자조선→삼한을 계승한다고 했던 대한제국의 정통론 체계를 부정함은 물론, '왕조정통론'에서 일종의 '민족정통론'으로 변화한 것이라고 할 수 있다. 또한 부여족을 정통의 주체로 보면서 기자조선의 존재를 부정함으로써 중국의 중화질서로부터 완전히 독립한 통사체계를 구성함은 물론, 임나일본부설로 상징되는 일본과의 관계로부터도 한국사를 분리시켰다. 이렇게 주체적 · 자주적인 통사체계를 구성함으

---

67) 신채호, 〈독사신론〉, 단재신채호선생기념사업회 편, 《(개정판)단재신채호전집(상)》, 형설출판사, 1977, 471~472쪽. 물론 〈독사신론〉은 역사교과서도 아니고 역사서도 아니지만, 그 속에 단군조선부터 고려대까지의 통사체계를 나름대로 서술하고 있기 때문에 근대역사학의 창출과정을 정리할 때 필수적으로 검토하지 않을 수 없다.

68) 신채호, 위의 글, 473~475쪽.

69) 신채호, 위의 글, 478~479쪽.

70) 신채호, 위의 글, 485~486쪽.

로써 한국 역대 왕조에 개입한 명 · 청 · 일본 등 모든 외세와 그에 협력한 왕조는 모두 정통의 지위를 확보할 수 없게 되어 그의 논리는 민족주의 역사학의 원형으로 평가되어왔다.[71]

그런데 신채호는 "왕조의 정통과 윤통을 논하는 것은 우활한 선비의 완고한 꿈이며 노예들의 헛소리"라고 천명하면서 정통론적 역사서술을 부정했지만, 자신도 역시 부여족이 세운 왕조국가들이 정통이라고 하면서 그 역사를 발해왕조까지 서술했다.[72] 즉, 신채호는 한국사를 부여족 중심의 역사로 서술함으로써 민족주의 역사학을 성립시키기는 했지만, 부여족의 역사가 단군조선→부여→고구려→발해로 정통이 계승되어갔다고 서술함에 이르러서는 기존의 왕조정통론으로 되돌아간 것이다. 신채호도 이를 자인하면서 "부득이한 서술형식"[73]이라고 변명했다.

현채가 1908년 《동국사략》 개정판을 내면서 일본의 침략과 이에 대한 한국인의 저항운동을 서술하면서도 초판의 통사체계를 바꾸지 않았던 반면, 신채호는 자신이 비난했던 왕조정통론을 사용해 부여족 중심의 통사체계를 구성했다. 이를 어떻게 이해해야 할 것인가?

그런데 1900년 전후부터 불거지기 시작한 '간도(間島) 문제'와 이를 연관시켜볼 필요가 있다. 대한제국은 1902~1903년간 이범윤을 간도 지역 시찰과 주민 보호라는 명목 아래 파견하고, 그 과정에서 간도의 역사적 연고권을 강조하면서 청국과 갈등하게 되었다. 당시

---

71) 한영우, 앞의 《한국민족주의역사학》, 6~9쪽.

72) 신채호, 앞의 〈독사신론〉, 482~486쪽.

73) 신채호, 위의 글, 482쪽.

언론과 지식인들 사이에는 간도를 단순한 '고토(故土)'가 아니라 경제적 가치를 지닌 곳으로, 아울러 간도 주민을 조선 후기의 '범월자(犯越者)'가 아닌 '이민자'로 간주하는 분위기가 형성되고 있었다. 이러한 분위기는 청일전쟁 이후 청국과 청국인을 부정적으로 평가해왔던 문명 담론을 기반으로 하고 있었으니, 이러한 현상은 단순한 영토의식을 넘어서는 '제국주의적 욕망'의 발현이라고도 볼 수 있다.[74)]

신채호는 일제가 한국을 침략하기 위해 일선동조론(日鮮同祖論)을 주장한 것처럼 만주 지역 주민과 한국인의 만선동조론을 주장하지는 않았지만, 이 지역이 부여 · 고구려 · 발해의 영토였다고 하여 회복해야 할 고토로 설정함으로써 한국인의 만주 침략도 정당화할 수 있는 논리를 구성한 것이다.[75)]

이와 연관하여 신채호의 사론은, 1909년 북간도의 용정(龍井) 명동학교 조선 역사 교사였던 황의돈(黃義敦)이 1909~1910년에 저술한《대동청사(大東靑史)》로 구체화되었다. 그는 단군조선 이래의 역사를 처음부터 끝까지 단군 개국연호를 사용하여 부여족의 흥망성쇠라는 관점에서 서술했으니,[76)] 이 점에서 신채호의 〈독사신론〉이나 그 뒤의《조선상고문화사》등이 만주에 거주하는 조선인들을 동원하려는 민족주의 텍스트로 기능했을 개연성을 엿볼 수 있다.

---

74) 은정태, 〈대한제국기 '간도문제'의 추이와 '식민화'〉,《역사문제연구》17, 2007.

75) 신채호의 사론이 한국인의 만주 진출과 지배를 열망하고 있었다는 지적은 이미 한영우 등 여러 연구자들에 의해 지적되어왔다. 이에 대해서는 한영우, 앞의《한국민족주의역사학》, 67~71쪽 ; 최혜주, 〈한말의 고구려 · 발해 인식〉,《한국독립운동사연구》23, 2004, 416~432쪽 참조.

76) 조동걸, 앞의《현대한국사학사》, 148~153쪽.

식민지 조선에서 동양사학은 어떻게 형성되었는가?

경성제국대학 안의 '동양사학'

박광현

경성제대 사학과에는 일본 특유의 분류체계를 모방하면서도 식민지 조선이라는 특수성을 반영한 세 전공을 두었다. 본국의 제국대학과 달리 '동양'이라는 지정학적 특성에만 국한하여 국사학, 조선사학, 동양사학을 전공으로 두었다. 경성제대의 학과 편제에서 동양사학은 일본적 오리엔탈리즘의 지적 지배를 위해 마련된 "규율과 훈련질서의 분류체계"에 따라 성립되었다.

박광현(朴光賢)

동국대학교 국어국문학과를 졸업하고, 대학원 재학 중에 교환학생으로 일본에 건너가 다이쇼(大正)대학에서 일본문학 전공으로 석사학위를 받고, 나고야(名古屋)대학에서 사회정보학 전공으로 박사학위를 받았다. 동국대학교 한국문학연구소에서 학술진흥재단 박사후 연수과정을 밟은 후 동국대학교 국어국문학과 조교수로 재직 중이다.
그동안 경성제국대학을 중심으로 식민지 조선이 일본인 지식사회에 미친 영향에 대해 주로 연구해왔다. 특히 식민지 조선의 지식 생산과 권력 문제라는 주제를 스스로에게 부여된 라이프워크 중 하나로 생각하고 있다. 그 외에도 재일조선인 문학의 정치성, 식민지 기억의 전유 방식 등 '전후' 사회가 안고 있는 트랜스내셔널한 주제에 관심을 갖고 있다.
주요 논문으로는 〈국민문학의 반어법, 재일문학의 '기원'〉(2004), 〈'在朝鮮' 일본인 지식 사회 연구 ―1930년대의 인문학계를 중심으로〉(2006), 〈다카하시 도루와 경성제대 '조선문학' 강좌 ― '조선문학' 연구자로서의 자기동일화 과정을 중심으로〉(2007), 〈'우리' 안의 일본론〉(2008), 〈'조선'이라는 여행지에 머문 서양철학 교수〉(2008) 등이 있다.
주요 공저로는 《'고향'의 창조와 재발견》(역락, 2007), 《도전과 갱신의 한국문학사》(역락, 2008), 《흔들리는 언어들》(성균관대학교 동아시아학술원, 2008)이 있으며, 주요 역서로는 《일본의 아이덴티티를 묻는다》(산처럼, 2005), 《시대의 증언자 프리모 레비를 찾아서》(창비, 2006), 《'고향'이라는 이야기 ― 도시공간의 역사학》(공역, 동국대학교출판부, 2007), 《문화연구》(동국대학교출판부, 2008) 등이 있다.

1. 경성제국대학과 '동양문화'의 탄생

1926년 5월 1일, 식민지 조선의 '경성'에 제국대학이 개교했다. 당시 총독이 경성제국대학(이하 '경성제대')의 개교를 가리켜, '일한병합' 이후 "창시(創始)의 업(業)"[1]이라고 자화자찬할 정도로 그것은 조선총독부가 추진한 최대의 문화사업 중 하나였다. '조선제국대학' 준비위원장을 거쳐 초대총장으로 부임한 핫토리 우노키치(服部宇之吉)는 개교식 때 '훈사(訓辭)'에서 '대학령 제1조' 인 "대학은 국가에 필요한 학술의 이론과 응용을 교수하고 또한 그 온오(蘊奧)의 공구(攻究)를 목적으로 함과 더불어 인격의 도야 및 국가사상의 함양에 유의해야 한다"는 내용을 읽고 난 뒤, 거기에 "반복 명언(明言)된 국가라는 두 글자"를 항시 명심하라고 첫 입학생들에게 당부한다. 그리고 뒤이어 '다이쇼(大正) 데모크라시' 당시 자주 들을 수 있었던 "대학의 자유와 학수(學修)의 자유"를 주장하는 사회풍조를 언급한다. 그러나 그런 주장들에 대해 상대적 가치 판단의 기준은 바로 '국가'(주의)에 있다고 비판하여 단정한다.[2]

---

1) 齋藤實, 〈京城帝國大學醫學部開講式訓辭〉, 《文教の朝鮮》, 1926. 6, 2쪽.
2) 服部宇之吉, 〈京城帝國大學始業式に於ける告辭〉, 위의 책, 4쪽.

그런 국가주의적 발언과 더불어 그가 강조한 것은 '동양문화 연구'의 중심이라는 경성제대의 위상이었다.[3] '교육칙어'를 완성시킨 교육행정가이자 동양철학자였던 그가 구상한 경성제대는, '내지(內地)'와 '지나(支那)' 사이에서 '문화의 관계'로 규정되는 조선의 지정학성, 곧 '동양성'에 기초한 "동양문화 연구의 권위"를 갖는 "특종(特種)의 학부"였다.[4] 제국대학에 첫 일본인 교수로 부임한 이노우에 데쓰지로(井上哲次郎)가 그의 스승인데, 이노우에는 인도철학 · '지나'철학 · 일본철학으로 분절된 (일본의) 동양철학을 새롭게 창안한 인물이다. 반면, 그의 제자인 핫토리는 도쿄제국대학 안에 서

3) "한편으로는 지나와의 관계, 또 한편으로는 내지와의 관계에서 여러 방면에 걸쳐 조선 연구를 행하여 동양문화 연구의 권위를 얻는 것이 본 대학의 사명이라고 믿고 있다. 능히 이 사명을 수행하려면 일본 정신을 원동력으로 하고 일신의 학술을 이기(利器)로 하여 나아가지 않으면 안 된다."(服部宇之吉, 위의 글, 3쪽) 조선의 대표적인 식민통치 선전지(宣傳誌) 중 하나인 《문교의 조선(文教の朝鮮)》이 1926년 6월호를 '경성제대 개학 기념호'로 간행했을 때 실린 글들을 살펴보면, 당시 '동양문화'가 얼마나 중요한 정치 선전 문구였는지를 알 수 있다. 이 글 외에도 조선총독 사이토 마코토(齋藤實), 최초의 조선인 학무국장 이진호(李軫鎬), 초대 의학부장 시가 기요시(志賀潔), 초대 법문학부장 아베 요시시게(安部能成), 예과부장 오다 쇼고(小田省吾) 등의 축사가 실렸다. 그들의 축사에는 "동양문화, 조선 특수의 질병 · 약물 등의 연구에 중대한 사명"(사이토 마코토), "내지와 지나의 중간에 개재(介在)하여 삼자의 상관적 문화관계를 연구", "근시(近時) 동양문화"(이상 이진호), "동양 연구를 중심으로 한 독특한 사명"(아베 요시시게), "동양문화에 공헌"(오다 쇼고), "동양의 학인(學人)을 위한 자구청세(自救淸洗)"(다카하시 도루高橋亨) 등, '동양' 또는 '동양문화'를 중심 공통어로 사용하고 있다.

4) 경성제대 개교 준비과정에서 '창립위원장'을 맡았던 핫토리 우노키치는 〈조선제국대학의 특색(朝鮮帝國大學の特色)〉이라는 글에서, "조선 그 자체의 연구를 위해 제국으로서는 진정으로 의미 있는 특종의 학부 건설"이 필요함을 역설했다. 服部宇之吉, 《朝鮮地方行政》, 1924. 4. 4쪽.

양철학에 대한 대항으로 개설된 동양철학을 전문학과로 양성시킨 장본인이었다. 일본의 아카데미즘 (특히 제국대학) 안에서 핫토리는 이노우에가 주창한 '동양도덕'-'유교적 권위주의'를 "진정한 정신"의 근거로 삼아, 호교적(護教的) 교학체계의 유지와 확장을 위해 일관된 정치력을 발휘하며 삼민주의(三民主義)에서 좌익사상에 이르는 모든 사상과 대항한 인물이었다. 그런 그의 학문적 입장을 가리켜, 도가와 요시로(戶川芳郎)는 "절대적 천황제 옹호의 극단"[5)]이라고 비판했다. 결국 핫토리의 학문적 실천을 살펴볼 때, 그가 주장한 '동양문화 연구'의 중심으로서의 경성제대는 '국가주의' 확장의 범주 안에 '동양'을 가둬두기 위한 구상에 불과했다.

특히 본국의 다른 제국대학과 구별되는 '동양문화 연구'의 권위를 지닌 제도로서 경성제대를 강조한 핫토리의 '훈사'는, 일본제국의 지배 아래에 있는 '현재' 곧 당시 조선과 결코 단절시켜 생각할 수 없는, 과거의 문화적 특수성에 대한 연구의 필요성을 강조한다. 하지만 그 특수성은 두말할 것도 없이 '동양' 또는 국가주의의 속박으로부터 자유롭지 못하다. '동양문화=조선의 특수성'이라는 등식을 통해, 본국의 다른 제국대학과 구별되는 형식과 내용의 제국대학을 모색한 것이다. 하지만 이미 이 대학이 안고 있는 식민지적인 실험 요소 자체가 그렇듯이, '동양문화=조선의 특수성'은 '제국사'를 구성하는 미시적인 한 영역에 불과할 뿐이다.

---

5) 戶川芳郎, 〈漢學シナの沿革とその問題点〉, 《理想》, 1966. 6, 11쪽.

2. 동양사학의 성립과 조선사

1888년 일본에서는 '국사 편수사업' 기구가 내각에서 제국대학으로 옮겨진다. 그리고 그 이듬해에는 제국대학에 '국사학과'가 설치되고, 그것들이 중심이 된 역사 아카데미인 '사학회'가 조직된다. '사학회'는 이런 일련의 변화가 지니는 의미가 "서양 역사연구의 법을 참용(參用)하여 우리 국사의 사적을 고증 혹은 편성하고 국가를 비익(裨益)"[6]하게 하기 위해서라고 분명히 밝히고 있다. '국사'의 고증과 편성을 위한 권위와 '국가'를 비익케 할 임무를 스스로에게 부여한 '사학회'는 《사학회잡지(史學會雜誌)》(1892년 12월 이후 《사학잡지》로 개칭)라는 기관지를 발간한다.

이노우에 데쓰지로는 《사학회잡지》에 24호(1891년 11월)부터 3회에 걸쳐 〈동양사학의 가치(東洋史學の價値)〉라는 글을 연재한다. 본래 이 글은 그가 독일 유학에서 돌아온 직후인 1891년 9월 20일의 강연을 발췌한 것이다. 이노우에는 전문학과로서 '동양사학'은 동양의 학문을 대표하며, 그 가치는 '학술'보다 '역사상의 사실'에 있다고 강조한다. 또 그 실천은 동양인인 일본인에게 주어진 사명이고, 그를 통해 일본의 '국체(國體)'를 규명할 수 있다고 역설한다.[7] 이때 새로운 과거의 영역이 된 '동양(사)'은 일본인이 아시아인으로서 그들 자신을 서양과 비교함과 동시에, 일본인으로서 자신들의 진보를 측정할 수 있게 해준 역사적 기반이 되었다.[8]

---

6) 史學會, 《史學會雜誌》 創刊號, 1889. 12.

7) 井上哲次郎, 〈東洋史學の價値〉, 《史學會雜誌》, 1891. 11.

1894년의 중등교육과정에 먼저 '동양사'가 개설된다. 나카 미치요(那珂通世), 미야케 요네키치(三宅米吉) 등 고등사범 교수들의 주장에 따라, '만국사'를 '서양사'와 '동양사'로 분리시켜 가르치기 시작했다. 그리고 청일전쟁 후 비로소 대학에도 '동양사학'이 개설되는데, 나카 · 하야시 다이스케(林泰輔) · 이치무라 산지로(市村瓚次郎) 등이 담당 교관으로 교수했다. 그들은 과거의 유산인 한학을 바탕에 두고 서구적 보편성에 따른 제한된 지리적 영역을 확장하기 위해 '동양사'를 기획했다. 또한 이를 통해 서양(사)과 동양(사)을 연결한다는 점에서 동양의 범위 자체를 확립하기 위해 노력했다.[9]

이런 일련의 '동양사학' 성립과정에서 그들은 조선사에도 관심을 갖게 된다.[10] 특히 일본 '동양사학'이 성립하는 과정에서 간과해서는 안 될 인물인 '청년' 시라토리 구라키치(白鳥庫吉)의 등장은 매우 시사적이다. 이른바 일본의 독자적인 '동양사학'을 주창한 시라토리는 제국대학에 새로운 역사연구 방법론을 가르치기 위해 고용된, 랑

---

8) 스테판 다나카 지음, 박영재 외 옮김, 《일본 동양학의 구조》, 문학과지성사, 2004, 39쪽.

9) 스테판 다나카 지음, 박영재 외 옮김, 위의 책, 81쪽.

10) 《사학회잡지》는 국사학, 동양사학, 서양사학으로 일본 특유의 사학을 구성하는 데 학문적 토대 또는 성과를 만들어낸 학회지였다. 이노우에가 〈동양사학의 가치〉를 발표했던 시기에 그 잡지에는 스가 마사토모(管政友)의 〈삼한문학의 원시와 역사고(三韓文學の原始及歷史考)〉(14호) · 〈고려호태왕비명고(高麗好太王碑銘考)〉(22호), 하야시 다이스케의 〈가라의 기원(加羅の起源)〉(25호), 쓰보이 구메조(坪井九馬三)의 〈신라고구려백제삼국사(新羅高句麗百濟三國史)〉(35호) · 〈고조선삼국경립형세고(古朝鮮三國鼎立形勢考)〉(35호) 등과 같은 한국고대사에 관한 연구물들이 발표되었다. 《사학잡지》로 개칭된 뒤에는 나카가 이후 단행본으로도 출간하는 〈조선고사고(朝鮮古史考)〉를 연재했다.

케(Reopold von Ranke)의 제자인 루트비히 리스(Ludwig Riess)의 첫 번째 제자들 중 한 명이었다.[11] 나카 · 미야케 · 하야시 등과 방법상으로 전혀 다른 서양의 과학적 방법에 근거한, 일본의 독자적인 '동양사학'을 주창한 시라토리는 1890년 학습원(學習院)에 임용된 후 5년 동안 논문을 발표하지 않다가, 1896년에야 비로소 《사학회잡지》를 통해 발표한 논문들로 학계의 주목을 받는다. 당시 그가 발표한 논문은 〈조선고대지명고(朝鮮古代地名考)〉, 〈조선고대관명고(朝鮮古代官名考)〉, 〈조선고대왕명고(朝鮮古代王名考)〉, 〈익수고(弱水考)〉 등, 거의 조선과 우랄알타이 민족의 고대문화에 관한 것이었다.

이렇게 일본의 동양사가 서양에 대한 대표성을 스스로에게 부여하며 '일본의 독자적인 학문'으로 자리 잡는 과정에서, 서양과 동등한 시선으로 동양을 분석하고 실증하기 위한 직접적이고 손쉬운 대상이 바로 '조선사'였다. 그것은 서양에서 이미 체계화된 것을 직수입했던 타 학과의 형성과정과 사정이 많이 달랐음을 반증하는 것이기도 하다. 그런 배경 때문에도 동양사는 명칭을 먼저 정한 뒤에 '시의적절'하게 내용을 채워넣는 특이성을 지닌 학문으로 성장해갈 수밖에 없었다.[12]

1910년 한일 '병합' 직후, 잡지 《역사지리(歷史地理)》는 임시 증간으로 《조선호(朝鮮號)》를 발행한다. 그 잡지의 주필이자 대표적인 '일선동원론(日鮮同源論)'자인 기다 사다키치(喜田貞吉)는 거기에

11) 시라토리에게 영향을 준 랑케 실증사학과의 관계나, 리스와의 학문적 영향관계에 대해서는 스테판 다나카 지음, 박영재 외 옮김, 앞의 《일본 동양학의 구조》 참조.

〈한국병합과 국사(韓國併合と國史)〉라는 글을 발표한다.[13] 기다는 역사연구를 '학문으로서 하는 연구'와 '교육상 응용한 것'으로 구분하고, 후자를 통해 조선인의 동화를 위한 '국사' 교육이 필요하다고 강조한다. 또 '국사'를 통한 국민 교육과 동일화된 '국민'의 필요성을 주장하는데, 그런 '국사'가 조선에 '진출'하여 제도적으로 성립한 것은 1911년 '제1차 조선교육령'을 통해서였다.

그때 본국의 제국대학에서는 조선사 강좌가 '국사학'=일본사학과 동양사학 중 어디에 배속되어야 하는지 논쟁이 있었다. 한일'병합' 직전부터 동양학을 중시했던 교토(京都)제대에서는 나이토 고난(內藤湖南)이 '지나근세사'와 함께 '조선사'를 강의하여, 동양사학에서 조선사를 다루었다. 그러나 1913년 이후 이마니시 류(今西龍)가 조선사 강의를 국사학 쪽에 배속하기 시작했다. 이처럼 조선사의 위상이 불안정한 상태에서 이마니시가 담당한 '조선상대사', '이씨 조선사'(1919), '조선문예사'(1920 · 1921), '조선고대사'(1925 · 1926) 강의가 계속되었다.[14] 이런 상황은 도쿄제대에서도

---

12) 마쓰모토 요시미(松本善海)는 그런 특이성을 부연하여, "동양사의 탄생이 청일전쟁의 승리를 계기로, 그리고 그 종언 즉 세계사와의 호흡이 태평양전쟁의 패배를 계기로 이루어졌던" 것처럼 그것이 "일본 대륙정책의 전개와 밀접하게 관계하고 있었다"고 지적했다(松本善海, 《東洋史料集成》 第1篇, 1955, 1쪽). 경성제대 동양사학 전공자인 정재각도 해방 후 그와 비슷한 주장의 글을 남겼다. 그는 "동양사의 성립을 먼저 긍정하여놓고 그것을 뒷받침한 구체적인 내용을 찾아서 우왕좌왕하고 있는 것이 오늘날의 우리나라 동양사학의 선후도착(先後倒錯)의 실정"이라고 했다. 또한 그는 그 원인을 "일본 동양사학의 그러한 실정에서 유래한" 때문이라고 덧붙였다(정재각, 〈동양사 서술의 문제〉, 《역사학보》 31, 1967, 168쪽).

13) 같은 제목의 책이 1910년에 三省堂에서 출판되었다.

14) 京都帝國大學 編, 《京都帝國大學史》, 1943, 679~711쪽 참조.

마찬가지였다. 1914년 도쿄제대 사학과에 조선사 강좌가 처음 개설된다. 이케우치 히로시(池內宏)와 시라토리가 강의를 맡았는데, 처음에는 국사학 안에 개설하려는 움직임이 있었지만 이케우치의 노력으로 동양사학에 배속되었다고 한다.[15)]

이마니시는 당시 조선사 강좌의 성격에 관해 이렇게 기술하고 있다. "조선합병 후 동서(도쿄와 교토—인용자)의 두 제국대학이 모두 조선반도사를 국사과에 편입시키고 있었지만, 학문의 계통에서 보면 합병 전의 조선사는 명백히 동양사의 일부분이었다. 그러니, 동양사의 방향에서 그 연구의 진로를 취하고, 조선 또는 조선사를 연구하려는 자는 먼저 동양사 특히 지나사의 대요를 수득해야 한다."[16)]

이렇듯, 일본 아카데미즘 안에서 조선사 강좌는 그 성격뿐만 아니라 학적 재생산 구조에서도 불안정한 상태로 존재했다. 메이지(明治) 초기에 이미 편년사(《國史眼》)의 기술을 통해 조선사와 '국사'와의 친연성을 밝히려는 움직임이 있었다. 그 같은 움직임은 주로 '국사' 안에 조선사를 편제시키려는, 이른바 '일선동원론(日鮮同源論)'

---

15) 旗田巍 編, 《シンポジウム, 日本と朝鮮》, 勁草書房, 1969, 181쪽. '조선사편수회'의 조직과정에서도 이케우치나 구로이타 가쓰미(黑板勝美) 등은 "조선사를 연구하지 않는 한 일본사를 알 수 없다"는 논리에 근거해 '조선 그 자체의 연구', 즉 조선사 연구의 필요성을 주장했다. 그런 주장들은 '제국'의 재편 방향에서 조선사가 '국사'와의 깊은 친연성(親緣性)에 근거해 인식되었음을 시사한다. 이케우치와 구로이타 중 어느 사람의 말인지 분명치 않으나, '조선사편수회'가 조선의 독립심을 고양시킬 수 있다는 반대 입장에 대해 이렇게 설득했다고 당시 경성제대에 참여했던 교수들은 진술하고 있다(旗田巍 編, 위의 책, 82 · 175쪽).

16) 今西龍, 〈序〉, 《朝鮮史の栞》, 近澤書店, 1935. 이 글은 같은 제목의 유고집에서 인용한 것이나, 원래는 1916년 7월부터 1917년 10월까지 계간 《사림(史林)》에 연재된 것이다.

에 바탕을 두고 있었다. 그와 비슷한 시기에 조선사의 '동양사화(東洋史化)'를 주장하는 논리도 생겨났다. 그 주장은 '만선사(滿鮮史) 체계'의 재인식에 바탕을 둔 '만선불가분론(滿鮮不可分論)'의 입장에서 조선에 대한 대륙세력의 압도적인 영향을 강조한 것이었다. 두 입장들은 줄곧 수평적인 관계를 유지하며 근대 일본의 '왜곡된 조선사상(朝鮮史象)'[17]을 형성시키는 데 크게 일조한다. 그리고 초기 일본 역사학계의 조선 '진출'도 '국사학'=일본사학과 동양사학 두 학과의 공통의 몫이었다.

경성제대 개교와 함께 사학과 안에 개설된 '조선사학' 강좌(전공)를 통해 조선사학은 학적 · 인적 양 측면에서 제도적으로 완전한 재생산 구조를 갖추게 된 듯 보였다. 이렇게 해서 조선사 위상의 모호성은 일단 형식적으로는 해결되었지만, 경성제대에서도 '국사' 곧 일본사가 조선사에 대한 특별한 지위를 가지면서 조선사는 '동양사' 전체를 대리하는 위치에 서게 되었다. 그로 인해 조선사는 '국사'와 '지나사', '국사'와 '만선사' 사이의 비교 · 관계사를 밝히는 중요한 건널목의 역할을 강요받았다. 그렇게 보면 조선사 위상의 모호성은 그대로 유지되었다고 할 수 있다.[18]

3. 경성제국대학 사학과의 편제에서 나타난 '동양'

경성제대의 법문학부에는 법학과, 철학과, 사학과, 문학과 등 네

17) 旗田巍,《朝鮮と日本人》, 勁草書房, 1983, 20쪽.

학과가 설치되었다. 그리고 각 학과 안에는 몇 개의 전공을 두었다. 그 중 사학과에는 '국사학'=일본사학, 조선사학, 동양사학의 세 전공을 두었다. 특이한 것은 1928년부터 가네코 고스케(金子光介)의 서양사학이 강좌로서 존재했지만, 전공으로 설치되지 않아 전공자를 단 한 명도 배출하지 못했다는 사실이다.[19] 그 결과는 명실상부 '제국'의 최고학부로서 경성제대가 지닌 '동양문화 연구'의 중심이라는 특성이 다른 어느 학과보다도 사학과의 전공 구성에 철저하게 반영되었음을 의미한다.

일본의 국사 수사(修史)사업은 일찍이 1872년에 태정관(太政官)

---

18) 그 점에 대해 이나바 이와키치(稻葉岩吉)의 논의는 주목할 만하다. 그는《조선사강좌》(1922)에 발표한 〈조선민족사〉에서 조선민족이 '문화적 원자(原子)'를 외부로부터 주입받은 '자발 문화를 지니지 않은 민족'임을 주장하고, '단일민족 즉 단성(單姓)민족'일 수 없음을 여러 차례 강조했다. 결국 그는 '지나사'와 '만선사'에 관한 동양사 전체의 기획에 따라 '만선민족'이라는 새로운 개념을 사용한다. 특히 남만주철도주식회사에서 추진하고 시라토리, 이케우치, 쓰다 소우키치(津田左右吉) 등과 함께 이나바가 참가하여 저술한《만주역사지리》와《조선역사지리》는 당시 동북아 지역에 관한 대표적인 연구물이었다. 이것을 통해 이제까지 우세했던 '일선동조론(日鮮同祖論)'과 대립된 조선사관이 성립했다. 특히 이나바의 '만선사론(滿鮮史論)'의 논점은 '조선사를 동양사화'하는 데 있었으며, 또 조선사를 '일본사적으로 관찰하는 편견'이 있어서는 안 된다고 주장했다(稻葉岩吉,《朝鮮文化史研究》, 雄山閣, 1925). 이런 일본 사학계의 두 조선사관은 겉으로 크게 대립하지 않으면서 통치 기간 내내 공존·유지되었다.

19) 해방 이후 1957년에 사립대학 출신의 조의설·김성식·김성근·김학엽 등 몇 안 되는 젊은 학자들의 주도로 서양사학회가 결성되었고, 특히 서양사학의 위치를 확보하는 일에 주력하며 활동했다. 서울대학교 문리대 사학과에 "1962년까지 서양사 전임교수가 없었다는 사실"은 경성제대 시절 사학과의 편제와 무관하지 않다. 역사학회 편,《現代韓國歷史學의 動向 1945~1980》, 일조각, 1982, 306쪽 ; 조동걸,《現代韓國史學史》, 나남, 1998, 336쪽.

을 통해 착수되었다. 그 뒤 몇 차례 제도의 변천을 겪으면서 1886년 내각 안에 설치된 임시수사국으로 그 업무가 이관되었고, 마침내 1888년 10월 30일에 제국대학 문과대학으로 옮겨졌다. 기구명도 임시편년사편찬괘(臨時編年史編纂掛)로 개칭했다. 이듬해인 1889년 '국사과'가 개설되면서 '국사과'는 국사 수사사업을 주관하는 제도로서, '국수(國粹)'라는 정치적 세례를 받은 학과로서 특권적 지위를 얻는다. 그 뒤 사학과는 국사학=일본사학, 동양사학, 서양사학으로 분류하는 일본 특유의 체계를 갖추었다.

한편, 경성제대 사학과에는 일본 특유의 분류체계를 모방하면서도 식민지 조선이라는 특수성을 반영한 세 전공을 두었다. 본국의 제국대학과 달리 '동양'이라는 지정학적 특성에만 국한하여 국사학, 조선사학, 동양사학을 전공으로 두었던 것이다.

앞서 이노우에 데쓰지로의 〈동양사학의 가치〉를 인용하며 지적했던, 동양사학이 타자로서의 서양과 대등한 위치에 서기 위한 담론이며, 그 안의 일본문화가 '동양'을 서양에 드러내는 일종의 표상으로 강조되었던 점은 여기서 다시 한 번 상기할 만하다. 경성제대의 학과 편제에서 동양사학은 일본적 오리엔탈리즘의 지적 지배를 위해 마련된 "규율과 훈련질서의 분류체계"[20]에 따라 성립되었던 것이다. 또한 전통적(중화적) 질서로 상상되어온 역사의 해체=탈구축을 통해 분류 가능한 것이었다. 그 안에 부각된 것은 '지나사'와 '만선사'였다. 그것은 남만주철도주식회사의 지원 아래 시라토리와 이케

---

20) 姜尙中, 〈'東洋'の發見とオリエンタリズム〉, 《オリエンタリズムの彼方へ》, 岩波書店, 1996 참조.

우치 등의 주도로 동양사학을 '지나사'와 '만선사'로 구성했던 경험의 식민주의적 재현이었다. 그러나 경성제대에서는 서양사를 전공에서 배제하는 대신에 조선사를 독립 전공으로 개설하여 본국의 다른 제국대학과 큰 차이를 보였다.

본국의 제국대학(특히 도쿄제대)을 축소한, 법문학부와 의학부의 두 개 학부로 학부제를 시작한 경성제대는 실제 학과를 '강좌제' 중심으로 운영했다. '경성제국대학 관제' 제3조에서 "교수는 각 학과에 분속해서 강좌를 담임하고 학생을 교수하며 그 연구를 지도한다"고 밝히고 있는 것처럼, 각 강좌는 교수를 핵으로 하는 교육 연구의 기초 단위였다. 그런 강좌제 아래서 교수는 담당 강좌를 대표하는 존재였다.

경성제대 개교와 동시에 '동양사학'을 담당하며 부임한 인물은 중국사회사를 전공한 다마이 제하쿠(玉井是博)였다. 〈표 1〉을 보면 알 수 있듯이, 다마이는 당육전(唐六典)이나 율령제도 등 당대(唐代)에서 송대(宋代)의 제도까지 주로 제도사에 관심을 기울여 강의했다. 그리고 개교한 이듬해에는 오타니 가쓰마(大谷勝眞)가 조선사편수회 위원을 지내다 제1강좌 담당 교수로 내정된 상태에서 2년간 유럽 유학을 떠났다. 그 뒤 중국중세사를 전공한 도리야마 기이치(鳥山喜一)가 제2강좌 담당 교수로 부임했다. 발해사에 큰 관심을 보였던 오타니의 주된 관심 분야는 〈표 1〉에서 알 수 있듯이 주로 서역사(西域史)였다. 그것은 일본이 동양사학을 성립시킨 이후 줄곧 유지해왔던 전통적 '중화'체제의 해체=탈구축과 새로운 '동양'의 창안을 위해 개척한 학문 영역이었다. 그렇게 보면 도리야마의 강의도 마찬가지였다. 그는 금대(金代)의 문화와 경제를 주로 연구하면

〈표 1〉 경성제대 동양(사)학 관련 강좌(1931~1936)

연도	교수명	강좌명(괄호 안 숫자는 강의 시수)
1931	다나카 도요조(田中豊藏)	동양미술사(3)
	후지즈카 린(藤塚隣)	지나철학사 개설(2), 지나철학 연습(2, 일지록日知錄)
	오타니 가쓰마(大谷勝眞)	서역사 연구(2), 동양사강독 연습(2)
	도리야마 기이치(鳥山喜一)	동양사 개설(3), 금(金)문화의 일고찰(2)
	오우치 다케지(大內武次, 조교수)	조선반도(비교인문지리학)(2)
	가라시마 다케시(辛島驍, 조교수)	지나근대문학 개설(2), 지나희곡 강독(2, 성명盛明 잡극 제1집), 지나소설 연습(2)
	다나카 도요조	지나고문 사설(辭說)(2), 문선(文選) 강독(3)
1932	다나카 도요조	동양미술사(3), 동양미술사 연습(2)
	후지즈카 린	지나윤리학 개론(2), 청조(淸朝) 경학사(2), 지나철학 연습(2, 논어정의論語正義)
	가토 조켄(加藤常賢, 조교수)	후한(後漢)의 경학(2), 지나철학 연습(2, 주례주소周禮注疎)
	오타니 가쓰마	서역사(남북조)(2), 동양사 연습(2)
	도리야마 기이치	동양사 개설(4), 금대 경제잡고(2)
	다마이 제하쿠(玉井是博)	당조사(唐朝史) 제 연구(2), 야소회사선술한적(耶蘇會士選述漢籍) 해제(2)
	가라시마 다케시(조교수)	지나극과 소설의 관계, 지나문학 강독 연습(2), 지나문학사 연습(2, 중국문학 진화사)
	다나카 도요조	지나문학사(2)
1933	다나카 도요조	동양미술사(3), 동양미술사 연습(일본미술 대표 작품)(2)
	후지즈카 린	지나윤리학 개론(2), 청조 경학의 연구(주로 논어학)(3), 지나철학 연습(2, 논어정의)
	가토 조켄(조교수)	지나철학사 개설(2), 연습(상서고문소증尙書古文疎證)
	오타니 가쓰마	동양사학 개설(3), 서역사 연구(2)
	도리야마 기이치	만주민족고(2), 태평천국난의 일고찰(2)(제2학기)
	다마이 제하쿠	지나율령고, 동양사학 연습(2, 일지록)
	가라시마 다케시(조교수)	지나문학 개론(2), 중국 신문학운동의 회고(2), 원곡(元曲) 연습(2)

연도	교수명	강좌명(괄호 안 숫자는 강의 시수)
	후지즈카 린	시경 강독 연습(2)
	다나카 도요조	한시 강독(3)
1934	다나카 도요조	동양미술사(3), 불교미술 상식(1)
	후지즈카 린	지나윤리학 개론(2), 청조문화의 이조 이입(2), 연습(2, 청대경사淸代經師 논집)
	오타니 가쓰마	동양사학 개설(3), 당대 서역사의 제 문제(2)
	도리야마 기이치	발해국고(2), 태평천국난의 일고찰(2)(제1학기 2, 제2학기 1)
	다마이 제하쿠	당육전의 연구(2)
	가라시마 다케시(조교수)	지나문학사 개설(2)
1935	오쿠히라 다케히코(奧平武彦)	만주의 국제관계사(4)(제2학기)
	다나카 도요조	동양미술사(3)
	후지즈카 린	지나윤리학 개론(2), 청조문화의 이조 이입(2)
	혼다 류세이(本多龍成)	청조경사(淸朝經師) 논집(1), 지나철학사 개설(2), 연습(상서주소尙書注疏)
	오타니 가쓰마	양한(兩漢)시대사(2), 서역사의 연습(2)
	도리야마 기이치	동양사학 개설(3), 금초(金初)의 만주(2)
	다마이 제하쿠	당육전의 연구(2), 연습(2)
	가라시마 다케시(조교수)	지나문학 개론(2), 지나소설 해제(2), 잡극 연습(2)
1936	오쿠히라 다케히코	지나 국제관계사(4)
	다나카 도요조	동양미술사(3)
	후지즈카 린	지나철학사 개설(2)
	모리타니 가쓰미(森谷克己)	동양 사회경제에 관한 연구(4)
	오타니 가쓰마	동양사학 개황(2), 동양사학 연습(당서 서역전)(2), 한대(漢代) 문화사(2)
	도리야마 기이치	위진남북조시대사(2), 거란건국고(2)
	다마이 제하쿠	송조(宋朝) 제도고(2), 동양사학 연습(2)
	가라시마 다케시(조교수)	지나문학사 개설(2), 명대잡극 연습(2)

* 靑丘學會 編, 〈彙報〉, 《靑丘學叢》 참조. 굵은 글자는 동양사학 강좌임.

서 '지나'와 대등한 주변으로서 발해, 만주, 거란(契丹) 등의 역사를 주로 강의했다. 그들의 관심 부분을 종합해보면, 전통적인 질서로 여겨왔던 '중화'를 해체하기 위해, '중화'의 주변 연구를 통해 '지나사'와 대등한 '만선사'나 '서역사'를 구상하여 새롭게 동양사의 재편을 꾀했음을 확인할 수 있다.[21)]

특히 경성제대 개교 직후인 1927년에는 당시 일본 동양학 계보의 중추를 이룬 도쿄제대 교수 이치무라 산지로(市村瓚次郎)에게 '동양사'라는 제목으로 1년간 강의를 맡길 정도로 동양사에 큰 비중을 두었다. 그런데 당시 동양학에 비중을 두던 경향은 사학과에만 국한된 것이 아니었다. 〈표 1〉에서 알 수 있듯이 경성제대에서 '동양'은 역사뿐만 아니라 외교, 윤리학, 미술, 문학 등 다양한 장르에서 큰 비중으로 다뤄졌다. '미학 · 미술사' 강좌를 맡아 동양미술사를 강의했던 다나카 도요조(田中豊藏)가 호태왕릉 비문(碑文) 연구와 고구려 고분벽화 연구 등에 개인적인 관심을 기울였고, '지나철학' 강좌를 담당했던 후지즈카 린(藤塚隣)[22)]은 연행사(燕行使) 연구에 주목했다. 또 '사회학' 강좌의 아키바 다카시(秋葉隆)나 '외교사' 강좌의 오쿠히라 다케히코(奧平武彦) 등과 같은 법학부의 인물들도 '동양사학' 강좌의 외부에서 새로운 일본적 '동양(사학)' 창안에 후

---

21) 스테판 다나카는 근대 일본이 창안한 '동양'의 문제에 대해 시라토리를 중심으로 논하고 있다. 거기에서 그는 "일본과 '동양'의 과거를 담지하고 질서를 부여한 이 개념을 통해 일본인들은 자신들의 근대적 정체성을 창출해냈"(스테판 다나카 지음, 박영재 외 옮김, 앞의 《일본 동양학의 구조》, 30쪽)으며, "'동양'은 일본인이 아시아인으로서 그들 자신을 서양과 비교함과 동시에, 일본인으로서 자신들의 진보를 측정할 수 있게 해준 역사('동양사')적 기반을 마련했다"(위의 책, 39쪽)고 했다.

원자 역할을 크게 했다. 아키바는 '제국'의 시선—가와무라 미나토(川村湊)의 말을 빌리자면 "지적 · 문화적 찬탈의 형식으로 '근대적' 학문, 아카데미즘의 형식"[23]을 갖춘 권력의 시선—으로 바라보는 '관찰자'로서, 주로 조선과 만주 지역을 대상으로 삼아 조선 또는 '동양' 민속학을 창시한 인물로 평가받는다.[24] 그리고 경성제대 법문학부 총간(叢刊) 제1편으로 발간된 《조선개국교섭시말(朝鮮開國交涉始末)》(刀江書院, 1935)의 저자인 오쿠히라도 조선 근대의 기원을 중심으로 '오늘'의 '동양'을 외교사적인 관점에서 분석했는데, 그런 그의 연구 또한 같은 범주 안에 포함되는 것이었다.

이렇듯 고대사회부터 근대사회(오늘)에 이르는 역사의 종적인 범주와, 신화와 전설 그리고 무속이라는 문화의 횡적인 범주를 대상

---

22) 연행록과 관련된 후지즈카 린의 연구로는 〈李朝學人と乾隆文化〉(《朝鮮史講座》의 '특별강좌', 1922), 〈清朝文化東漸史上李月汀と金阮堂〉(《京城帝國大學論文集 史學論叢》, 1926), 〈阮堂集及び阮堂文集の檢討〉(《青丘學叢》 21, 1935) 등이 있다. 그는 특히 완당(阮堂) 김정희의 세계에 깊이 매료된 인물로 잘 알려져 있는데, 조선과 청의 관계사적 측면에서 접근한 김정희의 연행 기록에 관한 연구는 연행록 연구의 선구라 할 만하다.

23) 川村湊, 《大東亞民俗學》, 講談社, 1996, 79쪽. 아키바 다카시가 '관찰'을 통해 창안한 조선사회의 이중구조 모델이론(남성 중심의 유교문화와 여성 중심의 무격巫覡문화)이 오늘날 한국사회에서 어떻게 재생 · 반복되는지의 문제, 근대 조선민속학의 성립과 야나기다 구니오(柳田邦男)의 민속학과의 관계에 대해서는 가와무라의 글 참조.

24) 아카마쓰 지조(赤松智城)와 공저한 《朝鮮巫俗の研究(上 · 下)》(大阪屋號書店, 1938 · 1939), 《滿蒙の民族と宗教》(大阪屋號書店, 1941) 등은 아키바의 대표적인 논저이다. 이 책에서는 조선과 만주 · 몽고의 민속학 연구를 통해 일국사적 민속학의 범위를 넘어 문화의 비교와 전파과정을 고찰하고 있어, '제국사'적인 시각에서 민속학을 기획하려던 그의 의도를 발견할 수 있다.

으로 다양한 학과 차원에서 연구성과를 축적해온 동양사는, 일본의 근대에 의해 상상된 '동양'이라는 역사지리적 동일성의 기초 위에 '제국사'를 재구성하기 위한 거대한 기획으로서 실천되었다고 할 수 있다.

4. 사학과 인적 구성의 특징

경성제대 출신자들의 학문적 실천은 이 대학의 '동양' 기획에 내재된 정치성에서 결코 자유로울 수 없었다. 특히 '강좌제'를 통해 앞서 나열했던 일본 교수들의 지도를 받은 그들의 학문 방향은 (어쩌면 학문적 태도까지도) 더욱 그러했을 것이다. 그렇다면 이 대학의 동양사학 전공자(특히 조선인)에게서는 그런 점들이 어떻게 나타났을까. 우선 당시 사학과의 인적 구성을 통해 세 가지 정도의 특징을 살펴보고자 한다(〈표 2〉 참조).

우선, '국사학'=일본사학 전공자가 조선인 중에는 단 한 사람도 없었다는 특징을 들 수 있다. 이것은 서양사학이 전공으로 개설되지 않은 사실과 함께 가장 두드러진 특징이다. 최재수(2회)와 최성희(8회) 단 두 명에 그치긴 했으나, 문학과에는 '국문학' 전공자가 있었다. 조선인 중 국사학 전공자가 전무했다는 사실은, 당시 조선인 출신자들이 주체를 구성하는 조건으로 언어의 본질성보다 역사의 본질성을 중요하게 생각했으리라는 짐작을 가능케 한다. 그들이 일본문학, 일본사학 등의 '국가학'을 전공으로 선택하지 않은 전체적인 경원현상은 식민지 상황에서 자기 민족에 대한 주체적인 인식의 결

〈표 2〉 경성제대 사학과의 전공별 인적 비율

연도 \ 전공	국사학(=일본사학)	동양사학	조선사학
1929	0/0	0/0	2/5
1930	0/0	0/2	2/2
1931	0/0	1/3	1/4
1932	0/0	2/2	2/5
1933	0/3	1/3	0/0
1934	0/1	3/4	0/1
1935	0/1	3/8	1/1
1936	0/3	1/2	0/2
1937	0/3	4/5	4/5
1938	0/4	0/2	1/1
1939	0/0	0/0	0/0
1940	0/1	0/1	1/1
1941	0/2	0/2	1/1
합계	0/18	15/34	15/28

* 京城帝國大學 編, 《京城帝國大學一覽》(1929~1941) 참조. 조선인/총 졸업 인원.

과라고 할 만하다. 자기에 대한 주체적 인식이 아직 완전하지 않은 상태(근대 '조선사학'의 성립 단계)에서 타자 특히 식민 지배자의 역사에 대한 탐구는 불가능하지는 않더라도 힘든 일이었다. 그런 점에서 그들이 동양사학을 전공으로 선택한 것은 현재의 '국가학'인 '국사학'과 잠재적 '국(가)사학'인 조선사학 사이에서 갈등한 결과였다고 할 수 있다.

두 번째로 주목할 점은 사학과에 입학한 일본인의 다수가 조선사학을 전공으로 선택했고, 그 수가 전체적으로 조선인 전공자와 비슷했다는 것이다. 특히 개교 초기에 조선사학을 전공으로 선택한 일본인이 몰려 있는 것도 특징적이다. 그것은 개교 당시 이 대학이 본국의 다른 제국대학과의 차별성을 강조하며 내세운 '동양문화 연구'라는 기획과 깊은 연관이 있다. '지나사'와 '만선사'로 구분된 동양사학의 범위에서 '동양문화 연구'라는 기획과 관련하여 조선사가 지니는 위상의 모호함이 중요한 이유로 작용했을 것이다. 조선사가 과연 국사인가, 동양사인가 하는 논쟁의 여지가 아직 남아 있던 상황에서, 일본인들은 조선사를 자기화된 타자의 역사, 곧 새로운 '국사'로 인식했고, 그 때문에 타자의 역사인 조선사에 대한 적극적인 전공 선택이 가능했을 것이다.

개교 당시에는 '내지'에서 부임해온 이마니시 류(제1강좌)와 총독부 학무 관리를 오랜 기간 지낸 오다 쇼고(小田省吾, 제2강좌)가 조선사학을 담당했다. 특히 이마니시는 도쿄제대 사학과 대학원에 진학할 때, '조선사'를 전공으로 선택한 최초의 연구자였다. 1922년에는 〈단군고(檀君考)〉를 비롯해 〈열(洌), 대(帶), 패삼수고(浿三水考)〉, 〈가라강역고(加羅疆域考)〉 등 조선고대사 관련 논문 다섯 편으로 조선사 전공자 중 최초로 박사학위를 취득했다. 개교 이듬해에 개설된 후지타 료사쿠(藤田亮策)의 조선고고학 강좌는 일본인(권력)이 조선의 과거(기억)를 철저히 전유하기 위해 기획된 강좌였다. 당시 아카데미즘의 입장에서 볼 때 조선은 '국사학'의 식민지 '진출'의 실험장과 같았으므로, 독립된 학과로서 조선사학은 그야말로 새로운 개척분야였다고 할 수 있다. 그런 이유로 조선사학에 대한 일본인의 선택은 오히려 '국사학'만큼이나 자연스러운 일이었다. 현실적으로도 일본인이 조선사를 연구하는 것은 식민자의 입장에서 조선의 어학이나 문학을 연구하는 것보다 언어적인 어려움을 덜 느낄 수 있는 길이었다.[25] 1929년 사학과의 첫 졸업생 5명 중에는 조선사학 전공자만 있었다. 신석호와 김창균이라는 2명의 조선인과, 해방 후《조선서교사(朝鮮西教史)》(雄山閣, 1967)를 저술한 야마구치 마사유키(山口正之)를 포함한 3명의 일본인이 그들이다. 이렇게 1936년까지는 조선사학 전공자 중 일본인의 비율이 오히려 높았을 정도였다.

세 번째로는 동양사학 전공자가 다른 두 전공보다 수적으로 우월했다는 점이다. 또한 초기에는 조선인과 일본인의 비율이 비슷했지만, 1937년 이후 조선인 전공자의 수가 격감하는 특징도 보인다. 조선인과 일본인 모두에게 민족사의 이념에서 어느 정도 자유로운 측면이 있는 동양사학 전공자는 2회 졸업 때부터 배출된다. 전체 사학과의 2회 졸업생으로는 조선사 전공의 윤용균, 성낙서와 동양사 전공의 미야자키 이소키(宮崎五十騎), 오가와 가쓰오(小川勝男)가 있었다. 그 중 동양사학 전공자였던 미야자키는 1937년에《개관조선사(概觀朝鮮史)》(四海書房)를 저술하는데, 이것만 보더라도 당시 동양사학 전공의 일본인은 조선사와 동양사에 대해 연구 범주에서 그다지 큰 차이를 느끼지 않은 듯하다. '동양'의 대리인으로서 새로운 '동양' 창안을 위해 일본제국주의가 기획한 동양사학의 구속으로부터 경성제대 안의 조선인 역시 자유롭지 못했음은 부인할 수 없다. 그러나 적어도 그들에게는 일본의 근대사학이 조장한 조선사학의

25) 경성제대의 '조선어학 · 조선문학' 강좌를 담당했던 오구라 신페이(小倉進平)는 자신에게 조선어는 실제 사회의 생생한 언어가 아니라 '학문적' 연구의 대상일 뿐인 "탁상 위의 조선어"라 하면서, 모어가 아닌 조선어 연구의 어려움을 고백했다. 京都大學國文學科 編, 〈鄕歌 · 吏讀の問題を繞りて〉, 《小倉進平博士著作集》 2, 1975, 103쪽.

모호성을 오히려 동양사학을 통해 극복해보려는 의지가 있었음을 엿볼 수 있다. 전통적으로 동양사는 곧 중국사라고 인식하던 태도에서 벗어나 그것을 '지나사'로 치부하고, 그와 대별되는 '만선' 지역의 역사를 주로 관계사의 측면에서 다루며 조선사의 위치를 정하려고 노력한 흔적들이 보이기 때문이다. 바로 그 점은 조선인 동양사학 전공자가 안고 있는 정체성의 문제와 깊은 관련이 있었다.

과거 조선 지식인들은 백영서가 지적한 대로 중국의 고전세계를 이상으로 삼고 그 이상을 탐구하는 것을 인문학적 동기로 여겼다. 그런 전통적인 중국(사)관은 그들에게 '중국사 연구의 원체험'[26]이라고 할 수 있다. 그런 '원체험'은 앞의 〈표 2〉에서처럼 분명 중국사(동양사) 연구에 대한 높은 접근성을 가져온 원인 중 하나였다. 그러나 식민주의에 의해 강요된 새로운 패러다임, 곧 새로운 학제로 인해 동양사에 관한 우리의 토착적인 '원체험'은 이미 쓸모없는 것이 되었다. 그렇기에 경성제대 출신자들이 당시 동양사학을 전공한다는 사실은 한편에서는 그 '원체험'을 상대화하려는 측면을 내포하고 있다. 또한 그런 패러다임 안에서 그들이 국사학에 느꼈던 거리감은 민족적 자의식의 표현과 동양사학 연구를 동일화하려는 인식으로 드러나기도 했다.

이상의 사실들을 통해 사학과를 졸업한 조선인의 인적 분포에 나타난 특성을 종합적으로 정리해보자. 일단 그들이 잠재적 '국(가)사학'인 조선사학에 높은 지향성을 보이고 있고, 자연스럽게 '국사학'이 전공 선택에서 배제되었음을 알 수 있다. 이는 자기=민족에 대

26) 백영서, 《동아시아의 귀환》, 창비, 2000, 133~134쪽.

한 주체적 인식의 필요성이 강했던 결과라고 할 수 있다. 그들의 인식 속에 조선사학과 '국사학'이 분명하게 구분되었다고 한다면, 동양사학은 그 중간지점에 존재했다. 그들은 제국대학 사학과가 동양사로부터 자국사를 배제해 '문명화의 대상'으로서 '동양'을 인식하고, 동양사와 조선사를 동일화하려는 학과 편제의 영향과 자장 안에서, 오히려 그런 동양사학을 통해 조선사의 위치를 결정하려는 인식을 갖고 있었다. 그런 인식에서 특히 개교 초기에 동양사학을 선택하는 이가 많았던 것으로 여겨진다. 다시 말해, '국사'=일본사의 폭력적 자장으로부터 자유롭지 못했던 현실에서 그것을 적대적으로 상대화하기보다, 동양사와 조선사의 차이와 동질성을 발견함으로써 민족사를 결정하려는 방법을 선택했던 것이다.[27)]

5. 조선인 동양사학 전공자의 학문적 실천

〈표 3〉은 동양사학을 전공한 조선인과 그들의 졸업논문 제목이다. 물론 졸업논문 제목만을 가지고 그 내용을 단정하는 것은 무리이다. 그리고 제목만 놓고 보면, 일본인 학생들의 논문과 비교해 그들 논

27) 해방 후 오랫동안 동양사의 영역에서 일본사를 등한시해온 원인을 민족 감정상의 문제로 파악한 고병익은 "일본 자신의 이른바 동양사라는 개념 속에 자국 역사가 제외되었던 탓도" 있다고 지적했다. 해방 후 우리 사학과의 학제가 경성제대의 연장에서 벗어나지 못했던 점을 생각한다면, 경성제대에서 국사학 전공자가 단 한 명도 없었고 학제상 동양사학을 통해 일본사를 경험하지 못한 점 때문에 해방 후 오랫동안 일본사 연구자가 배출되지 못했다고 지적할 수 있다. 고병익, 《아시아의 역사상》, 서울대학교출판부, 1969, 349쪽.

〈표 3〉 동양사학을 전공한 조선인과 졸업논문명

연도	이름	졸업논문명
1931	엄무현(嚴武鉉)	〈동양사상에서 흉노민족의 흥망성쇠에 대하여(東洋史上に於ける匈奴民族の興亡盛衰に就いて)〉
1932	김종무(金鍾武)	〈고대 지나의 융적—특히 주 및 춘추시대(古代支那於ける戎狄—特に周及び春秋時代)〉
	이원학(李源鶴)	〈사기에 나타난 사마천의 사관에 대하여(史記に現れた司馬遷の史觀に就いて)〉
1933	채규탁(蔡奎鐸)	〈후위조의 전제—특히 균전법에 대하여(後魏朝の田制—特に均田法に就いて)〉
1934	김성균(金聲均)	〈청태종시대 조선과의 관계(淸太宗時代に於ける朝鮮との關係)〉
	오진영(吳震泳)	〈유연민족의 북위와의 관계(柔然民族の北魏との關係)〉
	이흥종(李興鍾)	〈당의 절도사론(唐の節度使論)〉[28]
1935	채희순(蔡羲順)	〈북송의 향병에 대하여(北宋の鄕兵に就いて)〉
	서정덕(徐廷德)	〈당대의 조운에 대하여(唐代の漕運に就いて)〉, 1937년에는 교육학 전공으로 〈당대의 교육제도(唐代の敎育制度)〉를 씀.
	김창업(李昌業)	〈명초의 만주경략(明初の滿洲經略)〉
1936	이명원(李明遠)	〈전한말의 시대사상으로 본 왕망의 찬탈과 그 정치(前漢末の時代思想より見たる王莽の簒奪と其の政治)〉
1937	윤영구(尹英求)	〈당대의 곡창(唐代ノ穀倉)〉
	최병무(崔炳武)	〈송초의 무인 억압정책(宋初の武人抑壓政策)〉
	신태현(辛兌鉉)	〈금대 토지문제에 관한 일고찰(金代土地問題の一考察)〉
	정재각(鄭在覺)	〈명대 초기의 병제연구(明代初期の兵制硏究)〉

* 남한에서 역사학계에 종사했던 학자 : 김성균, 채희순, 신태현, 정재각
* 월북자 : 엄무현, 이원학, 이명원, 최병무
* 전공 변경자 : 오진영(법학 8회 졸업), 서정덕(교육학 9회 졸업), 윤영구(법학 11회 졸업)
* 이상의 내용은 《청구학총》의 각 호에 실린 〈휘보〉와 《경성제국대학일람》을 참조하여 정리한 것이다.

---

28) 《청구학총(靑丘學叢)》에 따르면 이흥종은 1932년에 졸업논문으로 〈당율성립에 관한 사적 고찰(唐律成立に關する史的考察)〉을 제출한 것으로 되어 있으나, 《경성제국대학일람(京城帝國大學一覽)》 등의 자료를 참조해본 결과 1934년 졸업이 옳은 것으로 판단된다.

문의 경향을 단정할 만한 뚜렷한 특징을 발견하기 어렵다. 그 중 한 가지 눈에 띄는 것은 당시 동아시아의 정치 현실에서 식민지 지식인들에게 기대되는 중국이나 '동양'에 대한 동시대적 또는 시사적인 현실에 관한 연구가 보이지 않는다는 점이다. 그러나 현재진행형의 역사보다 이미 완결된 과거 역사에 대한 실증적 연구 경향이 당시 경성제대의 학풍이었고, 그들의 졸업논문은 '강좌제의 핵'인 지도교수의 깊은 영향 아래에 있었다는 점에서 보면 그다지 의외의 결과는 아니다.

또, 경성제대를 통한 동양사학의 재생산과 관련해 전과와 편입의 문제를 제기할 수 있다. 당시 관직 진출이 출세의 조건으로 여겨지던 사회풍토로 인해 인문학(문학 · 사학 · 철학) 전공자가 법학과로 옮기는 경우가 많았다. 그 전과의 방법은 두 가지였다. 예과는 문과 A반과 B반 둘로 나뉘어 있었는데, 그들이 본과인 법문학부로 진학할 때는 각각 법학부와 문학부로 진학하는 것이 원칙이었다. 그 과정에서 B반 학생이 법학 쪽으로 진학하는 경우가 많았다.[29] 다른 경우는 문과를 졸업한 후 다시 법학과에 편입(또는 전과)하는 방법이 있었다. 동양사학 전공자 중 오진영, 서정덕, 윤영구 세 명이 이런 방법으로 법학과에 편입, 전과했다. 그것은 당시 동양사학의 사회적 수요와 무관하지 않다.[30] 또 단지 그들의 사회 진출에만 국한된 문제가 아니라, 동양사학을 재생산하는 데 관여하는 학문 전반의 문제

29) 1926년 첫 예과 출신자가 본과에 진학할 당시에는 B반 학생들 모두가 그대로 문과로 진학하지만, 이듬해부터는 해마다 3~4명이 법학과로 옮겨 진학했다. 반대로 이효석처럼 예과 A반(2회) 출신이 문과(영문과)로 옮겨 진학한 경우는 매우 예외적인 일이었다.

와도 깊이 관련되어 있었다.

조선인 중 동양사학 첫 전공자는 3회 졸업생(1931)인 엄무현이었다. 그는 경성제대 법문학부 출신자들이 중심이 되어 발행한 종합학술지 《신흥(新興)》을 통해 졸업논문의 일부를 '독사여묵(讀史餘墨)'이라는 제목으로 발표한다. 이 글은 '지나사'에 나타난 '만이융적(蠻夷戎狄)'의 방위와 기원에 대해 논한 것이었다. "제이족(諸異族)을 기하는대 대개 한민족(漢民族) 자신의 선조에 관련식혀 있음을 알 수 있나니 과연인가?"[31]라는 문제제기로부터 시작된 이 논문은, 고대 '지나인'이 '중원' 또는 '중화'라고 한 '한토(漢土)'를 본위로 삼아 역사를 기술하려는 태도를 '자가당착(自家撞着)'이라고 비판한다. 그는 시라토리 구라키치를 인용하며 근대 일본이 '창안'한 동양사학의 방법론에 충실하고 있지만, 그가 이 글을 쓴 목적은 "주위 제 민족" 그 중에서도 조선민족의 기원의 독자성을 주장하기 위함이었다. 적어도 엄무현의 글을 통해 동양사학이 조선사와 어떤 관련을 갖는지, 또 동양사학을 전공으로 선택한 그의 기본적인 인식이 무엇이었는지를 엿볼 수 있다.

또, 동양사학 전공자들의 인적 구성을 살펴볼 때, 다른 학과 출신자들에 비해 대외적인 학문활동 참여가 적다는 사실은 학과 성격과

---

30) 채희순과 정재각의 예를 보자. 채희순은 졸업 후 10년간 선천(宣川) 보성여중, 함흥 영생중학, 경성 배화여고, 평남 성천농중을 거치며 교직에 몸담고 있다가 경성제대 대학원에 진학했다. 동양사학 마지막 조선인 졸업생인 정재각도 대구 계성중학, 경성 경신중학에서 교직에 몸담았다. 김성균처럼 총독부 도서과(검열관)에 재직한 경우도 있으나, 대부분은 중등교육에 종사한 것으로 보인다.

31) 《新興》 5호, 1931. 7, 87쪽.

무관하지 않다. 동양사학은 1937년까지 해마다 전공자를 배출했는데 조선사학이나 다른 전공의 조선인들에 비해 대외활동이 눈에 띄게 적었다. 《신흥》에서도 '지나문학' 전공자인 최창규(1회)나 김태준(2회)이 중국의 동시대적인 문제에 관심을 보인 데 반해, 동양사학 전공자의 글은 엄무현 이외엔 전무하다. '조선과 인근 문화의 연구'를 목적으로 했던 진단학회의 기관지 《진단학보》에서도, 다른 전공 출신자인 조윤제(조선문학, 1회) · 고유섭(미학, 2회) · 이숭녕(조선어학, 4회) · 유홍렬(조선사학, 6회) 등이 일본 유학파인 이병도 · 손진태 · 김두헌 · 김상기 등과 함께 주도적으로 활동한 데 비해, 동양사학 전공자들의 활동은 전혀 눈에 띄지 않는다. 또한 조선에서 발행된 일본어 잡지에도 그들의 활동은 미미했다. 당시 '조선 및 만주를 중심으로 한 극동문화 연구와 보급'을 목적으로 조선인과 일본인이 함께 조직했던 청구학회의 《청구학총》(일본어 잡지)을 보아도, 1937년 졸업생인 신태현만이 〈거란문애책(契丹文哀冊)에 대해서〉(28호)와 〈언문의 기원에 대해서〉(30호)라는 논문을 발표했을 뿐이다. 이런 결과를 각 개인의 기호나 역량 등의 문제로 판단할 것인지, 아니면 학과 성향과 특성으로 판단할 것인지는 좀 더 깊은 고찰이 필요하다.

일단 필자의 생각은 적어도 그것이 조선의 동양사학이라는 학과 성격과 무관하지 않다는 판단이다. 그들의 의식 속에 동양사학은, '국사학'이라는 권력과 잠재적 '국사학'=조선사학이라는 상상 사이의 중간지점에 있었다. 그들이 식민지 학문의 중추역할을 맡았던 경성제대 출신이었기 때문에, 그런 학문의 권력 문제와 관련한 고민을 더욱 심각하게 받아들였는지도 모른다. 그들은 서로 '동양사학'

출신자라는 학문적 동질감을 느끼지 못했기 때문에, '조선어학 · 조선문학' 전공자들이 '조선어문학회'를 조직하는 것과 같은 자신들만의 학술공간을 만들지도 못했다.

이 대학의 교육학 담당 교수 마쓰즈키 히데오(松月秀雄)가 조선의 젊은이들에게 보낸, "아직 젊어 앞날이 창창한 당신이 앞으로 볼 2, 30년 후 황국일본의 모습을 아무튼 나는 볼 수 없겠죠. 대동아공영권이 확립되어 동양인의 동양이라는 이상이 단순한 이상이나 꿈이 아니라 현실 생활이 된 새벽……, 당신이 그것을 볼 수 있는 것이 얼마나 부러운지"[32]라는 메시지에 당시 젊은이들이 얼마나 공감했을까. 특히 '동양'의 '이상'을 기획할 선도적인 임무를 떠안은 동양사학의 조선인 전공자들에게 '이상'이나 '꿈'이 아닌 장래 '현실'로서 '동양'은 어떤 것이었을까. 우리는, 식민지 지식인으로서 그리고 식민주의의 기획인 동양사학 전공자로서, 두 정체성의 혼란 사이에서 고뇌하는 그들의 모습을 통해 그 답을 찾아야 할 것이다.

독립 이후 동양사학자의 길을 걸었던 김성균, 채희순, 신태현, 정재각 등은 대한민국 건국과 함께 대학과 문부 행정에서 오히려 '국사학=한국사학' 건설에 깊이 관여한다.[33] 1970년대에 들어서는 동양사 연구자들 사이에서 동양사를, "조선 및 인접 지역을 대상으로 했던 이른바 조선학의 연구 전통"[34] 위에서 "국사의 외연이나 관계

---

32) 松月秀雄, 〈若き世代に與ふる書〉, 《國民文學》, 1942. 4, 7쪽.

33) 김성균은 경희대 교수와 국사편찬위원장을 역임했다. 채희순은 동국대 · 서울대 사대 · 성균관대 · 이화여대 교수를 역임했고, 해방 직후 《중등 동양사》와 《동양사개론》 등을 저술했다. 신태현은 문교부 편수국장과 경희대 교수를 역임했고, 정재각은 국학대 · 고려대 · 동국대에서 교수를 역임했다.

사의 일환"[35]으로 여기는 태도에서 벗어나야 한다고 비판하기에 이른다. 물론 이런 문제들이 전적으로 경성제대 동양사학 출신자들에게만 국한된 것은 아니다. 결국 그것은 동양사학자의 자기 정체성과 직접적인 관련이 있는 자기비판의 문제이다. "우리나라 동양사학의 선후도착(先後倒錯)의 실정"[36]이라는 정재각의 자기반성은, 경성제대 사학과의 전공 편성과 관련한 정치성의 자장에서 결코 자유로울 수 없는 한국의 동양사학 성립과정의 문제라는 점에서 그들의 존재는 상징적이다.

6. 해방 후의 동양사학을 향하여

8 · 15해방 직후 대학의 동양사학은, 서울대학의 김상기(와세다대학), 고려대학의 정재각(경성제대) · 김준엽(게이오대학 중퇴), 연희대학의 민영규(다이쇼대학) · 조좌호(도쿄제대), 동국대학의 채희순(경성제대) 등, 담당 교수의 학력에서 알 수 있듯이 해방 이전 일본의 교육 내용을 그대로 답습했다. 그럼에도 불구하고 해방과 동시에 동양사에 관한 여러 개설서와 번역서가 출간되었다.[37] 그때까지 동양사에 관한 이렇다 할 개설서 하나 스스로 기술하지 못했던 현실에

34) 윤남한, 〈동양사연구의 회고와 과제〉, 《역사학보》 68, 1975, 107쪽.

35) 윤남한, 〈회고와 전망〉, 《역사학보》 49, 1971, 115쪽.

36) 정재각, 앞의 〈동양사 서술의 문제〉, 168쪽.

37) 하세봉, 《동아시아 역사학의 생산과 유통》, 아세아문화사, 2001, 20~21쪽에 열거된 목록 참조.

비춰볼 때 그것은 대단한 변화였다. 그 동력은 언어의 해방을 통해 출판 등의 지적 통제와 자기 검열의 고삐를 벗어던진 결과였다. 비록 그 내용이 "일본의 것을 답습한 것"일지라도, 과거 지배자가 구사한 '동양'의 레토릭 위에 자기 민족의 언어를 덧씌우는 과정은 역설적이지만 새로운 정치적 의미를 띠기 마련이다.

> 서양인이 동방으로 그 세력을 진출시킨 것은 근세 일이 세기간의 일변조(一變調)에 불과하는 것이니, 인도와 중국 사천 년간의 찬란한 문화는 철학 · 종교 · 정치 · 예술 각 방면에 걸쳐 위대한 공헌을 우리에게 준 것은 부인치 못할 사실이며, 필경은 동서 양양(兩洋)의 문화를 포섭융합(包攝融合)하여 일대 세계문화를 창설하는 것이 우리 동양인에게 부과된 사명이라고 생각한다.[38]

위에 인용한 글은 채희순이 "조선 제이해방일(朝鮮第二解放日)", 곧 대한민국 건국 시점에 탈고한 《동양문화사》(민중서관, 1948)를 일부 수정 · 보완하여 출간한 《동양사개론》 중 "동양의 한계"라는 항의 일부분이다. 과거 '동양사'를 전유했던 일본 동양사학계에서 흔히 볼 수 있는 맥락이지만, 서문에서 "조선 제이해방일" 등 집필 시점과 목적을 자기 언어로 표현한 것은 무척이나 새롭게 보인다. 이런 새로움은 과거 상실했던 주체를 복원하고 시간을 회복하는 기획의 일환이라는 측면에서 더욱 의미 있게 받아들여진다. 그리고 정

38) 채희순, 《동양사개론》, 고려출판사, 1954, 3쪽.

재각은 한 발 더 나아가 이렇게 주장한다.

> 우리의 동양사학도 하루빨리 일본적 역사학과 함께 전승한 서양의 동양학의 잔재를 그 시대착오적인 면에서 청산하여야 하겠다.[39]

이와 같이 경성제대 동양사학 출신자들이 해방 직후 보여준 동시적인 '사명'과 '반성'은 어떤 의미에서든 한국의 동양사학이 식민지 시기 동양사학의 정치적 자장 안에서 출발하고 있음을 다시 한 번 확인시켜주는 대목이다.

특히, 독립 후에도 동양사의 영역에서 일본사를 외면해왔던 현실은 오히려 과거 '국사학'에 내면화된 기억=제도에 구애받고 그것을 진정 타자화하지 못했음을 반증하는 것이리라. 이는 국사학, 동양사학, 조선사학으로 전공이 편성되었던 식민지 조선 유일의 대학인 경성제대 사학과라는 제도가 그들의 의식 속에 뿌리 깊이 잔존해 있었음을 의미한다. 본래 대학의 역사가 '사상사와 제도사 사이의 공통의 영역'[40]에 존재한다는 어느 역사가의 말은 그런 의미에서 더욱 상기할 만하다.

---

39) 정재각, 앞의 〈동양사 서술의 문제〉, 173쪽.

40) ステファン・ディルセー, 池端次郎 譯, 《大學史(上)》, 東洋館出版社, 1988, 3~4쪽.

2부

공전하는 한국의 탈식민주의 역사학

'숨은 신'을 비판할 수 있는가?

김용섭의 '내재적 발전론'

윤해동

김용섭은 이중적인 의미에서 한국 역사학계의 '숨은 신(神)'이었다. 그가 제기한 여러 논의를 제외하고는 한국 현대사학사를 검토할 수 없을 정도로 한국사학계에 거대한 영향을 끼쳐온 '거인'이었다는 점에서 그러하다. 나아가 그의 논의가 1960년대 이래 내재적 발전론의 중요한 논점을 포괄하고 있다는 점에서 또한 그러하다.

윤해동(尹海東)

서울대학교 국사학과에서 학사 · 석사 · 박사학위를 취득했다. 서울대 · 외국어대 등에서 강의했으며, 일본 와세다(早稻田)대학에서 외국인 연구원으로 있었다. 현재 성균관대학교 동아시아학술원 HK교수로 있다.
한국 현대사회의 구조적 형성과정을 역사적으로 추적하기 위해 촌락사회의 성격과 산림입회권의 변화과정 등에 관심을 가져왔다. 이와 아울러 한국 근대 계몽주의의 형성과 '협력' 의 성격 변화를 공부하고 있으며, 이런 관심을 동아시아를 대상으로 확대하고자 한다. '식민지 근대' 를 화두로 삼은 지 꽤 되었다. 이 화두의 바탕에는 근대성 비판이 자리하고 있는바, 식민지 근대의 공시성과 통시성, 곧 식민지 근대의 보편적 성격을 확인하기 위해 문제의 관심을 확대해나갈 예정이다. 이런 과제를 해결하기 위해서 근대역사학에 대한 메타역사학적 비판과 학문 융합에도 깊은 관심을 기울이고 있다.
주요 저서로 《식민지의 회색지대》(역사비평사, 2003), 《지배와 자치》(역사비평사, 2006), 《식민지 근대의 패러독스》(휴머니스트, 2007) 등이 있으며, 공편저로 《근대를 다시 읽는다(1 · 2)》(역사비평사, 2006)가 있다.

1. '숨은 신'—비판의 대상이 될 수 있는가?

'내재적 발전론(內在的發展論)'은, 1960년대 이래 "식민사관(植民史觀)의 타율성론(他律性論)-정체성론(停滯性論)을 비판하고, 세계사적 발전과정이라는 보편성을 전제하면서 한국사의 특수성을 밝혀 민족사를 발전적으로 체계화하고자 하는 이론으로서, 그 핵심은 사회구성체 방법론을 한국사에 원용하는" 것으로 정의되어왔다.[1] 하지만 '내재적 발전론'으로 논리화되는 역사학 방법론의 내부에도 다양한 연구 경향이 혼재(混在)하며 그 역시 일정한 역사성을 갖는다.

또한 내재적 발전론의 시효가 만료되었음을 선언하는 논의가 무성한 가운데서도,[2] 내재적 발전론을 "외래 이론에 휩쓸리지 않고 근대역사학의 전통을 비판적으로 계승하면서 자신의 개성을 만들어온, 매우 보기 드문 1960, 1970년대 우리 현대역사학의 전통"으로 규

---

1) 김인걸, 〈1960, 70년대 '內在的 發展論'과 韓國史學〉, 《韓國史 認識과 歷史理論》, 金容燮敎授 停年記念 韓國史學論叢 1, 지식산업사, 1997, 131쪽.

2) 1980년대 후반 이후 하시야 히로시(橋谷弘), 고바야시 히데오(小林英夫), 나미키 마사히토(竝木眞人) 등의 일본인 조선사 연구자들이 이런 논의를 제기해왔다. 이와 관련한 논문은 이해주 · 최성일 편역, 《韓國近代社會經濟史의 諸問題》, 부산대학교출판부, 1995에 번역 · 수록되었다.

정하면서, 이런 역사학의 전통을 새로이 쇄신하여 힘을 발휘하도록 해야 한다는 논의가 제출되기도 했다.[3)]

여기에서는 1960년대 이후 한국사의 역사 인식론 나아가 방법론으로 기능해온 내재적 발전론의 논리를 김용섭(金容燮)[4)]의 저작을 대상으로 검토해보고자 한다.[5)] 김용섭은 1950년대 이후 1990년대까지 근 40년에 걸쳐 정력적으로 연구성과를 발표해온 한국사학자로서, 그의 논의는 이른바 내재적 발전론의 주요 쟁점을 포괄하고 있

---

3) 김인걸, 앞의 〈1960, 70년대 '內在的 發展論'과 韓國史學〉 참조.

4) 김용섭은 서울대 역사교육과를 졸업하고, 고려대 대학원에서 1957년에 석사학위를, 그리고 1983년에 연세대 대학원에서 박사학위를 받았다. 서울대 사범대 역사교육과에서 교직을 시작한 이후, 1966년에 서울대 사학과(후에 국사학과)로 옮겼다가, 1974년에 다시 연세대 사학과로 옮겨 1997년 그곳에서 정년을 맞았다. 1967년에 한국 최초의 한국사 연구단체인 '한국사연구회(韓國史硏究會)'의 창립에 큰 역할을 한 것으로 알려져 있다.

5) 1955년 무렵 김용섭이 한국사 연구를 시작할 즈음, 그에게 다가온 가장 거대한 벽은 '한국사학이 하나의 철칙으로 여기고 있던 한국사의 타율성이론과 정체성이론'의 문제였다. 이 벽을 극복하기 위해서는 '농민층의 동태를 농민들의 주체적 계기에서, 그리고 한국사의 내적 발전과정에서 파악'해야 했다고 그는 회고했다. 김용섭, 〈序〉, 《朝鮮後期農業史硏究(1)》, 일조각, 1970. 이로 본다면 김용섭은 '한국사의 내적 발전을 주체적 계기로 파악'한다는 문제의식을 적어도 1970년경에 정립시켰다고 할 수 있다.

또한 그의 후배·제자들에 의해 출판된 정년기념논총의 〈서문〉에서 "한국사를 내재적 발전의 논리에 따라 체계화하는 것"을 출간 목적으로 내세우고 있으며, 〈발문〉에서도 김용섭의 연구에서 보이는 가장 두드러진 특징을 "한국사의 내재적 발전의 끈질긴 추적"으로 규정하는 점에서, 그의 연구를 내재적 발전론의 틀로 검토할 수 있을 것이다. 金容燮敎授 停年記念 韓國史學論叢刊行委員會, 〈序〉; 정창렬, 〈跋文〉, 《韓國近現代의 民族問題와 新國家建設》, 金容燮敎授 停年記念 韓國史學論叢 3, 지식산업사, 1997.

다(뒤의 연구 논저목록 참조). 처음부터 내재적 발전론을 개념화하여 전면에 내걸지는 않았으나, 그의 연구작업이 내재적 발전론의 논리 전개를 이끌고 있었다는 사실은 부인하기 어렵다. 이 글에서는 김용섭을 매개로 내재적 발전론이 고착되어가는 과정을 검토함으로써, 한국사 연구가 가진 현실 대응력을 점검하고 이후 역사학의 방향성 논의에 일조하고자 한다.

김용섭은 이중적인 의미에서 한국 역사학계의 '숨은 신(神)'[6]이었다. 우선 그의 논의가 대중적으로 널리 알려지지 않았지만, 그가 제기한 여러 논의를 제외하고는 한국 현대사학사를 검토할 수 없을 정도로 한국사학계에 거대한 영향을 끼쳐온 '거인'이었다는 점에서 그러하다. 나아가 그의 논의가 1960년대 이래 내재적 발전론의 중요한 논점을 포괄하고 있다는 점에서 또한 그러하다. 하지만 '숨은 신'이 포괄하는 영역, 곧 신의 영역은 비판의 대상이 되지 않는다. '믿음'을 바탕으로 하는 신의 영역은 곧 '성역'이기 때문이다. '비판적인 믿음'이란 존재하지 않기 때문에, 김용섭의 논의에 대한 명시적인 해석이나 비판이 존재하지 않는 일견 기이한 현상을 이해하기는 어렵지 않다.[7]

하지만 학문의 영역에서 비판이 부재하는 현상은 그 자체로 불행

6) '숨은 신'이라는 은유는 뤼시앵 골드만(Lucien Goldman)에게 빌려온 것이다. 골드만은 문학에서 비극의 탄생을 논하기 위해 숨은 신이라는 은유를 사용했지만, 여기에서 사용하는 숨은 신의 은유는 이와는 조금 거리가 있다. 김용섭의 내재적 발전론을 넘어서지 못함으로써 비극적 정서가 역사학의 저변을 관통한다는 점에서는 골드만의 논의와 관련이 있을 수도 있지만, 여기에서는 주로 김용섭의 역사학 체계를 '역사화'해야 한다는 점에서 이런 은유를 사용했다.

한 일이다. 학문적 비판이 불가능해지는 지점 곧 신성화하는 지점부터, 그 학문은 도그마의 영역으로 떨어질 수밖에 없기 때문이다. 김용섭의 내재적 발전론이 지니는 학문적 엄정성과 역사적 기여를 인정한다면, 신의 영역으로부터 그의 논의를 해방시키는 것이야말로 이를 젖줄 삼아 성장해온 후학들의 임무가 될 것이다. 하지만 '숨은 신'을 비판하고 그를 신의 영역에서 해방시키는 길이 있기나 한 것인가? 이제 한국사 연구자들에게는 익숙하기 그지없지만, 한 번도 명시적으로 해석되거나 비판된 적이 없는 '숨은 신'의 영역으로 들어가보자.

2. '내재적 발전론'의 논리 구성

1) 식민사학 비판과 근대역사학의 세 가지 전통

김용섭은 일제 관학자들의 역사학인 식민사학을 극복한 토대 위에서 해방 이후의 '새로운 한국사학'을 구축해야 한다고 보았다. 그는 식민사학의 인식론을 '정체성론'과 '타율성론'으로 요약했으며, 이러한 인식론이 일제의 식민정책을 뒷받침한 것으로 파악했다. 하

7) 김용섭에 대한 명시적인 해석이나 비판이 존재하지 않는다는 지적은 한편으로는 틀린 말이다. 뒤에서 다시 말하겠지만 김용섭의 논의에 대해 심각한 비판이 제기되어왔다는 점에서 그렇다. 그러나 이런 비판은 완벽하게 무시되었으며, 이런 방식을 통해 그의 논리는 유지되어왔다. 또한 김용섭의 논의가 가지는 중요성에 비추어 그에 대한 사학사적 위치 부여나 비판이 없었다는 점에서 위의 지적은 아직은 타당하다고 하겠다.

지만 한국 근대역사학은 일제 관학자들의 근대적 이론과 엄격한 실증을 바탕으로 출발한 것이기도 했다.[8] 따라서 정체성론과 타율성론의 극복과 함께 적극적인 민족 주체성과 발전주의적 입장 위에서 새로운 한국사학을 구축해야 할 것으로 보았다.

새로운 역사학의 수립을 위해 그는 식민사학을 비판함과 아울러 제국주의 지배 아래에서 한국인들이 형성해온 근대역사학의 전통에 주목했다. 그는 해방 이전 근대역사학의 전통을 크게 실증주의 사학, 마르크스주의 사학, 민족주의 사학이라는 세 가지로 분류했다.

먼저 실증주의 사학에 대해서는 다음과 같이 파악했다. 실증은 역사연구에서 바람직한 것이지만, 그것만으로 '과학으로서의 역사학'이 될 수는 없는 것이었다. 실증은 역사학의 기초 조건에 지나지 않는 것이다. 그럼에도 실증주의 사학은 사료를 합리적이고 비판적으로 음미하고 역사적 지식을 더욱 증가시킴으로써 한국 역사를 체계화하는 데 중요한 근거를 제공했다고 보았다. 김용섭이 양안이나 호적 등 기초 자료를 이용한 철저한 실증을 통해 역사적 구체성을 확보하려 했다는 점에서도 실증주의 사학의 영향이 컸음을 짐작할 수 있다.[9]

다음으로, 다른 문화민족의 역사적 발전 법칙과 마찬가지로 '일원

8) 김용섭은 경성제대에서 근무했던 시가타 히로시(四方博)를 특히 높이 평가했는데, 시가타는 "후진들에게 적지 않은 자극을 주었고, 지금도 그 영향이 적지 않다"고 하여 그를 크게 의식했다. 김용섭, 〈일본-한국에 있어서의 한국사 서술〉, 《역사학보》 31, 1966, 142쪽. 시가타는 조선시기 연구에 양안(量案)이나 호적(戶籍), 그리고 계안(契案) 등의 고문서를 적극 활용했는데, 이런 측면이 한국사 연구자들에게 큰 영향을 미쳤던 것으로 보인다.

론적인 역사 발전 법칙'에 의해 한국 역사 역시 다른 여러 민족과 거의 동궤적(同軌的)인 발전과정을 거쳤음을 입증했다는 점에서 마르크스주의 역사학자인 백남운(白南雲)을 높이 평가했다. 이는 식민사관의 정체성론에 대한 최대의 도전이었다는 것이다. 보편적인 발전 법칙을 한국사의 전개과정에서 확증하는 것은 식민주의 사관을 정면으로 비판하는 것이자, 민족 주체성을 담보하는 것이었다.[10)]

마지막으로, 신채호(申采浩)로부터 정인보(鄭寅普), 안재홍(安在鴻)으로 이어지는 민족주의 사학에 대해서는 민족과 민족정신을 기층에 깔고서 그것을 세계사적인 사회 발전 논리로 전개하고 체계화하려 한 점에서 주목했다. 김용섭은 민족주의 사학을 바탕으로 한국 역사의 주체성을 확립하고, 세계사와 관련된 보편성과 특수성을 조화시키려 했다.

이처럼 김용섭이 주목하는 역사학의 세 가지 전통은 실증주의 사학, 백남운의 마르크스주의 사학, 신채호로부터 연원하는 민족주의 사학 등이었다. 김용섭의 내재적 발전론의 바탕을 이루는 진보-발전의 논리, 마르크스주의 발전단계론, 민족주의적 주체성 논리는 이

---

9) 김용섭은 동양적 정체성이론의 정세(精細)한 논리의 하나가 '동양적 수전농업(水田農業)'의 문제를 입각점으로 삼고 있기 때문에, 정체성이론을 극복하기 위해서는 사관이나 입장을 달리 설정하는 일 외에 실증을 통해 농업 문제의 사실 오류를 지적해야 한다고 보았다. 김용섭, 〈序〉, 앞의 《朝鮮後期農業史研究(1)》. 그는 이처럼 정치한 실증을 정체성이론을 극복하기 위한 중요한 도구로 간주했다.

10) 김용섭은 백남운에 주목함으로써 조선 후기를 대상으로 한 '자본주의 맹아론'을 정립하는 데도 도움을 받았던 것으로 보인다. 백남운의 역사학에 대해서는 방기중, 《한국근현대사상사연구 : 1930 · 40년대 백남운의 학문과 정치경제사상》, 역사비평사, 1992 참조.

런 전통에서 유래하는 것이었다(뒤의 14, 18, 21, 22, 23의 논문 참조).

하지만 이런 전통은 김용섭에게 다른 의미에서는 극복해야 할 도전의 대상이기도 했다. 실증주의가 가진 실증 본위의 경향, 마르크스주의 사학이 가진 동양적 정체성론, 민족주의 사학이 가진 관념성 등이 바로 그것이다.[11] '이론이 부재하는 실증주의의 만연'이라는 현실은 체계적인 한국사 인식의 필요성을 촉구했고, 이에 대응하기 위해 정립해간 논리가 바로 내재적 발전론이었다.

2) '발전'의 논리

여기에서는 김용섭의 내재적 발전론의 틀을 '발전의 논리'와 '내재성의 논리'로 구분하여 그 논리적 개요를 정리해보겠다.[12] 먼저 발전의 논리는 다시 다음 세 가지로 나누어 살펴볼 수 있다. 첫째, 농업생산력의 발전과 그를 바탕으로 한 '소유론', 그리고 지주전호제(地主佃戶制)의 성립과 발전이라는 문제의식, 둘째, 자본주의 맹아론과 경영형부농론, 셋째, 자본주의 근대화론과 식민지 수탈론이 그것이다.

첫째는 농업생산력 발전과 '소유론' 및 '지주전호제'의 성립과 발

11) 김용섭은 1960년대 후반 한국사학계의 상황을 "빈약한 이론적인 기반 위에서 실증주의에 만족하고 있는 것이며, 넓은 시야와 체계적인 연구, 세계사적 관련에의 태세가 갖추어지지 못하고" 있다고 묘사했다. 김용섭, 앞의 〈일본-한국에 있어서의 한국사 서술〉, 147쪽.

12) 물론 발전의 논리와 내재성의 논리를 정확히 구분하는 데 어려움이 있을 뿐만 아니라 각각의 논리가 상호 교차-침투하면서 개별 논리를 구성하고 있으므로, 이런 구분에 무리가 따른다는 점을 인정한다. 그럼에도 이런 구분이 논리적 명징성(明徵性)을 추구하는 데 도움을 줄 수 있을 것으로 본다.

전에 관한 문제의식이다. 식민사학의 정체성론을 구성하는 핵심적 인 논리는, 한국 역사에서는 토지의 사유화가 지체되어 토지국유제가 지배해왔다는 것이었다. 따라서 발전의 논리를 구성하기 위해서는 토지의 사적 소유를 역사적으로 소급하여 증명함으로써 토지국유제의 논리를 근본적으로 비판할 수 있어야 했다. 또한 토지의 사적 소유는 농업생산력의 발달을 바탕으로 해야만 증명 가능한 것으로 판단되었다. 이리하여 정체성론을 극복하기 위해서는 '농업생산력의 발전-사적 소유의 확립-지주전호제의 성립'이라는 논리적 연쇄를 역사적으로 증명해야만 했다(8의 저작 참조).[13]

이에 관한 그의 논리는 대개 다음과 같이 구성되어 있다. 삼국시기 중반 이후 농업 생산용구의 개량을 바탕으로 농업생산이 발전함에 따라 사회 발전도 촉진되었다. 이를 바탕으로 하호(下戶) 농민들은 전사(佃舍)-정전(丁田) 농민으로 점차 변동되어갔다. 이런 중세적인 자영농민의 성장은 농업생산력을 바탕으로 한 사적 소유의 발전에 따른 것이었다. 이러한 사적 소유는 한국의 중세가 성립하는 삼국통일기부터 지배적 범주로 성립하기 시작했다. 중세적인 경제-토지제도의 특징은 봉건적인 지주전호제와 자영농민의 토지 소유가 일반화되고, 특히 전자의 경우 농업생산이 봉건지주층의 전호(佃戶)층에 대한 농노적인 지배관계로 수행되었다는 점이다. 다른 한편, 봉건적인 신분-직역(職域)관계를 중심으로 수조권(收租權)이 성립함으로써, 국가와 일반 농민 사이에 전주전객제(田主佃客制)가 형성

13) 전근대의 토지제도와 관련한 김용섭의 논의는 다음의 논문에 집약되어 있다. 김용섭, 〈토지제도의 史的 推移〉, 《韓國中世農業史硏究》, 지식산업사, 2000, 3~56쪽.

되어 수조권에 입각한 지배가 성립했다는 것이다. 곧 삼국통일 이후 새로운 생산관계로서 지주전호제가 발전하기 시작했는데, 이후 수조권에 의한 토지 지배와 사적 소유에 의한 토지 지배가 병존하면서도 전자가 우세한 위치에서 경합관계에 있었다. 그러나 15세기 후반에 직전법(職田法)과 관수관급제(官收官給制)를 계기로 사적 소유에 의한 토지 지배가 우세해져 이에 바탕을 둔 지주전호제가 지배적인 관계가 되었다. 결국 조선 후기 중세사회의 해체과정은 지주전호제의 변화를 바탕으로 한 것이었다.

사적 소유의 발전이 미비하여 지주전호제가 성립하지 않은 삼국시대 이전이 고대사회이고, 지주전호제가 성립 · 발전하는 통일신라-고려-조선 시기까지가 중세사회로 구분되었다. 조선왕조 후기 사회는 지주전호제가 크게 동요함으로써 중세최말기 또는 중세사회 해체기로 규정되었다. 이처럼 그의 지주전호제론은 농업생산력의 발전-사적 소유의 성장-지주전호제의 성립과 발전이라는 도식, 곧 생산력과 생산관계 내지 토대와 상부구조가 조응한다는 '역사적 유물론'의 발전 도식에 입각한 것이었다. 한편 지주전호제론은 생산력 발전의 수준을 과신(過信)함으로써 사적 소유제 성립의 기원을 부당하게 소급시켰으며, 전근대 소유제의 중층성과 복합성을 무시했다는 비판을 받았다.

둘째는 '자본주의 맹아론'과 '경영형부농'론이다. 김용섭은, 한국 역사에서 정체성의 표본은 조선 후기이며, 개항을 계기로 외세에 의해 한국의 근대화가 이루어졌다는 통념을 넘어서기 위해서는, 농업-농촌-농민의 내적 발전과정을 중심으로 17~19세기의 농촌경제와 사회 발전 양상을 통해 중세 또는 전통사회의 해체과정을 해명할 필요가 있다고 보았다.[14] 이리하여 제기된 것이 바로 자본주의 맹아론이다. 그리고 자본주의 맹아를 농업에서 검출하기 위한 논리가 경영형부농론이다. 이에 관한 그의 논리는 다음과 같은 것이었다.

조선시기에 지배적인 범주로 성립한 사적 소유에 기반을 둔 지주전호제를 바탕으로, 지주와 전호의 모순관계의 내재적인 발전과정에 따라 18세기 이후 농민층의 분해가 본격적으로 전개되었다. 광범위한 토지 소유의 분화를 바탕으로 지주전호제는 더욱 발전했으며, 그 결과 농업경영에서 농민층의 분해가 전개되었다. 이 가운데 자시작겸영농민(自時作兼營農民)으로서의 부농이 전체 부농의 1/5~1/3을 차지했는데, 이것이 바로 '경영형부농'이다.[15] 농민층 몰락의 이면을 구성하는 경영형부농은, 임노동을 이용한 농업생산의 합리적 경영을 통해, 그리고 차경지(借耕地)의 확대, 지대(地代) 인하, 상업적 농업경영을 통해 소득을 늘려 부를 축적했다. 경영형부농은 소생산자적 농민 계층의 분해 속에서 형성되는 중산적(中産的) 부민(富民)이고, 그 중에서도 봉건지주층의 전작지를 차경(借耕)함으로써 부를 축적하던 농민층은 이른바 '자본가적 차지농(借地農)'에 가까운 층으로 간주되었다. 경영형부농은 봉건적인 생산양식을 타도하고 새로운 생산양식을 수립할 수 있는 사회 계층에 가까운 존재로 규정되었다.[16] 물론 이런 농민층 분해의 진전과 새로운 계층의 성장은 생산력의 발전을 바탕으로 한 것이었다. 그리고 농업생산력의 발

---

14) 김용섭, 〈序〉, 앞의 《朝鮮後期農業史研究(1)》.

15) 김용섭, 〈續 量案의 研究〉, 위의 책, 208~294쪽.

16) 김용섭, 〈朝鮮後期의 經營型富農과 商業的 農業〉, 《朝鮮後期農業史研究(2)》, 일조각, 1971, 267~385쪽.

전을 구명하기 위해서는 농업기술과 농학(農學)의 발전과정을 분석할 필요가 있었고, 지주제의 변화에 대응하는 유통경제와 농업경영의 변동을 증명할 필요가 있었다. 이에 관한 그의 추적은 집요한 바 있다(2, 3, 4 등의 저작 참조).

이처럼 조선 농업경영에서 경영형부농을 검출하려는 시도는 자본주의 맹아를 검출하려는 노력의 일환으로 수행되었다. 이는 농업에서 광작(廣作) 경영이나 서민지주(庶民地主)를 검출하려는 노력과는 다른 것으로, 영국형 자본주의 발전을 가정하는 데서 출발한 것이었다.[17] 이 개념이 얼마나 심각한 '역사적 예단(豫斷)'에 입각한 것이었는지에 대해서는 그동안 많은 비판이 있어왔다.[18]

셋째는 '자본주의 근대화론'과 '식민지 수탈론'이다. 일제는 자국의 자본주의 농업기구가 기생지주제(寄生地主制)를 바탕으로 한 점을 고려하는 동시에 식민지 지배의 협력 기반을 마련하기 위해 식민지 농업정책을 통해 구래의 지주제를 존속시켰다. 일제의 토지조사사업은 한말의 양전(量田)-지계(地契)사업을 계승하여 근대적인 지

---

17) '자본가적 차지농'이 농업의 자본주의적 발전을 이끌어나가는 것은 영국사회에서도 17세기에만 나타나는 특수한 형태이다. 그럼에도 김용섭이 조선 후기 농업의 자본주의적 발전을 견인하던 계층으로 자본가적 차지농인 경영형부농을 상정했던 것은, 1950년대 한국 역사학계의 연구풍토와도 무관하지 않은 것처럼 보인다. 1950년대에 《역사학보》를 통해 발표된 '서양중세사'에 관한 9편의 논문 가운데 8편은 영국 봉건제의 성립과 해체에 관한 것이라고 한다. 영국적 자본주의 발전의 길이 근대 시민사회의 성립으로 가는 전형적인 과정이라는 신념이 당시 역사연구자들 사이에 형성되어 있었다고 볼 수 있다. 임지현, 〈한국서양사학의 반성과 전망〉, 《역사비평》 8, 역사비평사, 1990년 봄호.

18) 대표적으로 이영훈, 《朝鮮後期 社會經濟史》, 한길사, 1988 참조.

세제도로 개혁한 것으로서 양자의 연속성이 인정되지만, 일제하의 지주제는 한말까지의 그것에 비해 지주권 즉 소작농민에 대한 지배권이 훨씬 강화된 것이 특징이었다. 이리하여 '반(半)봉건적 지주제' 곧 '식민지 지주제'를 통한 농업 수탈의 메커니즘이 형성되었다. 한국인의 지주경영은 구래의 지주제를 자본주의 경제기구에 적응시키는 것으로서, 지주적 대응으로서의 자본주의적 지주경영 바로 그것이었으며, 이는 대체로 일제에 강하게 예속되었다. 이에 따라 지주의 민족주의는 타협적 성격을 띠는 것이었다(7의 저작 참조). 또한 이런 일련의 과정은 농민층의 몰락을 촉진하고 조선 후기 이래 경영형부농의 성장을 저지하는 것이었다.[19] 곧 식민지 지배가 자본주의 맹아의 성장을 저지함으로써 독자적인 자본주의 근대화를 성취할 수 없었고, 이로 인해 구래의 지주제가 식민지 지주제로 전환됨으로써 식민지 지배의 수탈기구로 이용되었다는 논리가 바로 식민지 수탈론이다.

3) '내재성'의 논리

내재성의 논리는 다음 세 가지 구성요소로 나누어 살펴볼 수 있다. 첫째, '두 가지 길 이론', 둘째, 실학론, 셋째, 농민전쟁 외피론(外被論)이 그것이다. 그 가운데 가장 기본을 이루는 것이 '두 가지 길 이론'인데, 실학론과 농민전쟁 외피론은 이를 뒷받침하기 위한 논리이기도 했다. 그리고 내재성의 논리를 구성하는 개별 논리는 모두

---

19) 김용섭, 〈光武 年間의 量田-地契事業〉, 《韓國近代農業史研究(2)》, 일조각, 1988, 190~390쪽.

이행론(移行論)에 초점을 두고 있다.

첫째, '두 가지 길 이론'은 조선 후기부터 현재까지의 역사를 세 개의 국면으로 구성한다.[20] 양란 이후의 '국가 재조(國家再造)', 19세기 후반 이후의 '자본주의 근대화'와 그리고 '국민국가 건설'이라는 세 개의 국면이 그것이다. 이런 세 개의 국면을 거치면서 한국사회는 진화했고 최종적으로 '내전'을 거치게 된다고 보고 있다.[21] 이를 간단히 정리하면 다음과 같다.

조선 후기 농업 문제의 해결 방안으로는 농민경제를 안정시킴으로써 농민항쟁을 해소시키려는 점에서 공통점을 가진 두 가지 계통의 농업론이 있었다. 부세제도(賦稅制度) 개혁론과 토지개혁론이 그

---

20) 김용섭, 〈近代化 過程에서의 農業改革의 두 方向〉, 《韓國近現代農業史研究》, 일조각, 1992, 10~34쪽. 레닌은 1907년 사회주의혁명 전략의 일환으로 농업자본주의화의 두 가지 길 이론을 입안했다. 농업자본주의화의 코스는 프러시아형 곧 위로부터의 길과 아메리카형 곧 아래로부터의 길로 정식화할 수 있다는 것이었다. 이를 일본의 강좌파 이론가들이 일본사회에 적용하고자 시도하기도 했다. 김용섭이 이런 역사적 경험에 입각하여 그의 이론을 입안했는지에 대해서는 어떤 증거도 없지만, 위의 두 가지 형태를 구체적으로 지적하고 있는 것으로 보아도 무리는 없을 듯하다. 다만 그의 두 가지 길 이론은 시기를 장기간 확장함으로써 전략론이기보다는 이행론으로써 기능하도록 한 점에 특징이 있다. 조석곤, 〈식민지근대화론과 내재적 발전론 검토〉, 《한국근대 토지제도의 형성》, 해남, 2003 참조.

21) 김용섭의 두 가지 길 이론은 농업 문제를 중심으로 구축된 것으로서, 그를 바탕으로 한 정치체제론이나 국가이론은 개진되어 있지 않다. 다만 그의 정치이론이 국가재조론과 국민국가 건설론 내지 내전론으로 구성되어 있다는 것을 몇 군데의 언급만으로 추정할 수 있을 뿐이다. 국가재조론은 〈朝鮮後期 土地改革論의 推移〉(앞의 《朝鮮後期農業史研究(2)》, 424~471쪽)에, 국민국가 건설론은 〈結論〉(위의 《韓國近現代農業史研究》, 460~474쪽) 등에, 내전론 즉 남북전쟁론은 〈緒論〉(위의 책, 1~8쪽)에 간단히 언급되어 있다.

것인데, 전자는 지주층의 이익을 보장하는 가운데 문제를 수습하려는 것이었고, 후자는 지주제의 해체를 통해 소농경제를 근원적으로 안정시키려는 것이었다. 농업생산의 관점에서는 지주적 상품생산과 농민적 상품생산의 대립을 반영하는 것이었다. 이에 따라 그 위에 성립될 경제제도나 국가 형태의 구상도 크게 달라질 수밖에 없었다. 이것은 바로 국가재조론의 분리로 나타났다.

개항 이후 지주적 입장의 농업개혁론과 농민적 입장의 그것은 더욱 뚜렷하게 구별되어 상호대결하게 되었다. '지주적 코스의 농업근대화론'과 '농민적 코스의 농업근대화론'이 그것이다. 전자는 양반 지주층이 주장한 것으로, 지주제와 지주적 상품생산을 기초로 부세 제도만을 개혁함으로써 농업 문제를 타개하려는 것이었고, 후자는 농민층이나 진보적 양반층이 제기한 것으로, 농민적 토지 소유와 상품생산의 안정을 확보하기 위해 토지제도까지 개혁하자는 입장이었다. 하지만 개항 후 근대화 과정에서는 전자의 개혁론만이 제도로 정착했다. 일제 '강점'하에서는 일제의 수탈농정이 정립되었는데, 이는 지주제에는 일정한 통제를 가하고 농촌에는 약간의 지원을 가하여 농업 문제를 해결하려 한 것으로, 지극히 소극적이고 전시효과적인 것이었다. 다른 한편 한국인들의 농업 문제 대책은 민족-자본주의 진영의 지주 입장의 방안과 농민 입장의 방안, 사회주의 진영의 농민 입장의 방안 등이 있었다. 전자는 일제 통치당국의 그것과 유사했으며, 전면적인 토지개혁에 가까운 안을 구상했던 후자는 사회민주주의적 성격을 띠는 것이었다. 이 두 노선의 차이와 대립으로 좌우익 간의 타협안 창출에 실패함으로써 해방 후에도 반봉건적·기생적 또는 자본주의적 지주제를 해체시킬 수 없었으며, 농업체제의 분열만이 아니라 남북 분단을 초래하지 않을 수 없었다. 이리하여 한국전쟁은 내전으로서 '남북전쟁'이 된다.

둘째, 실학론은 조선 후기의 두 가지 길 내지는 국가재조론을 뒷받침하기 위한 이론이다. 양란 이후 국가재조 문제와도 관련하여 반주자학적 토지론과 토지개혁론이 본격적으로 제기되었다. 실학자들의 토지개혁론은 독립자영농 육성을 목표로 한 것과 농업생산의 대형화를 목표로 한 것으로 나뉘어 있었지만,[22] 둘 다 봉건지주제를 타파하거나 개선할 것을 목표로 했으며, 농업개혁과 사회개혁의 핵심이 정치체제의 개편에 있다고 보았다. 이들은 경영형부농을 농업개혁을 위한 주축으로 끌어들이고, 나아가 권력에까지 참여시킴으로써 이들과의 협력 아래 농업개혁을 성취하려 했다.[23] 실학사상의 농업론은 피지배층 몰락자의 입장에서 국가와 농민경제의 안정을 기하는 개혁을 요구하는 사상이었다. 이처럼 실학은 우리의 전통사상이 스스로 개척한 반주자학적 '사회개혁사상이자 근대화론'으로서, 한말 근대화론으로 이어질 수 있는 사상이었다. 실학의 근대화론은 아래로부터의 개혁운동 및 농민전쟁의 개혁 이념과 상통하는 것이었지만, 서구적-일본적 근대화론과의 경쟁에서 패배함으로써 결국 채택되지 못하고 말았다.[24]

셋째, '농민전쟁 외피론'은 조선 후기 민란으로부터 개항기 농민전쟁으로 이어지는 아래로부터의 변혁의 길과 농민적 코스의 농업

---

22) 김용섭, 〈朝鮮後期 土地改革論의 推移〉, 위의 《朝鮮後期農業史硏究(2)》, 424~471쪽.

23) 김용섭, 〈18, 9세기 農業實情과 새로운 農業經營論〉, 앞의 《韓國近代農業史硏究(2)》, 2~175쪽.

근대화론을 연결하는 매개로 이용됨으로써, 두 가지 길 이론의 두 번째 국면을 구성하는 주요한 논리가 되었다.[25] 조선왕조 후기 농민층의 광범위한 몰락과 신분제의 동요 속에서도, 경영형부농과 같은 자영농민층은 끈질지게 성장하고 있었다. 1862년 민란은 반봉건적 항세투쟁(抗稅鬪爭)이었지만, 농민운동은 자영농민층과 중-부농층이 주체가 된 비합법적 폭력운동으로 발전하고 있었고, 1894년 농민전쟁은 지주제의 해체와 토지의 균등경작을 요구하는 운동으로까지 발전했다. 1894년 농민전쟁은 경제적 의미에서는 민족운동이고, 정치적 의미에서는 일제에 대한 반침략운동이었다. 또한 봉건적 지배층만이 아니라 동학의 배외사상(排外思想)도 지양하고 있었다는 점에서 후진국 민족운동의 기본 방향에 접근한 것으로서, 부르주아혁명운동의 일환으로서의 농민혁명이었다. 하지만 농민혁명의 꿈은

---

24) 김용섭, 〈導論一朝鮮後期의 農業問題와 實學〉, 《韓國近代農業史硏究(3)》, 지식산업사, 2001, 1~22쪽. 1930대 중반 '조선학운동'의 일환으로 명명되고 연구되기 시작한 실학은, 1950년대 초반 이래 조선후기사 연구를 풍미하는 주제가 되었다. 1960년대 중반까지의 실학 연구는 대개 실학의 근대성을 확인하고자 하는 경향을 띠었다. 김용섭은 이런 실학 연구 경향을 일변시킨 것으로 보인다. 그는 실학론을 역사적 유물론과 '행복하게' 결합시킴으로써, 두 가지 길 이론 또는 국가재조론을 지지하기 위한 이론으로 활용했다. 1950~1960년대 《역사학보》의 '동향란' 참조.

25) 김용섭이 농업사 연구를 계획한 것은 1955년경의 일로, 이때부터 19세기 후반기 농민층의 동태를 '동학란성격고(東學亂性格考)'라는 주제로 연구하기 시작했다고 회고하고 있다. 김용섭, 〈序〉, 앞의 《朝鮮後期農業史硏究(1)》. 김용섭이 자신의 농업사 연구를 농민전쟁 연구로부터 시작했다는 것은 의미가 깊다. 이로 볼 때 농민전쟁 외피론은 농민의 주체적 계기를 통해 중세사회의 해체과정을 파악할 목적에서 원용되었다고 할 수 있다.

정부 지배층이 추진한 지주 입장의 근대화정책과 외세의 개입으로 무산되고 말았다.[26] 해방 후 한국의 좌파 역사학자들은 원래 엥겔스가 독일농민전쟁을 해명하는 이론으로 수립한 농민전쟁 외피론을 한국사에도 적용했다. 김용섭은 이를 본격적으로 한국사에 적용하여, 이후 내재적 발전론을 구성하는 주요한 이론적 자원으로 활용했다고 할 수 있다.

4) '일국적 발전'의 견고한 틀

위에서 살펴본 김용섭의 내재적 발전론의 특징을 다음과 같이 정리할 수 있을 것이다. 첫째, 세계사적 발전의 법칙을 한국의 특수성 속에서 해명한다는 그의 발전 논리는 토대-상부구조의 조응의 논리 위에 구축되어 있다. 그는 농업생산력의 발전을 증명함으로써 이에 조응하는 사적 소유의 발전과 지주전호제의 성립을 확증하려 했다. 또한 지주전호제의 해체와 식민지 지주제의 성립은 각각 그에 조응하는 정치체제를 요구하는 것이었다. 마르크스주의 역사적 유물론의 발전 도식이 그의 발전 논리의 바탕이 되었던 것이다.

둘째, 그의 내재성의 논리는 중세사회가 해체되고 자본주의적 근대화를 성취하는 과정을 두 가지 길 이론에 입각한 이행의 논리로 증명하려 한 것이었다. 중세사회를 해체하는 아래로부터의 힘 곧 농민적 저항과 자본주의적 맹아는 제국주의적 외압에 의해 차단되고 식민지 수탈체제가 확립되었다는 것이다. 내재적 근대 이행의 논리가 외압에 의해 억압되었던 것이다.

26) 김용섭, 〈全琫準 供草의 分析〉, 앞의 《韓國近代農業史硏究(3)》, 147~241쪽.

〈표 1〉 김용섭의 내재적 발전론의 논리 구성

시기 구분	대상 시기	농업 생산관계	정치체제
중세	통일신라— 조선 초기	지주전호제	중세 왕조국가
중세 해체기	조선 후기	경영형부농 성장	국가재조론 분리
근대 이행기	개항 이후—분단	식민지 지주제의 성립—해체	일제 강점— 분단국가

셋째, 그의 실증작업은 주로 농업사 연구에 국한되어 있었지만, 조응론과 이행론을 통해 정치적 국민국가 건설을 정당화하는 것으로 나아가고 있었다. 이는 민족 주체적 계기를 강조하는 논리의 귀결이다. 넷째, 국민국가 건설론이 내전론으로 귀결되면서 그의 발전론은 비자본주의적 발전의 길을 옹호하는 것처럼 보인다. 이는 역으로 그가 분단의 제국주의적 외인론(外因論)을 옹호하고, 냉전 논리에 순응적이었던 것을 의미한다. 그의 내재적 발전론은 〈표 1〉과 같은 정합적 논리 위에 구축된 것이다.

이처럼 김용섭의 내재적 발전론은 '숨은 신'의 이름에 걸맞게, 두터운 역사적 실증과 이론적 사유 위에 구축되어왔다. 그의 실증작업과 내재적 발전의 논리가 1960년대 이후 1990년대까지 40년 가까운 시간 동안 흔들림 없이 한국사학계를 풍미해온 데에 이유가 없는 것은 아니다. 그는 한국사의 전 시기에 걸쳐 '민족 주체적 계기에 의한 발전론'의 틀을 '심층적 실증' 위에 구축했다. 아직도 그의 내재적 발전론이 거대담론으로서 생명력을 가지고 있는 것은, 해방 후 어느 누구도 이런 업적을 혼자 힘으로 구축해낼 수 없었기 때문일 것이다. 그러나 이제 거대담론으로서 그의 내재적 발전론이 가진 취약성이 그 생명력만큼이나 두드러지게 된 것은 아닐까 한다.

그의 내재적 발전론은 역사적 유물론의 도식에 입각한 조응론과 이행론에 바탕을 둔 것으로서, 강력한 '일국적 발전론'이라 할 수밖에 없다. 마르크스주의적 도식성과 강력한 목적론적 특성은 제쳐두고라고, 그의 내재적 발전론은 근대화론과 민족이론의 측면에서 커다란 문제점을 갖고 있다. 두 가지 길 이론은 근대화의 방식을 두 가지로 나누고, 그 두 가지 길을 17세기부터 20세기까지 '턱 없이' 확장함으로써 그 이론적 적실성을 희석시켜버리는 측면이 있다. 더욱 문제가 되는 것은 국민국가 건설론과 두 가지 길 이론이 결합할 때 나오는 일종의 '파괴적 속성'이다. 두 개의 논리가 결합할 때, 한국전쟁 이후 정착된 '두 개의 국민국가'는 인정할 수 없게 되고, 통일을 위한 '민족주의적 정열'만이 중요하게 취급될 수밖에 없다. 또한 국민국가 건설론과 두 가지 길 이론은 각각 한국의 근대적 시공간을 독특하게 규정한다. 공간론으로서의 국민국가론이 시간론으로서의 국민국가론에 압도당할 때, 오히려 시간은 정지한다. 과거가 현재를 압도하는 것이다. 이런 국가론과 발전론에서 현재란 항상 '과거에 지배당하는 현재'일 뿐이므로 온당하게 근대적일 수 없다. 이런 점에서 아직 '불완전한 근대'와 '넘치는 근대'를 공유하고 있다는 호소가 힘을 발휘하게 되는 것이다. 이처럼 내재적 발전론의 근대화론과 민족이론이 가지는 파괴적 속성은 민족 지상, 근대 지상의 정열을 역사학적으로 뒷받침함으로써 발현되는 것이다.[27)]

3. '내재적 발전론'의 고착

1) '네이션-빌딩'을 위한 역사학

1950년대 이후 체제적인 관변 민족주의 이데올로기는 그 기본 틀을 민족 정체성의 확립에 두었다. 이는 다시 방어와 배제의 논리인 반공이데올로기, 성장 논리인 산업화를 통한 근대화 이데올로기, 그리고 사회경제적 변화 즉 서구화-근대화의 진행에 수반되는 정체성의 침식을 대비하기 위한 정체성 확립의 논리라는, 세 가지 논리적 기반에 의해 구축되었다. 민족 정체성의 확립과 근대화의 논리를 잇는 매개항은 발전-진보의 논리였다. 여기에 '제도의 근대화와 전통주의의 딜레마'가 발생하게 된다. 발전이데올로기는 경제성장과 서구화를 의미하므로 이는 곧 민족의 정체성을 위협하는 것이었다. 이처럼 발전과 정체성의 확립 사이에서 형성된 딜레마는 결국 '근대화

---

27) 근대 국민국가 건설론을 바탕으로 '분단민족주의'를 주창하면서 분단 문제를 역사적으로 해명하는 것을 자신의 과제로 삼는 '분단사학론' 또는 '통일민족주의론'은, 김용섭의 내재적 발전론을 자신의 논리적 토대로 사용해왔다. 말하자면 내재적 발전론의 '정치론'은 김용섭이 아닌 다른 사람들에 의해 전개되었지만, 김용섭의 논리가 절대적인 영향력을 미쳤던 것이다.

예를 들어 강만길은, "분단시대 극복을 위한 국사학의 가장 중요한 과제로서의 통일 지향 민족주의론의 정립 방향은 '역사 발전의 바른 노정' 위에서 세워져야 하고, 민족 구성원 전체의 역사적 역할이 보장되고 특히 민중세계의 역사주체성이 확립되는 방향에서 수립"되어야 하다고 강조하면서, 민족주의적 입장에서의 국민국가 건설론을 내세우고 있다. 또한 '진정한 역사적 의미의 근대화'는 본질적으로 인간 해방을 위한 또 하나의 전진적 과정이며, 각 지역마다 역사 담당 주체세력의 또 한 번의 확대과정이라고 하여, '이상적 근대상'을 제시하면서 근대화를 지상과제로 설정하고 있다. 강만길, 《분단시대의 역사인식》, 창비, 1978 ; 이세영, 《한국사 연구와 과학성》, 청년사, 1997 참조.

가 전통주의 성장의 토대'를 마련하는 것을 의미하게 되었다. 이는 자유주의적 가치와 개인주의 또는 민주주의에 대한 비판이나 환멸로 나타나 '한국적 민주주의'라는 '교도민주주의(administrative democracy)'의 확립을 목표로 삼게 했다. 민족주의 역사학 곧 내재적 발전론은 여기에서 그 개화의 토대를 발견하게 되었던 것이다.

이를 좀 더 부연하면, 역사주의적 진보(progress) 개념은 2차 세계대전 이후 제3세계 민족주의의 등장과 함께 강화된 발전(development) 개념과 더불어 한국사회에서도 튼튼하게 뿌리를 내렸다. 세계체제적 차원에서도 정치적 자율성의 강화 곧 민족주의의 강화와 경제적 부의 증대 곧 발전은 상호작용을 하면서 강화되었는데, 한반도에서도 예외가 아니었다. 그런데 2차 세계대전 이후의 이런 추세는 역사적 근원을 가지고 있었다. 냉전의 양 당사자 또는 윌슨주의와 레닌주의가 외면적 대결양상에도 불구하고 서로 접근하고 있었던 경험이 바로 그것이다. 레닌과 코민테른은 급진적인 아시아의 민족해방운동과 동맹을 결성하려는 의도를 명확히 함으로써, 사실상 민족자결이라는 윌슨의 의제와 결합했다. 2차 세계대전 이후 소련이 제3세계에서 사회주의 건설을 촉진하는 적극적인 정책을 추진했을 때에도 소련은 저개발국의 경제 발전이라는 자유주의적 의제에 동참하고 있었던 것이다. 이런 맥락에서 한반도의 두 개의 국가도 예외는 아니었다.[28]

이런 점에서 김용섭으로 대표되는 일국적 발전론은 '근대화론'이 내세우는 '발전론'과도 공통점이 많다. 크게 보면 박정희정권의 성장이데올로기와 논리적 기반을 공유하고 있는 것이다. 또한 그 논리적 틀에는 냉전적 사고가 잠재되어 있었다. 민족주의-민족국가론이라는 집단적 주체성과 냉전적 발전 개념을, 체제적인 관변 민족주의 성장론과 그것도 '거꾸로' 된 형태로 강하게 결합시켜 수용하고 있었던 것이다.[29] 예를 들어 1968년 한국사학자 김용덕(金龍德)은 학자들이 앞장서서 '국사교육심의회'를 설치할 것을 요구했다. 이 제의를 받아 1969년 말에 한우근(韓㳓劤), 이기백(李基白), 이우성(李佑成), 김용섭 등이 《중고등학교 국사교육 개선을 위한 기본 방향》이라는 책자를 내놓고 교과서의 개정을 촉구하고 나섰다.[30] 이 책에서 제시한 〈시안작성의 기본 원칙〉은 다음의 다섯 항목으로 이루어져 있다.

---

28) 세계체제론자인 월러스틴(Immanuel Wallerstein)이 20세기를 보는 시각은 기본적으로 레닌주의와 윌슨-루스벨트의 노선이 상호접근하고 있었으며, 냉전기 사회주의권의 경제 발전이 자유주의적인 발전 노선과 친화성을 가진 것이었다는 전제에 입각해 있다. 이매뉴엘 월러스틴 지음, 백승욱 옮김, 《우리가 아는 세계의 종언》, 창비, 2001 참조.

29) 조동걸은 1960년대 중후반 역사학자들이 정부 측의 '민족 주체성'과 '근대화' 구호에 적극적으로 관심을 표시했던 저간의 사정에 대해 다음과 같이 기술하고 있다. "4·19혁명을 계기로 민족주의가 고양되면서 혹은 세계적으로 풍미한 신민족주의(네오-내셔널리즘) 사조를 수용하면서…… 한국사학에서도 식민사학에 대한 비판을 본격화하는 등 새롭게 민족주의 사학의 바람을 불러일으키며 종래의 저항이나 냉소적 풍조가 불식되는 듯했다. 그때에 5·16쿠데타로 군사정권이 등장하면서 현실은 다시 역사학의 양심과 괴리되어 집권자가 '민족 주체성'과 '근대화'의 구호를 외쳐도 무관심 또는 냉소의 자세를 보이고 있었다. 집권자의 민족 주체성과 근대화의 부르짖음이 측근 학자의 조언에 의한 것이라고 하지만, 그래도 역사학계는 방관하고 있었다. 그런데 그러다가 보면, 4·19 민족주의와 세계적 네오-내셔널리즘의 흐름조차 왜곡될 염려가 있어서 집권자의 구호와는 적어도 주관적으로 무관하게 민족 주체성과 근대화의 문제를 학문의 광장에서 토론하기에 이른 것이다. 그것이 1960년대 중반 이후의 한국사학의 길이었다." 조동걸, 《現代韓國史學史》, 나남, 1998, 412쪽.

30) 조동걸, 위의 책, 434~435쪽.

① 국사의 전 기간을 통하여 민족의 주체성을 살린다.
② 민족사의 각 시대의 성격을 세계사적 시야에서 파악한다.
③ 민족사의 전 과정에서의 내재적 발전 방향을 제시한다.
④ 제도사적 나열을 피하고 인간 중심으로 생동하는 역사를 기술한다.
⑤ 각 시대의 민중의 활동과 참여를 부각시킨다.[31)]

이 기본 원칙은 '인간 중심'과 민중의 문제를 제시하고는 있지만, 민족 주체성과 내재적 발전 방향을 강조했다는 점에서 내재적 발전론의 논리 위에 입각해 있음을 확인할 수 있다.[32)] 이런 학계의 활동에 자극받아 문교부는 '국사교육강화위원회'를 설치했고,[33)] 언론사들에서도 '한국사연구위원회'를 설치하여 한국사 교육 강화와 연구의 대중화에 힘을 기울이게 된다.[34)] 이처럼 내재적 발전론은 민족주의와 발전론을 박정희정권과 공유하고 있었기 때문에 그에 대한 비

---

31) 《중고등학교 국사교육 개선을 위한 기본 방향》, 1969, 3쪽 ; 조동걸, 위의 책, 435쪽에서 재인용.

32) 현재적 시점에서 되돌아보면 〈시안작성의 기본 원칙〉 5항목은 내부적으로 상호 충돌하는 원칙으로 구성된 것처럼 보인다. 인간 중심, 민중 본위라는 것이 무엇을 의미하는지가 명확하지 않다는 점을 논외로 치더라도, 민족의 주체성을 살리고 민족사의 내재적 발전 방향을 제시한다는 원칙이 세계사적 시야에서 시대의 성격을 파악한다는 방향과 어떻게 상호연관을 맺는지가 명확하지 않을 뿐만 아니라, 과연 '민족' 집단의 주체성을 살리면서도 '인간' 중심으로 역사를 기술하는 일이 가능한지에 대해서도 의문을 가지지 않을 수 없다. 요컨대 세계사적 시야, 인간 중심, 민중 본위라는 항목은 민족의 주체성과 내재적 발전의 논리를 내세우기 위한 '장식'에 지나지 않는다는 인상을 지우기 어렵다. 이런 평가가 후세대의 오만함으로 비치지 않기를 바랄 따름이다.

판 역시 동일한 패러다임 안에서 제한되어 있었다. 이런 점에서 내재적 발전론의 존재 기반이자 최종 목표는 국민 만들기 = 국민화 과정에서 이데올로기적 기반을 제공하는 것이었다고 할 수 있다. 곧 한국의 근대 네이션-빌딩(nation-building)은 이런 논리를 기반으로 해야만 비로소 가능한 것이었다.

내재적 발전론이 가진 이런 역설은, 박정희정권기 저항엘리트들이 처한 역설과 동일한 것이었다. 저항엘리트들은 '민주주의'와 '인권', '분배' 등의 개선과 실현을 요구하면서 권력을 비판함으로써 정당성의 기반을 훼손하기도 했지만, 민족주의와 개발주의 등의 이데

---

33) 문교부에 설치되었던 국사교육강화위원회는 1972년 무렵 '국사교육개선위원회'로 명칭을 바꾼 것으로 보인다. 참고로 1972년 5월 10일 열렸던 국사교육개선위원회 제1차 회의의 안건과 위원의 이름을 정리하면 다음과 같다.

- **안건 요지** : 1. 초 · 중 · 고등학교의 '사회과'를 '국민생활에 관한 교과'로 개칭하여 국사 부분을 강화하고, 국사교육의 독립적 체계화를 기함(교육법 시행령 개정), 2. 교과서 개편 소요 기간 단축(생략), 3. 교육과정 개편 및 시행 기간(이하 생략).
- **위원** : 朴鐘鴻(대통령 특별보좌관), 張東煥(대통령 특별보좌관), 李宣根(영남대 총장), 金聲近(서울대 교육대학원장), 高柄翊(서울대 문리대학장), 李基白(서강대 교수), 韓㳓劤(서울대 교수), 李佑成(성균관대 교수), 金哲埈(서울대 교수), 康宇哲(이화여대 교수), 金容燮(서울대 교수), 李元淳(서울대 교수), 李光麟(서강대 교수), 李鉉淙(국사편찬위원), 崔昌圭(서울대 교수), 朴承復(국무총리 비서관), 韓基旭(대통령 정무비서관) 이상 17명. 정부기록보존소 자료, 보고서 〈민족주체성 확립을 위한 교육과정 개편(시안)〉 참조.

34) 조동걸, 앞의 《現代韓國史學史》, 435~436쪽. 조동걸은 "(학계에서-인용자) 《중고등학교 국사교육 개선을 위한 기본 방향》이라는 책자까지 내놓고 교과서의 개정을 촉구하고 있었다는 것은 '정책 과목'으로 전락하는 원인 제공자의 구실을 학회가 앞장서서 맡았던 것이 아닌가 하는 씁쓸한 뒷맛을 감출 수가 없다"라고 당시 상황을 회고하고 있다.

올로기를 권력과 공유함으로써 권력의 존립 기반을 약화 · 균열시키면서도 그 속도를 지연시키고 또 균열의 폭을 제한하는 모순적 역할을 하고 있었던 것이다.[35] 따라서 내재적 발전론 역시 민족주의와 발전주의라는 패러다임을 권력과 공유하고 있었으며, 그런 정도에서 네이션-빌딩에 동참하고 있었다는 데에는 이견이 있을 수 없다.

2) 목적론으로서의 오리엔탈리즘

식민사학은 전형적으로 근대역사학의 인식론과 방법론을 취하고 있었다. 내재적 발전론의 식민사학 비판은 식민사관의 타율/자율, 정체-후진/발전-진보라는 이항 대립의 도식을 뒤집어놓은 데 지나지 않는다. 내재적 발전론은 이를 단지 뒤집어놓았다는 점에서 오리엔탈리즘을 재생할 위험을 원천적으로 안고 있었다. 식민사학을 극복하기 위해서는 오리엔탈리즘을 이중적으로 전복하지 않으면 안 된다.[36]

'내재적 발전론'이 가진 오리엔탈리즘적 측면은 '자본주의 맹아

---

35) 김보현, 〈박정희정권기 저항엘리트들의 이중성과 역설〉, 《사회과학연구》 제13집 제1호, 서강대학교 사회과학연구소, 2005. 김보현은 저항엘리트들의 개발주의를 '개발주의에 저항한 개발주의'라고 불렀다.

36) 지금까지 내재적 발전론의 문제점으로 지적되어온 사항은 크게 두 가지였다. 첫째, 한국사의 발전 모델을 유럽이나 일본의 역사 발전에서 찾고 있다는 점, 둘째, 내재적 요인을 중시한 나머지 한국사의 전개를 동아시아세계와 맺고 있는 유기적인 연관 아래 파악하지 않았다는 점이다. 미야지마 히로시(宮嶋博史), 〈동아시아의 근대화, 식민지화를 어떻게 이해할 것인가?〉, 임지현 · 이성시 엮음, 《국사의 신화를 넘어서》, 휴머니스트, 2004, 105~135쪽 참조. 이 두 가지 문제점에 대한 지적은 지극히 당연한 것이지만, 모두 오리엔탈리즘과 관련된다는 점 또한 사실이다. 여기에서는 이 점에 대해서만 주로 논의하고자 한다.

론'에서 전형적으로 확인할 수 있다. 자본주의 맹아론에 대해서는 그동안 상대적으로 많은 비판이 있었지만,[37] 역시 그 핵심은 오리엔탈리즘을 재생하고 있다는 점이다. 자본주의 맹아론은 서구나 일본과 같은 자본주의적 성취를 조선 후기 사회가 이루고 있었음에도 제국주의 지배가 그를 저지했다고 비판한다. 그렇다면 일본이나 여타 자본주의 국가들의 근대화 방식은 비판 대상이 될 수가 없다. 이는 다만 일본의 성취를 깎아내리려는 시도를 함으로써 그것이 하나의 중요한 성취였다는 주장을 보강해줄 뿐이다. 이는 조선에도 기회가 주어졌던들 동일한 근대 자본주의를 성취하여 제국주의의 '사악한 영웅' 역할을 하려 했을 것이라는 함의가 담겨 있다. 이런 측면에서 자본주의 맹아론을 '반식민사학적 식민사학'에 지나지 않는 것이라고 비판할 수 있다.[38] 이런 오리엔탈리즘적 속성은 일국적 발전론 가운데서도 특히 이행론에 강하게 관철되고 있다. 또한 자본주의 맹아론과 경영형부농론, 그리고 수탈론으로 이어지는 논리적 연쇄는 정신

37) 자본주의 맹아론에 대한 비판을 정리하면 다음 네 가지 정도이다. ① 부조론적 수법이라는 점, ② 민족주의 역사학의 자기 위안이라는 점, ③ 근대주의로 근대를 넘어서려는 시도라는 점, ④ 기원의 망상에서 비롯되었다는 점 등이 그것이다.

38) 월러스틴의 유럽중심주의에 대한 비판과도 연결시켜 이해할 수 있다. 월러스틴은 유럽중심주의 비판에는 다양한 형태가 있지만 대표적으로 ① 다른 문명들도 유럽이 행한 것을 하고 있는 중이었는데 어느 시점에선가 유럽이 지정학적 권력을 사용하여 그 과정을 중지시켰다는 비판, ② 유럽이 행한 것은 다른 곳에서 오랫동안 해온 것의 지속에 불과하며, 일시적으로 유럽인들이 전면에 나서게 되었을 뿐이라는 비판, ③ 유럽이 행한 것들은 잘못 분석되고 부당한 잣대가 되어 과학과 정치세계 모두에 위험한 결과를 가져왔다는 비판이 있다고 본다. 그는 첫 번째와 두 번째 비판을 '반유럽중심주의적 유럽중심주의'라고 비판했다. 이매뉴엘 월러스틴 지음, 백승욱 옮김, 앞의 《우리가 아는 세계의 종언》, 248~253쪽.

적 위안을 심어주는 논리 곧 르상티망(ressentiment)으로서 기능할 수도 있다.[39]

한편, 내재적 발전론에서는 대체로 '전통적인 가치'가 '근대적인 가치'에 대립하는 것으로 간주됨으로써, 전통의 가치를 신뢰하는 일은 어리석은 일로 평가되었다. 전통을 대변하는 문화는 곧 근대화에 장애로 작용하는 것이 되었다. 또한 발전의 계기를 국내에서만 구함으로써, 외부 계기를 침략 또는 수탈로만 인식하는 콤플렉스와 동거하고 있었다. 하지만 이는 역으로 발전의 계기를 봉쇄하는 논리가 될 수도 있는 것이었다. 이 연장선에서 내재적 발전론에는 문화적 차원의 질문이 부재하다는 특징을 또한 들 수 있다. 문화적 차원의 질문이라고 하더라도 정치사를 매개로 한 질문이 대부분이었다. 전통으로서의 문화는 합리화된 전통이고, 근대의 눈으로 재단된 전통에 지나지 않는다. 합리화된 전통에는 '저급'하고 일상적인 생활전통은 포함되지 않았다.[40]

---

39) 니체가 강조하듯 르상티망은 자신의 불안한 현재적 위치를 외부 압력이나 강자의 논리에 의한 것으로 간주함으로써 위안을 얻고자 하는 심리적 기제를 말한다. 이것이야말로 노예의 논리가 아니겠는가?

40) 탈근대역사학이 내세우는 '문화적 전환(cultural turn)'을 염두에 두고 이런 평가를 하는 것은 아니다. 내재적 발전론은 그 논리의 특성상 '근대화'를 지상과제로 삼는 것이기 때문에 민족 주체성 확립과 발전의 논리를 조화시켜야 한다는 딜레마를 항상 부담하고 있으며, 그런 맥락에서 동시대 선진적인 문화와의 비교를 통해 자신의 문화적 정체성을 확보하는 방식을 택하게 된다는 측면을 지적하고자 하는 것이다. 그러므로 토착적 문화는 언제나 후진적인 것으로 간주될 수밖에 없다. 탈춤이나 판소리 등의 전통문화를 재발견한 주체도 조국 근대화를 부르짖던 관변 민족주의였고, 반체제적 민중문화가 그를 잇고 있었다는 사실을 기억해야 할 것이다.

3) 내재적 발전론의 고착

내재적 발전론의 역사학적 지향은 특히 1980년 '광주항쟁' 이후 심화되어갔다. 광주항쟁 이후 수행된 자기반성을 통해 사회 비판이 확대되고 변혁에의 열망이 고조되면서 민족 주체적 역사 발전 도식을 한국사에 적용시키는 현상이 일반화되었다. 한국 역사가 내재적 발전의 경험을 가지고 있음을 증명하는 것이 현실사회 변혁의 토대로 간주되었다. 이리하여 내재적 발전론이 '강단사학'의 주류 이론으로 등장했다. 이런 과정은 압도적으로 김용섭의 이론을 매개로 한 것이었다. 그의 이론이 상대적으로 가장 체계화되어 있었으며, 한국사의 전 시대를 포괄하는 것이었고, 깊은 실증을 바탕으로 했기 때문이다.

1980년대 중반 이후 '민중사학론'과 '과학적 · 실천적 역사학' 이론의 등장은 내재적 발전론의 고착화 과정으로 이해될 수 있다. 먼저 민중사학론은 1970년대 시민운동을 거치면서 현실 변혁의 주체로 상정된 민중을 역사의 주체로 회복함으로써 1980년대 한국사회 변혁운동에 기여하고자 하는 의도에서 제출되었다. 민중사학은 아래로부터의 주체 구성이론으로서, 시간론 즉 발전론을 재구성할 수 있는 가능성을 제기함으로써 내재적 발전론이 가진 단선적 발전이론을 극복할 수 있는 여지를 가진 것이기도 했다. 그러나 이 이론은 기계적인 계급환원론적 발상을 바탕으로 무매개적으로 전근대로까지 민중 주체를 확장하여 적용함으로써 이론 발전의 가능성을 스스로 좁히는 결과를 초래하고 말았다. 이후 민중사학론은 권력에 의해 기소되는 등 1980년대 후반의 시대상황으로 인해 과학적 · 실천적 역사학 이론으로 대체되어갔다.

한국전쟁 이후 출생한 소장 한국사 연구자가 중심이 되어 1988년에 '한국역사연구회(韓國歷史硏究會)'가 결성되었다. 1980년대에 대학 교육이 폭발적으로 팽창하고 한국사회 변혁운동이 사회주의적 전망을 바탕으로 확장되면서, 소장 한국사 연구자 사이에서 현실 변혁운동의 지향을 역사연구에 투영시키려는 경향이 매우 강해졌는데, 이런 현실 흐름이 한국역사연구회의 결성으로 나타났다. 1980년대 후반 현실 사회주의가 붕괴됨으로써 사회주의적 전망이 눈앞에서 사라져버린 시기에 최고조에 도달한 한국사회 변혁운동이 처해야 했던 역설은, 바로 한국역사연구회의 그것이었다. 하지만 현실 변혁운동과는 달리 한국역사연구회의 지향은 1990년대 강단 역사학의 주류적 경향을 차지하게 되었다. 이런 의미에서 한국역사연구회는 '이중의 역설'에 처해 있었다고나 할까?

한국역사연구회가 이론적 지향으로 내건 '과학적 · 실천적 역사학 이론'은 식민사학 극복론으로서 내재적 발전론이 가진 근대적 주체론과 발전론을 넘어서고자 했다는 점에서 의의를 확인할 수 있다. 먼저 근대적 발전론을 '과학적 마르크시즘'을 통해 법칙적으로 이해하고, 이를 구체적인 역사 이해 안에서 실증하고자 했다. 다른 한편으로 민족-민주주의운동 속에서 민중 주체의 실천성을 역사에 대한 이해를 통해 적극 확보함으로써 근대 주체이론의 영역을 확장하고자 했다. 이런 측면에서 이를 내재적 발전론의 확대 해석 또는 전면화 과정이자, 고착화 과정이라고 해석할 수 있겠다. 민족적 규범과 사회적 지침을 역사학이 제시해야 한다고 주장하는 실천적 역사학은 전형적으로 역사주의적 인간관에 인식의 뿌리를 드리우고 있다. 하지만 학문의 실천 투신이 아니라 학문적 인식론의 사회적 개입이 필요한 것이므로, 역사학이 규범학이 될 수 있는가 하는 비판에 귀 기울여야 하지 않을까?

4. '일국적 발전론'을 넘어서

김용섭을 중심으로 확산되고 고착된 내재적 발전론은 다음과 같은 몇 가지 특징을 가진다고 하겠다. 첫째, 역사적 유물론의 발전 도식에 입각한 강력한 목적론에 기반을 두고 있다는 점, 둘째, 지식사회학적 입장에서 볼 때 식민사학=식민주의 이론 및 포스트 식민사회의 발전이론과 결과적으로 동일한 위상을 차지하게 되었다는 점, 셋째, 역사학에서 인간과 사회를 누락시킴으로써 미래에 대한 환상을 조장한다는 점 등을 들 수 있다. 자본주의 맹아론, 식민지 수탈론, 두 가지 길 이론, 민족국가 수립이론 등 거대한 이론적 담론 구성은 모두 서구 근대를 전범(典範)으로 설정하고 있으며, 한국사회의 발전 경로를 이에 입각해 증명하려 함으로써 강력한 목적론적 도식을 구성하고 있다. 이 때문에 오히려 철저한 사료 비판이나, 소수자의 목소리는 논의의 주대상이 되기 어렵다. 또한 내재적 발전론은 식민사학과 식민주의 이론의 극복을 가장 중요한 목적이자 가치로 내세웠지만, 오히려 식민주의 이론 및 포스트 식민사회의 발전이론과 동일한 목적과 가치를 공유하는 경우가 많았다는 점을 확인할 수 있었다. 나아가 내재적 발전론은 민족 지상, 국가 지상, 근대 지상의 논리 위에 구축되었기 때문에 인간과 사회는 그 내용에서 축출되었다. 이는 완결된 민족과 국가의 형식, 그리고 지선(至善)의 근대를 위한 환상을 조장하고, 현실에 대한 비판의식을 마비시켜버린다. 대부분의 내재적 발전론자들이 강력한 규범적 역사학을 내세우는 것도 이와 무관하지 않으리라.

내재적 발전론은 1980년대 이후 고착화 과정을 밟아나감으로써 스스로에 대해 질문할 능력을 상실했다. 이는 그 이론이 더 이상 복합적인 사회 변화에 대응할 능력을 가지고 있지 않음을 드러내는 것이었다. 내재적 발전론이라는 한국사학계의 '전통'이 한국 역사학의 현재에 대해 적절한 질문을 제기할 능력을 상실했다면, 그 교의-전통을 붙들고 있는 것은 헛된 일일 뿐 아니라 전통 자체를 왜곡시켜버릴 수도 있다. 그러므로 이런 전통은 필연적으로 붕괴되어야 한다. 전통은 이제 그가 가진 권위를 '놓아버리고' 과거의 한 자리를 차지해야만 한다. 한국사학계는 위기를 위기 그 자체로 인식해야 할 시점이 된 것이다.

'숨은 신'은 비판의 대상이 될 수 없다. 한국사학계의 '숨은 신'은 가장 비판적이고 역동적인 방식으로 근대의 '숨은 신'을 체현하고 있다. '숨은 신'은 '진보'와 '민족'의 이름으로 여전히 한국 역사학계에 널리 퍼져 있는 것이다. 내재적 발전론을 구성하는 개별 논리들은 비판받기도 하고, 시의성을 상실하기도 하고, 스스로 그 논리를 포기하기도 했지만,[41] 아직도 '숨은 신'은 건재하다. '숨은 신'은 '근대의 신'을 뒤집은 방식으로 전유하고 있기 때문이다. 국가와 대

---

41) 김용섭의 실증적 업적은 대표적으로 이영훈의 작업에 의해 비판되었다. 이영훈, 앞의 《朝鮮後期 社會經濟史》 참조. 비단 이영훈의 작업이 아니더라도, 김용섭의 지주전호제론이나 이행론은 이제 여러 분야의 다양한 업적에 의해 그 타당성이 크게 의심받는 지경에 도달했다.

립하는 것처럼 보이지만 민족을 매개로 협력관계를 유지하고, 사회와 대립하는 것처럼 보이지만 발전을 매개로 밀월관계를 유지하고 있는 것이다. '지금' '숨은 신'을 구성하는 개별 논리를 비판하는 것은 매우 진부한 일처럼 보인다. 그럼에도 현실에서 강력한 생명력을 유지하는 것은 무엇 때문인가?

근대역사학을 포함한 근대적 지식과 학문의 체계 또는 학문적 전통 일반은 현재 심각한 위기에 직면해 붕괴하고 있는 것처럼 보인다. 민족국가와 진보의 논리 위에 입각해 있는 내재적 발전론은 그 근대성 때문에 자신의 발밑에서 붕괴가 일어나는 것을 보지 못한다. 이제 근대적 개념으로는 더 이상 근대를 바라보지 못하는 상황이 되어버렸기 때문이다. 그렇다면 '숨은 신'으로부터 벗어날 수 있는 길은 무엇인가? 그 신에 대한 믿음을 포기하는 자만이 그로부터 벗어날 수 있지 않을까? 내재적 발전론이 '지식권력'의 역할을 포기할 때, 비로소 참신한 대안이 마련되기 시작할 것이다. 원래 근대란 자신의 '외부'를 허용하지 않는다. 그러므로 근대적 사유 속에서 근대를 넘어서는 대안을 발견하는 일은 지난한 일일 수밖에 없다. 근대의 대안은 언제나 그 모습을 잘 드러내지 않는 것이 아닐까?

■ 김용섭의 연구 논저목록

· 저작

1.《朝鮮後期農業史研究(1)》, 지식산업사, 1995(일조각, 1970).

2.《朝鮮後期農業史研究(2)》, 지식산업사, 1995(일조각, 1971 ; 일조각, 1990 증보판).

3.《朝鮮後期農學史研究》, 일조각, 1988(《朝鮮後期農業史研究(2)》, 일조각, 1971).

4.《(增補版)韓國近代農業史研究(1)》, 지식산업사, 2004(일조각, 1975 ; 일조각, 1988).

5.《(增補版)韓國近代農業史研究(2)》, 지식산업사, 2004(일조각, 1975 ; 일조각, 1988).

6.《韓國近代農業史研究(3)》, 지식산업사, 2001.

7.《(增補版)韓國近現代農業史研究》, 지식산업사, 2000(일조각, 1992).

8.《韓國中世農業史研究》, 지식산업사, 2000.

9.《남북 학술원과 과학원의 발달》, 지식산업사, 2005.

* 김용섭의 논문은《김용섭저작집》1~8권으로 지식산업사에서 간행되었다.

· 기타 논문 및 저작

10.〈이조시대 농민의 존재형태〉,《史叢》1, 1955.

11.〈東學亂性格考〉, 고려대학교 석사학위논문, 1957.

12.〈東學亂 研究論 — 성격문제를 중심으로〉,《역사교육》3, 1958.

13.〈최근의 실학연구에 대하여〉,《역사교육》6, 1962.

14.〈日帝官學者들의 韓國史觀〉,《사상계》, 1963.

15.〈한국사연구의 회고와 전망 — 최근세(고종 · 순종 시대)〉,《역사학보》20, 1963.

16.〈조선 후기에 있어서의 사회적 변동 — 농촌경제〉,《史學研究》16, 1963.

17.〈書評 : 實證 통한 契의 이론 — 金三洙《韓國社會經濟史研究》〉,《신동아》, 1964. 9.

18.〈일본-한국에 있어서의 한국사 서술〉,《역사학보》31, 1966.

19. 〈收奪을 위한 測量〉, 《韓國現代史》 4, 신구문화사, 1969.

20. 《朝鮮後期 農學의 發達》, 韓國文化研究所, 1970.

21. 〈우리나라 근대역사학의 성립〉, 《韓國現代史》 6, 신구문화사, 1970.

22. 〈우리나라 근대역사학의 발달 1〉, 《文學과 知性》 4, 1971.

23. 〈우리나라 근대역사학의 발달 2〉, 《文學과 知性》 9, 1972.

24. 〈한국농업사〉, 《韓國文化史新論》, 중앙대출판국, 1975.

25. 〈서평 : 愼鏞廈 《獨立協會研究》〉, 《韓國史研究》 12, 1976.

26. 〈조선 후기의 농업개혁론〉, 《韓國思想大系 2—社會經濟思想編》, 大東文化研究院, 1976.

27. 〈전근대의 토지제도〉, 《韓國學入門》, 大韓民國學術院, 1983.

28. 〈農書小史 —《農書》 해제에 부쳐서〉, 《農書》 36, 亞細亞文化社, 1986.

29. 〈高麗 忠烈王朝의 '光山縣題詠詩序'의 分析 : 新羅 金氏家 貫鄕의 光山지역 定着過程을 중심으로〉, 《역사학보》 172, 2001.

30. 〈宣祖朝 '雇工歌'의 農政史的 意義〉, 《學術院論文集 : 人文社會科學編》 42, 2003.

* 위의 논문은 1~9의 저작 또는 저작집에 수록되지 않은 것이다.

민족과 진리는 하나일 수 있는가?

이기백의 실증사학

김기봉

"민족에 대한 사랑과 진리에 대한 믿음은 둘이 아니라 하나다"라는 명제로 민족주의 사학을 실증사학으로 지양하는 변증법을 모색한 이기백, 《한국사신론》으로 집약되는 그의 빛나는 업적만큼이나 21세기 한국사학에 그가 드리운 그림자는 길다.

김기봉(金基鳳)

성균관대학교에서 학사와 석사를 마친 후 독일 빌레펠트(Bielefeld)대학에서 〈역사주의와 신문화사 — 포스트모던 역사서술을 위하여〉로 박사학위를 받았다. 현재 경기대학교 사학과 교수로 재직 중이다.

역사가란 과거를 소비하여 역사를 생산하는 일을 직업적으로 하는 사람이라면, 본인의 주된 관심은 그렇게 생산된 역사를 대중이 어떻게 소비할 것인지를 매개하는 역사비평가의 일을 수행하는 데 있다. 최근에는 이 같은 역사비평을 역사학의 경계를 넘어 역사소설과 역사극, 그리고 영상역사에까지 확대하는 작업을 하고 있다. 인간이 역사를 이야기하는 근본 이유는 유한한 인간으로서 '참을 수 없는 존재의 가벼움' 을 벗어나기 위해서다. 이 같은 역사의식을 모든 사람이 공유할 수 있는 역사의 생산과 소비가 이뤄질 때, 인간은 일상적 삶의 무의미함과 덧없음을 초월할 수 있다고 믿기에 역사비평가의 역할을 자임한다.

주요 저서로 《'역사란 무엇인가' 를 넘어서》(푸른역사, 2000), 《팩션시대, 영화와 역사를 중매하다》(프로네시스, 2006), 《역사를 통한 동아시아 공동체 만들기》(푸른역사, 2006), 《역사들이 속삭인다 — 팩션 열풍과 스토리텔링의 역사》(프로네시스, 2009)가 있으며, 공저로 《포스트모더니즘과 역사학》(푸른역사, 2001), 《29개의 키워드로 읽는 한국문화의 지형도》(한국출판마케팅연구소, 2007) 등이 있다.

1. '제3의 길'로서의 실증사학

일제로부터 해방된 이후 20세기 후반 이 땅의 거의 모든 역사가에게 식민주의 사학의 극복은 공통의 화두였다. 이 화두를 붙잡고 씨름한 한국의 역사가들 가운데 이기백은 식민주의 사학의 극복이라는 주제를 참구(參究)해나가면서 《민족과 역사》(1971), 《한국사학의 방향》(1978), 《한국사학의 재구성》(1991) 등과 같은 일련의 사론집을 출간했다. 이 같은 사론집은 결국 그가 '자신의 분신'이라고 의미 부여한 《한국사신론(韓國史新論)》을 완성해나가기 위한 과정이었다.

《한국사신론》은 책 제목부터 중층적인 의미를 가진다. 《한국사신론》의 전신은 《국사신론》(泰成社, 1961)인데, 이기백이 '국사' 대신에 '한국사'라는 명칭을 사용한 것은 민족을 코드로 정의하는 '국사' 패러다임에서 탈피해 우리 역사를 새롭게 정립하려는 의도를 반영한 것으로 추정된다. 이 같은 의도를 직접적으로 표현한 말이 '신론(新論)'이다.

일반적으로 쓰는 '입문', '개론' 또는 '개설' 대신에 '신론'이라는 제목을 왜 붙였을까? 그는 '신론'이란 표현을 통해 한국사 연구의 시론과 결론, 둘 다를 목표로 설정했던 것으로 추정된다. 그는 한편으로 한국사 연구자는 물론 일반인을 위한 한국사 서술을 지향했으며, 다른 한편으로 자신의 한국사 연구의 최종 성과물을 끊임없이 반영하는 책을 쓰고자 했다. 언제나 '신론'이 되기 위해서는 변증법적인 자기부정의 길을 죽는 날까지 가야 했다. 실제로 그는 1967년에 《한국사신론》 초판을 발간한 이후 개정판(1976), 신수판(新修版, 1990), 한글판(1999)으로 판본을 세 번 바꿨으며, 한글판 출간 후에도 쇄를 거듭할 때마다 새로운 연구성과를 반영해 수정·보완했다.[1)]

그는 《한국사신론》이 한국사 입문서이면서 동시에 연구서로서 자리매김될 수 있도록 최선의 노력을 경주했다는 것을 〈나의 책 '한국사신론'을 말한다〉에서 이렇게 밝혔다.

> 그동안 나의 머릿속에서 《신론》에 대한 관심이 사라진 적이 없었다는 것은 조금도 보탬이 없는 사실이다. 새 논문이 나오면 곧 참고란에 적어넣도록 하였으며, 귀찮아서 빼먹고 나면 으레 후회를 하고 하여왔다. 새 논문으로 인해서 내용을 수정하게 되면, 자연히 조금씩 손을 대게 되어서, 같은 개정판이라도 1976년의 것과 지금의 것과는 적지 않게 달라졌다. 출판사 一潮閣에는 미안한 일이지만, 어떤 한 면 전체를 판을 새로 짜야만 하는 일이 몇 번이고 있었다. …… 어떻든 몸에 병이 들면 고쳐줘야 하듯이 《신론》에도 병든 곳이 발견되면 이를 곧

1) 이러한 개정과 수정을 통한 체제 개편과 내용 변경에 대한 자세한 분석은 노용필, 〈이기백 《국사신론》·《한국사신론》의 체제와 저술 목표〉, 2008년 12월 27일 한국사학사학회 제80회 연구발표회 발표문 참조.

고쳐줘야 한다는 생각이 늘 내 마음을 사로잡고 있다. 《신론》은 그러므로 말하자면 나의 분신과도 같이 된 셈이다.[2)]

'국사'가 아닌 '한국사', '개론'이 아닌 '신론'을 통해 이기백이 목표로 삼았던 것을 한마디로 요약하면, 식민주의 사관에 대한 안티테제로 대두한 민족주의 사관을 변증법적으로 지양할 수 있는 '제3의 길'로 실증사학을 확립시키는 것이었다. 이기백은 '이병도 선생 추념사'에서 "일정한 목적을 위하여 역사적 사실을 왜곡하는 경향이 확대되어가는 현실 속에서, 객관적이고 합리적인 사실 고증은 역사학을 지켜가는 마지막 보루"와 같은 것이라며 실증사학에 대해 의미 부여를 했다.[3)]

실증사학은 사료의 증언을 토대로 과거의 사실을 있었던 그대로 역사로 재현할 수 있다고 본다. 하지만 오늘날 포스트모더니즘의 도전과 함께 역사인식론의 근본문제는 조앤 스콧(J. W. Scott)의 표현대로, "역사학은 실제로 무엇이 일어났는지를 발견하여 전달하는 진리의 문제가 아니라, 우리가 과거에 대해서 아는 것, 곧 우리가 역사라고 지칭하는 지식을 생산하고 수용하는 것을 규제하는 규칙이나 관행이 무엇인지에 대한 문제"로 바뀌었다.[4)] 이러한 역사인식론에 대한 문제의식의 전환을 계기로 이기백의 실증사학은 재평가되어야 할 지점에 이르렀다.

---

2) 이기백, 《연사수록》, 일조각, 1994, 252쪽.

3) 이기백, 《한국사산고》, 일조각, 2005, 361쪽.

4) J. W. Scott, "History in Crisis: The Others' Side of the History", *The American Historical Review 94(3)*, 1989, p. 681.

이렇게 변화한 사학사적 지형도에 입각해서 이기백 실증사학에 대한 사학사적 재평가가 공정하게 이루어지기 위해서는, 그가 직면한 시대적 과제들을 해결하기 위해 어떤 역사학적 고뇌와 통찰을 했는지에 대한 이해가 먼저 있어야 한다. 포스트모던의 조건에서 이기백 역사학의 사학사적인 자리매김을 통해 21세기 한국사학이 나아가야 할 길에 대해 성찰해보는 것이 이 글의 목표다.

2. 식민주의 사학 극복을 통한 과학적 한국사학의 정립을 위하여

"역사가가 역사를 만드는 만큼 역사가 역사가를 만든다"는 말이 있다. 이기백이 쓴 역사에 대한 사학사적인 조명은, 어떤 역사가 이기백 역사학을 낳았으며, 동시에 그의 역사학이 만들고자 했던 역사는 무엇인지에 대한, 곧 실제 역사가 서술된 역사로 질적인 전환을 하는 변증법적인 계기를 밝히는 작업을 의미한다.

이기백 역사학의 목표는 식민주의 사관에서 탈피해 한국사학의 과학성을 정립하는 것으로 요약될 수 있다. 그는 식민주의 사학을 지리적 결정론이라고 한마디로 규정했다. 이는 중국과 만몽, 일본과 같은 강대국들에 의해 우리의 역사적 운명이 결정되었다는 타율성이론을 특징으로 한다. 강대국을 섬기며 사는 것이 우리 민족성이라는 이른바 사대주의는 이 같은 타율성이론에서 비롯되었다.[5] 그는 사대주의는 역사적 사실이 아니라 일본 식민주의 사학의 발명

5) 이기백, 《민족과 역사》, 일조각, 1971, 173~212쪽.

품이라고 하면서, 사대와 사대주의를 구별했다. 사대란 주변 강대국에 주체적으로 대응하기 위한 우리의 외교전략인 반면, 사대주의란 그런 사대를 하는 태도가 우리의 심성으로 각인됨으로써 우리의 문화적 유전자를 형성했다고 보는, 일제에 의해 날조된 사상을 의미한다. 사대가 단순한 외교정책 또는 특정 상황에서 발생하는 역사적 사실을 지칭하는 말이라면, 사대주의는 그런 사대를 역사의 법칙이거나 사상 또는 민족성으로 치부하는 식민주의 사학이 만든 이데올로기다.

해방 후 한국사학의 제1과제는 식민주의 사학이 설파하는 정체성 이론과 지리적 결정론의 허구성을 밝혀서 한국사의 독자적인 발전 가능성을 역사적으로 증명하는 내재적 발전론을 확립하는 것이었다. 내재적 발전론에 대한 요청은 민족주의 사학을 한국사학의 가장 지배적 흐름으로 만들었다. 이에 대해 이기백은 민족을 진리보다 앞선 가치로 해서는 한국사학의 과학성이 이룩될 수 없다고 보았다. 그는 "진리를 배반한 민족은 역사가 용서하지 않을 것이다"라는 말을 여러 사론과 논설에서 반복해서 썼다.

그는 이 같은 진리지상주의를 신념으로 해서 한국사의 과학적 인식을 방해하는 낡은 틀을 과감히 깨버릴 필요가 있다는 점을 역설했다. 식민주의 사학에서 탈피할 수 있는 한국사의 과학적 체계를 세우는 것이 《한국사신론》의 집필 목적임을 1999년도판 '한글판 머리말'에서 명백히 밝혔다. 그의 생전에도 이를 비판하는 주장이 제기되었지만 이에 대해 이기백은, "구구한 이야기를 늘어놓으려고 하지 않는다. 미켈란젤로가 그러했듯이, 저자도 '10세기 뒤에 보라'고 할 수밖에 없을 듯하다"라고 말했다.[6] 그렇다면 무엇이 이기백에게

이 같은 자신감을 갖게 했을까?

그는 20년 동안《한국사신론》개정판 작업에 매달렸다. 근대역사학을 정립한 독일의 역사가 레오폴트 폰 랑케처럼 진리에 대한 탐구를 마치 종교의식을 행하는 것과 같은 경건한 태도로 일관했다. 랑케 역사학의 모토가 "모든 시대는 신에 직결된다"였다면, 이기백의 역사정신은 "모든 시대는 진리에 직결된다"로 요약될 수 있다. 그는 생전에 마르크 블로크(Marc Bloch)가 독일군이 프랑스를 점령하는 고난의 시기에 묘비문을 "그는 진리를 사랑했다(DILEXIT VERITATEM)"로 하라는 유서를 남겼다는 것에 큰 감동을 받고, 가족에게 자신의 묘비명을 "민족에 대한 사랑과 진리에 대한 믿음은 둘이 아니라 하나다"로 하라는 유언을 남겼다. 그렇다면 그는 어떤 이유에서 민족을 지상가치로 설정하는 민족주의 사학 대신에 진리 지상주의를 추구하는 실증사학의 길을 가고자 했을까?

3. 민족주의 사학을 넘어서 실증사학으로

중학교 국사교과서에는 한국사를 "우리 민족이 걸어온 발자취이자 기록"이라 정의하고 있다. 또한 민족에 대해서는 역사를 통해 설명하거나 역사적 존재로써 해명하지 않고, 한국사의 초역사적 상수로 선험적으로 가정하고 서술하고 있다. 이로써 '역사의 민족'이 아니라 '민족의 역사'를 서술하는, 역사를 국민국가의 역사로 환원하

---

6) 이기백,《한국사신론》, 일조각, 1999, '한글판 머리말'.

는 국사 개념이 생겨났다.

일제시대에 우리에게는 국가가 부재했다. 이 같은 국가의 부재를 민족으로 대체하려는 열망이 투영되어, 민족사로서 한국의 국사 개념이 처음에는 조선사라는 이름으로 성립했다. 특정 왕조의 역사가 아니라 민족 전체를 주어로 하는 통사로서 조선사를 정립한 역사가는 한국 근대역사학의 아버지로 불리는 신채호다. 그는 역사를 '아(我)와 비아(非我)의 투쟁'으로 정의하고, 민족을 주체로 해서 조선사의 체계를 세울 목적으로 《조선상고사》를 집필했다. 여기서 그는 '역사적 아'를 민족으로 설정하고, 조선사 이야기의 플롯을 '아와 비아의 투쟁' 공식에 맞추어 한국의 국사 개념을 정립했다.[7)]

이기백이 역사가로서 평생의 과제로 삼은 것은 역사를 민족의 역사로 환원하는 국사에서 탈피해 세계 속의 한국 역사를 재구성하는 것이었다. 그는 '민족사관'이란 용어조차도 쓰지 말 것을 제안했다. "흔히들 민족사관이란 말은 식민주의 사관과 대립되는 용어로 사용하고 있고, 따라서 하나의 선개념(善概念)으로 쓰이고 있다. 그러나 민족사관은 한국민족사관과 같은 뜻의 말일 것이고, 따라서 그것은 한국사를 왕조 중심으로 고찰하는 왕조사관에 대하여 민족을 중심으로 보아야 한다는 뜻으로 이해해야 할 것이다. 이 단어는 그 이상의 뜻을 전해주지 못한다."[8)]

그는 민족을 역사의 선험적 주체로 상정하는 국사 패러다임에서

---

7) 김기봉, 〈한국 근대 역사 개념의 형성—'국사'의 탄생과 신채호의 민족사학〉, 《한국사학사학보》 12, 2005.

8) 이기백, 《한국사상의 재구성》, 일조각, 1991, 128쪽.

탈피해 한국사의 통사를 서술할 수 있을 때, 진정한 의미에서 한국사학의 과학화가 성취될 수 있다고 믿었다. 한국사학의 과학화를 위한 이론화 작업으로 그가 맨 처음 펴낸 사론집인 《민족과 역사》의 머리말에서 그는 이런 문제의식을 다음과 같이 피력했다.

> 이 책의 중심 주제는 우리 민족의 문제이다. 처음부터 마지막까지 이 책을 일관하는 주제는 한국민족 그것이다. 그러나 나는 한국민족을 하나의 고립된 존재로서보다도 인류 속의 한 민족으로서 생각하려고 한다. 그것은 세계의 여러 민족들과의 상호교섭 속에서 한국민족을 본다는 뜻에서가 아니다. 그보다는 세계 여러 민족 중의 하나로서 한국민족이 마땅히 누려야 할 시민권을 찾아야 한다는 뜻이다. 이런 견지에서 나의 관심은 한국민족이 세계의 다른 민족들과 마찬가지로 지니고 있는 보편성에 쏠리어 있다. 말하자면 민족이 지니고 있는 특수성을 보편성 위에서 이해하려고 노력하였다. 이렇게 민족이 지니는 특수성과 보편성의 올바른 이론적 이해에 접근해보려고 노력한 까닭은, 그 점이 지금까지 우리가 민족에 대하여 가지고 있던 인식의 결점이라고 믿기 때문이다. 그리고 이것은 침략주의자들이 우리에게 남겨준 사고의 찌꺼기를 청산하는 뜻도 되는 것이다.
>
> 나는 또 이 책에서 민족을 역사적 관점에서 다루어보려고 하였다. 어떤 절대적인 가치판단의 기준을 세워놓고 시대나 장소를 초월하여 그 척도를 재어보려는 태도를 나는 배격하였다. 그렇게 해서는 사실을 올바로 이해할 수 없다는 것이 명백하게

느껴졌기 때문이다. 따라서 이 책의 주제는 역사적 존재로서의 한국민족이 된다고 해도 좋을 것이다. 이러한 역사적 이해방법은 한국의 사회와 문화를 인식하는 올바른 길이라고 믿는다. 이것은 또 반면에 역사적 진리를 외면하고도 민족은 어떤 신비로운 힘에 의하여 발전할 수 있으리라고 생각하는 잘못을 배격하는 결과를 가져왔다.[9]

이기백은, 민족주의 사학은 역사를 위해 민족을 연구하는 것이 아니라 민족을 위해 역사를 연구하기 때문에 필연적으로 역사의 과학성을 결핍할 수밖에 없다고 보았다. 그는 우리 민족은 여러 민족들 가운데 하나이기 때문에 민족의 관점으로 역사를 파악하는 국사의 시각으로는 '세계 속의 한국사'를 구현할 수 없다고 주장했다.

민족주의 사학은 신채호와 박은식 이래로 한국사의 주체를 한민족으로 설정하고, 한국사를 한민족의 역사로 재구성했다. 신채호는 있었다가 사라졌던 왕조국가들의 연속이 아닌, 민족이라는 하나의 주체를 한국사의 상수로 상정하는 방식으로 조선사, 곧 한국사의 체계를 세우고자 했다. 신채호는 1925년에 발표한 〈낭객(浪客)의 신년만필(新年漫筆)〉에서 도덕과 주의의 표준은 이해(利害)인가 시비(是非)인가라는 물음을 제기하면서, 인류의 모든 문제는 이해로부터 비롯한다는 대답을 했다. 모든 이해는 주관적이고 당파적이다. 그렇다면 문제는 누구의 이해를 옹호해야 하는가이다. 신채호는 모든 이해의 주체는 궁극적으로 민족이어야 한다고 주장했다. 그는 진

---

9) 이기백, 《민족과 역사》, 일조각, 1971, V~VI.

리와 민족 가운데 언제나 민족이 우선한다고 역설했다.[10)]

이에 비해 이기백은 진리와 민족의 관계를 이렇게 규정했다. "오늘날 민족을 지상으로 생각하는 경향이 널리 번지고 있다. 그러나 민족은 결코 지상이 아니다. 이 점은 민중의 경우에도 마찬가지이다. 지상인 것은 진리인 것이다. 진리를 거역하면 민족이나 민중은 파멸을 면하지 못한다. 오늘의 학자들은 이 점에 대한 믿음을 확고하게 견지해야 한다고 믿는 것이다."[11)]

이기백 역사학이 목표로 했던 것은 한마디로 진리다. "모든 시대는 진리에 직결된다"는 대전제에 입각해서 민족과 민중 같은 상대주의적 가치를 넘어서는 역사의 진리를 한국사에서 추구하고자 했다. 하지만 한국사 연구의 목적이 궁극적으로는 민족을 위한 것임을 결코 포기하지 않았다. 그가 바라보는 실증사학과 민족주의 사학의 차이점은 민족이라는 역사 이념의 구현방식이 다르다는 데 있다. 민족과 진리 사이의 차이와 간극을 이기백은 "민족에 대한 사랑과 진리에 대한 믿음은 둘이 아니라 하나"라는 말로 해소하고자 했다.

하지만 문제는 '민족에 대한 사랑'과 '진리에 대한 믿음'이 어떻게 충돌을 일으키지 않고 하나가 될 수 있느냐이다. 민족과 진리라는 상반될 수 있는 두 가지 가치를 동시에 추구하고자 했던 그는, 일종의 역사신학을 자신의 역사관으로 내면화하는 방식으로 역사의 과학화를 추구했다는 점에서 '한국의 랑케'라고 말할 수 있다. 랑케

---

10) 신채호, 〈浪客의 新年漫筆〉, 단재신채호선생기념사업회 편, 《단재신채호전집(하)》, 형설출판사, 1972, 26쪽.

11) 이기백, 앞의 《한국사산고》, 115쪽.

가 그의 시대정신에 따라 신의 이름으로 역사의 객관성을 보증했다면, 이기백은 과학의 시대에서 진리라는 이름으로 역사의 객관성을 옹호했다. 객관적 역사를 과학적 역사의 요건으로 주창하는 이 두 사람의 역사학은 실증사학으로 일컬어진다. 그런데 과연 실증사학을 통해 객관적 역사서술이 실현될 수 있을까? 실제로 역사연구의 과학적 모델을 최초로 정초했던 랑케의 실증사학이 프로이센학파로 대변되는 독일 민족주의 사학의 출발점이 되는 역설이 일어났다.[12] 이 같은 역설은 랑케의 실증사학을 근간으로 성립한 일본의 근대역사학이 민족주의 사학으로 변질됨으로써 마찬가지로 일어났다.[13]

실증사학의 모토는 "본래 그것이 어떠했는지"를 보여주는 것이 역사가의 임무라는 랑케의 말로 대변될 수 있다. 실증사학은 과거와 역사를 일치시킬 수 있다는 역사인식론에 근거한다. 하지만 과거를 증언하는 사료는 거의 언제나 파편적으로 주어진다. 그래서 탈근대 역사이론은, 현재의 역사가가 사료 조각들을 퍼즐로 해서 과거의 실재 그림을 맞출 수 있다는 것은 결코 실증할 수 없는 메타역사의 선험적 전제라고 주장한다. 이에 따르면 역사란, 과거라는 실재의 퍼즐을 맞추는 것으로 성립하는 것이 아니라, 역사가가 사료로 주어진 물감을 갖고 상상력을 발휘해서 그리는 그림과 같은 것이다.

실제로 역사가는 과거라는 원본에 좀 더 근접하는 역사를 쓰려는 자세를 견지하기보다는 기존 역사와 다른 역사를 쓰는 것을 목표로

12) 김기봉, 〈랑케의 'wie es eigentlich gewesen' 본래 의미와 독일 역사주의〉, 《호서사학》 39, 2004.

13) 스테판 다나카 지음, 박영재 외 옮김, 《일본 동양학의 구조》, 문학과지성사, 2004.

삼는 경우가 훨씬 더 많다. 과거와 역사의 대응(correspondence)이 아니라 역사와 역사의 차이(difference)가 역사서술의 역사를 실질적으로 전개하는 원리가 된다. 존재론적으로는 과거에 그런 일이 일어났기 때문에 역사로 쓰인 것이지만, 인식론적으로는 역사로 서술되어 있기 때문에 과거에 그런 일이 일어났음을 안다. 시인 김춘수가 〈꽃〉에서 "내가 그의 이름을 불러주기 전에는 그는 다만 하나의 몸짓에 지나지 않았다"고 노래했던 것처럼, 역사가에 의해 부름받은 과거만이 역사로 기억된다. 과거가 역사를 존재하게 만들기보다는 역사를 통해 과거가 존재했던 것으로 인식된다는 사실에서 탈근대 역사이론은 과거에 대한 역사의 인식론적 우위를 주장한다. 이에 따르면 역사학은, '과거로서 역사(the-history-as-past)'에서 '역사로서 과거(the-past-as-history)'로 '인식론적 전환(epistemological turn)'을 해야 한다.[14] 그렇다면 역사에서 진리는, 이미 존재했던 과거의 사실이 역사가에 의해 발견되는 것이라기보다는 끊임없이 변화하는 현재에 다시 인식론적으로 계속 재구성되는 것이다.

모든 역사적 진리는 역사가의 담론으로 구성된 진리라고 할 때, 민족이라는 거대담론에 입각해서 한국사를 구성하는 국사 패러다임의 해체가 한국사의 체계를 과학적으로 정립하는 전제조건이 된다. 이 같은 국사 패러다임의 해체에 이기백의 실증사학이 선구적인 기여를 했다는 점은 부정할 수 없는 사실이다. 하지만 민족 대신에 진리라는 또 다른 메타담론에 근거해 "민족에 대한 사랑과 진리에 대

14) A. Munslow, *The Routledge Companion to Historical Studies*, London and New York, 2000, pp. 2~4.

한 믿음은 둘이 아니라 하나"라는 역사신학을 내면화했다는 점이 이기백 역사학을 '말씀사학'으로 변질시킬 소지를 낳는다.

4. 세계사적 보편성과 한국사의 특수성

이기백은 과학적 한국사학의 체계를 세우기 위한 실증사학의 기획을 안과 밖 두 단계로 추진했다. 안으로는 한국사를 '민족의 역사'가 아니라 '역사의 민족'으로 재구성할 것을 역설했으며, 밖으로는 세계사적인 관점에서 한국사의 발전과정을 구명할 수 있는 사론적 탐구를 했다. 후자의 문제를 그는 한국사의 보편성과 특수성이라는 시각으로 접근하여, "역사연구는 개별성을 추구하는 것이라고 말할 수 있다"라고 정의했다.[15] 과거의 구체적 사실에 대한 구명을 꾀하는 것이 역사학이다. 하지만 과거 사실 그 자체의 특수성을 강조하는 것으로 역사적 의미가 밝혀지지는 않는다. 보편성에 대한 이해를 토대로 할 때 특수성에 대한 인식이 이뤄질 수 있기 때문이다.

그는 한국사의 개별성을 특수성 내지는 고유성으로 이해함으로써 세계사적 보편성과의 연관성을 도외시하는 경향이 있다는 것을 민족주의 사학의 문제점으로 지적했다. 민족주의 사학의 이러한 경향은 일제침략기에 민족정신을 고취하려는 취지에서 비롯되었다. "그러나 이 이론은 한국민족을 인류로부터 고립시키고 한국사를 세계사로부터 고립시키는 결과를 가져올 것"이며, 이는 "결국은 민족

---

15) 이기백, 《한국사학의 방향》, 일조각, 1978, 131쪽.

의 우열론으로 기울어져서 독일의 나치즘이나 일본의 군국주의를 자라나게 한 것과 같은 온상을 제공해주는 결과를 가져올 염려도 있다"고 그는 썼다.[16] 그는 일반적으로 민족주의 사학자들이 주장하듯이 약소국의 방어적 민족주의와 강대국의 공격적 민족주의의 차이를 인정하지 않았다.

민족주의 사학의 특수성이론을 비판하고 한국사의 보편성을 강조하는 시각은 백남운의 사회경제사학에 의해 나타났다. 백남운은 "세계사적인 일원론적인 역사 법칙이라는 보편성에 입각해서 한국사를 이해하려 했으며, 이 보편성을 인식하는 것이 한국사 연구의 기본적인 과제"라고 생각했다. 그는 《조선사회경제사》(1933)에서 유물사관이 상정하는 역사 발전 법칙에 입각해서 원시 씨족사회로부터 삼국시대 노예제사회, 신라통일기 이래 동양적 봉건사회, 그리고 자기 시대까지 이식자본주의 사회로의 이행으로 한국사를 체계화했다.

하지만 역사학은 세계사의 보편적인 역사 발전 법칙을 한국사 연구를 통해 확인하는 것이 아니라, 그러한 세계사의 보편 법칙이 우리 고유의 지리적 · 문화적 조건에서 구현된 한국사의 개체성을 해명하는 것을 과제로 삼아야 한다. 고려사회를 봉건사회로 보았던 백남운은 그 특징을 '집권봉건제적 토지국유제의 특수성'이라고 규정하면서, 이러한 특징을 지닌 고려사회를 '전형적인 아시아적 봉건사회'라고 불렀다. 하지만 역사연구의 대상이 되는 것은 봉건사회 일반이 아니라 유럽의 봉건사회와는 다른 아시아, 곧 한국 봉건사회

16) 이기백, 위의 책, 133쪽.

의 특수성이다. 이렇듯 역사학이란 궁극적으로 개별성을 추구하는 학문이라는 것이 이기백의 주장이다.

이러한 개체성 사상의 원조는 독일 역사주의 창시자 랑케다. 랑케는 개체성에서 보편성에 이르는 역사학 특유의 인식방법론을 다음과 같이 정식화했다.

> 인간사(人間事)를 이해하는 길은 개별자를 인식하는 것과 추상을 인식하는 두 가지가 있다. 후자는 철학의 길이요, 전자는 역사학의 길이다. 그 이외 다른 길은 없다. 추상적인 말씀과 역사로 구성된 계시록조차도 이 양자로 이뤄져 있다. 이 두 가지 인식 방식은 분리돼야 한다. 그럼에도 역사 전체를 단지 수많은 사실들의 집합으로만 보고 그 집합을 머릿속에 외우기만 하는 역사가는 잘못된 역사가다. 그런 식으로 하면, 개별자는 다른 개별자와의 연계성을 가질 뿐, 전체와의 결합은 보편적 도덕을 매개로 해서만 가능하다. 하지만 나는 그렇게 하기보다는 개별자에 대한 연구와 관찰로부터 사건들에 대한 일반적인 통찰에 이르는, 곧 사건들이 객관적으로 갖고 있는 관련성에 대한 인식에까지 도달할 수 있는 역사학 고유의 방법론으로 역사학은 그 자체의 완결성과 효력을 가질 수 있다고 생각한다.[17)]

---

17) Ranke, "Über die Idee der Universalhistory", published in E. Kessel, "Rankes Idee der Universalhistory", in: *Historische Zeitschrift 178*, 1954, p. 294.

중세의 보편논쟁에서처럼 역사학의 인식론적 전제는 개체가 보편에 앞선다는 것이다. 근대역사학은 헤겔의 보편사적 역사철학에 반대하여 "개체성은 필설로 다할 수 없다"는 역사주의 개체성 사상에 입각해서 성립했다. 이기백은 세계사적인 보편성으로 우리 민족사적인 개체성을 재단하는 것이 아니라, 오히려 후자를 통해 전자를 파악하는 것이 과학적인 역사 연구방법론이라고 주장했다. 물론 그는 인류 역사가 나아가야 할 방향을 제시하는 이정표로서 세계사적인 법칙을 부정하지는 않았다.

이기백의 사회경제사학에 대한 비판은 세계사적인 법칙을 역사학적으로 구현할 수 있는 대안적 방식을 모색하기 위한 취지로 행해졌다. 그는 역사가 보편적인 법칙에 의해 지배된다면 모든 민족의 역사가 동일해야 할 것이라고 말하면서, 오직 하나의 법칙만이 역사를 지배한다는 일원론적인 입장을 버리고 다원적인 법칙들을 이해하려는 자세를 가져야 한다고 역설했다. "이것은, 오해를 막기 위하여 부언한다면, 민족에 따라 다른 법칙이 작용한다는 뜻으로서가 아니다. 동일한 법칙들이 어느 민족에게나 작용하는 것이지만, 그 법칙이란 것이 하나만이 아니라 여럿이라는 뜻에서인 것이다."[18] 그는 다양한 법칙들이 작용했기 때문에 여러 민족의 역사가 각기 다르게 전개되었다고 보았다. 따라서 이 과정에서 생겨난 민족사의 특수성을 구체적인 사실들의 연구를 통해 밝혀내는 것이 한국사학의 과제라고 보았다.

역사에는 하나의 법칙이 아니라 여러 개의 법칙이 작용하며, 그

18) 이기백, 앞의 《민족과 역사》, 36쪽.

법칙들 가운데 어떤 것이 특정 민족에 작용함으로써 그 민족사가 특수하게 전개되었다는 그의 주장을 어떻게 바라봐야 할까? 이기백의 사론은 실증할 수 있는 과학적 진리라기보다는 하나의 형이상학적 전제다. 이러한 비판을 이미 예상했던 그는, 어떤 하나의 역사 법칙을 신봉함으로써 발생했던 역사의 재앙을 상기해야 하며, 역사의 다원적 법칙을 상정하는 것은 엄연히 존재하는 진리에 대한 인간의 경외심이며 겸허한 태도의 발로라는, 랑케와 매우 유사한 역사신학적 고해성사를 했다. "당면한 역사상의 문제를 어떤 하나의 법칙에 입각해서 해결하려고 시도하는 것은 때로 필요한 일이다. 그러나 당면한 그 문제는 그런 방향에서 해결할 수가 있겠지만, 그 결과 우리가 미처 생각하지 못한 다른 방향에서 새로운 문제가 제기될 수 있다는 생각을 역사에서 배운다는 것은 현명한 일이다."[19] 역사는 열려 있기 때문에 역사의 법칙은 하나가 아니라 여러 개이며, 이런 조건에서 역사를 만드는 인간의 주체적 역량이 발휘될 수 있다는 것이다. 역사적 진리란 비코(G. Vico)의 말대로 인간이 만드는 진리다. 그럼에도 그 진리가 객관적이며, 역사가가 그 진리를 객관적으로 파악할 수 있다고 주장하는 근거는 무엇인가?

"민족에 대한 사랑과 진리에 대한 믿음은 둘이 아니라 하나"라는 그의 발언은 결코 실증할 수 있는 과학적 진리가 아니라 하나의 신앙고백이다. 랑케가 역사의 객관성을 선험적으로 규정하기 위해 정신적 실체로서 신을 상정했던 것과 마찬가지로 그는 진리를 요청했다는 점이 그의 실증사학의 한계지점이다. 그에게 진리는 '학문의

---

19) 이기백, 앞의《한국사학의 방향》, 138~139쪽.

생명'이며, 거기서 벗어나면 민족도 망하고 인류도 망할 것이라고 했다.[20] 그런데 왜 그는 이렇게 실증사학으로는 근거지울 수 없는 진리를 그토록 갈망했을까?

랑케는 개별자 하나하나가 모두 신에 직결되어 있기에 각 개별자들의 연관성은 궁극적으로 전체로서의 세계사로 구현된다고 믿었다. 그는 "사물들의 신적인 질서"는 세계사라는 대상의 통일성으로 나타나며, 이러한 철학적 전제에 입각해서 역사학이 보편사적 진리를 향해 나아갈 수 있다고 보았다. 하지만 그는 이런 보편적 세계사는 오직 신만이 알 뿐이며, 우리는 그것을 단지 감지할(ahnen) 수 있을 뿐이라고 했다.[21]

랑케가 모든 개별 역사들을 포괄하는 인류 전체의 역사로서 세계사를 상정하고 그것의 존재를 신의 이름으로 확보하고자 했다면, 이기백은 진리에 대한 역사신학적 믿음을 토대로 한국사의 전체 체계를 세우고자 했다. 그는 실증사학이 단지 개별 사실을 밝히는 것으로 그친다면 비판받아 마땅하다는 점을 인정했다. 그리하여 "한국사학이 학문으로서 성립하기 위해서는 언뜻 보면 무질서하게 생각되는 객관적 사실들을 하나의 실에 꿰서 연결을 지어주는 작업, 즉 체계화 작업이 필요하다"고 말했다. "이렇게 함으로 해서 비로소 지나간 과거에 대한 역사적 인식을 통해서 현재를 이해하는 길이 열리게 된다는 것이다."[22]

---

20) 이기백, 위의 책, 139쪽.

21) 랑케의 역사신학에 대해서는 길현모, 〈랑케 사관의 성격과 위치〉, 전해종 · 길현모 · 차하순 공저, 《역사의 이론과 서술》, 서강대 인문과학연구소, 1975, 39~86쪽.

22) 이기백, 앞의 《한국사상의 재구성》, 69쪽.

랑케는 개체적 사실들의 연관을 발전으로 파악했으며, 그 발전은 시대정신을 이끄는 '지배적 이념'을 통해 이룩된다고 생각했다. 마찬가지로 발전사관을 견지했던 이기백은 역사 발전의 동력을 이념이 아닌 인간으로 설정했다. 그는 "여기서 인간이라고 한 것은 개인이기보다는 …… 역사를 움직여온 사회적 세력으로서의 인간집단"을 의미한다고 말했다.[23] 그는 《한국사신론》에서 지배세력의 변화에 초점을 맞추어 한국사 발전의 체계화를 시도했다. 그는 1980년대 한국 역사학의 일대 변혁을 꾀한 민중사학에 대해서는, 역사의 객관적 현실을 무시하고 너무 당위론적으로 한국사의 진보를 체계화한다고 비판했다. 그럼에도 역사가 고대 왕족사회, 중세 귀족사회를 거쳐 근대 평민사회로 발전과정을 겪어왔음을 부정하지 않았다는 점에서 그 역시 역사의 진보를 신봉했다. 단지 그가 민중사관을 비판했던 이유는, "지금까지 존재했던 모든 사회의 역사는 계급투쟁의 역사"라는 마르크스주의에 입각해서 한국사의 전 과정을 지배계급에 대한 민중의 투쟁의 역사로 도식화해서 파악하는 것을 반대했기 때문이다.

이기백은, 역사는 어디까지나 인간의 역사로 서술되어야 하기 때문에 일정한 시기에 정치, 경제, 사회, 문화의 주도권을 쥐고 역사를 움직여나간 인간집단이 누구였는가를 찾아내서 그들을 중심으로 한국사의 시대 구분을 해야 한다고 주장했다. 이 같은 관점으로 《한국사신론》에서 한국사 전체를 16개의 시대로 구분하면서, 지배세력 중심으로 한국사를 시대 구분하는 것이 지배계급만이 역사를 창조

23) 이기백, 위의 책, 103쪽.

하고 피지배계급은 무의미한 존재였다는 것을 의미하지는 않는다고 말했다. 그는 지배세력은 주도적인 위치에서 역사에 참여한 인간집단을 지칭하며 지배계급을 뜻하지는 않는다고 해명했다. 따라서 그는 나중에 지배세력을 지배계급으로 오해하는 것을 경계하기 위해 지배세력을 주도세력으로 이해해줄 것을 당부했다.[24)]

이런 전제에서 신석기시대에는 씨족사회의 구성원 전체가 지배세력이었다면, 신라시대에는 성골과 진골이라는 골품이, 고려시대에는 호족이, 조선시대에는 양반이 그리고 마침내 근대에 이르러서는 민중이 지배세력으로 등장했다는 것으로 한국사의 발전과정을 체계화했으며, 서구중심주의에 입각한 고대 · 중세 · 근대의 3분법을 지양할 수 있는 한국사 나름의 시대구분론을 추구했다. 그러면서 그는 자신의 시대구분론이 세계사적인 보편성과의 연관 속에서 한국사의 개체성을 구현하는 방식임을 다음과 같이 표명했다. "일정한 단계를 지난 이후 현대로 내려오면서 지배세력의 사회적 기반이 확대되어간다는 의견은, 세계의 다른 모든 나라의 역사에도 그대로 적용될 수 있다고 믿는다. 그런 의미에서 《신론》이 세계사의 관련성을 무시하였다고는 생각하지 않고 있다."[25)]

그는 유언처럼 쓴 마지막 원고 〈한국사의 진실을 찾아서〉에서 자신의 한국사 발전의 시대구분론이 궁극적으로는 자유와 평등을 두 축으로 한 것임을 명시했다. "결국 한국사는 통일신라 이후 보다 많은 민족 구성원이 평등한 입장에서 정치활동의 자유, 직업 선택의

---

24) 이기백, 앞의 《한국사산고》, 79쪽.

25) 이기백, 앞의 《연사수록》, 259쪽.

자유, 결혼의 자유, 사상의 자유, 신앙의 자유, 학문의 자유를 추구해온 과정으로 이해할 수 있겠다. 나는 이 흐름을 한국사 발전의 법칙으로 이해할 수 있으며, 이 진리를 이해하는 것이 한국사의 앞으로의 발전 방향에 대한 길잡이가 될 것으로 믿고 있다."[26] 그는 민족과 같은 특수한 가치에 입각해서 서술된 한국사는 보편적 진실에 도달하지 못하지만, 인류 전체가 실현해야 할 보편적 가치로 공인받은 자유와 평등을 원리로 해서 재구성된 한국사는 보편사적 개체성을 구현할 수 있다는 신념을 가졌다.

5. 현재주의를 넘어선 진리지상주의

모든 역사인식은 현재의 문제의식에서 비롯한다. 그럼에도 이기백은 "현재의 신념에 입각해서 과거의 한국사 사실들에 대한 가치판단을 한다면, 모든 역사적 사실들은 한결같이 비판의 대상이 될 것"[27]이라고 했다. 그가 직접적으로 겨냥한 것은 현재 한국이 분단상태에 있다는 현실에 입각해서 과거의 한국사를 조망하는 강만길의 분단사학이다. 분단사학은 한국사의 정상적인 발전을 통일을 지향하는 것으로 설정했다. 이는 분열은 나쁜 것이고, 통일은 모두 좋은 것이라는 이분법에 근거한다. 우리 역사에서 분단시대로 쉽게 연

26) 이기백, 〈한국사의 진실을 찾아서〉, 《한국사 시민강좌》 35, 일조각, 2004, 236~237쪽.

27) 이기백, 앞의 《한국사상의 재구성》, 65쪽.

상되는 것이 후삼국시대다. 그런데 과연 신라 후대에 다시 세 나라로 분열하여 내란기에 돌입한 후삼국시대를 민족 분열시대로 파악하는 것은 올바른 역사인식인가? 이기백은 "후삼국시대를 민족 분열시대로 파악하는 것이 이 시대를 보다 잘 이해하는 것인가, 혹은 이 시대의 사회적 성격이나 정치적 성격 같은 것을 기준으로 하여 이해하는 것이 보다 잘 이해하는 길인가 하는 것은 결코 쉬운 문제가 아닐 것이다"[28]라고 말했다.

민족통일의 관점으로만 보면, 신라사회를 고인 물처럼 정체시켰던 골품제를 깨뜨리는 지방호족세력이 대두하는 후삼국시대는 우리 역사가 중세로 이행하는 역사의 전환기라는 점이 부각되지 않는다. 견훤이 아니라 왕건이 후삼국 통일이라는 역사적 과업을 성취할 수 있었던 까닭은 이런 시대상황과 요구를 더 잘 이해했기 때문이다. 고려의 후삼국 통일은 한국사 발전의 대세에 비추어볼 때 분명 긍정적인 의미를 가진다. 그렇다고 역사상 모든 통일시대를 역사의 발전으로 봐야 하는가? 이기백은 "조선왕조시대는 분명히 통일된 시대였지만, 그렇다고 이 시대의 역사를 무조건 찬양만 할 수가 없는 일임은 너무나 명백하다"[29]고 했다.

후삼국시대에서 고려시대로의 이행은 분명 역사의 발전이라는 점에서 현재의 남북분단 상황을 이해하는 역사적 사고방식을 제시해줄 수 있다. 그럼에도 현재를 모든 역사인식에서 '아르키메데스의 지렛점'으로 삼는 현재주의로부터 한국 역사학이 벗어나야 하는

28) 이기백, 앞의 《한국사학의 방향》, 149쪽.
29) 이기백, 앞의 《한국사상의 재구성》, 65쪽.

이유를 이기백은 이렇게 역설했다. "역사학은 모든 역사적 사실들을 상대화시키는 학문이다. 어떤 역사적 사실이 시대적으로 사회적으로 차지하는 정당한 위치를 찾아주는 작업을 하는 학문이다. 그러한 역사학에서는 어떤 명목에서건 절대적인 가치판단의 기준은 배격되어야 한다. 물론 한국사의 경우에도 이것은 마찬가지인 것이다."[30] 그는 실증사학을 통해 '역사의 정치화'를 극복함으로써 과학적이고 객관적인 한국사학을 정립시키고자 했다.

"문제가 없으면 역사가 없다"는 뤼시앵 페브르(Lucien Febvre)의 말대로 현재의 문제가 모든 역사인식의 출발점을 이룬다. 하지만 "역사에 있어서의 현재란 곧 역사가 발전해나가는 일정한 과정 속의 현재"이며, "그것은 미래로 더욱 발전되어 나아가야 할 발판으로서의 현재이기도 하다." 현재란 과거와 미래 사이에 존재하는 인식론적인 가상의 시점이다. 이기백은 "역사학에서 현재란 무엇인가를 이해하는 최선의 길은 역사의 발전을 체계적으로 이해하는 것이다"라고 말했다.[31]

E. H. 카는《역사란 무엇인가》에서 역사의 객관성은 "사실의 객관성일 수 없으며, 오로지 관계의 객관성, 즉 사실과 해석 사이의 과거와 현재와 미래 사이의 관계의 객관성일 수 있을 뿐"이라고 주장하면서, 그 관계를 진보로 규정했다.[32] 실증사학자 이기백 또한 "한국사의 정상적 발전"이라는 관계에 입각해 한국사를 시대 구분하고

30) 이기백, 위의 책, 65~66쪽.

31) 이기백, 앞의《한국사학의 방향》, 146쪽.

32) E. H. 카 지음, 김택현 옮김,《역사란 무엇인가》, 까치, 1997, 180쪽.

그 전체 체계를 세워야 한다고 했던 점에서 카와 다를 바 없다. 하지만 문제는 "한국사의 정상적 발전"이란 무엇인가이다. 그는 자유와 평등이라는 근대적 가치를 역사 시대 구분의 보편적 기준으로 설정했다는 점에서 "모든 시대는 진리에 직결된다"는 원칙을 스스로 위반한 것처럼 보인다.

이기백은 "역사학은 역사적 사실의 절대적 가치가 아니라 역사적 의의를 추구하는 학문"이라고 정의했다.[33] 모든 시대는 나름대로 역사적 의미를 갖는다면, 필연적으로 역사적 상대주의 문제에 봉착한다. 그는 진리지상주의를 통해 결코 역사 상대주의로 나아가고자 하지는 않았다. 오히려 그는 상대주의를 극복하기 위해 진리지상주의를 신조로 삼았다. 그는 민족과 계급과 같은 특정 가치를 절대 기준으로 해서 역사의 선악을 구분하는 것을 지양하기 위해 진리지상주의의 기치를 들었다.

후학들은 이기백을 "진리의 파수꾼"이라고 칭송한다.[34] 그런데 문제는 그가 생각한 진리란 도대체 무엇인가이다. 랑케가 역사를 신의 상형문자라고 생각했던 것처럼, 그는 역사적 현상 너머에 있는 진리를 선험적으로 상정하고 역사를 연구했다. 그에게 가장 많은 영향을 미친 책 가운데 하나가 함석헌의 《뜻으로 본 한국역사》이다. 함석헌은 하나님의 섭리를 찾으려는 궁극적인 목적으로 이 책을 썼다. 이 책에서 받은 감응을 이기백은 이렇게 썼다. "저는 이 섭리를

---

33) 이기백, 앞의 《한국사상의 재구성》, 80쪽.
34) 〈이기백 선생 1주기 추모 좌담회—진리의 파수꾼, 이기백 선생〉, 《한국사 시민강좌》 37, 일조각, 2005, 292~340쪽.

원리 · 원칙을 제시해주시는 일로 그에 따라 살도록 하는 거라고 믿습니다. 그 원리 · 원칙을 찾아보는 작업이 중요합니다. 즉 역사적 사실을 보고, 거기에 나타난 뜻을 살펴, 시대의 전후, 사회적 관계 속에서 작용하는 원리 · 원칙을 찾아보아야 합니다. 최근에 그것을 진리라는 말로 표현해봅니다. 이 진리는 역사를 지배하는 원리 · 원칙으로, 그에 따라 순종하면 좋지만 그렇지 않으면 벌을 주시는 게 아닌가 생각하며, 그렇게 믿고 그런 작업들을 해왔습니다."[35)]

그는 "이 세상만 두고 보면 비극이겠지만, 하늘을 상대로 하고 보면 승리일 수도 있는 것이다. 비극이 없다는 것은 결국 하늘에 대한 믿음, 진리에 대한 믿음이 없다는 뜻도 된다. 그러면 그것은 우리들의 마음 자세가 허약하다는 것을 말해준다고 볼 수 있는 게 아닐까"[36)]라고 했다. 현실의 '참을 수 없는 존재의 가벼움'과 불합리함으로부터 우리를 구원에 이르게 하는 것은 하늘에 대한 믿음, 곧 진리에 대한 믿음이다. 그래서 사마천이 천도를 통해 현실의 불의와 삶의 비극을 극복하고자 했던 것처럼, 이기백은 진리에 대한 믿음을 통해 현실의 불합리함과 우리 역사의 비극을 정화시키는 것을 이 땅의 역사가로서 자신의 소명으로 생각했다. 그의 꿈은 마침내 일사(逸士)가 이 세상에서 자취를 감추는 날이 도래하는 것이며, 그 꿈의 실현을 위해 인간 활동을 기록하는 역사학은 일사전(逸士傳)을 필수적인 한 분야로 해야 한다고 그는 말했다.[37)]

35) 이기백, 앞의 《한국사산고》, 83쪽.
36) 이기백, 위의 책, 38~39쪽.

6. 21세기 한국사학을 위하여

사학사 연구자란 '거인의 어깨 위에 올라선 난쟁이'다. 난쟁이는 거인에 비할 데 없는 초라한 존재지만, 거인의 어깨 위에서 거인보다 더 많은 것을 볼 수 있다. 이기백이 20세기 한국사학의 거인이라는 점은 누구도 부인하지 않을 것이다. 하지만 그의 모습이 큰 만큼 그가 남긴 그림자 또한 길다. 나는 21세기 한국 역사학의 과제 가운데 하나가 이기백 실증사학의 극복이라고 생각한다. 왜냐하면 실증사학으로는 지금 우리가 국내외적으로 당면한 역사분쟁을 해결할 수 없다고 믿기 때문이다.

일본, 한국, 중국의 역사적 사실이 각각 다르다는 것이 오늘날 동아시아 역사학의 현실이다. 일본 우익 역사교과서가 역사적 사실을 왜곡했다고 우리가 아무리 시정을 요구해도 일본정부의 공식 입장은 그것은 사실 왜곡이 아니라 또 다른 역사해석이라고 한다. 실증사학은, 역사가는 사실을 해석하는 것이 아니라 해석을 통해 역사적 사실을 만든다는 역사연구의 실제 작업 현실을 직시하지 못한다.

과거는 사라지고 없고 남아 있는 것은 기억이다. 지나간 과거를 재현해서 되살릴 수 있는 능력으로 인간에게 주어진 것은 기억이다. 따라서 오늘날 역사인식론의 근본문제는 사실과 해석의 관계를 어떻게 설정할 것인가가 아니라, 과거와 기억의 불일치와 모순을 전제

---

37) 이기백, 앞의 《한국사상의 재구성》, 223쪽. 이와 같은 맥락에서 백승종은 이기백 역사관을 역사에서 소외된 사람들의 역사를 복원하는 미시사와 상통하는 것으로 해석했다. 백승종, 〈"진리를 거역하면 민족도 망하고 민중도 망한다"—역사가 이기백의 '진리지상주의'에 대한 몇 가지 생각〉, 《역사와 문화》 9, 2004.

로 해서 재정리되어야 한다. 실제로 대부분의 역사분쟁은 사실과 해석의 관계라기보다는 과거에 대한 기억투쟁, 곧 특정 과거를 누가 어떤 기억으로 전유하여 역사로서 공인하느냐를 둘러싼 역사의 담론투쟁으로 전개된다.

이런 역사의 담론투쟁에서 과거와 역사가 일치해야 한다는 실증사학의 진리론은 아무런 효력을 발휘하지 못한다. 과거 존재 그 자체는 사라졌고 남아 있는 것은 사료나 역사책 같은 텍스트에 의해 재생된 기억이기 때문이다. 궁극적으로 인간은 지나간 과거를 있었던 그대로 재현해서 역사를 쓸 수 없을 뿐 아니라, 설령 그렇게 쓰인 역사가 있다고 해도 그것이 과거와는 다른 지금의 현실 문제에 직면해 있는 우리에게 답을 제공해줄 수는 없다. 독일의 역사가 라인하르트 코젤렉(R. Koselleck)의 테제대로, 미래 새 역사를 창조하려는 근대인에게 과거의 역사는 '생의 스승'이라는 권위를 더 이상 가질 수 없다.[38)]

이기백은 제자들에게 한국사학을 '학문으로서의 역사학'으로까지 끌어올려야 한다는 염원을 잠시라도 잊은 적이 없다고 말하곤 했다. 실제로 그는 평생의 연구를 통해 이 염원을 실현시키는 참스승의 모습을 보여주었다. 민족주의 사학의 대안이 되는, 식민주의 사학을 극복할 수 있는 한국사학의 과학적 체계를 세운다는 그의 기획은 《한국사신론》으로 일단락되었다. 하지만 이기백의 실증사학이 식민주의 사학과 민족주의 사학을 넘어설 수 있는 제3의 길을 열었

---

38) 라인하르트 코젤렉 지음, 한철 옮김, 〈역사는 삶의 스승인가〉, 《지나간 미래》, 문학동네, 1998, 43~75쪽.

는가?

오늘날 이기백의 실증사학은 이중의 딜레마에 처해 있다. 먼저, 한국의 실증사학이 일제 식민주의 사학에서 기원했다는 주장을 이기백의 수제자라 할 수 있는 이종욱 교수가 제기했다. 그는 이병도로부터 이기백으로 이어지는 한국 실증사학 계보의 원조는 일본의 식민사학자 쓰다 소우키치(津田左右吉)라고 주장했다. 쓰다는 1919년 《삼국사기》〈신라본기〉에 대한 사료 비판을 통해 내물왕 이전 기록을 신빙할 수 없다는 이론을 세웠고, 이것을 한국의 역사가들이 이어받음으로써 한국·한국인의 기원이 신라 내물왕 이전 역사에 있다는 사실을 은폐했다는 것이다. 따라서 이종욱은 이기백의 실증사학까지 이어지는 '후식민사학'의 해체를 전제로 하여, 조선-고려-대신라-삼국시대 신라로 거슬러 올라가는 방식으로 한국사를 재구성할 때에야 비로소 진정한 의미에서 식민주의 사학이 극복될 수 있다고 보았다.[39)]

두 번째 딜레마는 뉴라이트 진영의 교과서포럼이 한국사를 대한민국 국가의 전사로 재규정하는 역사인식 방법론으로 실증사학을 이용한다는 점이다. 이기백이 자유와 평등이라는 보편적 가치에 따라 한국사의 실증사학적 재구성을 모색했다면, 교과서포럼이 집필한 《대안교과서 한국 근·현대사》(기파랑, 2008)의 대표 저자는 자유민주주의와 시장경제를 보편사적 원칙으로 설정하고 한국사의 발전과정을 철저한 실증주의에 입각해서 서술했다고 주장한다.

---

39) 이종욱, 《민족인가, 국가인가? 신라 내물왕 이전 역사에 답이 있다》, 소나무, 2006.

앞에서 이종욱은 식민주의 사학과 민족주의 사학이라는 동전의 양면을 붙이는 접착제로서 실증사학을 비판 대상으로 삼은 반면, 교과서포럼은 민족주의 사학을 탈피할 수 있는 역사 연구방법론으로 실증사학을 채택했다. 원래 역사가의 당파성을 배제한 객관적 역사 인식에 이르는 과학적 방법론으로 제시된 실증사학이 이처럼 자신의 역사 이데올로기를 관철하는 수단으로 이용되는 현실은, 역사학이란 궁극적으로 '누구를 위한 역사인가'를 둘러싼 담론투쟁이라는 탈근대 역사이론의 주장을 역설적으로 입증한다.

위의 두 입장이 서로 다르지만 하나의 공통점은 당위의 민족 대신에 현실 국가를 중심으로 한국사를 재구성하고자 한다는 점이다. 만약 두 입장이 민족주의 대신에 국가주의를 지향하고자 한다면 이는 또 다른 시대착오다. 21세기 한국사학 논쟁은 민족인가 국가인가의 이분법을 넘어서는 방향으로 진행되어야 한다. 다시 말해 민족이든 국가든 어느 하나를 역사인식의 주체와 대상으로 설정하고 그것을 동심원적으로 확대해 한국사를 재구성하는 방식을 지양하고, 이제는 문명을 코드로 한 관계사 내지는 교류사로 방향을 전환해야 한다. 세계화시대에서 이기백의 《한국사신론》이 가지는 치명적인 약점은 트랜스내셔널(transnational)한 역사의 관점을 원천적으로 차단했다는 점이다. 이기백은 세계 속의 한국사를 목표로 했지만, 그 구체적 내용은 어디까지나 세계사적 보편성을 우리 민족이 어떻게 개체적으로 구현했는지를 밝히는 것이었다. 그는 그렇게 하는 것이 세계 여러 민족 가운데 하나로서 한국민족이 마땅히 누려야 할 시민권을 확보하는 길이라고 생각했다.

이기백은 한국사가 외적 요소에 의해 진행되었다는 것을 인정하는 역사관은 결국 식민주의 사학으로 귀결된다고 보았다. 이러한 관점에 따르면 관계사적 연구는 설 자리가 없다. 한국사의 발전과정을 대외관계사적 측면에서 서술하려는 시도는 일찍이 1950년대 이인영에 의해 시작되었다. 그는 현대 한국이 가장 필요로 하는 것은 '민족적 자유와 평등'이라는 문제의식으로 한국사의 세계사적 시각을 열고자 했다. 그는 《국사요론》(1950)에서 "국사가 동양사적으로 전개되고 세계사적 조류에 합류하게 됨에 따라 민족의 자유와 평등은 대내 · 대외적으로 확대되었고 지금에도 확대되고 있다"고 썼다.[40] 이기백은 이런 이인영의 주장이야말로 '민족적 세계관에 입각한 세계사적 국사'의 방향으로 한국사관의 새로운 경지를 개척하는 것이라는 긍정적인 평가를 하면서도, 이는 궁극적으로 식민주의 사관의 전형적 산물인 정체성과 타율성을 한국사의 기본 성격으로 파악하는 것이라고 비판했다. 그는 이인영의 사관을 "일제시대 얻은 실질적인 지식과 해방과 더불어 관심에 오른 새로운 이론이 조화되지 않은 데서" 발생한 모순적 현상이라고 분석했다.[41]

이기백은 식민주의 사학의 핵심을 지리적 결정론으로 파악함으로써 역사의 모든 지정학적인 요인을 거부했다. 역사의 주체는 인간이지 결코 지리적 공간이 되어서는 안 된다고 생각했던 그는, 한반도라는 우리 역사의 지리적 공간을 되도록 배제하는 방향으로 한국사의 체계를 세우고자 했다. 하지만 탈냉전 이후 동아시아 담론이

40) 이기백, 〈신민족주의사관과 식민주의사관〉, 앞의 《한국사학의 방향》, 113쪽에서 재인용.

41) 이기백, 위의 책, 119쪽.

재부상하는 것과 같은 맥락에서 공간의 역사학에 대한 관심은 날로 증대하고 있다. 역사의 세 요소는 시간 · 공간 · 인간인데, 이제까지 민족사로서 국사는 인간 중심으로 한국사를 정의하려고 고집함으로써 역사인식의 범주로서 공간에 대한 인식을 차단했다.

한반도라는 지정학적 위치는 동아시아를 무대로 해서 한국사를 전개할 수밖에 없는 구조를 형성했다. 동아시아란 결국 한국사의 반복을 낳는, 우리 역사를 조건지우는 '장기지속'의 구조다. 페르낭 브로델(Fernand Braudel)의 용어를 빌려 말하면, 우리는 동아시아라는 감옥에서 살았으며 지금도 살고 있다. 따라서 이제는 만선사관(滿鮮史觀)이라는 선입견에서 벗어나 동아시아를 '기억의 장(場)'으로 하는 한국사 인식이 요청된다.[42] 브로델이 지중해를 무대로 해서 성찰했던 것처럼, 이는 우리에게 주어진 자유의 한계에 대한 탐색이며 우리의 역사적 운명에 대한 근본적인 탐구다. 식민지시대를 살았고 그 아픈 경험 속에서 역사를 공부하면서 식민주의 사학의 극복을 화두로 한국사학의 독자적인 과학적 체계를 세우고자 했던 이기백에게 동아시아사란 식민주의 사학의 발로로밖에 비치지 않았다. 하지만 인간은 부모보다는 자신의 시대를 더 닮는다는 말처럼, 21세기의 새로운 역사적 환경에 있는 우리는 이기백이라는 거인의 어깨 위에서 그가 보지 못했던 우리 역사의 나아갈 길을 열어야 한다는 과제를 짊어지고 있다.

42) 김기봉, 〈'기억의 장'으로서 동아시아—국사에서 동아시아사로〉, 《역사를 통한 동아시아공동체 만들기》, 푸른역사, 2006.

국가/근대화 기획으로서의 서양사

민석홍의 유럽중심주의 역사학

육영수

민석홍이 지난 반세기 동안 이 땅에 구축했던 서양사와 프랑스사의 집은 서양중심주의적인 토대 위에, 근대화와 시민사회라는 이름의 두 기둥을 세우고, 프랑스혁명이라는 회반죽으로 덧칠한 가건물이다. 우리는 그가 물려준 '역사의 집'을 완전히 해체하고 새로운 건물로 대체할 것인가, 아니면 부분적인 보수공사나 구조 개선으로 만족할 것인가?

육영수(陸榮洙)

중앙대학교 역사학과/문화연구학과 교수이다. 미국 워싱턴대학교(시애틀)에서 생시몽주의 연구로 박사학위를 취득했다. 전공 분야는 유럽 근현대지성사 및 역사이론이며, 최근의 저 · 역서로는 《포스트모더니즘과 역사학》(공저, 푸른역사, 2002), 《21세기 역사학 길잡이》(공저, 경인문화사, 2008), 《치유의 역사학으로 — 라카프라의 정신분석학적 역사학》(엮음, 푸른역사, 2008) 등이 있다.
최근에는 서양사 전공자의 관점에서 한국의 근현대를 새롭게 다시 읽는 비교사적인 작업에 골몰하여 〈씌어지지 않는 역사 혹은 닦지 않은 거울 — 북한의 서양사연구 반세기, 1955~2005년〉(2007), 〈냉전시대 북한의 '주체적' 서양역사 만들기 — 《력사사전》(1971) 분석을 중심으로〉(2008) 등의 논문을 발표했다. 그 연장선에서 현재는 " '은자(隱者) 왕국' 의 세상 엿보기 혹은 좌절된 접속 — 1893년 시카고 세계박람회와 1900년 파리 세계박람회에 전시된 '세기말' 한국" 에 관한 연구과제를 수행 중이다.

1. 나는 왜?

이 땅에서 서양학 하기의 어려움과 그 정체성에 대한 고민과 토론이 최근에 여러 양상으로 전개되고 있다. 2002년에는 국내 독일학 전공자들이 한국독일사학회 주최로 모여 독일문학, 역사, 철학, 정치학 등의 이입 및 수용사와 현황에 대한 종합적인 비평과 회고를 하고 앞으로의 전망을 내놓았다.[1] 한국서양사학회도 2006년도 전국학술대회 주제를 '우리에게 서양이란 무엇인가: 유럽중심주의 서양사를 넘어서'로 정해, 연구대상에 대한 진지한 재성찰의 기회를 가졌다.[2] 요즘 뚜렷이 드러나는 오리엔탈리즘(Orientalism)과 후기식민주의에 대한 높은 관심[3]도 우리 학문에 대한 자기 성찰과 주체성 찾기의 고민을 반영하는 현상이다. 이런 연장선상에서 서양사학과 창

---

* 이 글은 《한국사학사학보》 14(2006. 12)에 〈근대화의 길, 역사가의 선택: 민석홍의 학문적 생애에 대한 몇 가지 생각〉이라는 제목으로 발표된 논문을 본 저서의 전체 기획 의도에 맞춰 수정 · 보완한 것이다.

1) 《독일연구》 4, 2002. 12 참조.

2) 제11회 한국서양사학회 학술대회(2006. 4. 15~16, 서울여성플라자) 발표 요약문 참조. 학술대회 발표문 중 일부분은 《서양사론》 90(2006. 9)에 특집으로 게재되었다.

3) 예를 들면, 《역사와 문화》 12(2006. 12)는 특집으로 '포스트콜로니얼리즘과 역사학' 관련 글들을 게재했다.

립 50주년을 맞은 2007년에는 한국의 서양사 연구 60년을 회고하고 평가 · 전망하는 학술대회와《서양사론》기획특집이 마련되었다.[4)]

필자는 외국학 연구자를 중심으로 제기되는 전공 분야에 대한 자기 성찰을 환영하면서도, 다른 한편으로는 그 작업이 학문적 유행이나 학문권력의 도구로 남용되는 것을 경계한다. 왜냐하면 학문적 자기 검증은 첨단이론으로 설명 · 분석되어야 할 또 하나의 연구주제가 아니라, 자신이 몸담고 있는 학문세계의 기원, 존재 이유, 지향점 등에 대한 근본적인 반성이 전제되어야 한다고 믿기 때문이다. 그러므로 성찰과 비판의 거울을 서양이라는 '외부'로 돌리는 대신, 학문적 스승이자 동업자인 선배학자들을 포함한 우리 '내부'를 비춰보려는 노력이 더욱 절실하고도 시급한 과제라고 필자는 확신한다.

이 글은 한국 서양사학계 원로의 한 사람인 민석홍(閔錫泓, 1925~2001)의 학문적 생애를 사례로 삼아, 한국 서양사학계가 해방 이후 지난 반세기 동안 걸어온 행적을 재점검하는 것을 기본 목표로 한다. 초창기 한국 서양사학 형성과 발전의 중추적 인물이며, 제도권(대학) 서양사 교육의 개척자이자 프랑스혁명사 연구의 창시자였던 그는 과연 어떤 시대적 환경과 조건 속에서 연구하여, 어떤 종류와 빛깔의 학문적 씨앗을 뿌렸으며, 누구의 식탁을 위한 학문적 열매를 수확했는가? 이 물음에 대답하기 위해 필자는 ① 역사(가)와 국가 만들기 ② 역사(가)와 국가권력이라는 두 가지 측면에 초점을 맞춰, 조국 근대화와 '한국적 민주주의' 정착을 위해 활약했던 민석홍의

4) 한국서양사학회,《서양사론》95, 2007. 12 참조.

학문적 행적에 주목하고자 한다. 그가 남긴 학문의 궤적과 유산에 대한 비판적 검토는 이 땅에서 후학들이 다음 반세기의 서양사를 새롭게 시작할 수 있는 시사점을 제공해줄 것이다.

2. 윤곽 그리기: 민석홍의 학문적 생애와 서양 역사학

약력을 관찰해보면, 서양사학자 민석홍은 매우 엘리트적인 가정환경과 학문적 경력을 가졌다. 일제 식민지시대에 고급관료(법원 판사) 집안에서 태어나 성장한 그는 1944년에 나고야 제8고등학교를 졸업하고, 같은 해 교토제국대학 사학과에 입학했다. 출생 이후 20살까지 식민지시대의 엘리트 '반도인'으로서 교육받았던 그는 해방 후 서울대학교 사학과로 학적을 바꿔 1948년에 학사학위를 취득했다. 졸업 후 청년 민석홍은 초창기 역사학계의 정착과 발전에 적극적으로 참여했다. 28세에 역사학회 발기위원으로 이름을 올리고(1952), 30세에는 연세대학교 문과대학 강사로 채용되었다(1954). 그는 33세에 한국서양사학회 창립 발기인으로 활약하다가 36세에 서울대학교 사학과 부교수로 자리를 옮겨 1990년 정년퇴임 때까지 30년 가까이 재직했다. 이 밖에도 서울대 인문대학 학장(1978~1980), 한국서양사학회 회장(1979~1981), 국사편찬위원회 위원, 대한민국 학술원 회원(1988~2001)을 역임하고, 두 차례의 국민훈장을 수상하는 등 학자로서 각종 명예를 향유했다.

서양사학자 민석홍의 연구 영역은 매우 다양하고도 넓다. 시대별로는 중세 말부터 20세기에 걸쳐 있으며, 국가별로는 영국사 · 독일사 · 프랑스사 등을 아우르고, 주제별로는 문명사 · 사회경제사 · 사상사 · 사학사 · 역사이론 · 역사교육 등을 넘나든다.[5] 좀 더 구체적으로 분류해보면, 몇 권의 서양(세계)문화사 책 외에 4권의 고등학교 세계사 (부)교재를 집필했고(공저), 10권이 넘는 서양서적을 번역 또는 공역했으며, 서평을 제외하더라도 대략 50편이 훨씬 넘는 시론(時論), 역사평론, 연구논문 등을 출간했다. 순수 학술논문을 기준으로 하면, 〈18세기 프랑스 농민의 성격〉을 1953년에 발표한 이후 1994년에 〈Saint-Just의 정치사상연구〉를 마지막 논문으로 발표했으니, 40년이 넘는 학문적 경륜을 자랑한다. 그의 제자 최갑수가 '한국 서양사 및 프랑스사학의 건설자'로 민석홍을 추모한 것[6]은 결코 과장이 아니었다.

위와 같이 요약되는 민석홍의 학문적 생애는 한국전쟁 이후에야 이 땅에서 뒤늦게 형성되는 서양사학[7]의 진로 및 특징과 관련해 특기할 만한 두 가지 사항을 포함한다. 첫째, 그는 "1920년대에 태어나서 일본에서 고등학교를 졸업하고 대학에 다니다가 해방을 맞이해 귀국"해 "일본 역사학계의 업적에 의존하면서도 영어 · 프랑스어 · 독일어와 같은 유럽 언어에 정통하여 구미 학계의 학문 동향에

5) 서양사 개론서와 세계사 교과서를 제외하면 민석홍의 유일한 학문적 저서라고 할 수 있는 《서양근대사연구》(일조각, 1975)가 역사철학, 자본주의 기원과 성립, 영국혁명의 사학사적 논쟁, 프랑스혁명의 사회경제사, 근대화 논쟁 등으로 구성된 것은 그의 다양한 관심사를 반영한다. 자신의 박사학위논문을 포함한 기존 발표 논문들로 엮은 이 책도 엄밀히 따지면 순수연구서(monography)라고 볼 수 없다.

6) 최갑수, 〈민석홍의 학문세계: 한국 서양사 및 프랑스사학의 건설자〉, 《프랑스사 연구》 6, 2002. 2.

민감하게 반응할 수 있는 젊은 학자들"에 속했다.[8] 이런 배경을 가진 민석홍은 '원천적인' 지식이 아니라 일본을 경유한 '여과된' 지식으로 서양사를 습득하면서, 문화사 중심의 계몽주의적 소개에 만족했던 앞세대의 한계를 극복하고, 서양사가 각 나라 및 시대사별 전문 분과로 성장하는 데 기여했다.[9] 둘째, 민석홍은 1945년 개교 이후 오랫동안 서양사 전임교수가 실질적으로 한 명도 없었던 국립 서울대학교에 1961년 전임강사로 부임함으로써 본격적인 서양사 교육과 대학원생 배출을 위한 제도적인 틀을 마련했다. 그때까지 다른 경쟁적인 사립대학교에 비해 석사학위 배출에 뒤졌던 서울대학교[10]가 서양사학 분야에서 학문 후속세대 훈련과 생산의 중심지로 도약하는 전환점에 그가 있었던 것이다. 1969년에 기존 사학과로부터 독립하여 '서양사학과'가 출범했을 때 민석홍이 어떤 역할을 했으며, 분과의 구체적인 이유는 무엇인지에 대한 공식 기록은 아직

---

7) 서양사에 대한 최초의 소개와 교육은 대한제국기인 1880~1890년대에 시작되었지만, 일제 식민지 지배하에서는 서양사 연구가 매우 열악했다. 식민지 정부가 설립한 경성제국대학에서 한국사 강의는 허용되었지만, 자유주의와 민족주의를 고취할 우려가 있다는 명분으로 서양사 과목의 개설과 강의는 금지되었다. 이런 배경에서 한국인이 주축이 된 한국사 연구단체인 '진단학회'가 1934년에 창립되었지만 한국서양사학회의 출범은 20여 년이나 늦었다. 1880년대부터 1980년대까지 한 세기에 걸친 서양사 연구의 상세한 기원과 성장과정에 대해서는 차하순, 《서양사학의 수용과 발전》, 나남, 1988 참조. 특히 47~48쪽. 해방 이후 서양사학의 형성과 발전과정에 대한 또 다른 시각으로는 노명식 · 이상신, 〈서양사학의 어제와 오늘〉, 역사학회 편, 《현대한국역사학의 동향(1945~1980)》, 일조각, 1982 참조.

8) 김영한, 〈한국의 서양사 연구—경향과 평가〉, 《서양사론》 95, 2007. 12, 18쪽 ; 차하순, 〈한국 西洋史學界의 형성: 1945~1959〉, 《한국의 학술연구: 역사학》, 대한민국학술원 인문 · 사회과학편 제7집, 2006, 437~438쪽 등 참조.

9) 차하순, 앞의 《서양사학의 수용과 발전》, 41쪽 ; 김영한, 위의 글, 18~19쪽.

없다.[11] 어쨌든, 서울대학교 서양사학과의 탄생은 이 땅에서 전개될 서양사학의 성격 형성에 중요한 사건이었다. 그것은 한국사로부터의 '독립선언'인 동시에, 아이러니컬하게도 일본 식민시대가 창안한 국사-동양사-서양사라는 삼각구조에 다시 '복고적으로 종속'하는 것에 지나지 않았기 때문이다.

일제강점기에 획득한 엘리트 교육, 한국전쟁 직후 역사학회 창립의 경험, 최고 대학교 선임교수 직함—당시로서는 매우 예외적인 각종 자격증으로 무장한 패기 넘치는 소장학자 민석홍이 직면한 가장 큰 도전은, 1961년 5·16군사쿠데타 이후 위기에 처한 조국의 재건과 부흥 문제였다. 그는 해방된 조국의 영광스런 부름에 호응하여 '궁핍한 시대의 참여지식인'으로서 근대국가 만들기의 역사적 과업에 동참했다. 그렇다면, 그의 동료였던 노역사가가 회고하듯이, 민석홍은 "장차 한국 서양사학계가 나아갈 방향을 설정했을 뿐만 아니라 …… 참다운 역사가의 지적 조건과 도덕성을 강조한 선각적 지도자들"[12] 가운데 떳떳한 한 명이었을까? 그가 간직한 역사철학,

---

10) 차하순의 조사에 따르면, 1945~1959년 사이에 서양사 전공 석사가 모두 25명(26명?) 배출되었는데, 연세대학교에서 1954년에 석사학위를 받은 이옥이 제1호였다. 해방 이후부터 1953년까지 단 한 명의 석사학위 취득자도 없었던 셈이다. 서울대학교 제1호 석사학위 취득자는 1959년에 졸업한 차하순이었다(차하순, 위의 책, 59·61쪽 참조). 그런데 차하순은 1945~1959년에 배출된 석사학위자에 대해 혼란스럽게도 각기 서로 다른 통계(25명 혹은 26명)를 제시했다. 차하순, 위의 책, 60·75쪽, 표 II-B-1 '석사학위논문의 산출'과 표 II-C-1 '연도별·대학별 석사학위 배출 현황'을 비교해보라.

11) 유감스럽게도 서울대 서양사학과 탄생에 관한 구체적인 증언이나 공식 자료를 필자는 찾지 못했다. 공백으로 남아 있는 또 하나의 '쓰여야 할 역사'인 셈이다.

12) 차하순, 앞의 〈한국 西洋史學界의 형성: 1945~1959〉, 439쪽.

그가 인식한 현실 문제, 그가 해석한 프랑스혁명의 의의, 그가 서술한 서양문화사 교과서의 구성과 체제 등을 씨줄과 날줄로 삼아 민석홍의 학문적 생애를 엄정하게 재검토해보자.

3. 골격 세우기: 민석홍의 역사관과 현실 인식

서양사학자 민석홍이 견지한 일관된 관심사는 그 스스로 밝히듯이 "서양의 근대사회의 성립과정을 우리의 입장에서 해명해보려는 것"이었다.[13] 서양의 역사에서 그가 수입 · 응용 · 발굴하고자 한 근대화의 주요 내용과 특징은 무엇인가? 민석홍이 독특한 방식으로 지지 또는 차용했던 역사관이, 박정희정권이 추진했던 '민족중흥의 역사적 사명'을 위한 이론적 동력으로 작동하지는 않았는가? 이런 의문들에 직접적으로 대답하기 전에 민석홍이 간직했던 역사관을 먼저 살펴볼 필요가 있다. 한 역사가의 사관이야말로 그가 과거를 해석하고, 현실을 비판하며, 미래를 전망하는 데 중요한 준거 틀로 작용하기 때문이다.

민석홍이 견지한 역사관의 특징은 반실증주의적 · 현재주의적 관점으로 요약된다.[14] 근대역사학의 창시자인 랑케(Leopold von Ranke)의 역사관에 반대한 그는, 역사가는 결코 지나간 사실을 과

---

13) 민석홍, 앞의 《서양근대사연구》, iii. 이하 본문에서 인용한 민석홍의 글은 필자가 자의적으로 한자어를 한글로, 맞춤법과 띄어쓰기를 되도록 현재의 표기법에 맞게 바꾼 것임을 밝힌다.

학적으로 밝혀내는 '무덤 파는 인부'가 아니라고 역설한다. 진정으로 생명력 있는 역사는 "역사가의 정신을 통과해야 하며 현재와 연관을 가져야"만 창출된다고 믿는 것이다.[15] 그러므로 과거를 연구하는 역사가와 그가 살고 있는 역사적 현재가 역사연구의 출발점이자 귀결점이 되어야 한다고 민석홍은 강조한다. '역사적 사실은 발견되는 것이 아니라 역사가의 주체적이며 현재적인 관심에 의해 끊임없이 재구성된다'는 그의 신념은 당대로서는 매우 진보적이며 파격적인 역사관이었다. 식민시대의 유산인 실증주의 역사관이 1970년대 너머까지 지배적이었던 것을 감안하면, 일찌감치 1950년대부터 이른바 신칸트주의 역사철학자들—딜타이(Wilhelm Dilthey), 크로체(Benedetto Croce), 콜링우드(R. G. Collingwood) 등—의 견해에 동조했던 민석홍의 역사관은 매우 선구적이었다.

민석홍이 가진 역사연구에 대한 일종의 구성주의적 태도는 역사가의 능동적인 선택의 중요함을 강조한다.[16] 만약 절대적인 과거 진

14) 일제강점기에 교육받았던 대부분의 역사가들이 랑케적 실증사관에 경도(傾倒)되었고 그 영향력이 1970년대까지 지속되었다는 것을 기억한다면, 민석홍의 구성주의적 역사관은 분명히 예외적이다. 그러나 그의 반실증주의적 역사관을 1차 사료에 대한 경시나 사료에 대한 실증적 분석의 과소평가와 동일시할 수는 없다. 그는 초창기 서양사학자로서 겪어야 하는 1차 사료 수집과 접근의 어려움에도 불구하고 전 생애 동안 원사료를 통한 역사연구의 중요성을 강조하고 이를 스스로 실천하려고 노력했다.

15) 민석홍, 〈역사의 객관성과 주관성〉, 《역사학보》 31, 1966, 149쪽.

16) "역사상을 구성하는 사실들은 역사가에 의하여 확인되고 해석되어 의미가 부여되고, 다시 역사가에 의해서 전체적 연관하에서 배열되고 순서가 잡혀져서 그 위치를 잡음으로서 비로소 의미 있는 역사적 사실이 된다." 민석홍, 〈역사〉, 《정경연구》 127, 1975, 129~130쪽.

리가 존재하지 않고 역사 지식의 타당성과 객관성이 역사가 개인이 가지는 "방향감각과 미래의 제 목적에 대한 통찰의 깊이"에 의존한다면, "역사가는 수없이 많고 다양한 사실 속에서 가장 본질적인 것을 선택"하여 동시대인들에게 제시해야 할 직업적인 의무를 가진다. 그 연장선상에서 민석홍은, 여태까지 전통주의적(랑케적) 역사가들이 사실 수집에 함몰되어 역사 해석에 너무 소극적이었다고 불만을 표시하면서, 역사연구에 "좀 더 대담해질 필요"가 있다고 요구했다.[17] 스스로 현실 참여와 미래 만들기에 적극적으로 뛰어드는 명분을 구축한 셈이다.

다른 한편, 민석홍의 반실증주의적 역사관은 문명을 기본 단위로 세계사를 분석했던 슈펭글러(Oswald Spengler)와 토인비(Arnold Joseph Toynbee)에 대한 관심으로 이어진다. 세계사의 흥망성쇠를 자연과학적 분석 틀이 아니라 종교적 · 문화적 요소들이 결합된 유기체의 탄생, 성장, 퇴보, 부활 등의 변화무쌍한 과정에 비유한 두 역사가의 설명 틀은 민석홍의 반(反)랑케적 역사관에 부합되는 것처럼 보인다. 이런 이유로 그는 1959년 이후부터 몇 차례에 걸쳐 슈펭글러와 토인비의 문명관을 국내 학계에 비판적으로 소개하는 데 앞장섰다. 그런데 여기서 주목할 점은 1970년대에 들어서면서 두 학자에 대한 민석홍의 평가가 미묘하게 변했다는 것이다. 이전에는 슈펭글러와 토인비의 문명사관을 20세기 서양문명의 위기의식이 잉태한 '패배주의'의 산물이며 고대적 순환사관의 산물이라고 비판했던[18] 그가 이 무렵에는 좀 더 우호적인 태도로 돌아선다. 특히 그는

17) 민석홍, 위의 글, 130쪽 ; 앞의 〈역사의 객관성과 주관성〉, 154쪽.

토인비를 슈펭글러보다 '훨씬 명석하고' '더 실증적인' 연구 모델을 제시한 역사가로 부각시키는 데 주력했다.[19]

주지하듯이, 토인비는 '도전'과 '응전'이라는 대비 개념을 기본 축으로 삼아 문명의 리듬을 관찰했다. 그의 설명에 따르면, 특정 문명권의 성쇠(盛衰) 여부는 인종의 우수함이나 환경의 유리함과 관계없이 당대인들이 직면한 도전에 얼마만큼 능동적이며 성공적으로 응전하느냐에 달려 있다. '창조적 소수자'가 비전과 지도력을 발휘하고, 무지하고 타율적인 '프롤레타리아'가 엘리트집단을 모방하고 따르는 두 가지 조건이 결합해야만 성장하는 문명이 된다고 토인비는 분석한다. 그렇다면 왜 민석홍은 토인비를 "20세기 최대의 문명사관"의 창조자이며 "20세기가 낳은 고독한 지적 리바이아탄(Leviathan)"으로 극찬하고, 그의 문명사관을 "전후에 가장 널리 알려지고 문제가 된 사관"이라고 평가하는가?[20] 그가 남긴 글에서 궁금증의 실마리를 풀 수밖에 없다.

민석홍은, 20세기 후반부인 1970년대의 관점에서 돌이켜보면, 슈펭글러와 토인비가 우려했던 서구문명의 위기설은 특정 문명의 실질적인 몰락을 예언한 것이 아니었다고 해석한다. 그들이 전달하려고 했던 진짜 메시지는 세계사적으로 커다란 전환점이 되는 새로운 기회가 20세기 후반에 도래한다는 점이었다고 민석홍은 파악한

---

18) 민석홍, 〈새로운 민족신화의 창조〉, 《정경연구》 31, 1967, 238~239쪽. 이 글은 특집 '민족중흥을 위한 제언'의 일부로 게재되었다.

19) 민석홍, 〈위기와 역사의식—슈펭글러-토인비의 역사철학적 문명사관을 중심으로〉, 《정경연구》 148, 1977, 48쪽.

20) 민석홍, 〈토인비의 문명사관과 미래상〉, 《신동아》, 1975. 12, 122 · 177 · 182쪽.

다.[21] 특히 우리나라를 포함한 비서구세계에서 토인비의 문명관은, "새로운 성장과 발전을 위한 거대한 시련의 시대"를 극복하고 "전통사회로부터 근대사회로의 전환"을 촉구하는 "역사적인 방향감각"을 제공할 것이라고 그는 확신했다. 그뿐만 아니라 후진국 국민이 경제발전을 통해 빈부 격차와 계급 대립을 해소하고 세계 가족공동체를 수립하는 데 토인비의 문명관이 이바지할 것이라고 그는 덧붙인다.[22] '도전'과 '응전'이라는 토인비의 외래산 기표(記標)가 민석홍에 의해 '민족중흥의 역사적 사명'이라는 토속적인 기의(記意)로 전환되는 순간이다. 민석홍이 각색한 또 다른 종류의 '전환시대의 논리'—박정희정권이 수립했던 분단시대의 논리에 저항했던 리영희의 그것과는 구별되는—가 탄생한 것이다.

4. 내용 채우기: 근대화론 또는 민족중흥의 역사적 사명

반랑케적 구성주의 역사관과 토인비의 문명사관으로 무장한 민석홍이 서양의 역사에서 배울 수 있는 '가장 본질적인 것'으로 선택 · 지목한 것은 두말할 나위 없이 조국의 근대화 과제였다. 해방 이후 한국전쟁, 4 · 19혁명, 5 · 16군사쿠데타 등 일련의 시련을 경험한 한국은 근대화를 이룩함으로써 비로소 역사가 부여하는 '도전'에 성공적으로 '응전'할 수 있다고 그는 확신했다. "무엇보다도

21) 민석홍, 앞의 〈위기와 역사의식〉, 53쪽.
22) 민석홍, 위의 글, 50쪽 ; 앞의 〈토인비의 문명사관과 미래상〉, 181쪽.

시급하게 달성해야 될 과업은 공업화와 경제성장"이라며 쿠데타세력이 추진하는 '역사적 방향감각'에 그가 맞장구를 치게 된 배경이다.[23] 그러므로 민석홍이 1970년대 들어 시론, 좌담, 심포지엄 등 다양한 형식과 기회를 적극적으로 활용하여 근대화 부흥사의 역할에 헌신하게 된 것은 자연스러운 선택의 결과였다.

민석홍은 우선 서양 역사에 투영되는 근대화의 특징을 요약 설명한 뒤, 그것을 타산지석으로 삼아 우리가 지향해야 할 근대화의 길을 제시한다. 그의 분석에 따르면, 서양의 근대화는 장기간에 걸쳐 자생적 · 자율적으로 발생 · 발전했으며, 끊임없는 혁신과 혁명을 겪어야만 했던 어려운 과업이었다. 서양의 근대화가 지향하는 주요 정치적 · 사회경제적 · 정신적 특징은 국민국가와 민주주의의 성립, 봉건제도의 해체와 시민계급의 성장, 과학적 합리주의와 진보주의, 자유와 평등 이념의 확장 등이라고 민석홍은 복창(復唱)했다. 더구나 서양의 사례에 비추어볼 때 우리의 근대화는 이중적인 질곡의 경험을 각오해야 한다고 진단했다. 한국의 전통문화와 외래 서구문화의 충돌 및 그것이 동반하는 가치관의 혼란 등을 경험해야 하기 때문이다.[24] 여기에다가 서양과 달리 단시일 내에 혁명과 근대화를 혼란 없이 완수해야 하는 부가적인 어려움에 직면하게 된다고 민석홍은 덧붙인다.

---

23) 민석홍, 〈역사적 선례와 의미〉, 《지역개발연구》 1, 1969, 12쪽, 전남대학교 개교 16주년기념 제1회 사회개발심포지엄 발표문. 유사한 주장이 〈역사의 현 단계〉, 《사상계》 182(1968)와 〈서구의 근대화 이념과 한국〉, 《한국 근대화의 이념과 향방》(1967, 동국대학교 개교 60주년기념 학술심포지엄 논문집)에서 반복된다.

24) 민석홍, 〈한국문화 · 문화인〉, 《정경연구》 3.12, 1967. 12, 119~122쪽 참조.

이런 난제(難題) 해결을 위해 민석홍은 냉전체제의 대표적인 근대론자인 로스토우(Walt W. Rostow)가 주창한 '경제성장 단계설'에 주목한다. 로스토우는 미국 대통령 자문위원을 역임하고 M.I.T에서 경제사 교수(1950~1961)로 재직하면서, 제2차 세계대전 이후에 해방된 제3세계에 대한 외교정책과 근대화정책에 이론적 기반을 제공했던 인물이다. 그는 '반공산당선언'으로 널리 알려진 《경제성장의 제 단계》에서 경제성장의 경로를 전통적 사회→과도기사회→ 도약 단계→성취 단계→대량소비 단계 등의 5단계로 구분한다. 민석홍은 당시 한국이 처한 현실을 감안하여 과도기사회와 도약 단계에 처한 후진국가가 지향해야 할 그의 진단과 처방에 공감한다. 특히 공산주의를 "과도기사회가 근대화의 용의(用意)를 갖춘 제 요소를 효과적으로 조직하지 못하였을 때 그 사회에 닥쳐오는 질병과도 같은 것"으로 진단한 로스토우의 "역사적 통찰에 경의를 표하지 않을 수 없다"고 고백한다.[25] 냉전체제하에서 제3세계가 준수해야 할 로스토우의 가르침에 따라 민석홍은 조국 근대화의 필수조건으로 '반공주의'라는 이데올로기를 보검처럼 채택했던 것이다.

로스토우가 주창했던 '경제성장 단계설'이 강대국의 제3세계 외교정책에 어느 정도 적용되었고, 우리나라의 근대화정책 수립에 끼친 파급력이 어느 정도였는지를 밝히는 것은 또 다른 연구과제이

---

25) 민석홍, 〈로스토오의 경제사관〉, 《세계》 2, 1960, 52쪽. '맑스 유물사관의 몰락'이라는 제목의 기획 세미나에 포함된 글이다. 민석홍은 뒤에 그의 이름을 '로스토우'로 변경 · 지칭하는데 이 글에서는 편의상 '로스토우'로 통일한다. 로스토우의 이 글은, 강명규 · 이상규 옮김, 《경제성장의 제 단계: 반맑스주의관》, 법문사, 1981에 번역 · 소개되었다.

다.[26] 필자가 이 글에서 주목하고자 하는 것은 민석홍이 제시했던 바람직한 조국 근대화의 경로와 방향이 로스토우의 '경제성장 단계설'의 기본 범주를 크게 벗어나지 못한다는 사실이다. 도약 단계를 위한 공업화 우선정책, 선(先) 경제 발전 후(後) 소득 분배, 반공의 보루(堡壘)로서의 근대화, 후진국 근대화를 위한 외국 차관경제 도입의 필요성 등 — 마치 제3공화국 경제개발 5개년계획의 구호 같은 내용들을 민석홍이 뒷받침했던 것이다.

조국 근대화를 위한 민석홍의 제언(提言)들을 그의 목소리 그대로 경청해보자. "후진국의 경우 공업화나 경제성장은 〔그런〕 선행조건의 충족을 기다릴 수 없을 정도로 시급하며, 또한 그러한 선행조건의 충족 없이도 가능하"다.[27] "나는 중산층의 보호가 반드시 빈곤한

26) 최근 공개된 비밀문서에 따르면, 5 · 16쿠데타 직후 박정희 당시 국가재건최고회의 의장이 1961년 11월에 미국을 방문했을 때, 당시 케네디 대통령 국가안보문제 특별부보좌관(Deputy Special Assistant to the President for National Security Affairs)이었던 로스토우를 포함한 미국 측 인사들과 한국 경제의 근대화를 논의하는 비밀회담을 가졌다. *The John F. Kennedy National Security Files, 1961-1963*, University Publications of America, 1996. "Memorandum of Conversation" (NLK-78-889), 마이크로필름 참조. 이 비망록의 존재를 알려주고 일본 도쿄대학교 도서관에서 대화록을 복사해준 김우민 선생에게 감사한다. "근대화 이론가들 중에서 가장 매파적인 반공산주의자(the most hawkish anti-Communist of the modernization theorists)"로 꼽히는 로스토우는 후진국이 효과적으로 경제 발전의 '도약 단계'에 도달하기 위해서는 군사쿠데타 같은 비상적인 방법이 동원될 수도 있다고 역설했다. 냉전체제하에서 미국이 주도했던 근대화이론의 성립과 전파에 참여한 지식인과 주요 대학의 '국제지역학연구소(Center for International Studies)'의 역할에 대해서는 Nils Gilman, *Mandarins of the Future: Modernization Theory in Cold War America*, Baltimore: Johns Hopkins University Press, 2003 참조. 특히 p. 156.

대중의 희생을 수반하는 것은 아니라고 생각"하며, "대기업 중심이든 중소기업을 이에 계열화시키든 간에 궁극적인 목표를 '생산의 극대화'에 두어야 한다는 견해에는 전적으로 찬성을 표하고 싶다."[28] "민주주의는 공업화와 경제성장이 다 끝나고 고도의 경제 발전 단계에 들어간 20세기 그것도 대부분 제1차 세계대전 이후에 이룩됐다. …… 민주주의가 그러한 배경과 여건을 갖추지 않았을 뿐만 아니라 오히려 그것과는 상반되는 전통 속에 살아온 비서구적인 개발도상국가에 수출되었을 때 제대로 뿌리를 박지 못하고 자라지 못한 것이 오히려 당연한 것이라고 하겠다."[29] 재벌양성론과 점진적 민주화를 옹호하는 것처럼 들리는 위의 발언들은 언뜻 박정희 대통령 연설문의 일부가 아닌가 하는 착각마저 들게 한다.

민석홍이 지지하는 경제성장 제일주의는 국민들의 희생을 정당화하는 명분으로 활용될 위험성이 있다. "19세기로부터 20세기 초에 걸쳐 근대화에 성공한 국가들은 거의 예외 없이 막대한 희생을 국민 대다수에게 강요하였"음을 반복적으로 상기시킨 민석홍은, 빠른 근대화의 성공을 위해 정치 발전과 분배적인 정의를 양보할 각오가 되어 있어야 한다고 다짐한다.[30] 대중민주주의는 정치 무대에 '비이성적인 요소'를 가져다줄 우려가 있으므로 중앙집권적인 통치체제가 불가피하며,[31] 근대화가 약속하는 중간계층(시민계급)의 성

---

27) 민석홍, 앞의 〈역사의 현 단계〉, 23쪽. 인용문의 대괄호는 필자가 임의로 삽입한 것이다.

28) 민석홍, 〈중산계급의 확대와 안정〉, 《정경연구》, 1966, 136~137쪽.

29) 민석홍, 앞의 〈역사적 선례와 의미〉, 14쪽.

30) 민석홍, 앞의 〈서구의 근대화 이념과 한국〉, 14쪽.

장이 당시 대학가에 팽배했던 학생 데모를 해결하는 데 도움이 될 것으로 그는 기대했다.[32] 경제 발전과 민주주의의 성장을 양립하기 어려운 것으로 상정한 민석홍은, 대학생들을 포함한 지식인들이 요청하는 정치개혁의 열망을 경제적 풍요의 약속으로 진정시킬 수 있다고 확신했던 것이다.

그렇다면, 민석홍은 왜/언제부터 박정희정권의 근대화 과업에 적극적으로 '동참'했을까? 필자는 그 결정적인 시점을 1960년대 후반으로 잡는다. 1965년까지만 해도 그는 "4 · 19 당시 혁명의 선봉에 나선 학생들이 믿었던 민주주의는 '한국적' '민족주의적' '교도' '기본' 등속의 수식어가 붙은 민주주의가 아니"라 전 인류에게 적응되는 보편적 민주주의였다고 역설했기 때문이다.[33] 이때까지만 해도 박정희정권이 내세우는 '한국적 민주주의'의 허구성을 비난했던 것이다. 그런데 〈서구의 근대화 이념과 한국〉(1967)을 발표한 뒤인 1969년에 민석홍은 '5 · 16혁명'을 지지하는 매우 주목할 만한 발언을 한다. '혁명과 진보'라는 제목의 한 시사대담에서 그는 혁명을 항상 진보사상과 결합되어 발생하는, 바람직하지는 않지만 경우에 따라서는 불가피하고 필요한 것으로 수용했다. 특히 한국과 같은 개발 후진국에서는 "근대화 자체는 폭력이나 비합법성을 제거한 일종의 혁명적인 작업"이라고 강조했다.[34] 민석홍은 '5 · 16혁명 = 역사적 불가피 = 진보와 근대화 = 박정희정권'이라는 등식을

31) 민석홍, 〈미래의 창조〉, 《중앙》 1, 1968, 84쪽.
32) 민석홍, 앞의 〈중산계급의 확대와 안정〉, 136쪽.
33) 민석홍, 〈4 · 19 정신론〉, 《신동아》, 1965. 4, 98쪽.

수립함으로써 제3공화국의 이데올로그(ideologue)로 변신하는 데 성공한 것이다.[35)]

5. 존재적 딜레마 또는 자기완성: 민석홍의 프랑스혁명 해석

프랑스혁명은 반세기에 가까운 학문적 생애에서 민석홍이 시종일관 천착했던 주제였다. 시론과 역사평론 등의 형식으로 발표된 것들을 포함하면 프랑스혁명과 관련해서 대략 20편 내외의 글을 발표했으니, 양적으로 판단해도 그가 가장 열정을 쏟았던 주제였음에 틀림없다. 본인 필생의 학문적 과제를 '프랑스혁명을 중심으로' 서양

34) 〈권두대담: 혁명과 진보〉, 《세대》 75, 1969. 5, 55 · 58쪽. 민석홍의 대담 상대자는 한기식 당시 고려대 정치학과 교수이다. 통상 '한승조'라는 이름으로 더 잘 알려진 그는 박정희정권 시절에 이른바 '한국적 민주주의론'을 주창했던 대표적인 관변 정치학자 중 한 명이었다. 한기식은 2005년에 〈친일행위가 반민족행위인가〉라는 일제 식민지 지배를 합리화하는 글을 일본 우파 월간지에 게재하여 세인의 또 다른 주목을 끌기도 했다.

35) "제가 보기에 이때는 선생님의 시각이 상당히 달라졌고, 어찌 보면 초기보다 더 후퇴하지 않았나 하는 느낌"으로 스승의 변신을 완곡하게 추궁하는 최갑수의 질문에 민석홍은 다음과 같이 대답한다. "문제의식이 후퇴했다고 지적했는데, 솔직한 얘기로 5 · 16 때문에 공화당정권에 대한 반감이 있긴 했지만 이때쯤이면 생각이 조금 달라졌습니다. 1960년대 후반에 들어서면서부터는 이 친구들이 뭘 하기는 하려는구나 싶더군요. …… 여하튼 독재정권 아래에서도 어느 정도 경제적인 성장이 있었다는 것만을 인정하고 싶습니다. 아주 아픈 곳을 지적했는데 초기에는 그런 싹이 보였다는 것이죠. 변명은 안하겠어요. (웃음)" 최갑수와의 대담 〈프랑스혁명 연구와 한국민주주의〉 내용 중에서. 역사문제연구소 엮음, 《학문의 길, 인생의 길》, 역사비평사, 2000, 108쪽.

의 근대화와 그 한국적 적용 여부를 추적하려는 작업이라고 밝힌 것에서도 이를 엿볼 수 있다. 필자는 이 글이 지향하는 문제의식—민석홍이 '선택'한 학문적 길은 이 땅에서 근대화의 역사적 사명과 어떤 특수관계를 가지는가—에 제한적으로 초점을 맞춰 그의 프랑스혁명 해석에서 나타나는 특기사항을 관찰하고자 한다.

우선 시기별로 분류하면, 프랑스혁명에 대한 민석홍의 글쓰기는 1950년대 중반부터 1960년대 초반에 걸쳐 집중되었고, 10년 가까운 공백 기간을 거쳐 1970년대 전반기에 다시 등장했다가, 1990년을 전후로 마지막 불꽃을 태웠다. 아마도 자유당정권 말기 부패상에 대한 비판의 도구로 프랑스혁명의 역사적 교훈을 당시 지식인과 교양대중에게 전파하려는 노력이 4 · 19혁명 이전까지의 그의 집필활동에 반영되었을 것이다. 그렇다면, 5 · 16쿠데타로 등장했던 박정희가 조국 근대화의 초석 닦기에 열중이던 1960년대 중반 이후 그가 프랑스혁명에 대한 공개적 논의를 잠정 중단한 배경은 무엇일까? 앞에서 이미 살펴본 것처럼, 이 시기에는 근대화론이 프랑스혁명론을 대체하여 민석홍 글쓰기의 주류를 형성했다. 프랑스혁명에 대한 그의 침묵은 한국에서도 이미 혁명의 주사위가 던져졌음을 암묵적으로 추인한 첫 신호였다. 그러므로 현실적인 지식인의 책무는 5 · 16혁명세력이 추동하려는 근대화의 열차가 올바른 행로를 따라 운행되도록 안내하는 것이라고 민석홍은 믿었다.[36] '근대화'라는 더욱 화급한 화두가 '혁명'이라는 뜨거운 이슈를 냉각시켜버린 것이다.

시기별로 나타나는 프랑스혁명에 대한 불균형적인 언급보다도

36) 민석홍, 앞의 〈4 · 19 정신론〉, 98쪽.

더 중요한 문제는 동일 사건에 대한 민석홍의 해석과 평가의 변천 과정이다. 1950년대에 발표된 글들을 통해 자유와 평등의 압제자인 이승만정권에 대한 혁명적 저항을 암묵적으로 선동했다면,[37] 1970년대 전반기에 재등장한 프랑스혁명에 대한 그의 글들의 논조는 사뭇 다르다. 유신체제 선포 직후인 1973년에 제출한 민석홍의 박사학위논문 〈Maximilien Robespierre의 정치사상연구〉의 경우를 보자. 논문 전체를 통해 민석홍은, 로베스피에르(Maximilien Robespierre)는 사회주의자도 공산주의자도 아니고 "시종일관 변함없이 민주주의의 이념을 견지하고 주장한 인물"이라고 반복적으로 강조한다.[38] 흔히 로베스피에르를 독재자로 간주하는 오류는 그의 정치사상의 본질을 이루는 민주주의와 그가 일시적이요 필요악으로 간주했던 혁명정부론과 공포정치이론을 혼동한 것에서 비롯된다고 민석홍은 설명한다. 그러므로 1793~1794년에 혁명정부가 직면한 '국내외의 전반적인 상황'이 제1공화국 헌법을 실천에 옮길 수 없었던 '비상사태'였음을 이해해야만 비로소 로베스피에르에 대한 올바른 평가에 도달할 것이라고 그는 결론 내린다.[39]

---

37) 예를 들면, 〈유럽의 자유를 위한 혁명〉(1959)이라는 글은 마치니(Giuseppe Mazzini)의 다음과 같은 경구로 시작한다. "자유의 나무는 시민의 손으로 심어지고 시민의 피로 양육되고 시민의 칼로 지켜지지 않으면 열매를 맺지 않는다." 글의 결론을 대신하여 "필자는 표제에 붙인 맛치니의 말을 다시 한 번 읽어주기를 독자에게 부탁하고 싶다"는 민석홍의 논조는 비장감마저 든다. 《사상계》 68, 1959 참조. 이 글은 '자유를 위한 투쟁'이라는 제목이 붙은 특집기사의 일부이다.

38) 민석홍, 〈Maximilien Robespierre의 정치사상연구〉, 앞의 《서양근대사연구》, 226 · 239 · 280 · 314쪽.

39) 민석홍, 위의 글, 317쪽.

1973년의 박사학위논문에서 민석홍이 피력한 로베스피에르에 대한 호의적인 평가는 그를 "자유와 민주주의를 등진" 독재자로 지적했던 이전의 평가와 분명히 상반된다.[40] 더욱 흥미로운 점은 로베스피에르와 함께 자코뱅 공포정치를 주도했던 생쥐스트(Saint-Just)에 대한 민석홍의 또 다른 평가이다. 10여 년 뒤인 1994년에 발표한 그의 생애 마지막 논문에서 민석홍은 생쥐스트를 자유 없는 평등을 추구했던 시대착오적인 혁명가로 폄하한다. 그가 간직했던 정치사상의 "매우 중요한 문제점"은 "자유롭다기보다는 규제되고 통제된 사회"를 지향했다는 점이라고 민석홍은 지적한다.[41] 만약 두 혁명가에 대한 그의 해석이 모두 맞다면, 공포정치기의 두 핵심 주역이었으며 기요틴(guillotine)의 길동무였던 로베스피에르와 생쥐스트는 동상이몽의 노선을 걸은 어긋난 파트너였던 셈이다.

위와 같은 논리적 모순을 감수하면서까지 민석홍이 일종의 '로베스피에르를 위한 변명'에 발 벗고 나선 이유는 도대체 무엇일까? 필자의 판단으로 볼 때 그것은 공포정치기의 외로운 독재자 로베스피에르를 민주주의자로 호명함으로써 유신체제의 독재자 박정희를 그에 버금가는 '한국적 민주주의의 지도자'로 옹호하려는, 민석홍의 복잡한 역사쓰기가 잉태한 산물이었다. 로베스피에르와 박정희를 일란성 쌍둥이로 취급함으로써, 반독재 민주화운동과 '북괴' 침략의 위협이라는 안팎의 심각한 국가 비상사태적인 '도전'을 유신체

40) 민석홍, 〈불란서혁명의 이념〉, 《사상계》 27, 1955, 172쪽 ; 〈부르죠아혁명〉, 《사상계》 44, 1957, 180쪽 ; 〈자유 앞에 패배한 군정—호국경 크롬웰의 군사독재〉, 《사상계》 123, 1963, 28~29쪽 등을 보라.

41) 민석홍, 〈Saint-Just의 정치사상연구〉, 《학술원논문집》 33, 1994, 84쪽.

제라는 '필요악'으로 '옹전'하려는 박정희정권의 합법성을 엄호(掩護)했던 것이다. 이런 절박함이 유신체제에서 '로베스피에르 구하기' 작전으로 연출되었다면, 문민정권이 들어선 1994년에는 평등주의자 '생쥐스트 버리기'로 둔갑했던 것이다.

다른 한편, 민석홍의 프랑스혁명 해석에서 가장 두드러지는 특징은 이른바 '수정주의'적 해석에 대한 그의 집요하고도 거친 비난이다.[42] 프랑스혁명을 봉건제를 무너뜨리고 자유민주주의적 · 자본주의적 발전의 도래를 촉진한 '부르주아 사회혁명'으로 평가하는 전통주의적(마르크스적) 해석에 감히 반대하는 "후안무치한 수정주의자들"에 대해 그는 같은 학자로서 "일말의 비애감"을 금할 수 없다고 토로한다. 그는 특히 퓌레(François Furet)가 대변하는 수정주의적 견해를 "말장난에 가까운 횡설수설의 나열"에 불과하다고 노골적으로 배척한다.[43] 민석홍이 일찌감치 1950년대부터 르페브르(Georges Lefebvre), 소불(Albert Soboul), 마티에즈(Albert Matiez) 등으로 대표되는 전통주의적 해석 틀에 크게 의존했다는 사실을 기억한다면 수정주의자들에 대한 그의 감정적인 반감을 이해할 수도 있다. 그 연장선상에서 민석홍은 부르주아계층의 성장이 보장하는 시민사회

42) 수정주의 역사가들에 대한 민석홍의 비판은 1960년대 중반부터 제기되었다. 코반(Alfred Cobban)의 저서 *The Social Interpretation of the French Revolution* (1964)에 대한 서평 《역사학보》 28, 1965 참조. 좀 더 본격적인 비판은 민석홍 엮음, 《프랑스혁명사론》, 까치, 1988. '서론: 프랑스혁명에 관한 새로운 해석과 그 문제점' 및 수정주의 역사관 비판의 종합판 격인 민석홍, 〈앙시앙 레짐과 프랑스혁명의 성격—수정주의의 비판〉, 미셸 보벨 · 민석홍 외 지음, 《프랑스혁명과 한국》, 일월서각, 1991 등을 보라.

43) 민석홍 엮음, 위의 책, 8 · 45 · 56쪽.

의 발전과 근대화를 초지일관 주창했기 때문이다. 만약 전통주의적 해석을 물리치고 수정주의적 해석이 설득력을 얻는다면, 그것은 그가 구축해놓았던 학문세계에 금이 가는 위기와 마찬가지였다.

수정주의자들에 대한 민석홍의 알레르기적인 과민반응에는 위와 같은 표면적인 이유 외에 또 다른 연유가 혹시 숨어 있지는 않았을까? 필자는 수정주의자들이 일관성 있게 프랑스혁명을 '정치혁명'으로 재해석하려는 태도에 민석홍이 가장 강한 거부감을 느꼈을 것이라고 추측한다. 특히 프랑스혁명을 '새로운 근대적 정치문화의 탄생'으로 파악하는 퓌레학파에 대한 그의 비상식적인 힐난(詰難)은 혁명의 정치적 성격에 대한 논쟁을 사전에 철저하게 봉쇄하려는 계산된 행위로 보인다. 정치 발전의 희생이라는 대가를 치르면서 경제성장 우선주의를 부르짖었던 민석홍으로서는 프랑스혁명에 대한 수정주의적 해석의 우세가 사회경제적 해석의 제방을 넘어서 정치담론의 홍수로 부활할 것을 걱정했을 것이다. 필자가 프랑스혁명에 대한 민석홍의 독특한 해석 틀을 그의 학문 생애 전체를 위협하는 '존재적 딜레마' 또는 자신의 학문적 선택에 단호하게 마침표를 찍는 '자기완성'으로 규정하는 이유가 여기에 있다.

6. 다시 보기: 민석홍과 역사교육
—세계사는 서양 중심적으로 전개 · 발전되는가?

민석홍이 축적한 학문적 경력과 권위는 이 땅의 청소년, 대학생, 교양시민의 역사교육에도 영향력을 발휘했다. 그는 일찌감치 1956

년부터 중등학교 교과서 집필에 참여한 이래 40여 년 동안 여러 차례 '검인정 교과서'와 대학교과목 '서양문화사'의 핵심 저자로 활약했고, 역사교육의 교과과정과 정책 자문에도 관여했다. 20세기 후반부에 이 땅에서 성장해온 젊은 세대들의 역사관 형성에 민석홍이 드리운 음영(陰影)을 짚어보기 위해 그가 저술한 각종 교과서와 역사 교양서의 구절들을 재음미해보자.

> 〔지리상의 발견으로〕 유롭과 아시아의 접촉이 잦아지고, 신대륙에는 유롭의 문화가 이식된 결과, 전까지 서로 떠러저 있든 지방과 문화가 관계를 맺게 되어 인류의 역사는 이제 진정한 의미의 세계사로서 발전을 보게 되었다.[44]

> 문명은 일찍이 오리엔트에서 일어났으며, 그리스문화는 그 영향을 받아서 자라났다. 그러나 오리엔트의 전제주의적 문화와는 달리, 그리스에서는 자유로운 시민의 문화가 발전하였다. …… 그러므로 서양문화의 참된 근원은 오리엔트문화가 아니라, 그리스와 로마의 문화이다.[45]

---

44) 민석홍 · 고병익, 《중등사회생활과 세계사(하)》, 상문원, 1956, 11쪽. 맞춤법은 원문 그대로이다. 이보다 좀 더 발전한 버전으로, 지리상의 '발견'을 "세계사의 거대한 전환점"이며 유럽이 주도적인 역할을 담당하게 되는 "참된 의미의 세계사가 성립하는 계기"로 파악하는 내용은 민석홍, 《서양사개론》, 삼영사, 2005, 300~312쪽을 보라. 1984년에 출간된 이 서적은 1997년에 2판 개정판을 출간한 이래 2005년 4월 현재 2판 18쇄를 찍었다. 본문의 인용 쪽수는 2005년판을 참고한 것이다.

> 문화 개념으로서는 종래 헬레니즘문화가 동서 문화의 융합이라는 견해가 일반적이었다. 그러나 이것은 잘못된 해석이다. …… 헬레니즘문화는 결코 '동서 문화의 융합'의 소산이 아닌 것이다. 그 기조는 어디까지나 그리스문화였고, 다만 달라진 것이 있다면, 고전기의 그리스문화가 폴리스를 바탕으로 발전한 데 반하여, 이제 그 좁은 울타리가 깨어지고 세계적인 문화로 변하였다는 점이다. 그러므로 헬레니즘문화는 세계화한 그리스문화인 것이다.[46)]

위 인용문들은 지난 반세기 동안 우리가 배운 서양사에 대한 지식과 인식 틀이 서양중심주의 사고방식에 의해 심각하게 오염·왜곡되었음을 웅변적으로 증명한다. 고대 그리스 아테네에서 제한적으로 행해졌던 직접민주주의의 가치와 의의가 과장되는 반면, 고대 오리엔트와 중세 이슬람문명의 세계사적 기여와 역할은 폄하된다.[47)] 또한, 민석홍의 시각에 따르면, 종교개혁, 신대륙의 '발견', 프랑스혁명 등과 같은 각종 사건들은 근대화—근대 민주시민사회의 형성—라는 이름의 종착역에 도달하기 위해 세계사의 열차

---

45) 유진오 · 한우근 · 고병익 · 민석홍 · 서수인, 문교부 검정교과서 《사회》 2, 일조각, 1973, 183쪽. 공저자들 중에서 서양사 전문가로는 민석홍이 유일하므로 이 구절을 그의 견해로 간주할 수 있다. 이와 유사한 언급은 민석홍, 위의 책, 65쪽 참조. "페르시아전쟁에서 그리스의 승리는 동방의 전제주의에 대한 폴리스의 시민적 자유의 승리를 뜻하며, 만일 그리스가 패하였다면, 그리스는 자유를 상실하였을 뿐 아니라 기원전 5세기의 찬란한 고전기 문화를 가질 수 없었을 것이기에, 그리스의 승리는 유럽사에서 결정적인 중요성을 가진다."

46) 민석홍, 위의 책, 90쪽.

가 반드시 정차해야 할 중간역이다.[48] 앞에서도 이미 관찰했듯이, '근대화(modernization)'를 '서구화(Westernization)' 및 '공업화(Industrialization)'와 동일시했던 민석홍은, '선진' 근대 서양이 밟아간 '모범적'이며 '정상적'인 진보의 역사[49]를 '후진' 비유럽 국가들이 모방·계승해야만 전통사회의 정체(停滯)와 무지의 굴레에서 해방될 수 있다고 확신했다. 민석홍이 교육하고 전파하는 데 앞장선 이런 일방통행적인 서구중심주의 역사관은 휴머니즘, '문명화 과정', 자유민주주의, 근대화, 세계화 등으로 끊임없이 명찰을 바꿔 달면서 세계의 주역을 담당하려는 서유럽-미국 중심적인 담론에 봉사하는 행위에 지나지 않는다.[50]

---

47) "오리엔트문화는 …… 현실사회의 요구를 충족시키는 선에서 그 발전은 정지할 수밖에 없었다. …… 마술적 사고가 또한 새로운 발전을 억제하였다." "아테네의 민주정치는 고대의 어느 곳에서도 찾아볼 수 없는 시민의 정치 능력에 대한 평등한 신뢰에 입각한 철저한 것이었다." 민석홍, 위의 책, 43·68쪽.

48) 예를 들면, 종교개혁의 의의를 "이미 전진하고 있던 자본주의적 경영과 그 정신의 발전을 촉진시키는 …… 하나의 강장제(Tonic)"로 파악한 〈종교개혁과 근대사회의 성립〉, 《문리대학보》 제2권 1호(1954)와 프랑스혁명의 발발 이유를 "근대사회와 민주주의를 건설하기 위해서"라고 설명한 〈불란서는 왜 혁명을 택하였는가〉, 《국제평론》 5집(1960) 등은 민석홍의 목적론적인 역사관을 잘 드러낸다.

49) 다음과 같은 그의 발언을 보라. "유럽의 근대적 발전은 절대주의 시대, 시민혁명, 그리고 산업혁명을 거쳐 19세기에 일단락을 짓게 된다. 그 과정은 4세기에 걸친 긴 과정이었고, **자생적이며 자율적인 과정이었다**." 민석홍·나종일·윤세철, 《고등학교 세계사》, 교학사, 1984. "14·15세기에 싹트고, 16세기 이래 본격적인 발전을 하게 된 유럽의 근대적 발전, 즉 근대화는 프랑스혁명과 산업혁명을 계기로 **완성** 단계에 들어서며, 19세기에는 근대 시민사회와 근대 국민국가가 **확립**된다." 민석홍, 앞의 《서양사개론》, 391쪽. 강조 표시는 필자가 임의로 한 것이다.

50) 서구중심주의적 세계관의 역사적 기원과 성격에 관해서는 강정인, 〈서구중심주의의 세계사적 전개과정〉, 《계간 사상》, 2003년 가을호, 202~221쪽 참조.

조국 근대화의 이데올로그를 자임했던 민석홍의 역사관을 오리엔탈리즘의 한 전형으로 매도하는 것은 시대착오적인 오류라는 항변이 제기될 수도 있다. 서양의 많은 유명 역사가들과 사상가들마저도 '오리엔탈리스트'의 혐의에서 자유롭지 못하며, 초창기의 열악한 환경 속에서 민석홍뿐만 아니라 국내 다른 서양사학자들도 '독창적인' 견해를 내놓기보다는 서양학자들의 지배적인 해석 틀에 크게 의존했던 것을 고려하면 이유 있는 불만이다. 당시 팽배했던 서구중심주의적 역사 읽기와 역사서술에서 그도 자유롭지 못했던 것이다. 그런데 누구보다도 외국 학계의 첨단 경향에 민감했던 민석홍이 사이드(Edward W. Said)의 《오리엔탈리즘》[51] 출간 이후 1980년대부터 국내외에서 본격적으로 전개된 반서구중심주의적 논쟁[52]을 전적으로 백안시(白眼視)했다는 점은 아무래도 이례적이다. 더구나 "내용의 정확성이나 문체의 유려함, 또는 균형 잡힌 역사관으로 국제적으로도 전혀 손색이 없는 역저"로서, "지금도 여전히 가장 많이

51) Edward W. Said, *Orientalism*, New York: Random House, 1978.

52) 고대 유럽문명의 아프리카-아시아적 뿌리를 주창한 Martin Bernal, *Black Athena: The Afroasiatic Roots of Classical Civilization*, Vol. 1, *The Fabrication of Ancient Greece, 1785–1985*, New Brunswick, NJ: Rutgers University Press, 1987과, 비유럽 문명권이 주도했던 세계체제론의 성립을 13세기로 거슬러 올라가 설명함으로써 근대 서양 중심의 자본주의 세계체제론을 공박한 Janet L. Abu-Lughod, *Before European Hegemony: The World System A. D. 1250–1350*, Oxford: Oxford University Press, 1989 등은 열띤 반서구중심주의적 논쟁을 자극했던 문제작들이다. 최근에 외국 학계에서 전개된 (반)서구중심주의적 사관에 대한 논쟁의 성격과 이슈에 대해서는 차용구, 〈프랑크-랜디스 논쟁에 대한 사학사적 검토—반서구주의적 역사해석의 지적 계보를 중심으로〉, 《서양사론》 89, 2006. 6 참조.

읽히는 개론서"로 칭송[53]되는 《서양사개론》이 1984년에 출간되고 그 개정판이 1997년에 나왔다는 것을 기억한다면 더욱 이상하다. 서구중심주의 역사관에 대한 민석홍의 일관된 몰이해(沒理解)는 노학자의 옹고집 탓인가.

민석홍은 왜 서구중심주의적 역사관을 끝끝내 포기하지 않았을까? 필자 생각으로는, 그것이야말로 민석홍이 견지했던 근대화이론과 프랑스혁명 해석 전체를 지탱해주는 기본 뼈대이며 초석이었기 때문이다. 만약 선진 서양 국가들이 선도했던 정치적 발달과 경제적 진보의 행로가 보편적이며 영속적인 가치를 갖지 못한다면, 그들이 걸었던 근대화 노선을 나침판 삼아 민석홍이 독려했던 조국 근대화의 길은 그 역사적 필연성과 정당성을 잃어버리게 된다. 그것은 그가 각고의 노력으로 평생 쌓아올렸던 역사의 성(城)이 허물어지는 아픔일 것이다. 그래서 민석홍이 끝까지 부여안았던 서구중심주의적 역사관은 후학들이 대신 지불해야 할 빚으로 남았다. 박정희가 선창했던 '한국적 민주주의의 길'이 국민들의 자발적인 정치 훈련과 참여의 기회를 앗아갔다면, 민석홍이 역사교과서에 각인시키고 젊은 세대에게 고취시킨 서구중심주의적 역사관은 이 땅에서 서양학의 정체성 모색과 홀로서기를 지연시켰다. 두 사람이 합창했던 '근대성(modernity)'의 구호는 한편으로는 공업화와 군사독재로 요약되는 경제성장 제일주의로 구현되었고, 다른 한편으로는 서양을 세계사의 보편적인 기준점과 중심에 우뚝 세운 서양 본질주의(essentialism)로 확대·재생산되었던 것이다.

53) 최갑수, 앞의 〈민석홍의 학문세계〉, 113쪽.

7. 남은 생각과 과제

종합하여 거칠게 요약하자면, 민석홍이 지난 반세기 동안 이 땅에 구축했던 서양사와 프랑스사의 집은 서양중심주의적인 토대 위에, 근대화와 시민사회라는 이름의 두 기둥을 세우고, 프랑스혁명이라는 회반죽으로 덧칠한 가건물이다. 우리는 그가 물려준 '역사의 집'을 완전히 해체하고 새로운 건물로 대체할 것인가, 아니면 부분적인 보수공사나 구조 개선으로 만족할 것인가? 혹시, 민석홍이 평생 걸어온 학문적 여정은 단순히 출세 지향적인 한 개인의 이야기가 아니라, 격변의 시대를 함께 견뎌야만 했던 '나'를 포함한 동시대인들의 부끄러운 자화상이 아닐까? 이와 같은 물음을 다시 묻기 위해 필자는 민석홍의 사례를 통해 곱씹어볼 생각거리를 결론 대신 제안하고자 한다.

민석홍에 대한 사례 연구는 무엇보다도 격동시대를 살았던 한 지식인의 변모하는 초상화를 관찰할 수 있는 기회를 제공한다. 30대 소장학자 시절의 민석홍은 진보적이며 용기 있는 참여지식인이었다. 대부분의 역사가들이 일제 식민지 교육이 물려준 실증주의적 사관에 함몰되어 있을 때, 그는 '과거는 역사가에 의해서 의미가 부여되며 끊임없이 재창조된다'는 신념으로 충만해 현실 비판에 앞장섰다. 4 · 19혁명 직후 그것이 단순한 '의거'인지, '정변' 또는 '학생운동'인지를 둘러싼 논쟁이 있었을 때, 그 사건을 '자유민주주의의 혁명'으로 규정했던 인물들 중 한 명이 민석홍이었다.[54] 그뿐만 아니라 군사정권의 시퍼런 기세에도 굴복하지 않고 5 · 16을 '군사쿠데타'라고 단호히 비난하고,[55] 영국혁명의 군사독재자 크롬웰의 실패에서 역사적인 교훈을 배워야 한다고 꾸짖은 사람도 그였다.[56] 당시 그의 많은 글들이 《사상계》나 《씨올의 소리》 같은 이른바 진보 지면을 통해 발표된 것도 이런 연유이다.

그렇다면, 왜 진보적 소장학자였던 민석홍이 '박정희 표' 근대화론의 기수(旗手)로 변신했을까? 최고 국립대학의 중진교수로 둥지를 튼 뒤부터 그의 현실 인식이 성장하여 조국의 역사적 사명에 헌신하는 이데올로그가 되기로 결심한 것일까? 그가 전매특허처럼 애용하는 애매모호한 레토릭과 이율배반적인 서사구조는 진보청년 민석홍이 보수적인 중년의 역사가로 탈바꿈하는 과정에서 표출되는 햄릿적인 고뇌의 표시인가? 아니면, 일제강점기를 걸쳐 전쟁과 혁명, 군사독재시대라는 파란만장한 시간을 살아오면서 체득한 처세술의 일종인가?[57] 이미 고인이 된 원로학자가 보여준 앎과 삶 사이의 간격 또는 그 어긋남에 대해 객관적인 평가를 내리는 것은 지난(至難)한 작업임에 틀림없다. 다만, 한 개인의 진면목이 근엄한 표정이나 화려한 외투가 아니라 귓불이나 발가락의 미묘한 움직임 같은 사소한 것을 통해 더 잘 드러난다면,[58] 민석홍이 남긴 무거운 논문이 아니라 가벼운 잡문(雜文)의 렌즈를 통해 분단시대 참지식인 되기의 어려움을 짐작해볼 뿐이다.

---

54) 민석홍, 〈현대사와 자유민주주의—사월혁명의 이해를 위하여〉, 《사상계》 83, 1960, 97쪽 ; 〈쟁취된 자유민주주의—혁명 후를 주시해야 한다〉, 《화백》 4, 1960, 32쪽 ; 〈4 · 19 정신론〉, 96~97쪽 등을 보라.

55) 민석홍, 〈5 · 16의 역사적 의미—그것은 우리에게 무엇을 의미하는가?〉, 《사상계》 146, 1965, 특히 96쪽. 이 글은 '5 · 16의 반시대성'이라는 제목의 특집 일부이다.

56) 민석홍, 앞의 〈자유 앞에 패배한 군정〉 참조.

1960년대 후반부터 유신시대의 막바지까지 민석홍은 각종 시론을 《정경연구》라는 잡지에 집중적으로 게재했다. 《정경연구》는 "국내외 정치 · 경제 · 사회 및 국제관계 문제 등을 연구 · 검토하여 공정한 여론 형성과 국가 정책 수립에 이바지"할 목적으로 한국정경연구소가 1965년에 창간한 기관지였다.[59] 이 잡지의 초대 발행인이

---

57) 때로는 '글'보다는 '말''이 한 개인의 내면세계를 더 잘 드러내 보여준다. 유신체제 선포 이후인 1973년에 당시 서울대학교 교양과정 부장이라는 보직을 맡고 있던 민석홍이 '대학의 위기를 말한다'라는 제목으로 서울문리대 학생과 나눈 다음과 같은 대화들을 경청해보자. 기관원 상주, 대학 교련의 강제 실시, 교수논문 사전 검열과 총 · 학장의 정부임명제 등 정부가 대학의 자율성을 심각하게 침해하고 있다는 학생의 질문에 대해: "명백히 해둘 것은 지금 우리나라는 그러한 제약이 필요한 정세에 놓여 있다는 사실입니다. …… 나는 대학 자체의 기본적인 사명인 학문 탐구, 강의, 사회봉사의 세 가지 면에서 보면 대학이 현재 운영되고 있는 상태에서도 자율성이 있다고 봅니다." 일제강점기 민족운동에서 한일국교정상화 반대와 자유민주주의 투쟁에 이르는 학생운동의 전통과 역할을 전망하며: "현실적으로 냉철하게 그 득실을 계산해보면 결국 플러스 된 것은 없어요. …… 학생들의 의욕은 높이 평가하지만 현실적인 성과는 거의 없었다고 봅니다. …… 경종을 울리는 의사 표시 단계에 머물러야 하지 않을까요." 《월간중앙》 70, 1974. 1, 217~218, 219~221쪽. 민석홍은 유신체제하의 대학이 여전히 자율성을 향유하고 있다고 항변함으로써, 언론 탄압이 횡행하고 정당이나 사회단체 세력이 빈약했던 당시에 거의 유일하게 집권세력을 견제하고 반대했던 학생운동의 역사적 의의와 정당성을 호도(糊塗)한다.

58) 미술작품의 진위 여부를 판정하는 '모렐리식 방법'을 과거 (인물) 연구에 적용하여 추론적인 실마리 찾기에 이르는 흥미로운 방법론에 대해서는 곽차섭 엮음, 《미시사란 무엇인가: 역사학의 새로운 가능성—미시사의 이론 · 방법 · 논쟁》, 푸른역사, 2000. 특히 4장 '징후들: 실마리 찾기의 뿌리' 참조.

59) 《정경연구》에 대한 기본 정보는 인터넷 지식검색 사이트 http://100.naver.com/100.nhn?docid=725272, http://enc.daum.net/dic100/contents.do?query1=b19j0970a 등을 참조했다. 《정경연구》는 1979년에는 《정경문화》로, 1986년에는 《월간경향》으로 제호가 변경되었다가 1989년에 폐간되었다.

자 초대 한국정경연구소장이었던 엄민영(1915~1969)은 일제강점기에 규슈제국대학을 졸업한 뒤 고등문관 시험에 합격해 고급관료를 지내고, 5 · 16쿠데타 이후에는 박정희 소장이 지휘하는 국가재건회의 의장고문을 거쳐 제3공화국 내무부장관을 역임했던 인물이다. 이런 인적 네트워크로만 판단한다면 군사독재정권과 일제강점기의 엘리트집단이 조국 근대화를 위한 명분으로 재집결했고, 민석홍도 이들 집단에 합류했던 것이다. 다시 말하자면, 《사상계》와 《씨올의 소리》의 카랑카랑한 논객이 군부독재와 유신정권의 전도사 노릇을 한 《정경연구》의 단골 필자로 변신한 것이다. 그 연장선상에서, 민석홍이 유신체제 선포 전야(前夜)인 1970년에 군 장병들이 명심해야 할 '상명하복'의 미덕에 대해 자기 생각에도 계면쩍은 "무척 무질서한 글"을 투고[60]한 것은 조금도 놀라운 일이 아니다. 그것은 민석홍이 표방했던 학자적인 지조에 욕이 되는 '옥에 티'가 아니라, 방심한 잡문을 통해 노출된 그의 진심의 일부이기 때문이다.

민석홍의 학문적 생애가 제기하는 또 다른 이슈는 역사가가 참여한 국가/근대화 만들기의 공과(功過)에 관한 논란이다. 역사가 만들어지는 현장에 능동적으로 동참할 수 있는 기회는 아무나 누릴 수 없는 행운이라면, 분단체제라는 아슬아슬한 시대를 건너야 했던 지식인의 한 사람인 민석홍은 그 기회와 책임을 두려워하지 않았다. 그는 조국의 근대화 완수라는 신성한 과업을 위해 토인비의 문명관을 차용해 진행형인 한국현대사의 의미를 재해석했으며, 유신체제의 이데올로기적 리듬에 발맞춰 프랑스혁명의 인물들에게 시의적절

60) 민석홍, 〈명령과 복종의 양자관계〉, 《육군》 144, 1970, 38쪽 참조.

한 배역을 부여했다. 또한 민석홍은, 자신의 몸을 태워 '겨울공화국'에 도전했던 동시대의 다른 참여지식인들과는 달리, 가시밭길이 아니라 비단길을 걸으며 국가/근대화 만들기에 헌신했다. 유신체제 만들기의 이데올로그이며 파수꾼으로서 그는 빛나는 훈장을 가슴에 단 궁전역사가였던 것이다.[61]

민석홍이 선택했던 학문의 길은 (서양) 역사학의 유용성과 존재 이유에 대한 심각하고도 근본적인 고민을 우리에게 또 다시 요청한다. (왜) 우리는 이 땅에서 (그럼에도 불구하고) 서양사 연구와 교육을 계속해야만 하는가? 국사-동양사-서양사라는 식민시대의 낡은 엇박자 리듬에 맞춰 여전히 춤을 추면서 세계화시대의 지구사(Global History)를 서술할 수 있을까? 선배 역사가들이 '민족주의적 계몽'이나 '조국 근대화'라는 시대적 구호에 맞춰 서양 역사를 각색했다면, 그 후배들 역시 '민주화'나 '과거 청산'이라는 시대적 잣대에 맞춰 과거를 새롭게 연출하고 있지는 않은가? "한 개인은 자신이 임의로 선택할 수 없는 환경과 조건의 한계 속에서 역사를 만든다"는 카를 마르크스의 명제에 동의한다면, 우리가 존경해야 할 역사가는 현실권력이나 국가이성에 봉사할 것을 독려하는 전도사인가, 아니면 이에 저항하며 대안적인 미래를 전망하는 예언가인가? 민석홍이 먼저 걸어간 학문의 궤적을 더듬어 우리가 이런 고민거리들을 건져낼 수 있다면, 그가 "장차 한국 서양사학계가 나아갈 방향을 설정했"다는 평가가 헛된 것만은 아니리라. 이 땅에서 서양사학

61) 민석홍은 국민교육헌장 선포 5주년 기념일인 1973년 12월 5일에 국민훈장 동백장을 수상했다.

이 본격적으로 연구 · 교육된 지 반세기가 지난 시점에서 그는 후학들이 원점 또는 새로운 출발점에 굳게 발을 디디도록 도와주었기 때문이다. (서양) 역사란 나에게 무엇이며, (서양) 역사가는 오늘 지금 무엇으로 사는가?

국민도 아닌 민족도 아닌 소수자의 역사

전후 일본의 재일조선인사 연구

도노무라 마사루

재일조선인 역사학자의 재일조선인에 관한 역사연구는 조선노동당과 조선총련의 정치전략에 근거한 것은 아니었음이 분명하다. 이들은 자신들과 관련이 깊은 역사를 직시함으로써 스스로의 정체성을 확립함과 동시에, 민족 차별과 식민지 지배에 대한 반성을 확립하지 않고 있는 일본사회에 변혁을 촉구했다.

도노무라 마사루(外村大)

일본 홋카이도(北海道)에서 태어나 자랐다. 와세다(早稲田)대학과 동대학 대학원에서 일본사를 공부하고, 2002년에 〈재일조선인 사회의 역사학적 고찰(在日朝鮮人社會の歷史學的考察)〉로 박사학위를 받았다. 1995~1998년에는 와세다대학 조교, 1998~2007년에는 여러 대학의 비상근 강사, 고려대학교 연구원으로 근무하는 한편, 출판사에 기숙하면서 노동조합의 역사를 쓰기도 했다. 2007년부터 도쿄(東京)대학 대학원 총합문화연구과 준교수로 있다.

재일조선인의 역사에 대해 사회사적인 재검토를 하는 것으로 역사연구를 시작했다. 현재도 그 연장선에서 일본 · 조선 간의 인구 이동, 그에 따른 일본인과 조선인의 접촉, 교류, 엇갈림, 알력 등을 주제로 연구하고 있다.

저서로는 《在日朝鮮人社會の歷史學的硏究 — 形成 · 構造 · 變容》(錄蔭書房, 2004)이 있고, 논문으로 〈アジア太平洋戰爭末期朝鮮における勤勞援護事業〉(《戰爭責任硏究》 55, 2007), 〈식민지기의 조선대중 예능과 일본인〉(《일본공간》 2, 2007)이, 공동 논문으로 〈1970年代中期沖繩の韓國人季節勞動者〉(《移民硏究年報》 15, 2009)가 있다.

1. 재일조선인사 연구가 시작되기까지

최근 재일조선인에 대한 역사연구는 어느 정도의 성과를 거두었으며 현재에도 활발히 진행되고 있다. 물론 그러한 단계에 도달할 수 있었던 것은 여러 선학들이 어려움 속에서도 연구를 계속해 논고를 발표해왔기 때문이다. 특히 1960년대에 발표된 관동대지진 당시 조선인 학살이나 조선인 강제연행에 관한 일련의 논고는, 가해의 역사에 무관심했던 일본사회 사상계의 변혁에 일정하게 기여하고 재일조선인의 역사에 대한 관심을 고조시켰다는 점에서 커다란 의의를 갖는다.

그런데 근래에 들어 일부에서는 재일조선인사의 이른바 개척기 연구에 대한 비판이 이루어지고 있다. 그 논점은, 이들 연구가 일본의 가해를 지나치게 강조하고 있는데 그것은 조선민주주의인민공화국(이하 '북한')의 정치적 의도에서 비롯되었다는 것이다.[1]

---

* 일본에서 일본 거주 한국인에 대한 표기는 1980년대 후반 이전까지 '재일조선인', '재일한국인'으로 나뉘어 사용되어오다가, 1980년대 후반 이후 강재언 등이 남한을 방문하는 시점을 경계로 하여 '재일조선 · 한국인'이란 개념이 등장했다. 본 글에서는 역사적 존재로서 '조선' 또는 '재일조선인'이란 말을 쓰고자 한다.—옮긴이

1) 鄭大均,《在日 · 强制連行の神話》, 文藝春秋, 2004.

이 시기 재일조선인사의 개척자들이 대부분 북한을 지지하는 재일본조선인총연합회(이하 '조선총련')에 소속되어 있던 것은 사실이다. 그러나 그들 연구가 언제나 조선노동당의 정치적 의도에 좌우되어왔다고 볼 수는 없다. 애당초 재일조선인사 연구는 조선노동당이 재일조선인에 대해 철저하게 이데올로기 통제를 하기 전, 아직 조선총련의 조직 규율도 완벽하지 않았던 시기에 시작되었다. 또한 당시 북한이 일본 식민지 지배의 가해의 역사를 재일조선인에게 선전하고자 하는 전략을 가지고 있었는지도 의문이다.

이에 대해 이 글에서는 재일조선인의 역사에 관한 연구가 어떻게 시작되었는지를 "북한에 의한 반일선전 실시"라는 단순한 파악방식이 아니라, 재일조선인이 놓인 상황과 일본인과의 관계에 의거하여 밝혀가는 것을 목적으로 한다. '해방' 후 십수 년이 지나서야 겨우 본격적인 연구가 개시된 이유가 무엇인지, 다시 말해 재일조선인 역사연구를 시작하기까지 어떤 어려움과 장해가 있었는지를 유의하면서 논하기로 하겠다.

2. '해방' 후 초기의 회고와 기념

1945년 8월 15일 일본정부의 포츠담선언 수락 발표 이후 조선민족을 둘러싼 상황은 크게 변화했다. 침략전쟁을 수행하기 위한 일본의 통제와 탄압, 강제노동에서 해방되어 민족적 입장에 선 조선인의 다양한 활동이 가능해졌다. 그리고 실제로 과거에 일어난 일에 대해서도 그때까지 공공연하게 밝힐 수 없었던 것을 밝혀내고 왜곡된 사실을 정정하여 그것을 다시 '동포'에게 전하는 작업을 개시했다.

재일조선인들 사이에서도 민족 교육기관에서 조선민족의 정체성을 회복하기 위해 역사교육을 실시하고 조선사 개설서를 집필·간행했다. 거기서 거론된 역사는 공간적으로 한반도에 초점을 두어 조선민족 전체의 동향을 논한 것이 대부분이었으며, 재일조선인의 역사에 초점을 맞춰 개별적으로 논한 경우는 많지 않았던 것으로 추측된다. 그러나 재일조선인의 역사가 회고되지 않았던 것은 아니다.

먼저 해방 후 이른 시기에 재일조선인의 손에 의해 통합된 조선통사 관련 저서를 보면, 김두용(金斗鎔)의《조선근대사회사화(朝鮮近代社會史話)》(鄕土書房, 1947년 8월)에는 전시 노무동원으로 일본에서 노예적 노동을 강요당하던 조선인에 관한 기술이 있다. 임광철(林光澈)의《조선역사독본(朝鮮歷史讀本)》(白楊社, 1949년 11월)은 도쿄 유학생들의 활동과 조선 농촌의 피폐를 배경으로 한 일본 등지로의 인구 유출에 대해 언급하고 있다. 또한 개별 테마에 대해 재일조선인이 기록한 저서로서 1940년대 후반에는 김두용의《일본에서의 반조선민족운동사(日本に於ける反朝鮮民族運動史)》(鄕土書房, 1947년 10월), 후세 다쓰지(布施辰治)·장상중(張祥重)·정태성(鄭泰成) 공저의《운명의 승리자 박열(運命の勝利者朴烈)》(박열문화연구소, 1949년 2월), 김병직(金秉稷)의《관동대지진 백색테러의 진상(關東震災白色テロルの眞相)》(조선민주문화단체총연맹, 1947년 8월), 김홍원(金紅園)의《조선인 사냥(朝鮮人狩り)》(社會書房, 1948년 3월) 등이 있다. 이 밖에 8·15부터 1년간 일본·조선 등의 정세와 재일조선인의 움직임을 모은 사진집《해방(解放)》(朝鮮民衆新聞社, 1946)에도, 해방 전 재일조선인운동의 활동가 사진이 약간의 설명과 함께 게재되어 있다.

이 밖에 문자를 주로 하지 않는 형태로도 과거 역사를 돌아보기 위한 시도가 있었던 것에 주목해야 한다. 조선독립운동 기념일인 3월 1일, 일본이 패전한 8월 15일, 관동대지진이 일어난 9월 1일 같은 날에는 직접 체험자들의 증언을 섞어가며 역사를 돌아보고, 그것을 교훈으로 배우기 위한 집회가 개최되었다. 그와 같은 집회는 특히 해방 직후에 활발했는데, 재일조선인 단체와 함께 일본인 정당·노동조합 등의 단체가 주도했고 수많은 사람들이 참가하는 경우도 적지 않았다. 예를 들어, 1946년 9월 1일의 관동대지진 희생자 추모기념회에는 '일본·조선·중국의 민주주의 제 단체 주최'로 황거 앞 광장(당시는 궁성 앞 광장이라고 불렀으며, 이윽고 좌파계 사람들은 '인민광장'이라고 불렀다)에 3,000명이 모였다.[2] 이듬해 9월 1일의 관동대지진 희생자 추모기념회도 재일조선인연맹 외에 공산당, 사회당, 전 일본 산업별 노동조합회의(이하 '산별회의'), 일본 노동조합총동맹(이하 '총동맹') 등이 주최단체로 되어 있었다.[3]

이상과 같이 해방 후 얼마 되지 않은 시기부터 재일조선인에 관한 역사가 어느 정도 의식되고 있었으며, 기록하여 널리 공유하자는 활동이 있었음이 확인된다. 그리고 그러한 활동은 다음과 같은 특징을 가지고 있었다.

먼저, 해방 전에는 공공연히 말하지 못했던 재일조선인에게 가해진 피해의 역사에 주목하고 이야기하는 일이 많아졌다. 관동대지진

2) 〈震災犧牲者追悼大會〉, 《アカハタ》, 1946. 9. 5.

3) 〈大震災犧牲者追悼記念會〉, 《アカハタ》, 1947. 9. 1.

당시 조선인 학살사건에 대해서는《관동대지진 백색테러의 진상》과《조선인 사냥》이라는 두 저서가 출판되었을 뿐만 아니라 추모집회도 거듭 열렸다. 또, 사진집《해방》에는 관동대지진 당시의 학살사건에 관한 사진 외에, 한창 노동쟁의를 전개하던 중에 우익세력의 폭력으로 살해당한 활동가와 체포되어 경찰의 고문 등으로 죽어간 이들의 사진이 함께 수록되었다. 그 배경에는 당시 상황을 잘 아는 재일조선인을 중심으로 학살당한 사람들을 추모해야겠다는 강렬한 심정이 있었을 것이다.

또한 재일조선인에 대한 일본제국의 가혹한 탄압과 박해의 역사를 기억하려는 시도는, 당연히 두 번 다시 그러한 역사를 되풀이하지 말자는 생각이 계기가 되어 추진되었을 것이다. 따라서 그것은 일본의 민주적 변혁운동과도 강하게 결부되었고, 일본인과 공동작업으로 추진되는 경우도 적지 않았다(이는 잘 알려진 것처럼 해방 후 좌파계열 재일조선인이 일본공산당의 지도 아래에서 활동했던 것과 관련이 있다). 특히 관동대지진 당시의 학살사건에서는, 사회운동의 고양을 두려워했던 관헌의 날조에 의해 조선인뿐만 아니라 일본인 사회주의자나 중국인도 살해되었기에, 일본과 조선 두 민족의 공동작업으로 사실을 전달하고 추모집회를 개최하는 경우가 많았다. 매년 열리는 추모집회도 그러했을 뿐만 아니라, 조선인이 편집자를 맡고 조선인 단체가 발행 주체로 되어 있는《관동대지진 백색테러의 진상》이라는 책자에도 시가 요시오(志賀義雄), 후세 다쓰지, 가토 간주(加藤勘十), 곤도 겐지(近藤憲二) 등의 담화와 수기가 실려 있었다.

이와 같이 일본인과 공동작업을 했지만 재일조선인이 자신들의 역사와 관련해 일본인의 문제성을 잊었던 것은 아니었다. 즉, 일반 일본인 사이에도 타 민족에 대한 억압적인 사상이 침투되었음을 똑똑히 보고 있었고, 나아가 일본제국주의가 패배한 당시에도 여전히 경계해야 할 점이 있다는 사실을 인식했던 것이다. 《관동대지진 백색테러의 진상》에 수록된 편집자 김병직의 〈대학살의 의의〉라는 글은 이 점을 잘 드러내고 있다. 이 글에서는 "누구도 예기치 못한 이 돌발적인 대지진이 일어났을 때 어찌하여 역사상 유례가 없는 그런 대학살이 일어난 것일까"라는 의문을 제기하고, "천황을 중심으로 한 군국주의적 일본의 지배기구가 메이지유신 이래 국민(인민)의 사상을, 대내적으로는 지배계급에 절대 복종하고 대외적으로는 배외적 침략사상을 갖게끔 모든 교육체계를 이루어온" 것이 그 배경에 있다고 지적했다. 더 나아가서, 현 상황이 "바야흐로 모든 군사적 반동기관이 붕괴되었고", "민주주의라는 이름 아래 신헌법도 공포되어 누구나 민주주의를 구가하는 신시대가 되었다"는 것을 인정하고 나서 다음과 같이 말하고 있다.

> 하지만 이 신헌법이야말로 그들 지배계급의 지주였던 천황을 '상징'이라는 어구로 속이고 애매하게 만들어 변함없이 국민이 존숭(尊崇)하는 대상으로 만들어서, 언제든지 기회만 있으면 다시 천황을 중심으로 하는 전제정치로 되돌아갈 수 있는 복선이 깔려 있다. 또, 언론, 집회의 자유도 있지만 48시간 전에 신고해야만 하는 매우 이상한 것이다.
>
> 그리고 모든 군사적 반동기관도 붕괴되어 극단적인 국수적 반동분자 등도 국가기관을 비롯해 정계와 재계, 혹은 언론계 등의 공직에서 추방되고 있다. 그러나 그들의 사회적 활동의 자유

는 전혀 박탈되지 않은 채, 그들의 피를 이어받은 잔당들이 모든 방면에서 마수를 뻗치고 다음 기회를 노리며 끈질기게 움직이고 있는 것이 실상이다.

이상과 같은 당시 일본 민주주의의 약점=재일조선인에 대한 억압이 다시 심각해질 수 있는 요소를 가지고 있다는 인식으로 인하여, 재일조선인은 자신들이 겪은 박해의 역사를 기억하고 전달해가는 것이 중요하다는 의식을 굳게 다져갔을 것이다.

3. 반성 없는 일본인과 배외주의의 고조

그러나 그러한 영향을 받아 재일조선인에 관한 역사연구가 활성화되었던 것은 아니다. 특히 1950년대 전반까지의 연구는 미약한 것이었다. 1950년대 중반이 되어 재일조선인 문제의 기초적 연구에 착수하려 했던 강재언(姜在彦)은, 그 즈음 "민족 문제로서 재일조선인 문제에 대해 전전(戰前) 및 전후 일본사회에서 재일조선인의 생활과 운동을 개괄하고 재일조선인 문제의 성격에 대해 언급한 임광철의 〈재일조선인 문제(在日朝鮮人問題)〉(《역사학연구(歷史學硏究)》 특집 〈조선사의 제 문제(朝鮮史の諸問題)〉에 수록, 1953) 외에는 기초적인 연구와 조사가 거의 이루어지지 않았다"[4]고 회상하고 있다(다만, 잡지 《민주조선(民主朝鮮)》에 재일조선인에 대한 몇몇 논고가 게재되었다.

4) 姜在彦, 〈在日朝鮮人問題の文獻〉, 《季刊三千里》 1979年 夏號, 51~59頁.

임광철도 이 잡지 1950년 7월호에 〈도항사 및 그 성격(渡航史並にその性格)〉을 발표했다).

그렇다면, 1950년대 중반까지 재일조선인사 연구를 저해한 요인은 무엇이었을까. 우선 이 시점에는 재일조선인 문제는 물론이고 20세기의 사건을 역사학 연구의 대상으로 삼는 분위기가 존재하지 않았으며, 조선에 관한 대학 강좌도 없었다. 그리고 이외에도 다음과 같은 사정이 있었을 것이다.

먼저, 이 시기의 정치 · 경제정세가 혼란상태였기 때문에 그 속에서 자신들의 역사에 대해 차분히 연구할 만한 여유를 가질 수 있었던 재일조선인은 존재하지 않았을 것이다. 한반도에서 신국가 건설을 둘러싼 움직임은 이데올로기 대립의 격화와 분단국가의 성립, 한국전쟁으로 이어졌으며, 이와 밀접한 관계를 가지면서 재일조선인 운동도 재일조선인연맹(이하 '조맹')의 해산, 민족학교의 폐쇄, 탄압 강화와 강제송환의 위기 등 힘겨운 상황에 노출되었다. 또 좌파계열 조선인의 경우, 일본공산당의 지도 아래 일본의 민주적 변혁과 반미 투쟁 등에도 참가하고 있었다. 게다가 대부분의 재일조선인은 실업 내지 반실업상태에 놓여 생활 유지 자체를 목적으로 하는 다양한 투쟁을 전개할 수밖에 없는 상황이었다.

이와 아울러 재일조선인과 공동투쟁을 전개하던 일본공산당의 정치적 영향이 점차 후퇴하던 상황도 영향을 미쳤을 것이다. 일본제국주의와 천황제에 대해 명확히 반대 입장을 취하고 하층 민중의 이익을 위해 활동해왔다는 점에서, 또 전전에 공동투쟁을 한 경험에서, 일본공산당은 재일조선인의 역사에 대한 이해와 관심을 가지고 있던 정치세력이었다. 그러한 연유로 실제로 일본공산당계 일본인이 해방 전 재일조선인과의 교류에 대한 회상을 기록하기도 하고 관동대지진 당시 학살사건의 추모집회에 참가하기도 했던 점은 이미 앞에서 언급했다. 그러나 그 후 노동운동 현장에서 일본공산당의 정치주의적 지도에 대한 비판이 높아지고, 설상가상으로 냉전을 배경으로 한 미국의 반공정책이 강화되어 일본공산당 계열의 산별회의(産別會議) 조직은 약화되었다. 그리고 그 내부에서 공산당을 비판하던 그룹이 중심이 되어 1950년에 결성한 일본 노동조합총평의회(이하 '총평')가 노동운동의 주도권을 잡게 된다. 동시에 1950년 1월 이후 일본공산당은 코민포름 비판을 계기로 지도부가 분열하고, 그 와중에 비합법 실력투쟁을 전개한 일도 있어 대중의 지지를 잃고 있었다.

그런 가운데 여전히 일본사회의 식민지 지배에 대한 반성이 확립되지 못한 채, 조선인에 대한 일본인의 감정도 악화되고 있었다. 이는, 해방 직후 '해방 국민'으로 행동하던 조선인이 있는가 하면 암시장에서 경제적 이익을 얻은 자가 있는 데 대한 반감과, 매스컴에서 범죄와 결부된 조선인의 이미지가 강조되었던 일 등이 계기가 된 것으로 생각할 수 있다. 더욱이 그 후 반공체제가 확립되고, 한국전쟁 중에 재일조선인이 미군 및 일본정부와 충돌을 반복했던 일 등으로, 조선인에 대해 치안을 어지럽히는 존재라는 인식이 확산되었다. 일본의 주권 회복 후에는 "치안을 해치는 조선인"의 강제퇴거를 요구하는 여론이 높아질 정도로 조선인에 대한 일본인의 감정이 악화되었다. 치안 문제는 주로 좌파계 재일조선인과 관련된 문제였는데, 그렇다고 해서 우파계 재일조선인이 일본인의 호감을 사고 있었냐 하면 전혀 그렇지 않았다. 1951년 1월 이승만 한국 대통령의 선언에 의해 설정된 이른바 '이승만 라인'을 근거로 일본 어선의 나포가 이어졌고, 독도 영유권을 둘러싼 문제로도 한 · 일 양국의 관계가 악화되었다. 그리하여 이 시기 한국의 이미지는 직접적으로 일본의 주권을 침해하는 존재로서 일본인들 사이에서 매우 나빴다.

이러한 상황에서는 재일조선인의 역사를 연구해 발표하기는커녕 일본과 조선 민중의 우호를 이야기하는 것 자체가 곤란했다. 1949년 4월에는 좌파계 일본인과 재일조선인이 참가하여 일조친선협회(日朝親善協會)를 발족시키는 움직임이 있었는데,[5] "이 운동은 광범한 대중기반을 획득하지 못한 채 끝났다"[6]고 평가된다. 또한 1951년에 한일회담이 시작되고, 그 회담에서 치안 문제와 관련하여 조선인의 강제송환 문제가 중요한 의제로 되었으나, 재일조선인의 역사를 이야기하고 그 권리 보장을 인정해야 한다는 의견이 영향력을 갖지는 못했다.

물론 이러한 상황에 대해 불만을 품고 재일조선인의 역사에 대해 일본인이 더 잘 인식해야 한다고 생각하는 사람들이 전혀 없던 것은 아니었다. 민족배외주의가 고조되고, 일본의 주권 회복에 이어 조선인의 송환이 논의되던 1952년 7월, 조선인 문화협회가 간행하는 잡지 《조선평론(朝鮮評論)》에 발표된 고성호(高成浩)의 〈잊혀져간 역사는 호소한다—일 · 조 친선을 염원하기에(忘れ去られた歷史は呼びかける—日 · 朝親善を念願する故に)〉라는 논고는 실제로 그와 같은 주장을 담고 있었다. 즉 이 논고에서는 "패전 후 일본의 군 관계

---

5) 〈日朝親善協會生る〉, 《アカハタ》, 1949. 4. 21.

6) 〈紹介 — 日朝協會〉, 《歷史評論》 第159號, 1963年 11月號.

자는 의식적으로 조선인에 관한 일체의 기록을 은폐 · 소멸시키려 들었고, 복원국(復員局)도 그 일에 관해서는 완전히 침묵을 지켜 일본국민과 조선인의 뇌리로부터 전시 중의 기억을 말살하려 했던 것으로 보인다. 그러나 모든 일에는 은폐 · 소멸시키거나 망각해도 되는 일과, 은폐 · 소멸시키거나 망각해서는 안 될 일이 있는 것이다"라고 하여, "남방제도에서 전몰한 조선인 설영대(設營隊)"에 관한 일이나, "노동력 보충을 위해 청장년을 몰아냄과 동시에 미혼 여성과 아이가 없는 부인도 동원해" 위안부로 삼았던 일 등을 언급했다. 그리고 그러한 역사를 직시하는 일의 중요성을 다음과 같이 설명하고 있다.

> 일본은 종전 후 천황제라는 베일에 싸였던 많은 것이 벗겨지고 뚜렷이 드러났지만, 일본제국주의하의 조선 및 조선인에 관한 사안에서는, 일제가 과거에 일본국민의 눈을 가렸던 장막이 거의 그 형태 그대로 쳐져 있다.
>
> 일본국민으로 말하자면 상당히 진보적이라는 말을 듣는 사람조차 감춰져 있던 자국 및 자민족에 대해 아는 것만으로도 힘에 겨워, 조선인에 관한 사실을 알기까지는 도저히 여력이 없을지도 모른다. 조선인 특히 재일조선인 쪽에서 보면, 일제시대나 현재나 그다지 다를 게 없이 그저 계속되는 탄압에 저항하는 것이 고작이어서 차분히 이 장막을 걷어낼 여유가 없었다고도 할 수 있다. 그러나 급할수록 돌아가라는 말이 있듯이 현재 가장 중요한 것 중의 하나는 50년 가까운 역사의 먼지투성이로 검게 그을린 이 무거운 장막을 걷어치우고 꼭 닫힌

창문을 열어젖혀 신선한 공기와 햇빛을 넣는 일이다. 이 일을 적극적으로 하지 않으면 안 되는 단계에 이미 도달했다고 생각한다.

그러나 이 논고가 반향을 불러일으키거나 널리 주목을 받았는지는 확인할 수 없다. 결국 1950년대 전반까지 재일조선인의 역사에 관한 연구는 앞에서 서술한 바와 같이 임광철의 논문이 나온 정도로 성과다운 성과는 없었다.

4. 전후 혁신세력의 인식과 그 문제점

이러한 가운데 1950년대 중반까지는 일본인이 과거에 대해 말한 글 등에 재일조선인에 대한 편견이 포함되어 있거나 적대적인 감정을 노골적으로 드러내는 것이 그다지 희귀한 상황이 아니었다. 이는 전전의 고급관료나 재계 등 지배층과 연결된 보수세력뿐만 아니라 노동조합 등 혁신세력의 경우에도 예외가 아니었다. 심지어 일본 관헌이나 기업이 조선인을 학대 · 혹사한 사실을 목격했거나 잘 알고 있음 직한 탄광 · 광산의 노동조합이 기록한 서적에서도 그와 같은 기술을 볼 수 있다. 예를 들어, 수은광산인 이토무카(イトムカ) 광산의 노동자가 작성한《이토무카 광산 노동조합 10년의 발자취(イトムカ鑛山勞動組合十年の歩み)》(1956)를 살펴보자. 이 기록에서는 패전 직후 이토무카 광산에서 일하던 조선인의 '봉기'에 대항하기 위한 일본인 노동자의 활동을 계기로 노동조합의 전신 조직이 탄생한

것에 대해, "이토무카 노조의 전신인 광우회(鑛友會)를 결성하는 데 동기가 된 조선인의 폭동"이라는 제목을 달고 다음과 같이 적고 있다.

그 무렵 각지에서 일어난 조선인의 폭동은 그다지 드문 일도 아니지만 이토무카의 폭동은 규모로 보나 계획으로 보나 대서특필할 만한 것이리라.

천황의 종전조칙이 선포된 지 약 2개월 후 그때까지 광산에서 일하던 조선인 노무자 약 1,000명이 일제히 들고 일어났다. 모든 폭동이 그러했듯이 사상적인 배경 없이 그저 전시 중에 혹사당한 보복으로 오로지 감독하는 입장에 있었던 일본인에게 그 화살이 돌려졌다. ……

약 2개월의 준비 기간을 들여 세운 면밀한 계획 아래 손에는 곤봉과 그 밖의 무기를 들고 악귀로 변한 조선인 무리! 이미 첫눈으로 뒤덮인 대설산의 원시림에 그들의 성난 고함소리가 메아리쳐 처참한 지옥의 풍경이 펼쳐지고, 일본인 주민은 마른침을 삼키며 불안과 공포에 떨었다. ……

〔그 후 미군 출동으로 진압되어〕 폭동은 일단 진정되었지만 그 후 조선인들은 항상 최고의 옷과 식량을 요구하여 새 옷에 좋은 음식을 먹으며 매일 놀고 있었다. ……

내지인(일본인—옮긴이) 노동자는 …… "이대로라면 값나가는 식량, 물자를 모두 그들에게 약탈당하고 만다. 그렇다고 해서 개개인이 아무리 노력해봤자 별 효과가 없다. 그러니 우리도 하나의 단체를 갖지 않으면 그들을 견제하고 회사와 교섭할 수가 없다"라는 이유로 매일 밤 비밀리에 협의를 추진해갔다. …… 조선인의 횡포에 의분을 느끼고 있던 …… 각 직장에서 중심이 되는 사람들이 몰래 회합하여 구체안을 짜고 명칭을 광우회로 할 것인지 노동조합으로 할 것인지에 대해 협의했지만, 노조상조론(勞組尙早論)이 압도적이어서 광우회로 발족하는 쪽으로 이야기가 정해졌다.[7)]

초대 총평의장을 지낸 다케후지 다케오(武藤武雄)가 편집책임자의 일원으로 정리한 《도키와 탄광 노동조합 10주년기념 노동사—우리들의 발자취(常磐炭鑛勞動組合十周年記念勞動史—俺らのあゆみ)》(1956)에도 역시 패전 직후 직장 · 지역에서 일어난 민족 대립의 동향을 다음과 같이 기술하고 있다.

…… 조합이 그 결성과 동시에 직면한 것은 조선인 노무자의 폭동이었다. 1월 18일 중앙위원회 개최 중에 사토(佐藤) 서기장 대리가 납치 · 감금되는 소동이 일어났다. ……

위와 같은 사건이 있고 나서는 표적이 되고 있는 회사 간부와 노무계 사람들은 몰래 몸을 숨기고 엄중하게 신변을 경계했지만, 격분한 조선인의 수는 유모토(湯本)갱만도 2,000명에 가까웠다. 고리야마(郡山) 밖의 지역에서도 제멋대로 열차를 타고 몰려와 트럭으로 양식을 나르는 큰 소동이 일어나, 무코다(向田)의 창고를 불태우거나 각 배급소를 습격해 생필품을 약

7) イトムカ鑛山勞動組合, 《イトムカ鑛山勞動組合十年の步み》, 1956.

> 탈한다는 유언비어가 난무했다. 게다가 유모토 거리는 밤낮없이 목도와 일본도를 든 조선인들이 집단을 이루어 횡행하여, 상점은 문을 닫았고 도중의 위험을 생각해 입갱할 수도 없는 상태에서 "조합은 이에 대해 협의 결과", 본부에서는 조합장을 지휘자로 하는 방위조치를 취하고 각 지부에서는 지부장을 장으로 한 방위반을 편성하여, 명령이 떨어지면 즉시 동원이 가능한 태세로 정비했다. 이와 동시에 조선인 단체를 향해 "조합은 최후까지 분쟁권 밖에서 중립적 입장을 취할 것이지만, 만일 무코다 창고 및 각 구의 배급소 등을 습격하는 사태가 일어나면 그것은 우리 생활의 큰 문제이므로 유감스럽지만 3,200 조합원과 그 가족은 단결하여 자네들을 적으로 돌려 단호하게 싸울 수밖에 없다"는 강경한 결의를 내보였다. 다른 한편으로 최악의 경우에는 허용 범위 내의 무기를 들고 모이기로 했다. 특히 무코다 창고와 각 배급소에는 소방과 방화용 호스를 준비해두어 물로 응전할 준비를 했다.[8)]

위와 같은 사태는 결국 미군 출동으로 수습되었다. 그동안의 경위에 대해 이 책은, "거의 비슷한 시기에 규슈 각지에서 일어난 소동은 일본인 노무 담당자 혹은 일본인 광부들에 대한 그들의 복수라고 칭하는 것으로, 그들 관계자를 위협하여 겨우 목숨만 건져 달아나게 한 것이다. 이러한 상태가 오래도록 계속된 점을 고려해볼 때, 도키와 노조의 경우에는 조합의 적절한 조치로 전화위복이 되었다

8) 常磐炭鑛勞動組合,《常磐炭鑛勞動組合十周年記念勞動史—俺らのあゆみ》, 1956.

고 할 수 있다"라고 말하고 있다.[9)]

물론 일본의 탄광 · 광산 등에서 여기에 쓰여 있는 것과 같은 조선인 '폭동'이 발생한 것은 사실이다. 그러나 그에 대한 기록에는 지역 · 직장 내의 모든 일본인에게 공포를 주는 조선인의 폭력성만 그려져 있고, 왜 조선인이 그러한 행동을 하게 되었는지에 대한 배경 설명, 즉 전전(戰前) · 전중(戰中)의 고용자와 노무계 등 일본인의 조선인에 대한 차별 · 학대 · 혹사의 실태는 (암시 정도는 되어 있지만) 기술되어 있지 않다. 자신들과도 관련이 있는 제국주의 지배 아래에서 생겨난 민족 억압구조에 대한 반성이 없었기 때문일 것이다. '센징(鮮人)'이라는 차별 용어가 이 시점에 그대로 사용되는 것을 보아도 그런 점이 드러난다.

물론, 위에 인용한 노동조합의 활동 기록은 반공주의적인 요소를 가진 이른바 우파진영에 속한 조직이 작성한 것이라는 점에도 유의할 필요가 있다. 이에 반해 좌파계 정치가 · 연구자들 중에 해방 전 조선인에 대한 박해 사실을 무시하지 않고 그에 대해 언급하는 이가 있었음을 확인할 수 있다.

예를 들어 1952년 3월 29일에 중의원 본회의에서, 샌프란시스코 강화조약 발효에 따라 조선인 등이 일본 국적을 상실하여 출입국관리령의 적용 대상이 되는—따라서 재류권이 불안전해지고 강제퇴거도 가능해지는—것의 부당성을 호소한 혁신정당 의원의 발언이 있었다. 여기에는 관동대지진의 학살사건이나 강제연행 등의 역사적 사실에 대해서도 언급한 부분이 있다. 즉, 일본사회당(좌파)의 나

---

9) 常磐炭鑛勞動組合, 위의 책.

리타 도모미(成田知巳) 의원은 재일조선인을 강제퇴거 가능한 대상으로 만드는 것에 대해, "다이쇼 12년(1923)에 일어난 관동대지진 당시 아비규환의 혼란 속에서 당시 정부 및 군부가 조선인이 폭동을 일으켰다든가 방화를 저질렀다든가 하는 터무니없는 유언비어를 퍼뜨려 죄 없는 조선인 수만 명을 총칼로 찔러 죽인 잔학함"과 다를 바 없는 가혹한 조치라고 논했다.

또한 일본공산당의 하야시 하쿠로(林百郎) 의원은 "도대체 일본에 재류하는 조선인과 중국인 여러분은 어째서 일본에 재류할 수밖에 없게 된 것입니까. 이들 대부분은 태평양전쟁 중에 완전히 강제로 징용, 이른바 인간 사냥을 당해 할 수 없이 모국의 가족이나 친척 · 아내와 무자비하게 억지로 헤어져 일본으로 끌려왔습니다. 게다가 강제로 한 일이 무엇인가. 토목공사장의 막노동 일꾼이나 항만노동자, 탄광에서 열악한 합숙소에 수용되어, 죽는 것보다는 낫다는 노예적인 강제노동에 혹사되어온 것입니다. 심지어 만일 이에 대해 불평을 말하거나 반항하는 자는 무기를 든 퇴물경찰 노무 담당자에 의해 검문소에서 취조를 당한 후 어떤 이는 투옥되고, 어떤 이는 일터 한구석에서 즉각 죽임을 당했습니다"라고 말했다. 아울러 전후에도 당시까지 재일조선인들에 대한 차별과 박해를 계속해온 사실을 열거하며 일본정부를 날카롭게 비판했다.[10] 또한 1950년대 중반까지 출판된 좌파계 역사학자의 일본근대사와 조선사 개설서에도 역시 관동대지진과 강제연행에 대한 기술이 있다. 앞에서 서술한 고성호의 논문이 지적하듯이, 같은 시기 일본인의 대부분이 조선인에

10) 〈衆議院本會議議事錄〉, 1952年 3月 29日.

대한 학대 · 억압의 과거를 무시하고 있던 것을 생각하면 이와 같은 좌파계 일본인의 담론은 높이 평가되어야 할 것이다.

그러나 그와 같이 조선인이 받은 억압을 파악하고 있던 혁신파 일본인들의 담론에도 문제가 없는 것은 아니었다. 이 시기의 그들이 역사를 파악하는 방식은 일본제국주의와 그 아래서 박해받은 민중이라는 틀을 전제로 한 것으로, 거기에서는 민족의 차이에 따른 압박 정도의 차이와 일본 민중의 조선인에 대한 차별과 박해라는 민중 내부의 모순은 그다지 중시 · 강조되지 않았다. 일본근대사 개설서에서 조선인 전시 동원에 대해 기술한 것을 보면, 일본제국 전체의 총동원체제를 설명한 후 "또 조선인도 다수 강제로 끌려왔다. 1945년의 탄광 노동자 총수 약 41만 2,000명 중 13만 6,000명은 조선인이었다. 중국인도 저 멀리서 일본으로 억지로 끌려와 탄광 · 광산 등에서 문자 그대로 노예노동으로 죽을 때까지 일해야 했다"는 문장이 덧붙여진 정도에 그치고 있다.[11] 조선사 개설서에는 "학도병 동원 · 징용 · 훈련 등, 일본에서 시행된 것과 같은 일이 아무런 발언권도 없는 식민지 민중에게 적용되었다"라고 되어 있다.[12] 그리고 관동대지진 당시의 조선인 학살에 대해서도, 일본 민중운동의 고양을 두려워한 정부의 반동정책의 일환으로서 (따라서 아나키스트 오스기 사카에大杉榮와 노동운동 활동가 등 일본인 학살사건과 나란히), 결국은 민족 문제에 대한 언급 없이 설명되는 경우가 많았다.[13] 그리고 지배층의 유언비어에 놀아난 것이라고는 해도 조선인을 학살한 것은

11) 歷史學硏究會 編, 《太平洋戰爭史》 第4卷, 東洋經濟新報社, 1954.

12) 旗田巍, 《朝鮮史》, 岩波書店, 1951, 224쪽.

자경단(自警團)을 조직한 일본의 민중이며, 그들이 종종 조선인을 멸시하고 독립운동에 대한 공포를 가지고 있었던 것에 대해서는 서술하지 않았다.

일본인 혁신세력의 역사인식에 보이는 이러한 경향은 1950년대 후반이 되어도 기본적으로 변화하지 않았다. 또한 이 시기에는 똑같이 박해받고 있던 노동자, 민중 사이에 민족을 초월한 연대가 있었음에 주목하여 기술하는 경우가 여기저기 조금씩 보인다.

예를 들어, 1958년에 정리된 아시오 동산(足尾銅山) 노동조합에서 펴낸《아시오 동산 노동운동사(足尾銅山勞動運動史)》에서는 전시하 노동자의 동향에 대해, "갱내의 노동도 군대식으로 엄격한 것이었으나 일부 예외적인 경우를 제외하고 일본인 반장과 중국인·조선인 노동자 사이에 상호협조가 이루어져 노동자로서 국제적인 연대가 깊어졌다"고 말하고 있다(181~182쪽). 나아가 해방 직후의 상황에 대해서는, "조선·중국인과 광업소 사이에는 쟁의가 일어났는데도 그들과 아시오의 노동자 사이에는 민족적 차이나 전승국(戰勝國)·패전국이라는 구별을 넘어 아름다운 인간애가 생겨났다"고 하면서, 조선인·중국인이 상대적으로 많이 얻고 있던 배급 식량을 일본인에게 나누어준 일을 기록하고 있다. 또, 1958년 9월에 발표된 사이토 히데오(齋藤秀夫)의 〈관동대지진과 조선인 소동(關東大震災と朝鮮人騷ぎ)〉은, 관동대지진 당시의 조선인 학살을 다룬 최초의 본격적인 역사연구 논문이다. 이 글은 요코하마(橫浜) 지역을 현장으로 당시 지역주민의 증언을 채록하여 정리하면서, 조선인 학

13) 예를 들어 遠山茂樹 外,《世界の歷史―日本》, 每日新聞社, 1952, 326쪽 등.

살로 이어진 유언비어 발생지의 '지역 특성'에 대해 다음과 같이 기록하고 있다.

> …… 이들 지역은 요코하마 이세야마(伊勢山)의 관사가(官舍街)를 제외하고 히라쓰카(平塚), 가와사키(川崎), 호도가야(保土谷), 쓰루미(鶴見), 가나가와(神奈川) 등 방적공장, 철도 건설 공사장, 자갈 채취장 등의 직공과 토목공, 혹은 항만 노동자 등 육체노동에 종사하는 조선인, 오키나와인, 중국인 노동자 밀집 지역이다. 그런 만큼 무수히 많은 '조선인 보호 미담'이나 '선행 표창'이 남아 있어, 주민 중에는 이날까지 조선인을 위험시하는 이가 전혀 없었다고 해도 좋다. …… (특히 요코하마 시내의 경우) 다이쇼 7년(1918)의 쌀 소동과 다이쇼 9년(1920) 이후의 적극적인 노동절 참여는 물론이고, 이미 메이지 후기 이래 노동운동이 진전되고 있던 지역임도 간과할 수 없다.

요컨대 이들 지역에서는 노동자의 계급적 자각이 상대적으로 진행되었으며, 민족간 차별을 초월한 노동자의 연대가 존재했음을 시사하고 있다.

조선과 일본 두 민족간의 이러한 연대 요소에 대한 주목과 기록은, 아마도 당시 혁신세력이 과제로 삼고 있던(이는 지금도 그다지 변함이 없지만) 일본사회 사상(思想) 상황과의 관계에서 이루어졌을 것이다. 즉, 혁신세력에게는 미국 및 일본의 보수세력에 대항하기 위해 조선과 일본 두 민족이 연대하여 단결을 공고히 하는 것이 중요한 과제였다.

그러나 조선인에 대한 일본인의 차별은 전후에도 극복되지 않고 한층 더 격심해져 있었다. 전후 일본에서는 조선인에 대해, '해방국민'으로서 법률을 무시하고 활동하며 암거래 경제 속에서 막대한 이익을 얻었다는 이미지가 형성되었다. 그리고 1950년대에는 한국전쟁 당시 전개된 반미투쟁을 배경으로 '조선인=치안 교란자'라는 인식과 함께 외국인인데도 생활보호를 받아 일본정부의 부담을 가중시키는 귀찮은 존재라는 인식도 더해졌다. 적지 않은 일본인이 조선인에 대해 동정과 속죄의식을 갖기는커녕 차별, 멸시 심지어 반감이라고 해도 좋을 듯한 감정을 품고 있는 현실이 존재했던 것이다.

문화인류학자 이즈미 세이치(泉靖一)가 1951년 9월에 실시한 일본인의 이민족관에 대한 조사에 따르면, 응답자 중 조선인을 좋아한다고 대답한 사람은 2%, 싫어한다고 대답한 사람은 44%에 달한다.[14] 마이니치(每日)신문사가 실시한 치안 문제에 대한 여론조사에 따르면, "소란사건은 어째서 일어난다고 생각합니까?"라는 질문에 39.8%의 사람이 "불온한 조선인이 있어서"라고 대답했고, "이러한 소란사건을 없애기 위해서는 어떻게 하면 좋을까요?"라는 설문에 대해서는 15.9%가 "불온한 조선인을 송환해야 한다"고 대답하는 실정이었다.[15] 이러한 상황에서 당시 혁신세력은, 조선민족과 일본 민중이 과거에는 양쪽 모두 군국주의의 피해자임과 동시에 압박에 대항해 함께 싸운 연대의 역사를 가지고 있음을 강조함으로써, 조·일 두 민족의 단결을 강화하고 전전의 지배층과 연관된 보수세

---

14) 泉靖一, 〈日本人の人種的偏見—朝鮮問題と關連して〉, 《世界》 1963年 3月號.
15) 〈相つぐ騷亂をどう思う〉, 《每日新聞》, 1952. 8. 1(夕刊).

력에 대한 비판을 민중 속에서 강화하려 했던 것이다.

그러나 그와 같은 역사상(歷史像)의 제시는, 일본 민중이 조선인에 대한 차별과 박해에 가담했던 사실을 은폐하거나 적어도 경시하는 경향을 야기하고 있었다. 앞에서 서술한 사이토의 논문에서는 관동대지진 당시의 자경단이, 조선인에 대해 이미 편견을 가지고 적극적으로 학살을 수행한 사람들이 아니라 관헌의 유언비어에 의해 움직여진 수동적인 존재로 그려져 있다. 그리고 이 논문에서는 자경단을 조직한 일본 민중에 대해 직접 학살을 수행한 책임을 추궁하는 것이 아니라, 반대로 관헌에 의해 "학살사건 책임자로 억압이 가해진" 사람들이라는, 피해자의 측면만을 언급하고 있다.

또, 《아시오 동산 노동운동사》에는 전시하에 조선인들을 학대한 일본인 직원이 존재했음을 시사하는 언급은 있으나 상세한 기술은 없었다. 구체적으로는 "(전쟁 종결 후에) 악질 계원 중에는 뒤탈을 두려워하여 패전과 함께 시골로 도망친 이도 있었는데, 전시 중의 그들의 행동으로 보아 반감을 사는 것도 무리는 아니었다"라는 표현(190쪽)에 머물고 있다. 부언하자면 이 책에서는 조선인 노동자에 대해, "같은 조선인인 이와이(岩井) 모씨가 그들을 감독하고 있었는데 몸이 아파서 작업을 하지 못하는 노동자를 전주에 묶어 때리는 등 처참한 풍경이 펼쳐졌다"(179~180쪽)라는 언급이 있다. 말단 조선인을 감독한 노무관리 담당자가 일본인이 아니었던 것은 사실일 테고, 노무관리 담당자가 된 조선인의 동포 노동자에 대한 학대가 잔혹했던 것도 충분히 있을 수 있는 이야기이다. 그러나 이 에피소드의 기술(그 배경 등에 대한 설명은 없다)은, 일터에서 일어나는 민족 모순을 경시하는 경향이 있을 뿐만 아니라, 같은 민족 내부의 대립을 야기한 구조적 문제에 대한 일본 민중의 책임을 자각하지 못하는 경향과도 연관되어 있다.

5. 조선노동당 · 조선총련과 역사연구

이상과 같이 1950년대 후반까지도 일본인들 사이에서 재일조선인의 역사에 대한 인식은 충분하지 않았다. 이에 비해 재일조선인 역사 연구자들 사이에서는 1950년대 중반 이후 재일조선인에 관한 연구가 활발해져간다.

이러한 변화는 재일조선인을 둘러싼 정치정세의 안정과 관련이 있다. 한국전쟁 휴전과 국제정치에서 '평화공존' 주장이 제기되면서 유동적이었던 동아시아의 정치 상황이 안정되고, 일본공산당 및 그 지도 아래 있던 재일조선인의 비합법적 투쟁을 포함한 일본 국내의 반미투쟁이 1950년대 중반에는 종결되었다. 그리고 1955년에 좌파계 재일조선인은 일본정치에 대한 내정 비간섭과 북한으로의 귀속을 명확히 한 새로운 민족단체인 조선총련을 발족시켰다. 요컨대 일본의 근본적인 변혁과 동아시아의 새로운 국제질서를 지향하는 운동이 종식되고, 좌파계 재일조선인 역사학자가 연구에 전념할 수 있는 조건이 갖추어진다.

물론 1950년대 후반에서 1960년대 전반까지는 한일회담 진행과 북한 귀국 문제 등으로 인해, 재일조선인을 둘러싼 정세가 평온한 것만은 아니었다. 그러나 이 시기에는 이러한 정세를 배경으로 오히려 재일조선인의 역사에 어느 정도 관심이 집중되어 그에 대해 발표하는 일도 가능해졌다.

구체적으로 1950년대 후반부터 1960년대 전반에 걸친 주된 연구 성과를 보면 다음과 같다. 1957년에는 박경식(朴慶植)이 〈일본제국주의하의 재일조선인운동—그 사적 고찰(日本帝國主義下における在日朝鮮人運動—その史的考察)〉을 정리해 본인이 소속해 있는 조선연구소의 기관지 《조선월보(朝鮮月報)》 제4, 6, 8, 9호에 게재했다. 역시 조선연구소 연구원이었던 강재언은 《재일조선인 도항사(在日朝鮮人渡航史)》(《조선월보》 별책)와 〈조선인 운동(朝鮮人運動)〉(오코우치 가즈오大河內一男 외 편, 《일본의 사회주의혁명(日本の社會主義革命)》, 河出書房)을 발표했다. 또 같은 해에는 박재일(朴在一)이 《재일조선인에 관한 종합조사연구(在日朝鮮人に關する綜合調査研究)》(新紀元社)를 발표했다. 그 뒤에도 1950년대 후반에는 몇몇 지역과 기업 경영자에 대한 생활실태 조사 등이 실시되었고, 그 밖에 1960년대에는 이유환(李瑜煥)이 《재일한국인 50년사—발생인의 역사적 배경과 해방 후의 동향(在日韓國人五十年史—發生因に於ける歷史的背景と解放後に於ける動向)》(新樹物產出版部, 1960)을 간행했다. 또 박경식은 1962년에 강제연행에 대해 정리한 소책자를 조선대학교의 출판물로 간행했고, 1965년에는 《조선인 강제연행의 기록(朝鮮人强制連行の記錄)》을 미라이샤(未來社)에서 출간했다. 그리고 1963년에는 관동대지진 40주년을 계기로 조선인 학살에 대한 관심이 높아져 강덕상(姜德相)과 금병동(琴秉洞)이 이에 대한 연구와 논문 발표를 추진했으며, 이외에도 박경식과 이진희(李進熙)가 조선대학교에서 증언 등을 정리한 소책자를 간행했다. 이 가운데 박재일과 이유환은 조선총련과의 조직적 관계가 인정되지 않지만 그

밖의 연구자들은 모두 조선총련에 소속된 재일조선인이었다. 또한 조선연구소와 조선대학교는 조선총련계의 기관이었다.

이상과 같이 이 시기 재일조선인의 역사에 관한 연구는 주로 조선총련계의 연구자에 의해 추진되었음을 알 수 있다.

그러나 이것이 조선총련과 조선노동당의 조직적 지원에 의해 전개된 연구성과가 아니었음에 주의해야 한다. 조선노동당과 조선총련은 재일조선인의 역사에 대해 사실에 근거해 자세히 연구하려는 태도를 취해오지 않았으며, 이를 이야기하는 데도 상당히 신중했다(아마 이것은 오늘날에도 그러할 것이다). 이는 예를 들어, 최근에 이르기까지 조선총련계 민족학교에 특별히 재일조선인의 역사를 가르치는 교과가 따로 있지 않으며, 현재 사용하는 교과서에 그에 관한 기술이 충실히 되어 있지도 않다는 점이나, 조선총련 내지 조선총련 간부 이름으로 발표된 출판물 가운데 재일조선인의 역사에 대한 연구논문이 그다지 많지 않은 점 등으로 입증된다.[16] 또, 1960년대 전반 박경식 등의 활동에 대해서도 조선총련은 이를 격려하기는커녕 억압하는 태도를 취했다.[17]

그러나 당연한 일이겠지만 재일조선인이 자신들의 역사에 대해

16) 그러나 최근 조선총련계 민족학교에서도 재일조선인의 역사를 중시하게 되었다고 하고, 조선총련 내에 재일조선인 역사연구소가 설치되는 등 변화가 보인다.

17) 이에 대해서는 뒤에 서술하는 조선총련 내의 파벌 문제 등도 관련이 있는 것으로 생각된다. 그러나 어찌되었든 간에 조선총련은 《조선인 강제연행의 기록》의 간행을 환영하지 않았다. 박경식은 "당시에는 그러한 일에 대한 조직의 이해가 없었습니다"라고 말하고 있다. 朴慶植, 《在日朝鮮人 · 强制連行 · 民族問題》, 三一書房, 1992, 616쪽.

알고, 그것을 널리 전하는 일은 중요하다. 이는 당시에도 마찬가지였을 것이다. 오히려 아직 연구가 그다지 진행되지 않았던 당시로서는 재일조선인 자신의 정체성을 유지하기 위해서나, 일본인들에게 식민지 지배와 민족 차별에 대한 반성을 촉구하여 조선과 일본 두 민족이 좋은 관계를 구축해가기 위해서라도 매우 긴박하게 필요한 작업이었다. 그런데도 조선총련이 재일조선인의 역사연구와 그것을 널리 알리는 일에 적극적이지 않았던 것은 어째서일까?

이 점은 우선 북한이 김일성 중심의 정치체제를 확립 · 강화하고 그에 따른 이데올로기 통제를 해온 것과 관련이 있다. 주지하는 바와 같이 1950년대 중반 김일성 등 만주파 이외의 정치세력인 연안파와 국내파 공산주의자는 실각하고 숙청의 대상이 되었다. 이에 따라 식민지기의 민족해방운동사는 김일성의 만주 빨치산을 중심으로 기술되었다. 부르주아 민족운동은 물론이고, 공산주의운동에서도 국내파나 연안파 사람들에 관련된 움직임, 즉 1920~1930년대의 사상단체 결성, 조선공산당의 활동, 그 지도 아래 전개된 노동운동과 농민운동에 대해서는 부정적인 평가를 기조로 했다.

그러나 실제로 만주파 이외의 민족해방운동은 무시할 수 없는 요소였으며, 당초 식민지기 재일조선인운동에 대해 살펴보면 만주파의 영향이나 지도는 사실(史實)로 존재하지 않았다. 그리고 1950년대 중반에 본격적인 연구를 개시한 재일조선인 역사학자는 만주파 중심 사관과는 다른 견해를 제출하고 있었다.

먼저 박경식의 〈일본제국주의하의 재일조선인운동—그 사적 고찰〉은, "작년에 있었던 소련동맹공산당 제20회 대회 이래 이론적 제 문제의 재검토와 여러 운동 혹은 인물에 대한 재평가가 활발하게 행해지고 있"음을 언급하고, "재일조선인운동 분야에서도 이론적 재검토와 이제까지의 평가에 대한 재평가를 행하지 않으면 안 될 문제가 많다. 이때 구체적 사실과 역사적 제 조건(객관적 · 주관적)에 대한 고찰이 결여된 비역사적 평가는 당연히 정확한 사실과 올바른 방법론에 근거해 바로잡지 않으면 안 된다"라고 했다. 그러고 나서 재일조선인 내의 사상단체 활동이나 조선공산당계 활동가의 지도 아래 전개된 노동운동을 비롯한 여러 운동의 전개를 조사하고, 신간회(新幹會)를 민족통일전선으로 적극적으로 평가했다. 여기서 소련공산당 제20회 대회란 스탈린 비판이 행해졌던 대회이다. 박경식은 개인 숭배로 이어지는 역사의 왜곡이 아니라 사료에 의거하여 사실을 확정 · 평가해야 한다는 신념을 가지고 비마르크스주의자의 그것을 포함한 재일조선인운동의 사실을 발굴하여 기술한 것이다. 또 박경식과 강재언이 공저로 낸 조선사 개설서《조선의 역사(朝鮮の歷史)》(三一新書, 1957)에도 만주파 이외의 민족해방운동 활동에 대해 비교적 자세히 서술되어 있다.

그러나 김일성 등 조선노동당과 그에 충실한 조선총련 간부들은 재일조선인 역사학자의 이러한 움직임을 허용하지 않았다. 먼저《조선의 역사》가 간행되고 박경식의 위의 논문이 발표된 직후인 1957년 10월경 박경식 등이 소속되어 있던 조선연구소가 조선총련계의 또 하나의 연구기관인 조선문제연구소에 강제 통합되었다. 통합이라고는 해도 조선연구소에서 조선문제연구소로 이적한 사람은 1명뿐이므로 사실상 해체였다. 이 조치는 조선총련 내부의 노선 대립과 인맥의 문제와도 관련이 있지만, 조선연구소는 이 무렵 '우파 수정주의의 거점'이라는 딱지가 붙어 있었다.[18] 우파 수정주의란, 김일성을 절대 권력자로 하는 만주파가 그 밖의 공산주의자를 비판할 때 사용하는 용어이다. 참고로, 1958년에는 북한 과학원 역사연구소 소장 김석형(金錫亨)이 조선문제연구소 기관지《조선문제연구(朝鮮問題硏究)》에 전년에 출판된 박경식 · 강재언의《조선의 역사》에 대한 비판을 서평의 형태로 제시했다. 이 서평에서는《조선의 역사》의 기술 가운데 1920년대 조선노동운동과 사상단체, 조선공산당에 대한 평가는 과대하며, "1956년의 조선노동당 중앙위원회 8월 전원회의에서 드러난 것처럼 …… 단순한 분파분자가 아니라 반당, 반국가적, 반혁명 분자들인" 최창익(崔昌益) 등이 자신들의 공로를 강조하여, "조선혁명의 주류가 김일성 동지를 수장으로 한 견실한 공산주의자들에 의해 형성된 것이 아니라 이른바 자신들의 분파분자에 의해 형성되었다고 하면서 우리 조선혁명운동의 역사를 왜곡하려 하고 있는" 것에 영향을 받은 오류라고 했다. 또 김석형은,《조선의 역사》가 6 · 10만세투쟁과 신간회에 대해 적극적인 평가를 내리고 있는 것도 잘못이며, "30년대에 김일성 동지가 지휘한 항일 빨치산투쟁에 대해 전면적으로 거론하지 않은" 것도 신랄하게 비판했다.[19] 김석형의 서평에서는 재일조선인운동사에 대해 직접적으로 언급하지 않았으나 박경식이 시도했던 것과 같은 '재평가'를 조선노동당이 용인할 리 없었다. 더욱이 그 후, 1950년대 말에 조선

---

18) 이상의 경위에 대해서는 朴慶植,《解放後在日朝鮮人運動史》, 三一書房, 1989를 참조.

19) 金錫亨,〈書評—朴慶植 · 姜在彦《朝鮮の歴史》について〉,《朝鮮問題硏究》1958年 4月號.

문제연구소의 연구자가 '재일조선인운동사'를 정리했다고 하는데, 이에 대해서도 만주파 중심으로 기술하지 않은 것이 조선노동당 쪽에서 문제가 되어 회수 조치가 이루어졌다고 한다. 만주파 중심의 틀에 들어맞지 않는 식민지기 재일조선인 운동사를 조선총련계 재일조선인이 연구하는 일이 불가능해진 것이다.

한편, 운동사가 아니라 일본제국주의로부터 받은 박해 사실이 중요한 요소가 되는 재일조선인 형성사나 생활사 연구에 대해서는 만주파의 정당성 유지에 관련된 문제가 발생할 가능성은 없었다. 그러나 이에 대한 연구와 일본사회에 이를 제시하는 것에 대해서도 조선노동당과 조선총련에서는 주저할 수밖에 없는 사정이 있었던 듯하다.

단순히 생각해보면 일본제국주의로부터 받은 박해의 역사를 강조하는 것은 재일조선인의 입장을 유리하게 만드는 것이며, 그 사실을 일본인에게 제시하는 일은 조선노동당이나 조선총련에게 형편이 좋았을 것이다. 그러나 당시 상황에 의거해서 생각해보면 그와 같은 단순한 이해방식은 잘못임을 알 수 있다.

무릇 오늘날에도 그러하지만, 과거 일본제국의 가해의 역사를 끄집어내는 데 반발하는 일본인이 적지 않다. 더욱이 그 시기에는 패전 직후 혼란기의 조선인 활동과 1950년대 전반의 공안사건에 조선인이 참가한 것을 생생하게 기억하고, 그로 인해 조선인에 대한 혐오감을 갖고 있는 일본인이 적지 않았다. 그런 가운데 재일조선인 역사 연구자가 같은 동포가 입은 피해를 이야기하고 일본을 비판하는 일은 조선과 일본 두 민족간의 관계를 악화시킬 우려가 있었던 것이다. 게다가 조선노동당과 그 지도 아래 있었던 조선총련은 1950

년대 후반에서 1960년대 전반에 걸쳐 한일회담의 진전을 견제하면서 북한과 일본 간의 관계 개선을 지향하고 있었다. 그 실현의 열쇠를 쥐고 있던 것은 혁신세력뿐만 아니라 보수파까지 포함한 일본인의 지지를 얻을 수 있느냐 없느냐 하는 것이었다. 그 때문에 조선노동당과 조선총련은 '일 · 조 친선우호'를 전면적으로 내세우되 일본인의 감정을 자극하지 않도록 배려하고 있었던 것이다.[20]

또한 자신들과 관련된 역사를 직시하는 것이 재일조선인에게도 결코 쉬운 작업은 아니었다는 것에 주의할 필요가 있다. 박경식은 1962년에 발표한《태평양전쟁 중의 조선인 노동자의 강제연행에 대하여(太平洋戦争中における朝鮮人勞動者の强制連行について)》에서 다음과 같이 기록하고 있다.

> 현재, 일부 재일조선인 중에도 과거에 대해 이야기하지 않는 사람들이 있다. 거기에는 여러 가지 이유가 있겠지만 먼저 첫째로 과거에 자기가 압박을 당하고 비인간적으로 학대당했던 것에 대한 혐오감 내지는 문제의식의 결여에서 오는 경우도 있는 듯하다. 둘째는 과거에 광산, 토목공사 현장 등에서 노무자 합숙소의 노무관리를 했거나 십장을 했거나 해서 그것에 대한 자기 혐오감에서 오는 경우도 있다.

20) 북한 및 그 관련기관이 조선 식민지 지배와 관련하여 일본정부를 비판하게 된 것은 한일회담이 최종 국면에 이르고 난 뒤이다. 참고로 1950년대에 북한은 한 · 일 간 어업 문제와 독도 문제에 대해서도 오히려 한국정부를 비판하고 일본에 대해 호의적인 태도를 보였다.

요컨대 과거의 비참한 경험과 일본제국에 협력한 사실을 떠올리고 싶지 않기 때문에 자신들에 관한 역사를 생각하고 싶지 않은 경우가 있었던 것이다. 아마도 그러한 사람들의 존재 역시 조선총련이 재일조선인의 역사를 직시하고 발굴하는 데 소극적인 태도를 취하는 요인이 되었다고 생각한다. 비참한 처지에 놓여 있던 과거를 돌아보는 일은 자기뿐만 아니라 조선민족 전체에 대한 자긍심을 잃게 할 가능성도 있었고, 노무자 합숙소의 십장이었던 조선인의 존재는 민족 내부의 분열을 초래하는 원인이 될 수도 있었다. 노무자 합숙소의 십장은 일본제국의 지배구조 속에서 말단의 조선인 노동자를 관리하는 입장에 있었기 때문이다. 그리고 그러한 노무자 합숙소의 십장이었던 재일조선인이 지역 수준의 조선총련 활동에 관여하는 경우도 있었다. 이와 같은 사정도 역시 조선총련이 재일조선인의 역사를 연구하고 그 결과를 일본사회에 제기하는 데 적극적으로 나설 수 없는 이유가 되었던 것으로 보인다.

이상에서 논한 바에 따르면 조선총련에게 바람직한 역사연구, 그 조직 구성원에게 보여줄 만한 역사는 사실에 근거한 재일조선인의 상세한 발자취의 발굴이 아니라 김일성 중심으로 정리된 조선근대사였다고 할 수 있다. 이는 본국의 이데올로기적 통제에 따른 것이었으며, 동시에 식민지 지배에 대한 근본적인 반성을 결여한 일본의 사상 상황에도 적응하는 길이 될 수 있었다. 만주 벌판에서 김일성의 항일투쟁을 축으로 한 역사 기술은 (조선에서 이루어진 수탈에 대해서도 언급하고 있다 하더라도) 일본 내의 관련 직장이나 지역사회에서 조선인에 대한 일본인의 민족 차별과 학대의 기억을 불러일으키는 요소가 상대적으로 적었다. 따라서 보수파 일본인을 자극할 가능성이 적은 것이었다. 또한 그것은 북한과 일본의 우호친선을 촉진하고 미국과 일본 보수세력과의 대결을 추진하고자 했던 혁신계 일본인이 아무런 문제없이 받아들일 수 있는 역사인식이다. 그리고 더 나아가서 지배구조의 말단에서 비인간적인 취급을 받으면서 식민지기를 살아온 재일조선인 민중으로서는 그러한 사실을 떠올리지 않은 채, 김일성의 영웅적인 항일투쟁이라는 사실에 의해 민족의 우수성을 확인할 수 있었던 것이다.

그러나 그것은 조 · 일 두 민족간의 근본적인 관계 개선이나, 재일조선인 자신과 관계 깊은 역사에 의거하여 정체성을 확립한다는 과제 수행을 유보하는 것이기도 했다.

6. 재일조선인 역사학자의 '당사자' 연구

이상에서 살펴본 것처럼 1950년대 후반에서 1960년대 전반에 걸친 재일조선인 역사학자의 재일조선인에 관한 역사연구는, (혁신세력까지 포함한) 일본인의 역사인식을 비판하는 것이었지만, 조선노동당과 조선총련의 정치전략에 근거한 것은 아니었음이 분명하다. 이들의 연구는 오히려 이들이 소속된 조직의 의향에 따른 것이 아니었다. 자신들과 관련이 깊은 역사를 직시함으로써 스스로의 정체성을 확립함과 동시에, 일본제국주의로부터 재일조선인이 받아온 억압이 일본 민중과 질적으로 구별된다는 사실(史實)을 밝히고, 이제껏 민족 차별과 식민지 지배에 대한 반성을 확립하지 않고 있는 일본사회에 변혁을 촉구하고자 했던 것이다.

특히, 민족해방운동 관련 연구가 불가능해지고 한일회담이 진행되는 가운데 (결국 식민지 지배에 대한 국가의 사죄와 보상이 애매한 채로 종결되려고 하는 가운데) 계속된 관동대지진 당시의 조선인 학살과 강제연행에 대한 연구는 일본의 사상 상황을 날카롭게 비판하는 것이 되었다. 그리고 그들이 굳이 그러한 연구를 발표한 것은 동시대 일본인의 사상 상황에 대한 위기의식을 강하게 지니고 있었던 것과 관련이 있다. 강덕상은 관동대지진 당시의 조선인 학살에 관한 논문의 결말 부분에서, "아직도 일본의 현직 문부대신이 조선민족 열등론을 지껄여대듯이 일본국민의 불행한 대(對)조선관 형성에 이 대학살이 커다란 혈관이 되었음"을 지적하고, "일본의 지배자가 일본국민의 마음에 심어놓은 불행한 대조선관의 맹점을 이용하여 이승만 라인과 독도의 존재를 어떻게 재군비(再軍備)에 결부시켰는지, 우선은 재일조선인, 다음에는 일본의 민주단체를 대상으로 한 치안 입법이 얼마나 많이 성립했었는지"에 대해 언급하고 있다.[21] 또한 박경식은, "일본정부가 패전 후 일관되게 재일조선인에 대해 부당한 탄압과 차별정책을 펼쳐왔다"는 것과, 일본의 "도처에 조선인의 유골이 방치되고" 있는 상황을 비판하고,[22] 일본인 대다수의 의식을 문제 삼았다. 즉 "대부분의 일본인은 일본제국주의의 죄악에 대해 무관심한 경우가 많"은데, "그것은 제국주의가 한 일일 뿐 자신들과는 아무런 관계도 없다는 말인가"라고 지적했다.[23]

---

21) 姜德相, 〈關東大震災に於ける朝鮮人虐殺の實態〉, 《歷史學研究》 第278號, 1963年 7月號.

22) 朴慶植, 《朝鮮人强制連行の記錄》, 未來社, 1965, 3쪽.

23) 朴慶植, 위의 책, 46쪽.

이와 함께 현재 자기 자신과도 관련된 일본제국주의의 억압에 대해 의식하고 있던 것도 재일조선인 역사학자들이 연구를 전개하는 데 내적 동기가 되었을 것이다. 즉, 과거 식민지기의 정책을 단순한 과거의 일로 치부할 수 없는 심각한 문제로 받아들이고 있었던 것이다. 예를 들어 박경식은 《조선인 강제연행의 기록》의 '서론' 첫머리에 다음과 같이 쓰고 있다.

> 나는 일본어로 말하고 쓰는 일을 하면서 항상 자유롭지 못함을 통감하고 있다. 조선인이 일본어를 말한다는 것은 사상교류의 수단으로 하나의 외국어를 마스터하고 있다는 기술적인 문제로 해소할 수 없는 무언가를 가지고 있다. 그것은 조선인이 일본어를 말하게 된 사정이 제국주의와 식민지, 압박과 피압박이라는 관계를 떠나서는 생각할 수 없기 때문이다.
>
> 나와 같은 세대의 사람들이나 나이를 더 먹은 사람들은 일본어를 강요당하고, 또 일본어를 충분히 말할 수 없기 때문에 여러 가지 고통을 직접적으로 받아왔다. 또, 일본에서 태어난 아이들은 모국어를 충분히 말하지 못해서 민족적 허무주의에 빠질 위험성을 가지고 있다. 지금 재일조선인이 일본어를 말한다는 것은 과거 조선인이 피압박 민족으로 몸에 입은 고통과 현재 일본에 살고 있음으로 해서 발생하는 다양한 문제가 얽혀 있는 것이다.

박경식의 일본어는 기술적으로 문제가 없고 오히려 조선어보다 사용하는 데 불편을 느끼지 않았을 것이다. 그러나 박경식은 그것이 식민지정책의 소산이라는 것을 항상 자각할 수밖에 없었다. 더 나아가 말하자면, 그것을 자각하지 못하는 일본인에 둘러싸여 생활하는 것이나 여타 재일조선인의 생활에도 영향을 미치는 사실을 의식하지 않을 수 없었다. 그것이 박경식으로 하여금 재일조선인의 역사를 연구하게 만들었던 것이다.

그리고 그와 같은 문제의식에서 진행된 연구는, 식민지 지배와 민족 차별을 무시 내지 경시해왔던 담론, 나아가서는 조선인이나 일본인이나 모두 똑같이 군국주의의 피해자였지만 연대도 했었다는 이제까지의 역사상과 명백하게 다른 것이었다. 즉, 관동대지진 당시의 조선인 학살사건에 관해서는 (관헌이 학살에 책임이 있음을 전제로 하면서도) 자경단에 참가한 일본 민중이 학살에 직접 가담한 실태에 대해 숨김없이 기술하고 있었다. 또한 종종 다른 일본인 사회주의자들을 학살한 사건과 조선인 학살사건을 병렬적으로 취급하던 것에 대해 이를 비판하는 논점도 제시했다. 강덕상은 "오스기 사카에 살해범에게는 형식적으로도 책임 소재를 명확히 한 데 반해 조선인 살육자에게서는 어떤 책임 있는 이야기도 듣지 못했고, 희생자 · 유가족에 대한 애도의 인사말도 하나 듣지 못했다"고 하며, 일본인에 대한 학살과 조선인에 대한 학살을 취급할 때의 차이를 지적했다.[24)]또 박경식은 강제연행 등에 대해 체험자의 증언을 바탕으로 조선인이 일본인 노동자 이상의 가혹한 노동과 저임금, 비인간적인 취급을 당해왔음을 밝히고 있다. "식민지 인민에 대한 차별 지배와 일본국민의 차별 지배의 차이"를 명확히 하고, "일본제국주의로 인해 똑같

24) 姜德相, 앞의 〈關東大震災に於ける朝鮮人虐殺の實態〉.

이 고통을 받았다고 하더라도 완전히 같은 고통은 아니다. 거기에는 민족적인 지배와 피지배관계가 있었"[25]음을 실증했다.

말할 나위도 없지만, 이와 같은 연구가 일본인을 폄하하고 조선인의 의도대로 움직이게 하기 위해 행해진 것은 아니다. 박경식이 《조선인 강제연행의 기록》의 '머리말'에 쓰고 있는 것처럼, 그것은 "제국주의 침략자의 정체를 명확히 함과 동시에 재일조선인의 민주주의적 민족권리를 지키기 위해서이며, 또한 제국주의 침략자로부터 받은 사상적 잔재를 조금이라도 제거하여 조선과 일본의 우호친선, 진정으로 평등한 국제적 연대"를 기원하여 진행되었던 것이다.

그리고 그와 같은 의도를 적어도 일부의 일본인들은 받아들였다. 박경식의 이 저서 이후 조선인 강제연행과 관동대지진 당시의 학살사건 등에 대한 조사활동이 일본시민들 사이에서 활발해졌고, 그 이후로 재일조선인들의 연구가 축적된 것이다.

7. 소수자의 역사를 향하여

이 글에서는 '해방' 이후 1960년대 전반까지 재일조선인에 관한 역사연구가 어떻게 활발해졌는가를 그 시기의 상황을 근거로 서술했다. 여기서 밝혀진 것은 다음과 같은 점이다.

먼저 '해방' 후 초기에도 재일조선인의 역사, 특히 그때까지 이야기할 수 없었던 자신들에 대한 학대와 해방운동의 전개에 관한 사실

25) 朴慶植, 앞의 《朝鮮人强制連行の記錄》, 12~13쪽.

을 회고하고 기념하는 작업이 진행되었다. 그러나 그 작업은 순조롭게 발전되지 못했다. 한국전쟁 전후의 정치적 혼란 속에서 재일조선인에게는 본격적인 연구를 진행할 여유가 주어지지 않았을 뿐만 아니라, 이후 일본의 반공체제 확립과 그에 저항하면서 반미투쟁을 전개한 재일조선인에 대한 일본인의 배외주의의 고양이라는 상황이 있었기 때문이다. 그와 같은 상황으로 인해 일본인들 사이에서는 식민지 지배와 민족 차별에 대한 반성이 확립되지 않았고, 일부에서는 재일조선인에 대한 차별적 인식을 그대로 지닌 역사 기술이 행해졌다.

그러나 1950년대 중반 이후가 되면 재일조선인운동의 전환=조선총련의 발족에 이어 재일조선인 역사학자가 어느 정도 차분하게 연구를 수행할 수 있는 환경이 조성된다. 실제로 이 이후 조선총련계 재일조선인 역사학자에 의한 연구성과가 나오게 되었다.

그러나 민족해방운동 연구는 조선노동당의 이데올로기 통제에 의해 제약을 받고 있었다. 또한 일본인의 감정을 자극할지도 모른다는 점, 식민지기의 부정적인 역사를 상기함으로써 재일조선인 사회에 악영향을 미칠지도 모른다는 점 등을 우려하여, 조선총련은 재일조선인의 역사를 연구하는 데 그다지 적극적인 태도를 보이지 않았다.

이에 대해 재일조선인 역사학자는, 일본인들 사이에서 식민지 지배와 민족 차별에 대한 반성이 확립되지 않은 점, 그것이 당시까지 영향을 미치는 문제라는 점을 근거로, 감히 일본제국주의가 재일 조선인에게 펼쳤던 가해의 역사를 발굴하여 제시했던 것이다.

결국 재일조선인 역사학자의 연구는 조선노동당과 조선총련의 정치전략에 따라 전개된 것이 아니었다. 그와는 달리, 일본의 사상 상황을 비판하고 그 근본적인 변혁을 추구함으로써 조·일 두 민족의 진정한 우호친선을 확립해가고자 했던 것이다.

그리고 그것은 '해방 후' 초기 재일조선인의 활동을 계승하는 것이라고 평가할 수 있다. 동시에 그것은 아마도 재일조선인 사이에서 일관되게 존재한 그들의 염원을 수용하여 행해졌던 것이 아니었을까.

(번역 박미경, 교열 도면회)

3부

독백하는 일본의 전후역사학

'민중사상사' 연구의 출발

야스마루 요시오(安丸良夫)의 방법적 혁신

도베 히데아키

'민중'은 현실정치에서 다른 이데올로기와 세계관이 논쟁할 때 탐구해야 할 대상으로서도, 호소해야 할 상대로서도 반드시 초점이 되었다. 그 때문에 과거의 민중을 사료에서 어떻게 파악할지는 눈앞의 사회를 어떻게 인식하는가와 직결된 과제였다. '민중' 개념 내지는 민중 파악방법의 궤적을 추적하는 것은 사학사를 모색하는 데 필수적인 작업이다.

도베 히데아키(戸邊秀明)

와세다대학 문학부의 학부 · 대학원에서 일본 근현대사를 전공하고, 민중사상사 연구를 주도한 가노 마사나오(鹿野政直) · 야스마루 요시오(安丸良夫)에게서 강한 영향을 받았다. 그 후 와세다대학 문학부 조교, 일본학술진흥회 특별연구원 등을 거쳐 2008년 4월부터 도쿄 게이자이(經濟)대학의 경제학부 전임강사로 있다.
그동안 일관되게 다음 두 가지 대상을 연구하고 있다. 하나는 오키나와(沖縄) 근현대사 연구를 통한 일본사라는 사고 틀의 상대화이다. 현재는 특히 미군 점령기(1945~1972) 오키나와에서 전개된 복귀운동에 대해 연구하고, '조국(祖國)' 복귀를 원하는 국민주의로 환원할 수 없었던 당시 오키나와인의 소망을 민중사상과 복합사회운동의 관점에서 분석하고 있다. 이와 관련한 논문으로는 〈沖縄 屈折する自立〉(《岩波講座 近代日本の文化史 8－感情 · 記憶 · 戰爭》, 岩波書店, 2002), 〈《在日沖繩人》, その名乗りが照らし出すもの〉(同時代史學會 編, 《占領とデモクラシーの同時代史》, 日本經濟評論社, 2006)이 있다.
또 하나는 역사학을 주제로 하는 '전후 일본' 학문사의 재검증을 통해 미래를 향한 비판적인 인문 · 사회과학의 자화상을 다시 그리는 시도이다. 이와 관련한 논문으로는 〈轉向論の戰時と戰後〉(《岩波講座 アジア · 太平洋戰爭 3－動員 · 抵抗 · 翼贊》, 岩波書店, 2006), 〈ポストコロニアリズムと帝國史研究〉(日本植民地研究會 編, 《日本植民地研究の現狀と課題》, アテネ社, 2008) 등이 있다.

1. 사학사는 왜 필요한가?

1) 무엇을 위한 사학사인가?

도대체 지금 누가 사학사(史學史)를 필요로 하는 것일까?—이 책의 시도에 의문을 던지는 질문으로 시작하는 것은, 우리 역사 연구자가 '직업적인 역사가 길드(guild)'[1]에 대한 귀속의식을 가지면 가질수록 실제로는 사학사가 필요하지 않게 되기 때문이다. 연구자

---

* 이 글은 제6회 '비판과 연대를 위한 동아시아 역사포럼'에서 발표한 〈'민중사상사'의 출발—야스마루 요시오의 방법적 혁신의 의의와 위치('民衆思想史'の出發—安丸良夫における方法的革新の意義と位置)〉(2004년 5월 14일)를 토대로 해서, 한국 독자를 대상으로 '전후역사학'의 내실과 민중사 연구의 실상에 대해 더 자세히 가필한 후 개고한 것이다. 가필의 전제가 되는 관련 졸고는 아래와 같다. 〈昭和史が生まれる—1950年代における史學史的文脈の再定位〉, 大門正克 編著, 《昭和史論争を問う— 歴史を敍述することの可能性》, 日本經濟評論社, 2006 ; 〈戰後歷史學の思想〉, 岩崎稔 · 上野千鶴子 · 成田龍一 編, 《戰後思想の名著 50》, 平凡社, 2006 ; 〈《歴史學硏究》總目錄(1933~2006)解題〉, 歷史學硏究會 編, 《歴史學硏究》別冊(總目錄 · 索引), 2007.

1) キャロル グラック, 梅森直之 譯, 〈戰後史學のメタヒストリー〉, 《日本通史 別卷 1—歷史意識の現在》(岩波講座), 岩波書店, 1995(《歷史で考える》, 岩波書店, 2007). 캐럴 글룩(Carol Gluck)의 논문은 구미 역사연구 및 서술방법과 비교 · 대조하면서, 일본의 역사연구가 자명한 것으로 여기는 여러 개념의 특수성을 밝힌 보기 드문 고찰이다.

라고 자임하는 사람들이 그 길드 속에서 탁월함을 겨루기 위해 필요한 것은, 전문논문(monograph)에서 본론 부분의 독자성을 증명하기 위한 선행 연구의 학설사적 정리이지 이 글에서 추구하는 사학사와는 거리가 멀다.

따라서 역사 연구자가 사학사를 쓰거나 사학사적 인식을 가지는 데는 일상적인 '역사가의 작업'을 거리를 두고 바라볼 필요가 있다. 역사 연구자니까 사학사를 쓸 수 있는 것이 아니라, 오히려 사학사를 쓰는 행위를 통해 비로소 길드 밖으로 나와 자신이 서 있는 이 장(場)에 대해 고찰할 수 있는 것이다.

여기에서 필자는 학설사의 통상적인 서술과는 다른 작업으로 사학사라는 말을 상정하고 별개의 가치를 부여해 사용한다. 학설사에서 여러 이론과 학설 간의 차이나 논쟁을 다루더라도 그것은 어디까지나 특정한 역사적 대상을 분석하기 위한 시점을 얻을 목적으로 설계되므로, 그 차이나 논쟁 자체의 역사적 의미를 묻지는 않는다. 그와 동시에 그 서술 내용을 매우 한정된 '독자공동체＝해석공동체'에서만 공유한다는 것을 전제로 한다. 즉 학설사에서 독자는 미리 선별되고 내부에 닫혀 있는 것이다.

물론 그러한 학설사와는 다른 시도, 이 책이 추구하는 사학사 서술의 범례가 되는 작품이 필자가 훈련을 받아온 일본의 일본사 연구공동체 안에서 없었던 것은 아니다. 아니 오히려 20세기 후반 일본의 역사학계에서는 역사연구와 사회의 관계에 대해 언제나 확인과 반성의 작업을 계속해왔다. 특히 1960년대에 역사교과서에 대한 문부성 검정에 저항하는 교과서 소송을 제기한 이래로, 역사교육을 매개로 한 역사연구와 시민사회의 관계가 커다란 고찰 대상이 되었고,

그 때문에 소송 지원활동을 담당한 저명한 연구자가 훌륭한 사학사를 써냈다. 도야마 시게키(遠山茂樹)의《전후의 역사학과 역사의식(戰後の歷史學と歷史意識)》(岩波書店, 1968), 나가하라 게이지(永原慶二)의《20세기 일본의 역사학(20世紀日本の歷史學)》(吉川弘文館, 2003)은 그 쌍벽이라고 할 수 있다.[2)]

전자는 일본 역사연구의 한 축을 이끌고 있는 민간학회인 역사학연구회의 전후 활동내용이나 그 연차대회의 논의를 중심으로 구성되었고, 후자는 중요한 역사 연구자의 작업과 그 의의를 열전처럼 다루어 근대 이후 일본사 연구자의 고봉(高峯)을 섭렵한 체계적인 서적이다. 초점의 대상이 학회와 개인으로 각각 다르지만, 이 책들은 자신이 속한 역사 연구자 공동체의 자화상이며, 역사학의 체계적인 발전사이기도 하다. 그러나 그러한 체계와 발전을 서술의 동선으로 삼으면 삼을수록, 사학사는 의도치 않게 전문 연구자 내부에 닫

---

2) 그 밖에 단독 저서에 한정하면, 가노 마사나오(鹿野政直)의《'도리시마'는 포함되어 있는가—역사의식의 현재와 역사학('鳥島'は入っているか—歷史意識の現在と歷史學)》(岩波書店, 1988)을 당사자가 쓴 사학사로 들 수 있는데, 이 책은 도야마와 나가하라의 저서와는 달리 역사학의 자기 전개보다 현대 일본사회의 역사의식 자체를 대상화했다. 그 때문에 전문 역사 연구서뿐만 아니라 문학이나 인간론, 문명론, 일본인론 등 다양한 장르의 작품 분석을 고찰 대상으로 포함하고 있어 다른 두 저서와 일괄할 수 없다. 하지만 그러한 서술방식 자체가 이제까지의 사학사 서술에 대한 비판을 품고 있는 것이어서 사학사 서술을 다시 구상할 때 커다란 시사점을 얻을 수 있다. 그러나 굳이 비판을 하자면 가노의 서술은 획기적인 작품의 배치로 구성되어, 그 작품들이 태어나는 장(場)인 역사 연구자 공동체 내부의 갈등이나 논쟁을 오히려 보기 어렵게 만들었다. 아울러 사학사의 변천에 대해 주목한 연구로는 나리타 류이치(成田龍一)의《역사학의 스타일—사학사와 그 주변(歷史學のスタイル—史學史とその周邊)》(校倉書房, 2001)을 참조하기 바란다.

힌 논의를 사후에 만들어내고 만다. 양자 모두 역사연구의 사회적 책임을 자각하고 시민사회와의 접점을 모색한 역사연구의 동향을 언급했지만, 대개 역사 연구자와 사회의 상호작용이나, 연구자 공동체 자체의 변질이나 분해에 대해서는 그 고찰이 엉성하다. 거기에는 여전히 엄격한 눈을 가진 타자는 없다.

그러한 타자를 회복시키고 타자를 향해 자기를 제시하며, 그것을 통해 자기의 학문 산출 행위가 처해 있는 위치를 가늠할 수 있는 사학사를 추구해야만 한다. 그러한 행위를 굳이 하는 것, 즉 역사 연구자가 사학사를 필요로 하는 것은 역사학이 사회와 관계를 적절히 맺지 못할 때, 단적으로는 위기에 처한 시점일 것이다. 따라서 필자가 서두에서 던진 질문을 다음과 같이 바꿔 말해야 하겠다. 지금 '역사 연구자는 사학사가 필요하다고 자각하고 있는가'라고.

현대 일본사회에서 사학사의 필요성과 유용성을 생각할 때, 이런 우회적인 시행착오를 거쳐야 할 만큼 그 사태는 위기에 처해 있다고 필자는 생각한다. 역사학과 사회의 관계가 얼마나 소원해지고 말았는가, 역사 연구자가 어찌하여 사회에 필요 없게 되었는가(혹은 역사 연구자가 산출한 지식을 보기 좋게 찬탈당하는 존재가 되었는가), 그에 대해 연구자들조차도 명확한 대응방법을 찾지 못하는 상황이 되었다. 이는 1990년대 중반에 시작된 역사 수정주의자와의 소모적인 응수나, 기억 또는 역사의 인식작용을 둘러싼 광범위한 논의의 장면에서 역사 연구자의 의견을 요구하는 일이 드물었던 것에서도 잘 나타난다. 더욱이 이러한 사태는 텔레비전의 역사드라마나 관련 서적의 출판, 사회사 · 문화사를 통속화 · 무독화(無毒化)해서 소개하는 얄팍한 서적, 문화센터에서 고문서와 지방사 강좌 등이 갈수록 활기를 띠는 장면과 서로 격리되어 '공존'하고 있었다.

물론 여기서 아시아 · 태평양전쟁 패전 뒤부터 1950년대까지 모든 학문의 왕이었던 역사학, 혹은 종합적 사회과학이었던 역사학의 위치를 그리워할 필요는 없다. 위기란 자폐적인 사태 그 자체이며, 외부와의 관계를 자각할 수 없는 곳에 있기 때문이다.

2) 역사(서술)에서 주체의 형상화를 둘러싼 물음

이러한 상황을 극복하기 위해서는 사학사라는 시도 자체의 쇄신이 필요하다. 대략적으로 생각해보아도 그것은 적어도 다음 세 가지의 주의사항을 요구한다.

첫째로 그것은 통사적으로 방법이나 인식의 변천을 좇는 것이 아니라, 현재 역사학의 과제를 꿰뚫어보기 위해 의미 있는 과거의 특징에 집중한 고찰이라는 점이다. 명료한 윤곽을 갖는 자화상을 위해 성급히 '통사'를 요구하는 것이 아니라, 우선은 문제사 · 개념사로서 구상하여 자화상의 상대화에 길을 여는 서술의 가능성을 시도해보는 단계에 있다.

둘째로 그 집중은 어떤 방법이나 인식이 생성되는 '장'과 '과정' 자체를 고찰의 초점으로 삼기 위함이며, 거기에서 사학사는 서술의 주어=주체를 다시 선택해야 한다. 특정한 역사가를 다루더라도 개인의 개성적인 사상이 외부로부터의 자극 없이 내부에서 일어난 것으로 묘사하는 것이 아니라, 개인이 매개하는 다양한 방법이나 인식의 충돌과 융합의 양상으로 파악하는 눈이 필요하다. 이러한 발상의 전환은, 의미 있는 방법이나 인식은 항상 사상운동으로 생겨나며 그 때문에 정치성을 띠는 논쟁과정에서 만들어진다는 사실을 드러낸다. 물론 여기에서 정치성이란 단순한 이데올로기투쟁이나 학벌투쟁을 의미하지는 않는다.

셋째로 사학사라는 일종의 계보 작성은, 계보의 선별을 통해 그 작업을 하는 논자 자신이 서 있는 '지금, 여기'의 위치를 정하기 위한 작업이기도 하다. 따라서 사학사를 쓰는 행위는 그것을 통해 논자가 동시대 역사인식의 지형도에 새로운 경계 확정을 제기할 때 유력한 판돈이 된다. 그 자체가 새로운 구성물인 사학사 서술은 과거의 어떤 특정 주제를 통한 현재 '의미를 둘러싼 투쟁'의 초점이 되며, 그 동인이 되기도 한다. 사학사는 그것을 서술하는 역사 연구자 자신까지도 고찰하는 성찰이 요구되는 중층적인 작업인 만큼, 사학사에 걸린 정치성을 탈색한 고찰은 의미가 없다.

이러한 작업을 확인함으로써 사학사는 '직업적인 역사가 길드' 자체의 성립과 거기에서 자명한 전제로 되어온 수많은 개념을 반성적으로 검증하는 자기 인식의 장치가 된다. 그와 동시에 길드의 '내부'가 어떠한 '외부'=사회와의 관계를 전제로 성립했는가에 대해 반드시 고찰한다면, 사학사는 역사연구가 새로운 설명 책임 내지 사회와의 교섭 방도를 얻는 밑거름이 되지 않을까.

물론 이상의 항목을 모두 만족시키는 고찰은 필자의 능력으로는 도저히 무리이지만, 이 글에서는 1960년대 일본사 연구에서 보인 '민중' 개념의 전회(轉回)에 착안하여 이 책이 추구하는 사학사에 조금이라도 다가가고자 한다.

그렇다면 왜 이 글에서 '민중'을 다루는가. '민중'은 다른 역사적 맥락에서 '인민', '민족', '국민', '대중' 등 다양한 주체로 변환되어 많은 혼란을 낳았지만 그 융통무애(融通無碍)함으로 인해 20세기 역사연구에서 가장 중요한 술어 가운데 하나로 군림했다. 특히 역사연구가 지배의 도구에서 변혁의 변증으로 자기 역할을 바꾸고자 하는 곳에서는 어디든, 피지배자인 '아래로부터의 주체성'을 찾아내서 그 주체에 어울리는 대상을 역사 속에 자리매김하고 명명하는 작업이 필수가 되었다. 마르크스주의적 방법을 핵심으로 삼는 역사연구는 말할 나위도 없고, 파시즘을 정당화한 역사연구나 포퓰리스트의 영웅사관조차도 '아래로부터의 주체성'을 상정하지 않고서는 역사를 서술할 수 없었다. 더욱이 '민중'은 현실정치에서 다른 이데올로기와 세계관이 논쟁할 때 탐구해야 할 대상으로서도, 호소해야 할 상대로서도 반드시 그 초점이 되었다. 그 때문에 과거의 민중을 사료에서 어떻게 파악할지는 눈앞의 사회를 어떻게 인식하는가와 직결된 과제였다. 1945년 8월의 패전과 제국 붕괴 후(= '전후') 마르크스주의적 방법이 우위를 차지하는 전후 일본 역사학의 특이한 구성(그것은 '전후역사학'이라 불린다)으로 인해, 일본에서 그러한 경향은 한층 강화되었다. 그 점에서도 '민중' 개념 내지는 민중 파악방법의 궤적을 추적하는 것은 사학사를 모색하는 데 필수적인 작업이다.

그렇기는 하지만 국경을 넘는 일반적인 추세에도 불구하고 역사적 맥락이 다른 경우에는 '민중' 개념 또한 '봉건제'나 '가부장제' 등의 역사용어와 마찬가지로 번역이 어렵다. 특히 이 한자어가 동아시아에서 널리 인지되어 있는 탓에, 전문 역사 연구자들조차 그 의미를 무의식적으로 자기가 의거하는 특정한 시대와 문화의 해석 틀로 파악해버리는 오해를 낳고 있다. 일단 한 · 일의 역사연구에 한정하더라도, '민중사'라는 말로 상정되는 연구는 방법도 대상도 상당히 다르다. 하지만 오히려 그렇기 때문에 앞으로 여러 사학사를 매개하는 비교 검증을 위한 열쇠로서 '민중' 개념은 자리매김될 것이다. 이런 비교에서는 구체적인 서술의 대조를 통해 민중상(民衆像)의 차이를 밝히는 것뿐만 아니라, 각각의 개념이 어떠한 의도와 조건에서 생겨났는가라는 역사적 경로까지 포함할 필요가 있다. 이 글이 그 준비작업이 된다면 다행이겠다.

이상과 같은 관심에서 전후 일본의 역사학을 바라볼 때, 1960년대에 일어난 '민중' 개념의 전회에 초점을 맞추는 것이 유익하리라 본다. 그 전회를 가져온 연구자 중에서도 이 글에서는 야스마루 요시오(安丸良夫, 1934~)가 모색했던 방법을 집중적으로 검토한다. 야스마루는 1960년대 이후 일본사 연구에서 하나의 연구조류를 형성한 '민중사상사' 연구의 대표적인 역사가로, 오늘날까지도 큰 영향력을 미치는 개념이나 방법을 만든 인물로 알려져 있다.[3] 야스마루에 대해서는 1990년대 후반부터 몇 편의 훌륭한 분석과 자리매김이 이루어졌다.[4] 여기에서는 그것들에 의거하면서도 1960년대에 야스마루 등이 왜 '민중사상사'라고 명명되는 방법적인 전회

---

3) 그 밖에 이로카와 다이키치(色川大吉, 1925~), 가노 마사나오(鹿野政直, 1931~), 히로타 마사키(廣田昌希, 1934~)의 이름을 들 수 있다.

4) 酒井直樹, 〈安丸良夫を讀む〉, 歷史學硏究會 近代史部會 例會 報告, 1998年 4月 3日, 未公刊 ; Takashi Fujitani, "Minshushi as critique of orientalist knowledge", *positions 6(2)*, Fall 1998 ; タカシ フジタニ, 〈〈解說〉オリエンタリズム批判としての民衆史と安丸良夫〉, 安丸良夫, 《日本の近代化と民衆思想》(平凡社ライブラリー), 平凡社, 1999 ; 成田龍一, 〈〈書評〉安丸良夫《現代日本思想論》, あるいは歷史家という生き方〉, 《UP》 379, 東京大學出版會, 2004 ; 成田龍一, 〈〈書評〉安丸良夫《文明化の經驗》, あるいは民衆史の位相について〉, 《UP》 427, 東京大學出版會, 2008.

를 이루었는지를 전후 일본 역사학의 행보에 입각해서 그려내고자 한다.[5)]

2. 출발 당시 '민중사상사'의 과제

1) (민중사상사) 방법론에서의 타자

1960년대 초반 야스마루의 방법적 입장을 검토한 후지타니 다카시는 당시 야스마루가 대치했고 극복해야 했던 이론으로 세 가지를 들었는데, 일본의 독특한 마르크스주의 역사학('전후역사학'), 마루야마 마사오(丸山眞男)나 오쓰카 히사오(大塚久雄)를 중심으

---

5) '민중사상사'라는 명칭은 야스마루 등이 사상사 연구의 방법을 구사하여 민중의 의식이나 행동의 의미에 다가가려고 했기 때문에 명명되었지만, 또한 동시기 근세 농민의 촌락생활이나 생활문화에 주목하는 연구자들(하가 노보루芳賀登 등)이 '민중사'를 표방하여 때로 민중사상사 연구자와 논쟁했기 때문에 양자를 변별할 필요에서 이 명칭이 퍼져갔다고 생각한다. 실제로 1970년대까지는 양자를 일괄해서 민중사의 특징을 논한 문헌도 많다. 예를 들면, 유학 중에 민중사상사 연구를 접한 미국의 일본 연구자 캐럴 글룩은 선구적으로 민중사 연구의 동향을 정리한 논고를 저술했는데, 거기에서는 양자를 포함해서 논하고 있다〔Carol Gluck, "The people in history: recent trends in Japanese historiography", *The Journal of Asian Studies* XXXVIII, November 1978(キャロル グラック, 梅崎透 譯, 〈歷史のなかの民衆 — 日本歷史學における最近の潮流〉, 앞의 《歷史で考える》)〕. 지역연구 전성기였던 미국에서 온 연구자에게는 양자의 차이보다도 '민중'이 역사서술의 주체가 될 수 있다는 일본 연구자의 확신 자체가 신선하게 비쳤을 것이다. 다만, 이후에 방법적으로 학계에 큰 영향을 미친 것은 민중사상사 연구이다. 오늘날에는 '민중사'라는 말만으로도 민중사상사를 출발점으로 하는 역사연구를 가리키는 경우가 적지 않다.

로 한 서양 시민사회의 가치관을 목표로 하는 '근대주의', 그리고 당시 급속히 세력을 늘리고 있던 미 · 일 연구자에 의한 '근대화론(modernization theory)'이 그것이다.[6] 단, 이 세 이론은 야스마루에게 같은 거리에 있는 타자(적수)는 아니었다. 야스마루는 1950년대 중반부터 마르크스주의 역사학의 조류 속에서 훈련을 받았고, 사상사의 방법을 모색하면서 근대주의나 근대화론을 비판해갔는데, 이윽고 그것을 통해 이제까지 따랐던 역사학의 방법 자체를 극복할 필요성을 자각해갔다.

야스마루가 명확히 자신의 입장을 표명한 것은 1962년이다. 〈일본의 근대화에 대한 제국주의적 역사관(日本の近代化についての帝國主義的歴史觀)〉이라는 논문에서 그는 근대화론자의 일본근대사 해석을 새로운 '제국주의적 역사관'으로 파악하고, 그것을 사실 수준에서 논박하는 차원을 넘어 그 배후에 있는 이데올로기의 해부에 역점을 두고 비판을 시도했다.[7]

근대화론은 1960년대 일본의 경이적인 경제성장을 현실적 근거로 해서 과거를 설명하기 시작한다. 그 내용을 보면, 일본의 근대화는 전시 중에 일탈은 있었지만 공업화나 민주화 등 개별지표의 달성도를 종합하면 순조로운 발전을 거쳐왔으며, 서양 자본주의국가에는 미치지 못한다 해도 멋지게 성공하고 있다는 매우 현실 긍정적인 역사관을 제시했다.[8] 미 · 일의 지배엘리트들은 1960년에 개정된 미

---

6) タカシ フジタニ, 앞의 〈〈解說〉オリエンタリズム批判としての民衆史と安丸良夫〉, 471~477쪽.

7) 《新しい歴史學のために》 81~82, 京都民科歴史部會, 1962(安丸良夫, 《'方法'としての思想史》, 校倉書房, 1996).

일안전보장조약의 비준에 반대하는 전후 최대의 대중운동에 직면하자, 일본을 자유주의진영에 더욱 강력히 포섭하기 위해 일련의 이데올로기를 만들어냈다. 근대화론의 논증 목표가 항상 일본이 비서양 제국 중에서 유일하게 근대화에 성공한 국민사회라는 점으로 수렴되었던 데에서 그 정치적 성격이 분명하게 드러난다.

이것은 일본사회에 여전히 남아 있는 반(半)봉건적인 제도나 의식을 극복하지 않으면 충분한 근대를 획득하기 어렵다고 하는, 당시 '전후역사학'이나 '근대주의'자의 전망과는 정반대의 역사관인 이상 양자(특히 전자)가 근대화론을 비판한 것은 말할 필요도 없다.[9] 야스마루의 비판은 그 중에서도 가장 선구적인 업적으로 자리매김

---

8) 대표적인 논설로서는 ジョン W. ホール, 金井圓 · 森岡清美 譯, 〈日本の近代化—概念構成の諸問題〉, 《思想》 439, 岩波書店, 1961 ; 中山伊知郎, 〈近代化の歴史的評價〉, 《中央公論》 76-9, 1961 ; E. O. ライシャワー, 《日本近代の新しい見方》(講談社現代新書), 講談社, 1965 등을 참조. 두말할 나위 없이 근대화론은 비대칭적인 미일관계를 정당화하는 이데올로기일 뿐만 아니라 구미를 정점으로 한 장대한 발전단계론으로서, 당시 미국에서 지역연구의 공정적(公定的)인 역사관이기도 했던 점에 주의가 필요하다. 따라서 근대화론 비판이 각지에서 어떻게 진행되었는가 비교하는 것은 다른 지역의 사학사를 연결하는 중요한 매개가 될 수 있다. 일단 미 · 일 간의 연결에 대해서는 아래를 참조하기 바란다. 金原左門, 《'日本近代化'論の歴史像—その批判的検討への視点》, 中央大學出版部, 1974 ; 《思想》 634(特集: ハーバート · ノーマン), 岩波書店, 1977 ; John W. Dower, "E. H. Norman, Japan, and the uses of history", *in Origins of the modern Japanese state: selected writings of E. H. Norman*, edited, with an introd. by J. W. Dower, New York : Pantheon Books, 1975.

9) 일본근대사 연구자가 했던 대표적인 비판으로는 井上清, 《日本近代史の見方》, 田畑書店, 1968. 근대화론 비판에 열심히 몰두한 역사학연구회의 논의에 대해서는 和田春樹, 〈現代的'近代化'論の思想と論理〉, 《歴史學研究》 318, 1966 등을 참조.

될 것이다. 하지만 오늘날 확인되는 바로는, 그러한 근대화론 비판이 이론과 실증에서 야스마루보다 훨씬 정교하다고 해도 야스마루가 근대화론에 품었던 것와 같은 절박한 위기감은 희박했다. 많은 논자들은 그 이데올로기 공격이 케네디정권 아래에서 이른바 로스토우노선을 충실히 변증하는 정치적 위협이라고 정확히 인식하고 있었다. 그러나 마르크스주의를 체계적으로 배우고 그것을 아카데믹한 학문체계로까지 끌어올렸던 (세계적으로도 특이한) 당시 일본의 역사 연구자에게 근대화론은 학문적인 근거가 박약해 논박하기 쉬운 이론으로 여겨졌다. 물론 근대화론에 대항하기 위해 주체적인 역사학을 모색한 결과, 실제로도 미국의 지역연구를 비판할 수 있는 새로운 동아시아사의 이미지를 구축하는 성과를 남겼다. 하지만 사회에 대한 근대화론의 영향력에 대해 논박이 가능하다면 사람들도 그 기만성을 깨달을 것이라는 정도의 인식이었던 듯하다. 1960년대를 통틀어 역사 연구자들은 교과서를 통제하는 국가의 전형적인 역사교육정책이나, 메이지(明治)시대 이래 국가 주도로 이루어진 '성공한 근대화'를 축복하는 '메이지 100년제'(1968) 캠페인 등에 대해 비판·응전하느라 바빴고, 국내 보수권력의 '복고성'에 주의를 집중하고 있었다. 그런 탓인지, 근대화론이 현실사회에 초래하는 이데올로기적인 효과에 대해서는 관심이 옅었다.[10)]

야스마루는 당시 역사학계의 이러한 태도에 대해 일관되게 비판적인 자세를 유지하여, 내부 비판자라는 일종의 이단적 지위에 스스

---

10) 이러한 점을 비판적으로 성찰한 당사자의 회고로는 中村政則,《戰後史と象徵天皇》, 岩波書店, 1992 참조.

로 놓이게 되었다. 1962년의 논문 이래로 야스마루가 주의를 촉구한 것은, 근대화론이 역사적 사실의 단편적이고 자의적인 구성물에 지나지 않더라도 사람들의 주관적 희망에 합치하도록 구성되어 있는 한 그것이 '민중의 일상감각'에 호소할 수 있는 힘을 가진다는 사회적 효과의 측면이었다. 야스마루는, 역사가들이 이러한 효과를 무시하고 근대화론을 난센스로 넘겨버린 채, "스스로의 문제 설정과 방법에 깊이 자족하며, 질리지도 않고 홍수처럼 대량의 논문을 제작하고 있는 것처럼 보인다"라는 최대의 야유로 앞에서 든 논문을 끝맺었다. 그가 거기에서 본 것은, 자족하는 길드가 사회를 설득하는 설명 능력을 상실하고 자폐화되어가는 현실이었다.

'전후역사학'의 내부에서 사회를 보았던 연구자의 태반이 사회와 관계가 희박한 원인을 오로지 국가의 허위선전과 억압에서 찾고 있었던 당시에 그의 상황 인식은 그렇게 넓은 찬동을 얻지는 못했지만, 야스마루는 고독해지더라도 '전후역사학'이 견고하다는 것이 그대로 위기의 표현이라 믿어 의심치 않았다. 그래서 그는 근대화론을 논박하는 것보다 더 높은 지점, 즉 '전후역사학'이 파악하지 못하는 '민중의 일상감각'에 뿌리내린 역사의 원동력으로서 민중 그 자체를 대상화함으로써 역사연구의 실제 현장에서 이 위기를 독자적으로 타개하고자 시도했다. 이리하여 야스마루는 일본의 근대화를 추진한 참된 원동력인 민중의 '사상'을 추적하며 근세기로 거슬러 올라가 방대하면서도 잡다한 사료와 고투하는 작업에 몰두해간다(그 때문에 일본사의 일반적인 시대 구분에 입각해서 야스마루를 전근대를 다루는 근세사 연구자로 간주하는 경우가 많다).

2) '전후역사학'에 나타난 주체의 형상

왜 야스마루는 당시 역사연구의 주류를 이렇게까지 비판한 것일까. 그의 위기감을 이해하기 위해 우선 1960년대 초반까지 '전후역사학'의 동향을 살펴보고자 한다.

아마도 한국의 역사학에서는 '전후역사학'이라는 말 자체가 글자 그대로는 전혀 의미를 갖지 못할 것이다. 여기에서 전후역사학이란, 단순한 시기적 한정과는 다른 일종의 고유명사이다. 이 말은 일반적으로 마르크스주의적 방법(특히 계급투쟁을 역사 추진의 본질로 보는 유물사관)을 핵심으로 하는 역사연구로, 전후 일본의 역사학을 주도한 특정한 경향과 연구자집단(예를 들면 역사학연구회)을 가리킨다고 생각된다. 그렇다면 왜 특정한 역사연구의 지향이 전후역사학이라는 포괄적인 이름을 얻을 수 있었는가.

전후역사학을 구성한 사고양식, 즉 ① 변혁을 지향하는 목적론적 역사의식, ② 세계사를 보편적인 발전 법칙의 관철로 보는 인식, ③ 국민 유형을 기초로 한 발전단계론, ④ 계급과 민족을 중심으로 하는 주체형성론, ⑤ 내적 일관성을 중시하는 닫힌 구조 분석 등은 늦어도 1960년대 이후에 비판에 직면해왔다.[11] 그러나 일본에서 전후역사학이라는 말이 고유명사로서 널리 인식되고 지금도 학술용어로 유통되고 있는 것은, 무엇보다도 그것을 짊어지는 연구자들이 역사의 주체를 어떻게 설정하고 묘사할 것인가를 항상 고려했고, 그것이 전후 일본의 변모와 밀접히 관련되어 있었기 때문이다. 그렇기 때문

11) 이상은 二宮宏之, 〈戰後歷史學と社會史〉, 歷史學硏究會 編, 《戰後歷史學再考―'國民史'を超えて》, 靑木書店, 2000, 124~128쪽의 정리에 따른다.

에 전후역사학을 잇는 연구동향이 어떠한 주체를 중심으로 역사를 서술했는가에 대한 변천을 보면 전후 일본 역사연구와 사회의 긴장 관계와 교섭의 양상이 응축되어 드러난다.

마르크스주의 유물사관이 우위를 점하는 '전후역사학'에서는 사회주의사회를 최종 도착점으로 설정하는 목적론적인 역사해석이 이루어졌고, 정치한 실증작업도 시대를 규정하는 사회구조(사회구성체)를 관통하는 기본 법칙과 변혁 주체의 검출을 위해서였다. 물론 패전에 직면한 많은 사람들에게 그것은 전시하의 역사관과는 비교도 할 수 없을 만큼 설득력 있게 비쳤다. 특히 '강좌파(講座派)'라 불리는 논자들이 체계화한 근대일본사의 이미지는 패전으로 귀결된 근본원인을 일본사회의 반(半)봉건제에서 찾고 그 극복을 설파했다. 이 점에서는 마르크스주의 사회상이나 변혁론을 원리적으로 비판하고, 서양 시민사회를 추구할 만한 이념적 거푸집으로 삼은 '근대주의'자들과 가치관을 공유하고 있었다. 또한 봉건유제의 극복을 위해서는 근대적인 인격 창출이 필요하다는 시점도 동일했다. 일반적으로 '전후역사학'과 '근대주의'는 전후 보수세력의 부활에 대항하는 전후계몽의 추진 주체로서 한 묶음으로 간주되었다.

이러한 사회관 아래에서는 민중이 사회 변혁의 주체라는 측면이 강조되어 '인민'이라는 호칭이 전면에 나오는 데 비해, 1950년대 '전후역사학'에서는 능동적 · 자주적인 어감을 결여한 '대중'이나 '민중'이라는 말의 사용을 오히려 기피했다. 다만 이 시기에는 '인민'이 때로는 '민족', '국민'과 동일시되었다. 역사서술의 주체에 관한 이 애매함은 '전후역사학' 성립의 무대였던 '전후 일본'이라는 특수한 조건에서 유래하므로 약간 확인해둘 필요가 있다.[12]

'전후역사학'은 1945년 패전 후 단번에 성립된 것이 아니었다. 그것이 아카데미즘 안에서 안정된 재생산의 궤도를 확립하는 데는 근 20년이 필요했다. 그 사이의 간과할 수 없는 변화로서, 한국전쟁의 점령군이 공산당과 사회주의세력을 탄압했던 피점령 경험의 인상이 그 직전의 전쟁 경험 이상으로 역사학의 방향성을 규정했다. 여기에 봉건유제의 극복과 점령으로 인한 식민지성의 극복이라는 목적이 중첩되어, 점령자 미국에 대한 저항 속에서 변혁 주체를 '민족'이나 '국민'으로 형상화할 필요가 전면에 나타났다. 1950년대 전반 반미투쟁의 절박함 속에서, 더욱 계급적인 형상인 '인민'이라는 역사 주체에 '민족'·'국민'이 성급히 접목되는 것은 이 때문이다. 그 결과 일본은 제3세계와 동일한 과제를 갖는 '후진국형 내셔널리즘' 사회로 이해되었다.

그러나 실제로는 10년도 지나지 않은 과거에 일본은 동아시아 유일의 근대제국이었으며, '민족'이나 '국민'을 상정하더라도 (당연히 미국에 대한 협력자는 '비국민'이다) 전전에 많이 사용되었던 '무산계급'이 전시하의 국민통합으로 '국민'의 형상에 포섭(혹은 대체)되었

---

12) '전후역사학'을 체계적으로 개관한 연구는 아직 없지만, '전후역사학'의 가치관을 전면적으로 따른 개관으로서는 이누마루 기이치(犬丸義一)의 〈현대일본의 마르크스주의 역사학(現代日本のマルクス主義歴史學)〉(永原慶二 編, 《講座マルクス主義研究入門 4—歴史學》, 青木書店, 1974)이 있다. 또한 운동사를 중심으로 연구동향을 비판적으로 통관한 최근 작품으로 스다 쓰토무(須田努)의 《이콘의 붕괴까지—'전후역사학'과 운동사연구(イコンの崩壊まで—'戰後歴史學'と運動史硏究)》(青木書店, 2008)가 참고가 된다. 다만, 어느 것이든 그때그때 중요한 연구성과의 소개와 분석을 서술의 기본으로 삼고 있기 때문에, 면밀한 조사에 입각한 스다의 노작이라도 본고가 그리는 '전후역사학'과는 상당한 거리가 있다.

던 경위를 무시할 수는 없다. 하지만 당시의 역사연구는 전위당의 '올바름' 아래 자기의 주체성을 당의 정치방침에 종속시켜버렸다. 1950년대 전반, 공산당의 무장투쟁노선에 호응하여 추진된 국민적 역사학운동은 '국민'의 역사의식을 정면으로 대상화하여 그들을 역사(서술)의 주체로 삼는 중요한 문제제기를 했지만, 국민을 계몽하고 동원하는 도구로 삼는 혁명방침 아래 추진되고 말았다. 거기에는 변혁 주체로서 '인민'이 상정되어도 소수 전위의 지도를 통해 비로소 민중은 각성한다는 주체 형성에 관한 전략론적인 지도자의식이 깊이 뿌리내리고 있었다. 이 점에서 전전 혁명운동의 반성 없는 반복을 쉽게 찾을 수 있다.

이리하여 1950년대에는 모순의 가능성을 갖는 여러 어휘가 변혁 주체를 지시하는 말로 채용되어 그 주체를 역사 속에서 찾고, 그 발견을 가지고 현실의 민중을 계몽하고 변혁 주체로 단련시켜 이끌어 가는 것이 목표가 되었다. 역사연구에서 계급투쟁의 구체적인 연구가 성황을 이룬 것도 이 시기였다.

역사가들의 이와 같은 전략이 설득력을 가지고 사회에 수용된 것은, 현 상태의 체제로는 전근대적 · 봉건적인 것을 극복할 수 없다는 호소가 사람들의 일상감각과 일치하는 한에서이다. 이 방법에는 일본의 근대까지도 근대의 하나의 모습으로 바라보고 반성하는 계기가 결핍되어 있어, 한편으로 부정적인 것을 '봉건적'이라는 한마디에 던져버리고, 다른 한편으로 '근대'는 달성해야 할 미래로서 뒤로 미룸으로써 현실에 대한 비판의 정당성을 확보했다. 이러한 봉건/근대의 단순한 이분법으로 인한 명쾌함은, 고도 경제성장의 사회 변용에서 민중이 느끼는 '풍요로운 사회'의 현실과는 결국 유리되어

간다. 야스마루에 따르면, 근대화론은 이러한 상황에서 자기 학설의 수용 기반을 찾아 "텔레비전과 전기세탁기를 구입하고 자가용 차의 가격과 모델에 대해 잡담하는 일본 민중들의 소박한 행복감을 부추기고, 민중이 일상적인 사사로운 행복의 추구 속에서 평화와 민주주의와 생활의 파괴자가 예전의 일본제국주의였고 이윽고 또 있을 것이라는 사실을 망각하도록 호소한다."

이야말로 야스마루에게는 위기의 현실 그 자체였지만, '전후역사학'은 당시 이러한 사태에 명확히 대응하지 못했다. 실패의 원인은 다음과 같은 이중적인 상황에 있었다.

우선 앞에서 서술한 국민적 역사학운동은 1955년 공산당의 방침 전환 이후 실용주의의 오류, 성급한 정치주의로서 돌연히 청산을 강요당하고, 개별적으로 추진되었던 다양한 실천도 무시되었다. 그 결과 운동에 투신했던 젊은 연구자들은 좌절감 속에서 침묵했고, 지도자세대 역사가에 대한 불신은 더욱 커졌다. '전후역사학'을 견인한 조직이기도 했던 역사학연구회를 비롯한 역사학계는 연구와 실천 모두 정체에 빠졌다.[13] 그 충격은 당연히 역사의 주체로서 '인민', '민족', '국민'의 재검토를 요청했다. 하지만 1960년에 고양된 안보반대투쟁이나 1960년대에 각지에서 일어난 주민운동 · 시민운동을 순풍 삼아 역사학계에서 '인민투쟁사'가 제기되는 등 운동사 연구

13) 전전의 운동이나 사상이 1950년대에 반복됨으로써 생긴 운동권이나 논단의 정체 현상이나 신구세대의 사상투쟁은 역사학계뿐만 아니라 당시 광범위하게 보였는데 아직까지 실증적인 연구가 진전되지 않고 있다. 이에 대한 필자의 관점을 〈전향론의 전시와 전후(轉向論の戰時と戰後)〉(《岩波講座 アジア · 太平洋戰爭 3—動員 · 抵抗 · 翼贊》, 岩波書店, 2006)에서 가설적으로 제시했다.

가 갑자기 활발해졌다.[14] 그런 탓에 1950년대 후반의 침체가 갖는 의미가 그 뒤에도 정확히 이해된 적은 없었다.

더욱이 학계 전체로 볼 때 자력으로 침체를 벗어난 것이 아님에도, '전후역사학'은 경제성장에 맞춰 팽창하는 고등교육기관 속에서 연구자 재생산의 장을 확보하여 제도적으로 드디어 이 시기에 안정을 찾는다. 이때 '선진국' 가운데 가장 억압적인 보수정권하의 대학에서 마르크스주의가 확고한 거점을 마련한다는 얼핏 보기에 기이한 사태가 벌어진다. 이런 환경 속에서 역사 연구자들은 국민적 역사학운동의 실패 원인을 실증의 부족에서 찾으며 연구에 침잠한다. 안정되고 충실한 연구체제 속에서 "홍수처럼 대량의 논문"을 생산하며 '전후역사학'의 전성시대가 구축되어간다.

또한 그 성과는 통사나 개설이라는 출판물의 형태로 사회에 침투되었고, 한정적이기는 하지만 교과서에서 정설로 허용되기까지 했다. 하지만 그 혜택을 누리는 사람들은 변혁 주체로 유인하는 소리에 호응하는 '인민'이라는 계몽되는 독자가 아니라, 원시고대부터 성장하는 전후 일본까지를 뚜렷한 윤곽으로 묘사한 '일본의 역사'를 '국민'이라는 문화적 집합체의 역사로서 소비해가는 '국민'일 수

---

14) '인민투쟁'이란, 계급투쟁의 핵심인 노동자계급의 투쟁뿐만 아니라 그 주변의 다양하고 유동적인 성격을 가진 피지배계급의 총체를 파악하기 위해 채용된 말이다. 용어로서는 이전부터 존재했지만, '인민투쟁'을 운동사 연구의 중심으로 밀어올린 배경에는 1950년대 후반부터 대사회적 실천에서 역사학계의 정체에 불만을 품은 연구자들이 새로운 결집점으로서 이 용어를 채용하는, 상당히 전략적인 의도가 작용했다. 그러나 이 연구조류가 1970년 전후에 왕성해진 최대의 이유에는 당의 지도나 지원에 의거하지 않는 다양한 자생적 · 자주적 운동이 일어나는 동시대 현실과 관련이 있었다.

밖에 없을 것이다. 이렇듯 사회와 괴리된 채 '전후역사학'이 확립·성행되었던 상황이 1960년대 전반의 특징이었다.

3) 민중상의 쇄신, '민중'의 발견

마침 1955년에 대학에서 일본사 전공과정에 진학하여, 연구자로서 첫걸음을 내디딘 야스마루 요시오에게는 위에서 말한 내용이 '전후역사학'의 원풍경이었다. 야스마루가 1962년에 쓴 근대화론 비판 논문을 '전후역사학'에 대한 불만으로 맺고 있는 것은, 근대화론 비판의 전략적 부족함에 대한 주문의 정도를 넘어서, 실은 1950년대 이후 역사 연구자의 취약한 주체성에 대한 근본적인 불신이 배경에 있었기 때문이다. 그렇다면 야스마루에게는 기성의 역사연구를 극복하는 것이 역사 연구자로서 자신의 주체성 확립과 역사 주체의 설정이라는, 실존과 방법의 이중과제로서 드러날 터이다.

1950년대 후반에 '근대주의'의 제왕 마루야마 마사오의 일본 정치사상사를 마르크스주의 역사학의 입장에서 비판하면서 시작된 야스마루의 연구는, 당초 일본사상사에 생산력의 관점을 도입한 재해석을 시도하여 어느 정도 주목을 받았다.[15] 그러나 그 참신함은 인정되지만 생산력 자체가 이념적으로 서양에 준거한 가치관이었고, 저명한 사상가의 작품 분석이라는 사상사의 전통적 스타일을 그대로 유지하고 있었다. 1960년대 전반, 즉 1962년에 근대화론 비판을 공간(公刊)했을 당시에는 야스마루 스스로도 이제까지의 연구수법

---

15) 安丸良夫, 〈近世思想史における道德と政治と經濟 — 荻生徂徠を中心に〉, 《日本史硏究》 49, 1960 등을 참조.

을 극복하기 위한 곤란한 모색의 시기에 봉착해 있었다. 그와 함께 안보투쟁이 고양되었어도 그 직후에 근대화론이 사회를 석권하는 사태에 대해 다른 역사 연구자처럼 낙관하지 않는 자세를 유지했다.

앞에서 서술한 바와 같이 거기에서 야스마루가 설정한 과제는, 근대화론에 대한 대처 요법적인 비판을 넘어서 더욱 깊은 비판, 즉 '민중의 일상감각' 자체를 대상화함으로써 당시 '전후역사학'의 안정 속에서 실제 '역사가의 작업'을 통해 위기를 독자적으로 타개하는 것이었다. 여기에서 야스마루에 의한 '민중' 개념의 재주조(再鑄造)가 시작되었는데, 거기에서는 우선 이제까지의 연구가 전제로 하던 민중상의 두 요소를 비판해야만 했다.

하나는, 전위의 지도를 통해 변혁 주체로 각성되는 이전의 민중은 공동체적 기제 등의 봉건적 세계에 침륜하는 존재라는 민중관이다. 이것으로는 민중봉기나 쟁의 등의 특별한 경우를 제외하면 민중의 주체적인 에너지가 일본사회의 전개에 어떻게 관련을 맺는가가 불문에 부쳐지고 만다. 더욱이 부정적으로 형상화된 '봉건'이라는 것도, 여기에서는 시대 구분이라기보다 초역사적인 일본사회의 병폐로서 파악되기 쉽다. 이 점은 '근대주의'자와 유사한데, 야스마루는 양자를 관통하는 일본사회관과 민중관을 "모더니즘의 도그마"라 부르고 명확하게 비판 대상으로 설정했다.[16)]

그와 동시에 야스마루는 민중상을 쇄신하기 위해서는 '민중'을 사상적으로, 내지는 사람들의 의식의 차원에서 문제 삼지 않으면 안 된다고 생각했다. 여기에는 '전후역사학'이 빠져 있던 토대-상부구조라는 유물사관의 경직된 이해를 바탕으로, 적대 계급이 완전히 별개의 이데올로기를 소유하고 사상이 계급의 경계에 따라 명확히 변별되는 듯한 기계론적인 이해에 대한 불만이 있었다. '인민' 개념을 전제로 하는 구도에서는 전위의 지도에 의해 올바른 사상이 배양되며, 전위의 지배층이 민중에게 허위의식을 주입하는 것을 배제시키는 것이 주목적이 된다. 그렇다면 민중에 의한 적극적이고 주체적인 사상의 전유과정은 그 자체로서는 대상화될 수 없다. 이에 대해 야스마루는 허위의식에 의한 자기기만조차도 특정 시기 민중의 세계관을 양성하는 역사적인 구성물로 진지하게 분석해야 한다고 호소했다.

다만, 이러한 대조적 설명은 너무나 단순하다. 야스마루가 민중의 의식을 문제시하기 이전에도 '전후역사학'은 그 필요성을 느끼고 있었다. 예를 들면, 고대사 · 중세사가인 이시모다 쇼(石母田正)가 1957년에 마르크스주의 정치사의 방법론적 과제를 정리했을 때, 그는 그 말미에서 민중의 '의식형태'와 정치사 전체 구조와의 관련을 규명할 필요가 있음을 강조했다.[17] 그러나 이시모다의 논문이 구조의 서술을 특화한 사회구성체사의 압도적 우위 아래에서 정치사의 구축을 긴급한 과제로 호소했던 점을 고려하면, 그 필요성을 느끼는 자는 아직 소수였다. '전후역사학'에서 출발하면서도 그 비판

---

16) 후지타니는 "모더니즘의 도그마"를 마르크스주의 · 근대주의뿐만 아니라 근대화론과도 공유하는 것으로 파악하고, 나아가 서양중심주의에서 기인하는 오리엔탈리즘에 지나지 않는다고 지적한다(フジタニ, 앞의 〈《解說》オリエンタリズム批判としての民衆史と安丸良夫》). 본문에서 후술하듯이, 동시대에서 '아래로부터의 주체성'을 탐구하는 세계의 다양한 역사연구와 민중사상사 연구를 연결시켜 사고할 때는 이 오리엔탈리즘에 대한 비판 기능에 주목할 필요가 있다.

17) 石母田正, 〈政治史の對象について〉, 《思想》 395, 岩波書店, 1957(《石母田正著作集》 13, 岩波書店, 1989).

적 타자로서 전회를 이룩했던 야스마루였기 때문에, 국민적 역사학 운동을 지도한 자기 자신을 비판하고 새로운 구상을 제시한 이시모다 논문의 의의를 정당하게 받아들이는 시점을 확보할 수 있었을 것이다.

야스마루가 1962년의 시점에서 '전후역사학'에 느꼈던 불만과 위기감은 대개 이상과 같은 윤곽을 가졌으며, 그런 탓에 '민중'상을 쇄신하는 것이 사상사의 차원에서 요구되었다. 이 시점에서 그는 '전후역사학'의 사학사적인 파악을 자신의 작업으로 삼았다.

1960년 당시 안보투쟁의 좌절에서 얻은 시점에 따라 이로카와 다이키치(色川大吉)가 선두에 서서 '민중사상사'를 지도했던 것처럼 보이지만, 실제로는 야스마루처럼 '전후역사학'에서 출발해 역사학과 사회의 괴리를 극복하고자 하는 작업을 연구자 각자가 어느 시점에서 동시에 발표했기 때문에, 독자에게는 그것이 유연하게 이어져 있는 것처럼 보였다고 하는 편이 실태에 가까울 것이다.[18] 왜냐하면 야스마루는 앞서서 작품을 저술한 이로카와에게서 용기를 얻으면서

---

18) 초기 민중사상사의 중요한 작품이 이로카와 다이키치(色川大吉)의 〈곤민당과 자유당—부소 곤민당에 대하여(困民黨と自由黨—武相困民黨をめぐって)〉(《歷史學硏究》 247, 1960)와 〈자유민권운동의 지하수를 푸는 자—기타무라 도코쿠와 이시자카 마사쓰구(自由民權運動の地下水を汲むもの—北村透谷と石坂公歷)〉(《歷史學硏究》 259, 1961)이고, 그 일련의 논고들에 입각해서 자신의 방법적 입장을 명확히 제시한 것이 그의 《메이지 정신사(明治精神史)》(黃河書房, 1964. 지금은 岩波現代文庫版으로 읽을 수 있다)였다. 발표된 작품의 전후관계로 볼 때 가노나 야스마루는 이로카와에게 자극을 받으면서도 기본적으로는 1960년 전후에 시작한 자신의 연구 스타일의 쇄신이라는 과제 속에서 각자 고유한 방법을 찾아갔다고 생각된다.

도 이로카와와는 상당히 다른 '민중'상을 그려냈고, 그것으로 이옥고 '민중사상' 자체의 해명뿐만 아니라 사람들의 의식형태와 체제 이데올로기의 구조적 관련까지도 설명할 수 있었던 것이다. 야스마루에게 그 비약의 열쇠는 바로 통속도덕(conventional morality)론이었다.

3. 근대 민중상의 전회 — 통속도덕론의 의의와 위치

1) 통속도덕론이란 무엇인가

1962년의 논문에서 비판 대상과 분석 과제를 발견한 야스마루는 그 후 10여 년의 연구에서 '민중사상사'를 구체적으로 전개했는데, 그것들은 1974년의 저서《일본의 근대화와 민중사상(日本の近代化と民衆思想)》으로 정리되었다. 이 책에 수록된 논문 중에서 주목되는 점은 초기(1965)에 발표된, 저서 제목과 같은 이름의 논문이다. 야스마루는 나중에 이 논문에서 커다란 영향을 미치는 통속도덕론을 제기했다. 이제 그 핵심을 이 저서에서 찾아보고자 한다.

'통속도덕'이란 근면이나 검약 · 효행 · 절제 등의 덕목 묶음으로, 일상생활의 규범으로서 생활 실천에 나타나는 것을 말한다. 야스마루는, 그것을 미덕으로 볼지 버려야 하는 유물로 볼지는 서로 다르지만, 대개가 봉건시대의 유교적 산물로 보는 통념을 기각시키고, 통속도덕의 실천이야말로 자기 형성적 · 자기 규율적인 주체를 낳아 '일본 근대화의 원동력'이 되었다고 파악했다. 야스마루에 따르면, 통속도덕은 우선 근세 후기에 도시 상인층에서 일어나, 집안 몰락의 공포와 그로 인한 가부장제적 소경영의 자립과 영속에 대한 희구에 대응하는 '마음의 철학'으로서 규범화되었다. 그것은 이윽고 19세기에 걸쳐 농촌지역의 엘리트에 의해 통속도덕의 실천을 통한 각 집안=경영체의 자립, 즉 격심한 계층 분화나 사치화에 따라 황폐해지는 마을 갱생의 비장의 카드로서 채용되었고, 나아가 20세기 초에는 도시의 노동자 가족에게까지 침투해갔다. 따라서 통속도덕론의 상정은 연표식의 '근세'의 틀을 넘어 20세기에 이른다.

야스마루가 거듭 강조했듯이, 통속도덕은 200년 이상에 걸쳐 '장기지속'의 형태를 띠며 형성 · 침투되었지만 어느 시점에서 창조된 역사적 구성물이다. 그것은 예정조화(豫定調和)적인 공동체상에서 나온 것이 아니라, 역으로 공동체의 붕괴에 직면하면서 선택된 자기 단련의 방법이었다. 통속적 덕목에 (때로는 맹목적으로 보일 정도로) 종속된다는 점에서 '모더니즘'이 상정하는 근대적 인간 유형과는 전혀 다르지만, 민중 주체로부터 거대한 자발성과 능동성을 끌어내 근대화 과정에 필요한 '인간적인 생산력의 기초'를 계속 제공했다. 그것은 명백히 근대에 대응하는 새로운 주체 형성이었고, 일본 민중이 내발적으로 전개할 수 있었던 자립적 사상은 통속도덕의 형태가 유일했다고 야스마루는 단언한다. 이 점만으로도 문화본질주의적인 공동체 · 봉건제 파악과 정면으로 대립하는 것은 명확하다.

물론 장기지속이라 해도 통속도덕을 수용하는 주체에는 역사적 단계 차이나 계급 · 성 차이가 있으며, 어느 시점을 취하든 그러한 실천을 거부하거나 탈락하는 자는 존재했다. 실제 일상에서 실천은 자기를 규율하기 위해 극도의 내면적 긴장을 배태한다. 이와 동시에 덕목의 준수로 얻어지는 이익의 불평등은 사회구조상 당연히 존재하므로, 공동체 전체의 실천은 엘리트에 의한 강제 없이는 있을 수 없다. 하지만 강제가 가능한 것은 실천을 통해 현실에 얼마간의 생활 개선이나 이익 배분이 가능했기 때문이며, 사사로운 성공이라도 그것은 당사자의 도덕적인 우위성을 의미했다. 이때 낙오자로 간주된 자는 단순히 경제적인 실패자일 뿐만 아니라 도덕적으로도 폄하되어 주변화되었다('당신의 불행은 당신의 마음가짐이 잘못됐기 때문이다'). 이리하여 통속도덕은 일부가 채용하는 방도가 아니라 도덕적인 자명성을 갖는 부정할 수 없는 힘으로 민중에게 육박하여 자발적인 실천을 촉구해간다.

대략 이러한 틀을 가지는 통속도덕론의 방법적 특징은 어떠한 것일까. 굳이 도식적으로 정리하면 아래와 같다.

우선 여기에서는 '사상'이라는 개념이 통념에서 보면 오용으로 보일 정도로 변화되어 있다. 민중을 사상의 생산자로 규정하는 것도 그렇지만, 야스마루는 '사상'을 읽어내는 장면을 '글로 쓴 언어'가 아니라 입력된 행동양식 · 실천형태에서 설정하고 있다. 구조주의나 기호론의 폭풍을 거친 지금이라면 거의 상식화된 (다만 결코 서술로서 일반화되었다고 할 수는 없다) 시각을 야스마루가 확보할 수 있었던 것은, 계급결정론적인 사상 파악을 극복하고 실천이 초래하는 자율적인 힘을 파악하고자 했기 때문이다. 토대-상부구조로는 환원할 수 없는 사상의 교착이나 의도치 않은 전도가 이러한 '사상' 파악에 의해 비로소 발견되었던 것이다.

'사상'을 각 단계에 대응하는 개별 이데올로기로 상정하는 것을 중지했다면, '민중'이라는 주체의 파악도 크게 변용되었을 것이다. 야스마루는 계급의 객관적인 존재를 오히려 옹호했고, 매력적인 농민의 실명을 들어 '편애'마저 고백한다. 그러나 구체적인 분석에서는 개개인의 내면이나 주관성을 상정하여 그것과 실천이나 사건과의 거리 또는 반응을 측정하는 방법을 채용하지는 않는다. 그러한 분석은 의도치 않게 근대적인 자아나 내면성을 개입시켜버려, 야스마루가 파악하고자 하는 민중의 에너지는 '근대적인' (따라서 외발적인) 모습를 띠고 말 것이다. 이로카와 다이키치의 민중사 서술에서 이러한 경향을 감지했던 야스마루는 그 위화감을 방법화하여 개인의 주체성을 징표로 민중을 파악하는 것이 아니라, 집합적인 '사회의 의식형태'를 설정함으로써 단편적인 사료도 이용할 수 있게 했다.

즉 야스마루가 분석하는 차원은 '민중'의 '사상'이나 거기에 나타난 민중 개개의 주체성이 아니라, 어디까지나 '민중사상'이라는 이름으로 세상에 드러난 '사회적 의식형태'인 것이다. 그런 의미에서 볼 때 민중사상의 '물질성'이나 '현실적인 힘'이 작용하는 것은 민중의 내면이라는 실존적 실체가 아니라 실재하는 여러 관계가 만들어내는 장(場)에 귀착된다. "역사를 추동하는 근원적인 활동력은 민중 자신이다"라는, 야스마루의 신념과도 같은 민중 이해의 근저에는 오히려 민중의 주관성에 쉽게 기대지 않고 '의식형태'의 객관적 분석을 확보하고자 하는 관찰자의 엄격한 자기 규율이 존재했던 것이다.

2) 자기 변혁의 에너지가 일으키는 구조적 다이너미즘

만약 통속도덕을 단순히 근대화의 원동력으로 파악하는, 일종의 생산력 사관의 입장에만 따른다면 그것은 오히려 근대화론을 뒷받침하는 것에 지나지 않는다. 그러나 "민중은 역사를 추동함으로써 자신의 내부에 오히려 새로운 문제를 끌어안는다". 통속도덕은 자기 형성의 논리를 제공하여 마음의 무한한 가능성을 여는 열쇠이지만, 앞에서 서술한 바와 같이, 실제로는 때로 비인간적이기까지 한 규율을 자발적으로 행하게 하여 실천의 패배자는 이중으로 비난받는다. 이 과정에서 성공자는 체제에 긍정적으로 행동하여 보수화되고, 상위 권력에 의해 자기의 정당성이 담보가 된다. 다른 한편으로 도덕적 결격자로 간주된 사람들이 이 가치체계 밖으로 나가기는 어려워 침묵하여 순종의 뜻을 나타내고, 눈곱만큼의 눈앞의 행복을 목표로 규율화의 경쟁에 투신하게 된다. 유신정부의 천황제 이데올로기는 그 형성과정에서 통속도덕의 이러한 기능을 횡령하여 충효 등의 덕목을 국가에 종속시키는 형태로 재편성함으로써 민중의 도덕적 가치관에 관한 재정자(裁定者)의 지위를 확보했다. 여기에서 드러나는 것은 민중의 자발성을 끌어올리는 국가의 사기술이지, 예속적인 봉건민중을 일방적으로 억압 · 동원하는 국가상과는 엄연히 다르다. 자기 형성 없는 억압이 아니라 자기 형성으로 인한 억압인 것이며, 야스마루는 거기에서 민중의 자기 변혁의 에너지가 근대 일본의 거대한 억압구조를 만들어내는 역학을 끌어냈다.

야스마루의 음울할 정도로 철저한 시점은, "민중의 인간적인 희망이나 노력이 무시되어가는" 근대화의 과정과 고도 경제성장 아래의 사회를 중첩시킴으로써 얻어지는 것이다. 하지만 이는 민중의 에너지를 구조적으로 자리매김했을 뿐이어서, 이것만으로는 야스마루가 희구한 현상 타개를 위한 "우리들의 현재 생에 대한 성찰의 수단"을 쉽게 얻지 못한 채, 일종의 필연론에 빠지고 말 것이다(뒤에서 서술하듯이 통속도덕적 자기 규율에 의한 주체 형성을 푸코적인 주체 생산기술의 문제와 결부시키려는 논의에는 실제로 그러한 위험이 따라다닌다). 하지만 이러한 의구심은 야스마루 저서의 전반부에 나오는 통속도덕론의 스케치에만 주목한 논의이다. 유감스럽지만 지금까지도 그런 경향이 적지 않은데, 야스마루 저서가 획기적인 것은 출판을 위해 대폭 가필된 후반부가 전반의 논지와 밀접하게 관련을 맺으면서 근대화 다이너미즘의 한층 복잡한 집중성을 제시하고 있다는 것이다.

만약 통속도덕이 그 실천을 철저하게 관철시키면 자기 규율적인 주체화 과정이 막대한 자기해방의 에너지를 끌어내어 체제에 대한 전면적인 비판으로 귀결되는 경우가 있다. 야스마루는 저서의 후반부를 다 사용해서 근세민중운동(농민봉기, 흉년 때 빈민들이 관아와 부잣집 등을 부수고 약탈한 소동)이 나타내는 '의식형태'를 분석한다. 거기에서 야스마루는 체제에 회수되기 쉬운 통속도덕도, "만약 도덕적 덕목(명목)을 엄격주의자처럼 고집해서 주장한다면 근세 말기의 현실과 덕목(명목)이 모든 곳에서 모순을 초래하여 (현실 체제에 대한 — 인용자) 격렬한 비판의식이 싹트지 않을 수 없다"며, 그러한 실태를 운동의 지도자가 '지도자로 되는' 과정을 통해 추적해간다. 그들은 영주의 권력이나 탐욕스러운 상인들을 도덕적으로 전면적인 '악'으로 규정하고, 거기로 향하는 민중의 집합적 에너지를 결집시킨다. 야스마루는 얼핏 보기에 보수적인 통속도덕이 그것을 관철시켜갈 때 체제 비판의 원동력을 낳는 역설을 발견함으로써 '민중사상'이 가지는 자기해방의 잠재력을 포착했다. 천황제 이데올로기는 이러한 폭발적인 자기해방의 가능성까지 말 그대로 폭력과 도덕적 억압으로 주변화하여 민중의 주체성을 찬탈함으로써 비로소 권력의 기반을 수립했다고 할 수 있다.

이상과 같이 야스마루의 '민중사상'으로 접근하는 길은 '사회적 의식형태'라는 방법을 축으로 하여 매우 구조론적이며 또한 전체론적이다. 여기에는 '전후역사학'의 변혁주체론이나 근대적 인간 유형, 나아가서는 다른 '민중사상사' 연구자와도 다른 야스마루 특유의 방법적 자각이 있다. 주의하고자 하는 점은 야스마루의 이와 같은 방법론적인 자세가 '민중사상'의 구체적 양상을 분석한 결과를 통해 찾아진 것이 아니라, 그 자신이 강조하듯이, 일관되게 '전체성'을 지향함으로써 '민중사상'의 독특한 분석을 설정할 수 있었던 것이다. 말할 필요도 없이 '전체성'이야말로 마르크스주의적 방법의 핵심이며, 야스마루가 그것을 유지했다는 점에서 그는 '전후역사학'에서 출발한 연구자 중에서도 두드러지게 의식적이었다.

3) 전회의 의의 — '또 다른 근대'의 제시

1960년 초반부터 시작되어 1974년의 저서로 결실을 맺은 야스마루의 방법적 혁신은 '민중사상'이라는 시각으로 근대사의 총체적인 재해석에 이르렀다. 오늘날의 시점에서 보면, 그것은 '또 다른 근대'라고도 할 만한 영역을 부각시키고 있다. 다만 성급히 덧붙이자면, 이 경우 '또 다른'이라는 형용은 대체(代替)적(alternative)이라는 의미는 아니다. 확실히 근대화론의 환상에 대항한다면 그것은 'alternative'이지만, 근대의 가치를 전유하는 합리주의나 자유주의적인 이념형적 근대를 대위(代位)하려고 하는 것은 아니다. 그러한 양자택일적인 자리매김은 언제나 환상의 서양에 대항하여 내발적으로 나타난 '근대'의 우위성을 주장하면서 (국가사회주의의 실천에서 드러난 것처럼) 결국은 더욱 고도의 근대를 희구하여 근대성이 가지는 폭력을 반복한다. 그와 달리 야스마루가 그려내는 '민중'상에 비친 근대화 과정은, 이념형적 근대가 반드시 요구하는 그림자이면서도 그것과는 확실히 다른, 이른바 근대성의 타자로서 근대를 공유하는 "민중의 생의 양식"이다.[19] 그것을 '복수의 근대'라고 해도 괜찮을지 모르겠다. 하지만 앞에서 서술한 통속도덕의 자기 변혁성과 천황제 이데올로기의 구조적 관계를 염두에 두면, 자본 축적이 항상 시장의 외부(예를 들면 식민지)를 필요로 하듯이, 이 '또 다른 근대'는 천황제 이데올로기에 억압당하면서도 항상 재편과 재생산에 의한 잔존을 필수로 하는 관계 속에 있다. 물론 이와 같이 종속적인 위치에 있는 것은 그 취약함의 증명이 아니라 오히려 민중이 가지는 자기해방의 거대한 에너지를 예방적으로 억압하는 권력의 공포를 나타낸다고 할 수 있다.

이와 같은 시야를 가지는 '민중사상사'는 '일본의 근대화 과정'에만 나타나는 특수한 것일까. 후지타니 다카시나 사카이 나오키(酒井直樹)가 지적하듯이, 동일한 구조가 서양 국민사회에서도 통합의 다이너미즘으로서 작용하고 있으며, 통속도덕적 규율에 의한 주체화 과정은 "근대적 주체성의 푸코적 이해"(후지타니)와 공명한다. 더 자세히 말하면, 야스마루가 묘사하는 주체화의 구체성은 푸코가 상정한 '주체화하면서 종속화'하는 주체가 실제로는 어떻게 '일상'이라

19) "민중의 생의 양식"이라는 표현은 야스마루의 《데구치 나오(出口なお)》(朝日新聞社, 1977, 255쪽)에서 취했다.

는 규율을 관철해가는가를 더욱 확실히 제시하여, 걸핏하면 푸코적인 주체화의 기술을 이데올로기 장치의 편중으로 사고하려는 우리들의 인식을 뒤흔든다. 이렇게 보면 야스마루의 논의는 실은 근대의 보편적인 문제와 연결되어 있으며, 아울러 우리들이 상식적으로 상정하는 근대상(그것이 모더니스트적인 의미이건 푸코적 권력관에 기초하건)의 단일성을 꼬집는 힘을 가지고 있다.

다만, 이러한 자리매김에 야스마루 자신은 당혹해할지 모른다. 이상의 독해는 당시 야스마루 자신의 '근대화' 과정과는 일치하지 않기 때문이다.

야스마루는 통속도덕을 고찰의 초점에 둘 때, 확실히 '일본의 근대화 과정'의 기저에 있는 방대한 민중의 에토스(ethos)를 '민중 형성'과 동일시하고 있으며, '일본사상사'라는 구성도 의심하고 있지 않다. 거기에서는 주체 형성의 규범이 여전히 '민족'이라는 말로 형상화되고 있다. 이것을 당시의 사회과학이 국민국가의 틀을 자기 입장의 무의식적인 전제로 삼고 있었다는 당연한 규정으로 환원하지 않고 추측해보면, 방법과 상황의 두 차원에서 야스마루의 시점이 스스로를 구속하는 효과를 가졌음을 알 수 있다.

방법적인 차원에서는 통속도덕론의 '장기지속'이라는 파악이 메이지유신이라는 정치적 구분을 넘어서 생성된, 민중이 이루어낸 역사를 관통하는 내발성을 포착하려 했기 때문에 '일본'·'민족'이라는 틀을 소급해서 호출하고 말았다고 할 수 있다. '내발/외발'이라는 사고 틀은 야스마루뿐 아니라 '또 다른 근대'를 포착하려 할 때 반드시 설정되는데, '전통적'·'토착적'이라는 낭만주의적인 상상력을 수반하기 쉽다. 우리들도 오늘날에 이르기까지 이 굴레에서 자유롭지 못하다.

다른 한편의 상황에서는 여기에서 설정되는 '민족'의 위상을 동시대의 사상적 적대관계에서 측정할 필요가 있다. 문제는 '민족'이나 '일본'이라는 틀을 채용했는지 그렇지 않은지가 아니다. 오히려 중요한 것은 "모더니즘의 도그마"를 철저히 비판하기 위해 취해진 대항적인 이론의 구축이 서양 대 일본의 도식을 여전히 가공(架空)하여, 야스마루가 그 밖의 것을 보는 것을 막아버리고 있다는 점이다. 역사서술에서 '민족'이라는 주체는 항상 이러한 적수와의 대항 속에서 호출된다. 이 계기가 가지는 커다란 문제는 대항적인 프로젝트 속에서 형성된 자기상(自己像)이 의미 있는 비교 대상을 미리 한정해서 규정해버린다는 점에 있다. 1960년대 일본사 연구에서는 옛 식민지를 포함한 아시아에 대한 협소한 시야에서 그것이 단적으로 드러났다.

그러나 실제의 역사서술을 보면, '일본(민중)사상사'라는 파악으로는 해결되지 않는 요소가 거기에 입력되어 있었다. 예를 들면, 종말기에 농민봉기(1870년대)가 발발하는 데에는 민중들 사이에 '이인(異人)', '이국(異國)'에 대한 공포의 전파가 커다란 계기가 되었는데, 유신정권의 군사력과 민중의 폭력 사이에서 오고간 담론은 오히려 일종의 식민지 상황의 출현을 말하고 있다. 이는 1980년대 이후 세계적으로 관심을 모은 인도근대사 연구의 서발턴(Subaltern) 연구의 시도, 특히 초기의 주도자인 라나지트 구하(Ranajit Guha)가 그리는 민중운동상과도 통저한다.[20] 일본에서 국민국가가 형성되는 와중에 나타난 이 식민지성의 문제를 '일본사상사'의 틀이나 통속도덕과 천황제 이데올로기의 나선형 구조로 흘려버리기에는 아쉬운 점이 있다. 이러한 형태로 입력된 요소에서 우리들은 더욱 풍요로운 비교의 맥락을 만들어낼 수 있지 않을까.

또한 통속도덕론은 이미 '일본근대사' 이외의 영역에서도 그 내실이 검증되고 있다. 특히 조선근대사에서는 조경달(趙景達)을 민중운동사 연구에서 가장 중요한 인도자의 한 사람으로 상정하고 있는데, 그가 조선 소농민의 자립에 대한 이론으로 정식화한 '내성주의(內省主義)'에서는 명확히 통속도덕론과의 병행관계를 읽어낼 수 있다.[21] 더욱 흥미롭게도 마쓰모토 다케노리(松本武祝)는 조선 식민지기의 '실력양성론'에까지 이 '내성주의'를 원용하여 논의를 전개하고 있다.[22] 통속도덕론이 상정하고 있던 '(일본의) 민족 형성'이라는 목적론과는 다른 전개가 여기에 존재할 수 있다. 또한 조경달은 최근에 식민지기의 조선근대사 연구에 대해 활발히 발언하면서 일련의 식민지 근대성(colonial modernity)론을 비판하며 민중(운동)사 연구의 필연성을 강조하고 있는데, 그 배경에는 야스마루의 민중운동 분석에서 비롯된 일본 민중운동사 연구의 성과가 끊임없이 참조되고 있다.[23] 이와 같이 야스마루의 민중사상사 연구는 당초 상정하지 않았던 타자에 의해 이제야 겨우 의미 있는 비교의 가능성을

---

20) ラナジット グハ, 竹中千春 譯,〈植民地インドについての歴史敍述〉·〈反亂鎭壓の文章〉,《サバルタンの歴史—インド史の脫構築》, 岩波書店, 1998.

21) 趙景達,《異端の民衆叛亂—東學と甲午農民戰爭》, 岩波書店, 1998 ; 趙景達,《朝鮮民衆運動の展開—士の論理と救濟思想》, 岩波書店, 2002.

22) 松本武祝,〈戰時體制下の朝鮮農民—'農村再編成'の文脈〉,《歷史學硏究》729, 1999(《朝鮮農村の'植民地近代'經驗》, 社會評論社, 2005).

23) 趙景達, 앞의《朝鮮民衆運動の展開—士の論理と救濟思想》; 趙景達,《植民地期朝鮮の知識人と民衆—植民地近代性論批判》, 有志舍, 2008.

열어가고 있는 것처럼 보인다.

4. '판돈'이 되는 민중(사상)사 연구

이 글에서는 야스마루 요시오라는 역사가가 이룩한 '민중' 개념의 방법적 전회를, 1960년대 초반 일본 역사학과 사회와의 관계를 둘러싼 위기의식에서 비롯된 시도로 파악하여, 그 방법론의 획기적인 성격을 강조했다. 이러한 자리매김은 결코 일반적인 것은 아니다. 야스마루 사상사학의 발생은 마루야마 마사오의 사상사 연구에 대한 대항이라는 맥락에서 언급되는 경우가 많다. 그러한 서술과 완전히 모순되는 것은 아니지만, 이 글에서는 서두에서 제기한 관심에 입각해서 야스마루의 방법적 혁신이 학설사적인 대항관계만으로는 결코 출현할 수 없었던 것임을 중시했다.

그것은, 1974년에 출현한 야스마루의 저서에서 비롯된 '자기해방'을 둘러싼 메시지가, 때마침 닥쳤던 석유 위기와 그 뒤의 불황에서 재빨리 탈출에 성공한 새로운 국민통합 속에서 학계에서도 사회에서도 정확히 받아들여지지 않았다고 필자는 생각하기 때문이다.

이 말은 일본사 연구자에게는 의외로 들릴 것이다. 1970년대 역사학계에서 그 존재를 명확히 인정받았던 민중사상사는 학파만 형성되지 않았을 뿐, 일본근대사를 중심으로 하는 많은 연구자에게 대단히 큰 영향을 미쳐왔기 때문이다.

1960년대 후반부터 1970년대에 걸쳐 일본사 연구에서 '아래로부터의 주체성'을 끌어올리려는 연구의 주류는 인민투쟁사에 있었으며, 민중사상사는 아직 범용성을 결핍하여 특이한 사료를 이용한 소수 연구자의 장인적인 분석으로 여겨지기 십상이었다. 하지만 인민투쟁사는 사회운동의 고양기에 그 여세를 타고 활성화된 만큼 현실운동이 끝남에 따라서 그 언급이 급속히 사라졌다. 이에 비해 민중사상사는 이의를 제기하는 동시대의 조류와 공명하여, 계급이나 민족으로 회수되지 않는 다양한 주체(특히 소수자들의 생활)를 역사서술에 회복시키는 전조가 되었다. 민중사를 주도해온 이들도 이후에 이로카와의 미나마타(水俣) 민중사, 가노의 여성사와 오키나와사로의 개안, 야스마루의 민중종교론, 히로타의 근대차별사론 등 연이어 시야를 넓혀갔다. 협의의 사상사 분석을 넘은 그들의 작품은 연구자를 넘어 인기와 영향력을 발휘해간다. 그것은 구미의 사회사와는 다른 지점에서 거의 동시기에 공간 인식, 코스몰로지, 사회적 결합 등을 제재로 삼으면서, 생활세계와 권력질서의 총체를 포착하려고 한 사회사의 발흥과도 보조를 맞추며 '전후역사학'의 사고양식을 상대화하는 역할을 했다.[24)]

오늘날의 시점에서 볼 때, 학계의 동향에 좌우되지 않고 특정한 조직에도 의거하지 않는 민중사상사가들의 작품은, 수많은 상황 변화에도 평가가 크게 바뀌는 일 없이 오히려 해를 거듭할수록 그 명

---

24) 일본에서 사회사 연구는 아미노 요시히코(網野善彥, 일본중세사)나 아베 긴야(阿部謹也, 독일중세사) 등의 중세사 연구를 중요한 진원으로 하면서, 일본근세사의 쓰카모토 마나부(塚本學), 프랑스 사회운동사의 기야스 아키라(喜安朗) 등의 작업과도 관련을 맺으며 전개되었다. 그들도 마찬가지로 '전후역사학' 속에서 성장하면서 1970년대에 자립해갔다. 사회사의 의의에 대해서는 니노미야(二宮)의 〈전후역사학과 사회사(戰後歷史學と社會史)〉가 가장 포괄적인 분석을 하고 있다.

망이 높아갔다. 지금은 이른바 일본사 연구의 정통이라는 인지까지 얻고 있는 듯이 보인다. 최근에 민중사상사가들은 자신의 연구성과를 정리하거나 집대성이라고 할 만한 작품을 집필하고 있는데, 활발한 출판이 그러한 인지의 정도를 단적으로 전한다.[25] 마르크스주의 역사학의 전성기에서 보면 격세지감이 느껴지지만, '전후역사학'의 문제를 재빨리 포착하여 스스로 근본적인 비판자로 전회를 이룩했기 때문에 오늘날까지 명맥을 유지했다고 한다면, 이것을 '전후역사학'이 낳은 역설적인 유산이라고 생각해야 할지 모르겠다.

하지만 야스마루의 역사연구에 한해서 말하면, 근세사상사나 민중운동사 연구주제의 확장에 미친 충격은 컸지만, 그의 전체성에 대한 시야나 주체 형성에서 자기 규율과 자기해방의 다이너미즘에 대한 주목 등에 대해서는 여전히 본격적인 검토가 이루어지지 않고 있다. 또한 개별 연구는 진전되었지만, 그것들이 현실사회와 어떠한

---

25) 이로카와는 이미 《이로카와 다이키치 저작집(色川大吉著作集)》 전5권(筑摩書房, 1995~1996)을 집성한 후, 최근에 자전적인 작품을 연이어 간행하고 있다(《廢墟に立つ — 昭和自分史 1945~1949年》·《カチューシャの青春 — 昭和自分史 1950~1955年》, 平凡社, 2005 ; 《若者が主役だったころ — わが60年代》, 岩波書店, 2008). 가노는 1970년대 이후의 연구를 새로이 《가노 마사나오 사상사논집(鹿野政直思想史論集)》 전7권(岩波書店, 2007~2008)에서 재편하여 제시해 보였다. 히로타는 지금까지 배양해온 '차별의 역사'의 시점에서 일본통사를 그린 《차별로 보는 일본의 역사(差別からみる日本の歴史)》(解放出版社, 2008)를 저술했다. 또한 야스마루도 1980년대 이후의 중요 논문을 《현대일본사상론(現代日本思想論)》, 《문명화의 경험(文明化の經驗)》에 집성했는데, 현시점에서 쓴 장문의 서문에서 현재 자신의 관심 문제를 명확히 하고 있다(자세한 서지정보에 대해서는 본고 말미의 야스마루 저작목록을 참조하기 바란다). 이상의 출판은 이로카와의 저작집을 빼면 거의 모두 최근 몇 년에 집중되어 있다.

접점을 가지는지, 데모도 파업도 일어나기 힘든 현재의 일본에서는 더욱더 파악하기 어려워지고 있다.

이것도 마찬가지로 학설사적인 검토로는 해결되지 않는 배경을 안고 있다. 고도 경제성장, 버블경제, 글로벌화 등 몇 번의 대규모 사회 변용을 겪으며 오늘날 근대성의 그림자로 존재하는 '또 다른 근대'는 소멸하고 만 것 같다. 1960년대에 다양한 운동의 잠재력으로 활성화되었던 '비근대/전근대/반근대'의 힘은 이제 현실적이지 않게 되었다. 이전의 신념이 얼마나 국민국가 속에서 만들어진 것에 지나지 않았는지, 그 허구를 폭로한 것은 다름 아닌 '전후역사학'의 후예들이었다. 당연히 역사서술의 주어 · 주체로서 '국민'만큼은 아니라고 해도 '민중'을 그렇게 쉽게 사용할 수는 없었다. '국민'에 대한 기피와 달리 호소하는 대상으로서 누구를 어떻게 '민중'으로 상정해야 하는가에 대해, 사회의 단편화가 한층 진전된 오늘날에는 더욱더 불투명해졌기 때문이다.

이와 같은 추세가 현재화된 1980년대 중반 이후, 야스마루의 연구도 미묘하게 변화한 것처럼 보이는데, 그 이상으로 그에게 영향을 받은 민중사 연구의 변용이 마음에 걸린다. 야스마루가 제기했던 수많은 논점 중에 최근에 주로 수용되는 것은, 근세사회에 존재했던 민속적 세계의 코스몰로지가 문명화 속에서 억압 · 재편되어간다는 '문명화의 경험'에 관한 체계이다. 이것 자체는 통속도덕론에서 전개된 것처럼 보이지만, 통속도덕론이 자기해방의 에너지를 강조했던 것에 비해, 지금은 근대 이전 코스몰로지의 붕괴에 초점이 맞춰져 있는 것처럼 보인다. 이것은 걸핏하면 근대/전근대의 이분법으로 민중의 생활세계를 실제 이상으로 과도하게 분단해버린다. 이러

한 경향은 야스마루 자신보다도 그에게서 영향을 받은 근대사 연구자에게서 흔히 보인다.[26)]

더욱이 서술에서 의도치 않게 나타나는 야스마루의 정서적인 표현, 특히 대상에 대한 '놀라움'과 상황에 대한 '분노'가 독자에게 어디까지 공유되었을까. 1962년의 근대화론 비판 논문에 담긴 '전후역사학' 비판도 그러한 '놀라움'과 '분노'를 역사가가 살고 있는 현대에서 발견했기 때문에 태어났다고 할 수 있다. 야스마루의 역사연구가 단순히 개념이나 방법의 수준에서만 이해되고 있다면, 위와 같은 광범위한 충격도 같은 의미로 평가할 수는 없을 것이다. 야스마루가 1960년대에 만들어낸 역사 연구방법의 보편성과 동시대성을 어떠한 수준에서 파악하는가가 앞으로 더욱더 문제가 될 것이다.

이러한 문제제기를 굳이 하는 데는 이유가 있다. 민중사상사 연구가 지금까지 커다란 영향력을 가진다고 여겨지는 만큼, 그것을 사학사에서 어떻게 자리매김할 것인가를 둘러싸고 줄다리기가 일어나고 있기 때문이다. 한편에서는 민중사상사의 시도도 '전후역사학'의 풍요로운 전개 가운데 하나로 포섭하여, 그 방법론의 획기적인 성격을 '전후역사학'의 비판으로부터 자립하기 위한 노선이 아니라, 말하자면 자기 진영으로 회수하려는 관심이 보인다.[27)] 다른 한

26) 그 전형으로 마키하라 노리오(牧原憲夫)의 《손님과 국민 사이—근대민중의 정치의식(客分と國民のあいだ—近代民衆の政治意識)》(吉川弘文館, 1998)을 들 수 있다. 이 저서는 1990년대 이후 근대 일본사상사의 가장 중요한 저서라고 할 수 있지만, 민중의 정치의식의 전환, 요컨대 손님에서 국민으로 포섭되는 과정이 흡사 전근대에서 근대로 정치문화가 전환되는 과정과 등가인 것처럼 매우 도식화되어 있다.

편으로는 이 글에서 주목한 야스마루의 모색을, 1950년대 후반에 마루야마 마사오가 전후역사학에 가한 비판을 회피하기 위해 만들어낸 문화유형론의 하나로 파악하고, 일본의 특수성을 회수한 필두로서 지탄하는 동향이 '전후역사학'의 중심 학회를 거점으로 하는 일본근대사 연구자 사이에서 나타나고 있다.[28] 후자에 대해서는 그들의 사학사도 역사학의 위기(혹은 '전후역사학'의 실패)를 받아들이고 제기된 이상, 이것에 대치하는 사학사의 구축이 급선무이다. 거기에서는 야스마루의 궤적 자체가 아직 학설사에서 떠받들 수 있는 '유산(遺産)'이 되지 못하고, 사학사라는 논쟁의 장에서 중요한 판돈에 머물러 있다.

(번역 임경화, 교열 박환무)

27) 永原慶二, 《20世紀日本の歷史學》, 吉川弘文館, 2003, 제Ⅱ부 제3장. '전후역사학'의 자기발전사관이라고 할 만한 나가하라의 견해에 대해서는, 민중사상사를 주도한 인물인 가노 마사나오가 나가하라의 이 책에 대해 쓴 서평(《歷史評論》 646, 2004, 특히 75~76쪽)에서 강한 위화감을 표명하고 있는 것이 주목된다.

28) 小路田泰直, 〈戰後歷史學を總括するために〉, 《日本史研究》 451, 2000 ; 小關素明, 〈日本近代歷史學の危機と問題系列〉, 《立命館大學人文科學研究所紀要》 78, 2001 ; 小關素明, 〈歷史學と公共性論〉, 山口定 外 編, 《新しい公共性》, 有斐閣, 2003.

■ 야스마루 요시오의 단행본 저작목록

1.《일본의 근대화와 민중사상(日本の近代化と民衆思想)》, 青木書店, 1974(平凡社ライブラリー, 平凡社, 1999).

2.《데구치 나오(出口なお)》(朝日評傳選), 朝日新聞社, 1977(朝日選書, 朝日新聞社, 1987).

3.《일본내셔널리즘의 전야(日本ナショナリズムの前夜)》(朝日選書), 朝日新聞社, 1977(洋泉社新書, 洋泉社, 2007).

4.《신들의 메이지유신 ― 신불분리와 폐불훼석(神々の明治維新―神佛分離と廢佛毁釋)》(岩波新書), 岩波書店, 1979.

5.《근대천황상의 형성(近代天皇像の形成)》, 岩波書店, 1992(岩波現代文庫, 岩波書店, 2007).

6.《'감옥'의 탄생('監獄'の誕生)》(週刊朝日百科 日本の歷史 別冊―歷史を讀み直す22), 朝日新聞社, 1995.

7.《'방법'으로서의 사상사('方法'としての思想史)》, 校倉書房, 1996.

8.《봉기 · 감옥 · 코스몰로지 ― 주연성의 역사학(一揆 · 監獄 · コスモロジー ― 周緣性の歷史學)》, 朝日新聞社, 1999.

9.《현대일본사상론 ― 역사의식과 이데올로기(現代日本思想論 ― 歷史意識とイデオロギー)》, 岩波書店, 2004.

10.《문명화의 경험 ― 근대전환기의 일본(文明化の經驗 ― 近代轉換期の日本)》, 岩波書店, 2007.

'공동체론'의 차질

이시모다 쇼(石母田正)의 일본 고대사학

다나카 사토시

고대 이적론이 전환을 수행하는 분기점이 된 이시모다 쇼의 1970년 전후의 논고에 주목하여, 고대사학에서 그것이 차지하는 의미를 새로 묻고자 한다. 연구사에서 이적은 어떻게 하여 "국가에 의해 관찰·구분되어 질서화되는 타율적인 '지배의 객체'"가 되고, 타자성을 잃어버렸던가?

다나카 사토시(田中聡)

리쓰메이칸(立命館)대학을 졸업하고 동대학원 박사과정을 거쳐 2003년부터 2006년까지 리쓰메이칸대학 전임강사를 역임했다. 현재는 리쓰메이칸대학, 덴리(天理)대학 등에서 비상근 강사로 있다. 전공은 일본고대사 · 사학사이다.

일본 고대에 다른 종(種)이 된 이적(夷狄)과 이인(夷人)의 실태와 관념을 시대에 입각해 해명하고, 그 표상이 근대역사학의 형성에서 어떻게 변질되었는가를 고찰하고 있다. 관련 논문으로 〈蝦夷 · 隼人と南島の社會〉(《日本史講座 1》, 青木書店, 2004)와 〈일본 고대에서의 '우리'와 '그들'의 경계—이적(夷狄)론의 과거와 현재〉(임지현 엮음, 《근대의 국경, 역사의 변경》, 휴머니스트, 2004)가 있다. 이것들에 주목함으로써 국경을 넘은 고대의 민족론이 가능해지는 것은 아닐까 생각한다.

최근 몇 년은 사학사 연구에 힘을 쏟고 있다. 1930년대에 본격적으로 수용된 마르크스주의 역사학 안에 현재도 유효한 시점이 있다는 내용의 논문(〈轉機としての《日本歷史教程》〉, 《マルクス主義という經驗》, 青木書店, 2008)을 쓰는 과정에서 현재 역사서술의 형태에 대해 사고할 필요를 통감했다. 그 뒤 역사를 채택한 만화작품을 분석하고 역사서술의 가능성에 대해 논했다(《差別と向き合うマンガたち》, 臨川書店, 2007).

또 현재 살고 있는 교토 지역의 전후 역사의식에 대해 각지에서 미정리된 자료조사와 인터뷰 등을 진행하고, 묻혀 있는 역사의 재인식에 힘쓰고 있다.

1. 일본인으로서의 '이적'

이 글의 과제는, '이적(夷狄, 이테키 ; 신체의 형질이나 문화 · 풍속 등에서 두드러진 이종성異種性을 드러내는 변경 주민)'의 위치 규정을 소재로 일본 고대사학에서 보이는 공동체론의 변용에 대해 생각해 보는 것이다. 일본의 고대법규에는, 열도 북부 지역에 사는 에미시(蝦夷), 규슈 남부의 하야토(隼人), 사쓰난(薩南)제도로부터 류큐(琉球)열도 일대에 걸쳐 있는 주민인 난토진(南島人)이 모두 일본 고대국가 공간구조의 외연을 구성하는 이적 신분으로 일괄되어 있다. 필자는 이전에 그 역사적 표상이 근대역사학에서 어떻게 변화되어 지금에 이르렀는가를 서술한 바 있는데,[1] 우선 그 내용을 여기에 간단히 정리해둔다.

《일본서기(日本書紀)》 등의 고문헌에 나타난 이적에 대해, 근대 역사학적 방법으로 본격적인 고증작업을 수행하기 시작한 것은 1880년대이다. 당시에 단일한 시간축의 확립, 인종 개념의 도입, 신화를 역사로 바꿔 읽기 등의 '일국사'적 역사서술의 기본 요소가 성

1) 다나카 사토시, 〈일본 고대에서의 '우리'와 '그들'의 경계—이적(夷狄)론의 과거와 현재〉, 임지현 엮음, 《근대의 국경, 역사의 변경》, 휴머니스트, 2004.

립됨으로써 이적은 일본국가 · 일본인의 외부에 위치하는 타자(타인종)로 규정되었고, 이들을 천황가 아래에서 통합 · 동화하면서 일본인(사회)이 형성되었다고 하는 일본인 형성사상(形成史像)이 확립되었다. 1920년대에는, 선주(先住) 인종부터 일본인의 틀 안에 위치하면서 '융화'를 진전시키고 있는 변경 지역 이민족으로 이적상(夷狄像)이 바뀌었다. 또 1930년대부터 1950년대 전반에 걸쳐 마르크스주의 민족형성사의 틀이 수용됨으로써, 이적도 고대 이래 현재까지 내발적으로 발전해왔다는 이해가 정착한다. 예를 들어, 일본열도 북부에 사는 '에미시'가 중세 이후 '에조'로 불리다가 현재의 아이누민족으로 발전했으며, 또 열도 남서쪽의 류큐열도에 사는 '류큐진(琉球人)'이 '난토진'-'오키나와진(沖縄人)'으로 변화했다고 생각하게 되었다.

1945년 패전으로 인한 식민지의 상실이 '민족의 내발적 발전'이라는 틀 자체의 부정으로 연결되지는 못했지만, 일본 고대사 연구의 대상이 되는 시공간을 일본열도 주변 지역으로 한정했다. 그 가운데서 이적을 고대 전제국가의 지배에 저항하다가 실패한 뒤 일본인 속으로 사라진 소수자로 간주하는 새로운 이해가 나타났다. 예전에 민족간의 전쟁으로 이해되었던 '에미시의 반란'은, 국가의 압정에 저항하는 인민투쟁의 일환으로 간주되었다. 인종 · 민족의 실체를 가지고 국경도 넘어서 전개되었다고 생각되어온 이적은, 우선 여기에서 일본의 내국(內國) 영역으로 봉쇄되었다.

더욱이 1960년대 전반에 등장한 이시모다 쇼(石母田正)의 '왕민공동체론(王民共同體論)'은 율령의 법 규정을 주요한 근거로 일본 고대의 국가체제를 다음과 같이 정의한다.

자기가 지배하는 신하와 인민을 '왕민(王民)'으로 조직하고, 그에 따라 '화내(化內)'[2]와 '화외(化外)'를 대립시키며, 화외의 민으로 이적과 제번(諸蕃)을 설정하고, 거류 외국인을 이적시하며, 붙잡힌 이적을 천민으로 만드는 체제, 바꿔 말하면 지배 아래에 있는 인민을 전제적으로 지배할 뿐만 아니라 그것을 지배민족으로 조직하는 그런 체제 …….[3]

이적의 설정은 계획적으로 실행된 국내(일본) 지배정책인 동시에, 중국왕조에 조공하는 동이(東夷) 제국 가운데 유일하게 조공국=제번('임나任那' · 백제 · 신라)과 이적을 지배 아래에 두는 '동이의 소제국(小帝國)'체제를 취함으로써, 중국을 중심으로 한 세계 제국적 국제질서 속에서 신라 · 발해 등의 나라보다 우위에 섰다는 의미에서 대외정책이기도 했다.[4] 이에 따라 이적은 국내의 반항자(타자)에서, 왕민에 대항하는 피지배민족으로서 국가에 의해 조직되는 민으로 위치 규정이 변한다. 이적론은 지배구조에 꼭 필요한 구성요

---

2) '화내(化內, 게나이)'라는 것은 천황의 왕으로서의 덕이 미치는(德化 · 皇化하는) 범위를 가리킨다. 구체적으로는 국가의 지배체제를 형성하는 중앙귀족 · 지방호족층으로부터, 호적에 등록된 일반 농민 · 공인층까지를 포함하는 총칭이 '화내인'=왕민=공민(公民)이었다. 그러나 실체에서는 개개 사회집단의 차이가 컸기 때문에, 일본열도 밖과 변경 지역에 출자(出自)를 가지는 집단을 '화외(化外, 게가이)'로 규정하고 국가가 내/외를 구분함으로써 비로소 민족적인 일체성을 의식할 수 있게 된다. 이시모다는 이렇게 생각하고 있다.

3) 石母田正, 〈天皇と'諸蕃'—大寶令制定の意義に關連して〉(著作集 4卷), 1963.

4) 石母田正, 〈日本古代における國際意識について—古代貴族の場合〉(著作集 4卷), 1962.

소가 됨으로써 민족문화론에서 국가구조론으로 크게 전환한다. 이시모다의 학설은 이후에 통설적 위치를 차지하게 되었으며, 중화제국화를 지향하는 고대국가가 변경에 머물러 사는 왜인(倭人)=일본인을 정치적으로 구획하여 '의사민족(疑似民族)'이라는 이적을 창출했다는 설[5]이 등장하면서, 이적은 결국 일본인의 일부가 되었다. 현재, 학교의 '일본사' 교육을 비롯하여 일반적으로 널리 수용되고 있는 이적이 정확히 이것—미개하며 문명화의 과정에 있는 일본인—이다.

조세를 납부하고 노동력을 제공하는 대신에 국가에 의해 생활기반=농경지의 보장(관인의 경우에는 직위와 급여 지급)과 일정한 생활보호를 받는 문명화된 왕민(공민)과 그로부터 배제된 미개의 이적을 대응시키는 이해는, 이데올로기정책에 의해 고대 '국민'의 내부에 문화적 차이가 창출된다는 해석을 전제로 한다. 이것은, 근대 일본의 정치의식 연구로 명확해진 국민의 창출 · 유지과정[6]과 대단히 유사하다. 고대에 국가의 일방적 의사에 의해 설정된 경계와 그리하여 확립된 '일본인'의 범주가 근대국가와 마찬가지로 정치적 분절(分節)의 산물일 것인가? 의문이라 하지 않을 수 없다.

이런 이적론이 널리 수용되고 정착되어가는 배경에는 1960년대

---

5) 石上英一, 〈古代東アジア地域と日本〉, 《日本の社會史》 1, 岩派書店, 1987.

6) 근대 국민국가의 특징으로, 제한선거제와 학력사회라는 시스템에 의해 균질적인 국민 사이에 다양한 차이와 분단을 개입시킴으로써 질서를 형성 · 유지하고자 하는 점, 그때 문명/야만, 위생/불결, 근면/怠惰라는 구분이 정식 국가 성원의 선별기준으로 작동한다는 점이 지적되고 있다. 牧原憲夫, 《客分と國民のあいだ—近代民衆の政治意識》, 吉川弘文館, 1998.

벽두에 일본이 놓여 있던 국제적 위치, 곧 신미일안전보장조약의 체결로 미국의 보호 · 지배 아래에서 타이완과 한국에 대한 역할이 강제되던 상황이 있었다. 이런 동시대의 역사적 요청 아래서 구축된 '동이의 소제국'은 일본을 감싸고 있던 1960년대의 현실을 천 년 이전의 동아시아에 투영한 모습에 지나지 않는다.[7] 그로부터 30년 이상이 경과한 지금, 동서 '냉전' 이후 격변한 현재의 아시아 지역정세에 근거하여 새로운 고대 동아시아상의 구축이 요구되고 있다. 그러나 일본고대사의 이적론은 그때에 구상된 틀이 그 폐해를 내포한 채 큰 변경 없이 거의 그대로 지금까지 이어지고 있다.[8]

아래에서는 고대 이적론이 이러한 전환을 수행하는 분기점이 된

---

7) 李成市, 〈新たな現實と東アジア史〉, 《本鄕》 25, 2000.

8) 1990년대 이후 이런 연구 상황에 위화감을 가지고서 새로운 시각과 방법으로 이론을 재구축하고자 하는 움직임이 나타나기 시작했다(다나카 사토시, 앞의 〈일본 고대에서의 '우리'와 '그들'의 경계—이적(夷狄)론의 과거와 현재〉). 필자 역시 개별 연구에서, 왜 왕권과 이종집단 사이에 이어져 있던 유동적인 교통관계(夷人적 관계)의 원형이 동아시아 국제정세의 변동에 대응하는 틀로서 한반도 남부에서 선행적으로 성립했을 가능성이 있다는 점, 또 7세기 초반까지 류큐열도에 존재했던 '流求國人'이 왜국과 정치적 관계가 성립함으로써 '야쿠진(掖玖人)', '난토진(南島人)' 등으로 바꿔 불리는 한편, '식인(食人)을 하는 인외(人外)의 땅'이라는 《수서(隋書)》 이래의 류큐상(流求像)이 수백 년 동안 반복되면서 국경을 넘어 공유된 점 등을 주장했다(田中聰, 〈シンポジウム'方法としての丸山眞男'によせて〉, 《歷史と方法》 3卷, 青木書店, 1998 ; 田中聰, 〈夷人論—律令國家形成期の自他認識〉, 《日本史硏究》 475, 2002 등). 이것들은 모두 중국의 정치문화를 수용하면서 그것을 스스로에게 맞춰 바꿔 읽음으로써 차이를 도모하는 곧 자기 보존을 위한 주체적 전략이고, '탈중국화를 위한 중국화'(李成市, 《東アジア文化圈の形成》, 山川出版社, 2000)라는 시각에서 고찰이 가능하다. 9세기 일본열도 북부지방의 '민(民)', '이(夷)' 신분의 변동에서도 에미시 측의 정치적 입장 확립을 위한 전략을 읽을 수 있다(田中聰, 〈民夷を論ぜず—九世紀の蝦夷認識〉, 《立命館史學》 18, 1997).

이시모다 쇼의 1970년 전후의 논고에 주목하여, 고대사학에서 그것이 차지하는 의미를 새로 묻고자 한다. 연구사에서 이적은(동시에 공민도) 어떻게 하여 "국가에 의해 관찰 · 구분되어 질서화되는 타율적인 '지배의 객체'"[9]가 되고, 타자성을 잃어버렸던가? 마음을 비우고 사료를 읽을 때, 왜 위와 같은 '민족공동체로서의 일본'이 자연스럽게 부상하는 것인가? 그에 대한 방법론에 입각한 해명 없이, 일본고대사 연구를 열린 것으로 만드는 길은 있을 수 없다고 생각한다.

2.《일본의 고대국가》에 보이는 분열 — 국제적 계기와 아시아적 수장제

이시모다 쇼는 '전후역사학'을 대표하는 마르크스주의 역사학자 가운데 한 사람으로 알려져 있고, 그 영향력은 고대사 분야를 중심으로 지금까지도 여전히 크다.[10] 특히 대표작 중 하나인《일본의 고대국가(日本の古代國家)》(1971)는 고전적 명저로 일컬어지며,《역사학연구》 782호(2003년 11월)에는 간행 30주년을 기념하여 특집이 꾸려졌다. 1960년대 초에 제기한 '왕민공동체론'과 '동이의 소제국론'의 틀을 기반으로 고찰을 더욱 진전시킨 이시모다는《일본의 고대국가》에서 일본의 고대사회와 국가의 관계를 파악하는 새로운 이론적 틀을 제시했다. '아시아적 수장제'가 그것으로, 요점은 대략 다음과 같이 정리할 수 있다.

9) 田中聰, 위의 〈夷人論 — 律令國家形成期の自他認識〉.

① 일본 고대사회의 기초에 있는 것은 마르크스가 〈자본제 생산에 선행하는 제 형태〉에서 제시한 '아시아적 공동체'이다. 이 공동체에서는 왕 또는 수장이 공동체의 공동성을 대표하고, 다른 공동체와의 '교통'[11] 기능을 독점하므로, 공동체 내 개인의 자립(수장에 대한 인격적 예속관계로부터의 독립)이 지체되고, 국가의 기본 속성인 지배기구의 성립과 제도화도 지연된다. 이러한 공동체가 완강하게 잔존하는 조건에서 고도로 발달한 국가와 외교를 함으로써 왕권=

---

10) 이시모다 쇼는 1912년에 홋카이도에서 태어나 도쿄제국대학에서 서양철학과 일본중세사를 공부했고, 1930년대에는 와타베 기쓰우(渡部義通)의 영향 아래 유물사관에 기초하여 고대사회의 몰락부터 봉건사회의 확립에 이르는 과정을 연구했다. 호적의 실증적 분석에 의한 고대가족 · 촌락론, 신흥 무사계급과 고대 이래 사원(寺院)세력과의 대항을 선명하게 묘사한 《중세적 세계의 형성》(1946), 《고사기(古事記)》 신화 속에서 전제국가 형성 이전 '영웅시대'의 흔적을 읽어내는 《고대귀족의 영웅시대》(1948) 등 패전 전후부터 참신한 작품을 공표했다. 1951년 역사학연구회 대회에서 도마 세이타(藤間生大)와 함께 민족형성 전사(前史) 연구의 필요성을 역설했고, 민족의 근대성을 주장하는 이노우에 기요시(井上清) 등과 격렬하게 논쟁했으나 좌절했다. 이즈음에 주요 연구 분야를 중세사에서 고대사로 옮겼으며, 1960년대 들어 '왕민공동체론'과 '동이의 소제국론'을 제시했고, 1971년에는 《일본의 고대국가》를 공간하게 된다. 호세이(法政)대학에서 교편을 잡았으며, 실증연구와 병행하여 다수의 시평을 발표했다. 역사에 관한 사색의 흔적은 《역사와 민족의 발견》(1952 正, 1953 續), 《전후역사학의 사상》(1977) 등으로 남아 있다. 1973년에 병으로 쓰러져, 12년여에 걸친 투병생활 후 1986년에 사거했다. 주요 저작으로 《이시모다 쇼 저작집(石母田正著作集)》 전 17권(岩波書店, 1988~1990)이 정리되어 있고, 또 《중세적 세계의 형성》과 《역사와 민족의 발견》 등 대표적인 저작은 조그만 판형으로 재간행되어 새로운 독자를 얻고 있다.

11) 여기에서 말하는 '교통'이라는 것은, 경제적 측면에서는 상품교환과 유통, 상업 및 생산기술의 교류이고, 정치적 영역에서는 전쟁과 외교를 포함한 대외관계이며, 정신적 영역에서는 문자의 사용에서 법의 계수(繼受)에 이르는 다양한 교류이다. 石母田正, 《日本の古代國家》(著作集 3卷), 제1장, 岩波書店, 1971.

수장제는 결국 개명적으로 변한다.

이 구조를 통해 동아시아 국제관계가 일본의 내정으로 전화해간다. 정치적 교통의 전형인 국제관계는 3세기 이래 일본사회에서 국가를 성립시키고, 그 구조를 변질시키기 위해 꼭 필요한 '국제적인 계기'가 되었다.[12]

② 그러나 이 '국제적 계기'는 국가 형태를 결정짓는 근본요인은 아니다. "국내 국가권력의 특정한 발전이 기본조건이며, 그에 의해 비로소 국제적 계기가 내정의 일환으로 전화해간다."[13] 이 기본조건을 지탱하는 것이야말로 '수장제 생산관계'이다. '아시아적 공동체'에 현저하게 보이는 이 생산관계는, 직접 생산자가 전면적으로 공동체를 체현하는 수장에게 인격적으로 귀속 · 의존하는 관계이고, 야요이(彌生)시대 말기의 야마타이국(邪馬台國, 3세기 말)부터 율령국가(7세기 중반~9세기 말)까지 일관되게 경제적 토대가 되었다. 이런 생산관계를 가장 잘 설명할 수 있는 것이 마르크스가 말하는 '동양적인 총체적 노예제'[14]의 범주이다.[15]

③ 동양(=아시아적) 전제국가로서 일본의 율령제국가는 두 개의 생산관계 위에 성립해 있다. 하나는 국가(최고의 지주이자 조세 수취자인 천황)와 공민(반전班田 농민 · 조세 부담자) 사이의 생산관계이고, 다른 하나는 사회의 계급적인 지배관계 곧 '수장제 생산관계'이다. 전자는 재지(在地)의 전통적 · 일상적 질서를 구성하는 후자(1차적 생산관계)를 기반 · 전제로 하지 않으면 존립이 불가능하고, 그 법

12) 石母田正, 위의 책, 제1장.
13) 石母田正, 위의 책, 제3장.

적 · 정치적 총괄과 제도화에 의해 비로소 고대국가가 성립할 수 있었다. 그런 의미에서 국가-공민의 생산관계=율령제국가라는 것은 '2차적 생산관계'라고 할 수 있다.[16] 7세기 중반에 실시된 율령국가 체제로의 제도적 대전환(다이카개신大化改新)은 재지의 지배 형태에 커다란 영향을 미쳤으나, 그 전제가 된 지배조직(베部, 도모노미야쓰코伴造, 미야케屯倉)은 야마토(大和) 국가 이래의 자립적인 '수장제 생산관계'에 의존하고 있었다. 또한 그 담당자인 재지수장(在地首長)은 자신의 재지지배권을 그대로 유지한 채 율령국가의 지방관(구니노미야쓰코國造, 군지郡司)에 임명되어 지역 지배를 행하게 된다.[17] 율령국가의 해체는 총체적 노예제라는 토대가 봉건적 생산양

14) 《일본의 고대국가》 제4장에 따르면, 총체적 노예제라는 것은 ① 가혹한 형태를 취하지 않고, 직접 생산자가 공동체의 토지에 대해 가지고 있는 세습적 점유권을 부정하지 않는다. ② 수장제의 계급 지배는 원시적인 수장제 이래 지배권에 의해 보증되고, 주술적 성격을 띤다. ③ 원시공동체 생산관계의 필연적인 발전의 결과로 생긴 형태이다. ④ 가내 노예제의 단순한 확대와 노비적 소유에 의한 생산관계의 변화로부터는 생기지 않고, 어디까지나 원시공동체 내부의 생산력 발전으로 인한 재산과 부(벼, 노비, 생산도구)의 집적이 총체적 노예제로의 전화에 기초가 된다. ⑤ 생산력의 특정단계(요역徭役을 수장의 부에 의존하여 실시)에 대응한다. ⑥ 재지수장층 대 공동체 인민, 국가기구 대 공민 간의 계급 대립이 존재하는 역사적 단계=고대에 대응하는 생산양식이다. 이상의 특징을 가진다. 이 정의는 폴리네시아의 민속사회에 대한 인류학적 연구(1967) 또는 인도의 라이오트 지대(地代)에 관한 존스의 경제학적 연구(1971)로부터 이시모다가 독자적으로 조립한 것으로서, 마르크스주의 역사학의 사회구성체이론을 일본에서 심화시킨 것이라거나 혹은 역으로 마르크스에 대한 잘못된 해석이라는 등 찬부(贊否) 간에 팽팽한 평가가 내려지고 있다.

15) 石母田正, 위의 책, 제4장 그림 참조.

16) 石母田正, 위의 책, 제4장.

17) 石母田正, 위의 책, 제2장.

식(농노제)으로 이행함으로써 비로소 가능하게 된다.

이런 '아시아적 수장제론'이, 10년 전에는 별개로 논하던 논점인 국내 지배제도로서의 '왕민공동체'와 대외정책으로서의 '동이의 소제국'을 동일한 차원에서 결합시킨 이론이라는 점은 명확하다. 동아시아 국제관계 아래서 중국왕조와 한반도 삼국의 영향을 받으면서, 그것을 내정을 전화하는 국제적 계기로 삼아 왕권은 급속히 지배계급의 이해 조정장치인 국가기구를 정비했다. 예를 들어, 7세기 초엽 수와의 외교는 "신라 · 백제에 대해 왜국이 '대국'=피조공국으로서의 지위를 확립하고 그 지위를 수왕조에게 승인시키는 것"을 목적으로 행해졌으나, 법흥왕 · 진흥왕 이래 신라의 급속한 발전으로 이제까지의 조공체제가 형해화되자 그에 대응하기 위해 황태자〔聖德太子〕에게 권력을 집중시킨 새로운 체제가 성립했다.[18] 여기에서 '동이의 대국'이라는 것은 '동이의 소제국'을 《수서》〈왜국전(倭國傳)〉에 기초하여 말을 바꾼 것에 지나지 않는다.[19]

그런데 사회 기반에 아시아적 공동체가 완강하게 잔존하고 있었기 때문에 사회의 문명화는 지극히 왜곡된 형태로 진행되지 않을 수 없었다. 재지수장이 인격적으로 지배하는 개개 공동체의 독립성

---

18) 石母田正, 위의 책, 제1장.

19) 이것을 가지고 이시모다가 '동이의 소제국론'을 방기했다고 보는 논자도 있다(大町健, 〈《日本の古代國家》における二元的構造論の克服と殘存 ― 古代國家の成立と民族〉, 《歷史學硏究》 782, 2003). 그러나 《일본의 고대국가》에서 6세기 이전에 백제와 신라가 왜국에게 조공했다는 것을 사실로 보고, 피조공국 왕의 칭호='천황' 칭호의 창출을 "중국왕조의 세계 제국적 질서 내부에 자신의 '대국'으로서의 질서를 형성하고자 했던 의도"로 인정하고 있는바, '동이의 소제국'의 내용과 바뀐 것이 아무것도 없다.

〈그림〉 이시모다 쇼가 구성한 일본 노예제의 틀

동 양 적 (아시아적) 전 제 국 가

고 대 노 예 제 사 회

중 세 봉 건 제 사 회

아시아적 (재지) 수장제

부민(部民) →
노비 →
가인(家人) →

다이카개신

공민(자유민)
천민(비자유민)

정치적 노예제(총체적 노예제)

사적 노예제(가부장제적 노예제)

헤이안(平安)시대에 해체

영주제

→ 백성
→ 하인 소종(所從)

농노제

이 강했으므로 이것을 일체화시키기 위해서는 개별 수장의 지배권을 인정하면서 계급적 이해의 공통성(공동체 내부에서 진행되는 내부 모순의 격화와 계층 분해를 억압함과 아울러 중앙호족이 지방호족에 대해 우위를 유지하는 것)을 의식시키는 틀이 필요하다. 그래서 이적(또는 제번) 신분을 창출하여 왕=천황의 지배 아래 있는 공동체들의 주변에 위치시키고, 이것을 국가=천황에 적대하는 미개집단으로 만듦으로써 내부의 균질성을 확보하고자 했다. 이것이 '왕민공동체'이다.

이리하여 아시아적 공동체-총체적 노예제라는 공통분모가 '왕민공동체'와 '동이의 소제국'의 기반이 되었다는 주장이 제시되었다. 《일본의 고대국가》에서 수행된 것은, 고대 동아시아세계에서 국가 · 민족 간의 정치적 교통과 개별 사회 · 문화에서 형성된 독자성

사이의 상호관계를, 1930년대 중반 이래 일본 마르크스주의 역사학이 추구해온 일본사에 대한 '세계사 기본 법칙'의 적용[20])을 이론적 기반으로 삼아 설명하고자 하는 시도였다. 그때까지 고대법에 대한 실증연구로 명확해진 고대국가에 관한 다양한 사상(事象)을 마르크스주의 역사학 이론에 기초하여 재구성하고, 그 특이성을 국제적 계기와 아시아적 수장제라는 두 가지 논점에서 해명한 점에 참신함이 있었다고 할 수 있다.

이후 《일본의 고대국가》의 고대국가-수장제에 기반한 사회상은 널리 수용되어갔다. 예를 들어, 재지수장보다도 규모가 작은 자연촌락을 지배하는 '촌락수장'이야말로 공동체의 기반이었다고 하는 설,[21]) 기년제(祈年祭) 등 국가가 개최하는 제사의 기반에 수장에 의한 초수(初穗) 공납의례(貢納儀禮)가 있었다는 설,[22]) 도성이 설치된 긴키(近畿)지방(기나이畿內)을 대표하는 대수장=왜왕(倭王)의 공동체〔畿內國〕를 중심으로 지방의 공동체가 집적하여 천황을 수장으로 하는 율령국가가 구축되었다는 설[23]) 등, 기본적으로 이시모다의 구상을 사료에 기초하여 실체화한 것이 많다. 여기서 고대국가가 왕권을 중심으로 하는 중앙호족과 전국 재지수장과의 계급 대립의 소산

20) 이른바 '아시아적 생산양식'을 원시공동체와 고대노예제 등의 생산양식과 다른 사회구성 단계로 간주할 것인가, 와타베-이시모다처럼 그 자체를 독립적 '생산양식'으로 간주하는 것에 부정적인 입장을 취할 것인가 등등의 활발한 논쟁이 이루어지고 있었다. 田中聰, 〈轉機としての《日本歷史教程》—早川二郎のアジア的共同體論〉, 磯前・ハルトゥニアン 編, 《マルクス主義という經驗》, 青木書店, 2008 참조.

21) 吉田晶, 《日本古代村落史序說》, 塙書房, 1980.

22) 義江彰夫, 《歷史の曙から傳統社會の成熟へ》, 山川出版社, 1986.

23) 大津透, 《律令國家支配構造の研究》, 岩波書店, 1993.

이고, 그 기반에 총체적 노예제가 있었다는 것은 의심하기 어려운 사실 혹은 전제로 되어 있다.

그러나 과연 그것은 올바른 것인가? 다른 하나의 이론적 지주였던 '국제적 계기'는 어디로 사라진 것일까? 이미 《일본의 고대국가》에 대해 "1장의 시각이 2장 이하에 살아 있지 않다"는 비판이 있었다.[24] 1장에서는 국가기구가 대외관계의 영향으로 외교 등의 경계영역에서부터 조숙하게 창출된다고 하면서, 2장 이하에서는 아시아적 공동체의 내적 모순에서부터 국가 형성과정이 이야기되어, 대외관계와 내적 요인을 매개하는 논리가 빠져 있다. 또 1장에서는 공동체 사이의 교통관계의 다양성을 상정하면서, 다른 장에서는 이것을 중앙 대 지방의 계급관계로 일괄해버리기 때문에 교통관계가 국가형성의 계기로 작동한다는 논리가 도대체 성립할 여지가 없다. 지배하는 촌락의 규모도 제각각이었을 재지수장 사이에 언제 같은 계급이라는 귀속의식이 생겼던가, 그런 일이 왜 7세기 초반이라는 시기에 일제히 일어났던 것인가? 이런 문제를 생산관계의 동질성으로 해명하는 것은 아마 곤란할 것이고, 정치과정에서부터 그 시대의 '국제적 계기'를 생각할 수밖에 없을 것이다.

가장 큰 문제는 이시모다가 국가라는 정치적 공동체 내부에 처음부터 이민족과 같은 '타자'가 포함되는 것을 거의 상정하지 않고, 수장 이하의 성원을 제한 없이 균일한 것으로 간주해버리고 있는 점이다. 그 배경에 있는 것은 교통 형태에 의해 규정된 사회의 불균등 발

---

24) 山尾幸久, 〈石母田正氏の古代國家論〉, 《新しい歷史學のために》 189, 1987 ; 中林隆之, 〈國際的契機と東洋的專制國家〉, 《歷史學硏究》 782, 2003.

전을 결정적이고 고정적인 것으로 간주하는,[25] 두드러진 정태적 경제결정론일 것이다. 이런 틀을 답습하면서 공민=문명과 대치되는 이적을 문화적으로 미개한 집단으로 간주하는 구체적인 근거를 제시하지 않은 채, 정치적으로 만들어진 문명/미개 구분이 이적집단의 율령국가로의 예속을 촉진한다는 이해[26]가 통설이 되어왔다. 또 중국왕조와 '동이의 대국' 일본 등 특정한 국가·민족이 열위에 있는 다른 국가·민족에 대한 억압과 지배를 행하는 상황을, 근대의 그것과 명확한 차이를 두지 않고 '고대의 제국주의'[27]라고 부르면서 국가간·민족간의 정치적 교통관계를 실체화해버리는 데에서, 이시모다 공동체론의 시제(時制)의 부재, 타자성의 결여[28]를 인정할 수 있다.

이상에서 이시모다의 《일본의 고대국가》에 근거하여 그 특징을 논했다. 이 책에서 정립된 아시아적 공동체론-수장제론에 기초한 고대국가관이야말로, 일본 고대사회가 '민족공동체'적인 사회구성

---

25) 《일본의 고대국가》 제1장부터 일부를 인용한다. "생산력과 생산양식을 기초로 다극적이고 불균등한 형태로 앞서 말한 고대문명(이른바 4대문명 외에 일본열도 내의 기타큐슈北九州, 기나이, 기비吉備 등도 가리켜 사용)이 일단 성립하면, 이번에는 위의 교통 형태가 한편으로는 고대문명의 수준화(水準化)를 초래함과 동시에 다른 한편으로는 본래의 불균등성을 더욱 발전시키는 역할을 한다. …… 어떤 고대문명으로부터도 격리되었던 남태평양제도의 여러 민족이 '미개사회' 또는 '자연민족'으로 잔존했던 것이 그것이다. 그 후진적인 사회구조는 그들의 뒤떨어진 생산방법에 기초를 두고 있다. 그러나 후자는 또 그들이 기성의 고대문명으로부터 격리되어 있는 교통 형태에 의해 규제되는 것이다."

26) 熊田亮介, 〈古代國家と蝦夷·隼人〉, 《日本通史》 4(岩波講座), 岩波書店, 1994.

27) 石母田正, 〈古代における'帝國主義'について—レーニンのノートから〉(著作集 4卷), 1972.

을 취하는 필연성을 주장하기 위한 중요한 근거가 되고 있음을 지금까지의 분석에서 확인할 수 있었다. 이것을 개인의 내셔널리즘으로 돌리는 것은 쉬운 일이지만 그것은 사학사적인 설명이라고 할 수 없고, 그 틀이 널리 수용되어 지금도 통설적인 위치를 차지하는 이유도 분명하지 않게 된다.

이시모다가 1971년이라는 시기에, 일본사에서 '아시아적 공동체의 강고한 잔존'을 되풀이하여 강조해야만 했던 이유는 도대체 무엇이었던가? 《일본의 고대국가》 제1장 3절에 나오는 겨우 몇 줄, 일본에는 고구려의 을지문덕과 같은 인민투쟁 속에서 나타난 영웅, "조선민족의 정신 속에 현대에 이르기까지 살아 있는 듯한 인격"은 존재하지 않는다는 한 문장이, 이 문제를 고려하는 데 열쇠가 되는 것처럼 생각된다. 1970년 전후의 일본사학계 상황을 살펴보자.

---

28) 히가시지마 마코토(東島誠)는 '교통' 개념이야말로 《일본의 고대국가》의 기초범주라고 보고, 이시모다가 〈국가와 교키(行基)와 인민〉(1973)에서 다룬 바 있는, 불승 교키와 인민 사이에 맺어진 '지시키유이(知識結)'라는 중간 단체가 정확히 '個'의 자유의지에 기초한 교통망인 참입(參入)의 장='結社'라고 이해한다(〈東島誠, 〈中世自治とソシアビリテ論的展開〉, 《歷史評論》, 596, 1999). 이 '個'야말로 국가에 대한 타자에 다름 아니고, 거기에서 이시모다의 교통론을 '어소시에이션론'으로 바꿔 읽을 수 있는 가능성을 찾을 수 있다는 것이다. 단, 그렇다면 유이(結)에 모인 '자도승'(自度僧 : 공식적인 허가를 받지 않고 스스로 승체僧體가 된 사람) 따위보다 훨씬 이질성이 높고, '야심을 고치기 어려운' 집단으로서 귀추도 명확하지 않은 이적은 이시모다에게 왜 똑같은 자유의지를 가질 수 있는 타자로서 상정되지 않는 것일까? 이적이 쌍방향적인 교통으로부터 미리 차단되어 '個'가 될 수 없다는 선입견에야말로, 앞서 거론한 정태적 경제결정론에 기초한 자폐적인 공동체관이 단적으로 드러나 있다고 생각한다.

3. '인민투쟁사'의 시대—1967년~1970년대 중반

《일본의 고대국가》가 간행되는 전후인 1960년대 후반부터 1970년대 전반에 걸친 시기는, 메이지(明治) 백년제(百年祭)와 야스쿠니(靖國)신사 국영 법안, 베트남전쟁의 수렁화, 1970년 안보 문제, 오키나와의 본토 '복귀', 교과서 검정 문제 등의 국내외 상황에 대해, 역사학 연구의 존재방식을 둘러싸고 격렬한 논쟁이 전개된 시기였다. 일본 역사학계를 끌고 가는 학회의 하나였던 역사학연구회는 1967년부터 1972년까지 대회의 통일 테마로 '인민투쟁'을 내걸고 부회(部會) 보고에서 구체적인 사례를 취급했다.[29] 전후 사학사의

---

29) 이 시기에 '인민', '인민투쟁'을 내건 역사학연구회 대회의 통일 · 부회 테마를 열거하면 다음과 같다(부제 등은 임의로 생략). '일본제국주의와 인민'(1967년 근대 · 현대사), '국가와 인민'(1968년 통일), '제국주의와 우리의 역사학—국가와 인민'(1969년 통일), '전근대의 국가와 인민투쟁'(1969년 고대 · 중세사), '역사에서 국가권력과 인민투쟁'(1970년 통일), '전근대의 지배이데올로기와 인민투쟁'(1970년 고대 · 중세사), '안보체제의 신 단계와 우리의 역사학—세계사 인식과 인민투쟁사 연구의 과제'(1971년 통일), '인민투쟁사 연구의 과제와 방법'(1971년 종합), '제국주의 성립기의 인민투쟁과 그 주체의 형성'(1971년 근대사), '1930년대 파시즘과 인민투쟁'(1971년 현대사), '세계사 인식에서 인민투쟁의 시각'(1972년 전체), '일본고대사에서 지배이데올로기와 인민의 싸움'(1972년 고대사), '막부제(幕藩制) 국가 지배의 특질과 인민 제 계층'(1972년 근세사), '제국주의 성립기의 인민투쟁과 그 주체의 형성'(1972년 근대사), '제2차 세계대전 전후의 인민투쟁과 민주주의의 과제'(1972년 현대사). 이 밖에도 중세사 부회의 도다 요시미(戶田芳實) 등의 영주제론, 근세사 부회의 사사키 준노스케(佐佐木潤之介) 등의 '요나오시(世直し; 사회개혁—옮긴이) 상황'론 등도 당시 '인민투쟁사' 연구의 일환으로 진행되었다(歷史學硏究會, 《戰後歷史學を檢證する—歷硏創立70周年記念》, 歷史學硏究會, 2002).

산맥 가운데 하나로 거론되는 '인민투쟁사' 연구가 가장 성했던 시기이고, 그 틀의 유효성과 정당성을 둘러싼 논의가 학회지 등에서 거듭 취급되고 있었다.

이 당시 '인민투쟁사'가 제기된 정치적 배경에는 1960년대 이래 안보투쟁 · 베트남 반전운동 등의 반제국주의운동, 혁신세력에 의한 통일전선론의 영향이 있었다. 또 계급투쟁사에서 '계급' 개념의 협소함을 돌파하여 각 시대의 변혁주체인 '인민'(중간층까지 포함하는 다양한 계층)의 폭넓은 결합을 통한 반국가 · 반제국주의투쟁의 역사를 해명하는 것이 과학적 역사학의 책무가 되었다.[30] '인민투쟁사'의 방법적 유효성을 주장하던 중심 인물 가운데 한 사람인 이누마루 기이치(犬丸義一)는 소비에트와 중국의 인민 개념을 참조하면서 "인민이라는 것은 역사적으로 형성된 사람들의 공동체이고, 그 중에서 주어진 국가의 주어진 시대에 진보적이고 혁명적인 발전의 과제를 해결하는 데 자기의 객관적 상태에 따라 함께 참가할 수 있는 주민 가운데 여러 부분, 여러 계급"이라고 정의한다.[31] 특히 전근대사에서는 '자유'/'비자유', 혹은 '양(良) · 천(賤) · 이(夷)'라고 하는 부분적 분할에 의해 정치적 규제를 받았던 '근로인민'이 단일한 '인민'으로 존재할 수 없었던 상황이 있었고, 그런 가운데서 사회 발전을 통한 계층 분화가 전 단계의 신분 편성과 모순을 불러일으키고, 여러 신분 · 계층에 의한 투쟁의 결과로 새로운 인민 편성이 탄생한

30) 土井正興, 〈人民闘爭史研究の深化のために〉, 《歷史學研究》 372, 1971.

31) 犬丸義一, 〈歷史における人民 · 人民闘爭の役割について〉, 《歷史評論》 202, 1967.

다고 한다.[32)]

이누마루의 정의는 '다양한 정치적 변혁주체'를 말하는 것과 거의 동일하다고 생각되지만, '계급' 개념의 한정성을 뛰어넘을 수 있는 것으로 수용되어, 1970년대에는 일본고대사 분야에서도 인민투쟁을 추구하는 논고가 많이 쓰였다. 이시모다가 본래 《일본의 고대국가》에 압축하여 수록할 예정이었다고 하는, 《일본고대국가론》(1973) 제1부에 수록된 세 논문 가운데 두 개, 곧 율령 농민의 부랑도망을 논한 〈관료제국가와 인민〉과 주술적 종교집단을 취급한 〈국가와 교키(行基)와 인민〉은, 그의 인민투쟁사 연구의 성과로 평가될 수 있다. 거기에서 명확히 동시대성을 읽을 수 있다.

그런데 그(이시모다—옮긴이)의 인민투쟁에 대한 이해는, 전근대-근대를 관통하는 광범한 인민 정치투쟁의 측면을 중시하는 도다 요시미(戶田芳實) 등의 논의와는 역점을 두는 방식이 명확히 달랐다. 역사학연구회 1971년 대회의 전체회 토론에서 그가 주장한 것은, 인민투쟁의 형태를 규정하는 것은 어디까지나 생산력(자연에 대한 투쟁)인바, 양자를 주체적 계기에 의해 결부시키는 관점이 필요하다는 것이었다. 이런 시각에서 묘사된 일본 고대의 인민투쟁은 이 당시 도다 등이 주장하던, 농민의 토지경작 방기, 노예의 신분해방운동, '군도(群盜)' · 에미시 · 신라인의 반란, 농민에 의한 한고쿠시엣소(反國司越訴 ; 지방관을 제소하는 것을 의미함—옮긴이)운동, 이단적 종교운동 등의 다종다양한 '반율령적 투쟁의 총체'가 변경으로부터 율령국가의 해체를 초래한다[33)]는 이해와는 거리가 멀다.

---

32) 戶田芳實, 〈前近代の人民闘争について〉, 《歷史學硏究》 372, 1971.

이시모다가 〈관료제국가와 인민〉에서 해명한 바는, 율령제국가에서 계급투쟁이 부역을 기피하는 도산(逃散)이라는 '은연(隱然)'한 형태[34]를 취하지 않을 수 없었던 기초적인 조건은, 농민이 '토지의 부속물'로만 존재할 수밖에 없었던 '아시아적 공동체'의 생산력에 규정되고 있었다는 것이다. 그리고 인민의 도산에 대응하기 위해 준비된 율령의 벌칙 규정은, 국가의 수탈이 강화됨으로써 당연히 발생할 수 있는 사태에 대비하기 위해 일찍이 중국에서 계수한 선진 통치기술이자 법이념이고, 그것을 가능하게 한 조건도 '아시아적 공동체'의 수장제로 회귀되었다.

또 〈국가와 교키와 인민〉에서는, 교키라는 일개 개명적인 인격 아래에 지역공동체에서 떠난 농민 · 수공업자 · 도래인 · 도시민 등 다양한 사람들이 모여 종교집단을 형성하고 대륙의 선진적인 종교의식을 수용하는 새로운 사태를 들고, 그 집단의 활동이 '아시아적 공동체'가 일찍 해체된 도시 근교에만 한정되었던 점과, 국가가 보여준 '노사나대불(盧舍那大佛) 조성을 통한 중서(衆庶)와 천황의 지시키유이(知識結)'라는 '공동성의 환상적 형태'(픽션)를 교키가 쉽게 따랐던 점에서, 그 시대의 토대=생산관계의 규정성과 한계를 인정하고 있다. 《일본의 고대국가》에 보였던 것과 같은 수장제 생산관계가 여기에서도 드러난다.

1970년대 초엽에 '인민투쟁사' 연구가 추구하고자 했던 신분 · 계

---

33) 戶田芳實, 위의 글.

34) 앞서 거론한 전체토론회의 발언에 같은 어구가 보인다. 《공산당선언》의 두 개의 투쟁(정점을 이루는 공연한 계급투쟁과 기초를 이루는 은연한 계급투쟁)에 의거한 것이다.

층에서 '인민'의 다양성과 우발적 요소를 다분히 포함하는 중층적인 정치투쟁의 현실은, 아시아적 공동체가 더욱 강고하게 존재하던 고대 일본에서는 충분하게 전개될 수 없었다. 그런 이유에서, 소비에트와 중국에서 국가 '사멸'의 첫걸음이 내딛어지고,[35] 베트남에서 매일매일 전투하는 가운데 오래된 전통적 공동체가 인민의 주체적 의사에 의해 새로운 저항조직으로 바뀌고 있는 현재[36]에 이르러, 더욱이 우리 일본인은 스스로의 손으로 아시아적 수장제의 왕=천황을 부정할 수 없는 것은 아닐까? 그러한 물음이 이 시기의 이시모다를 관통하고 있다.

이런 일본인 속의 '미개'의 잔존[37]에 어떻게 대응할 것인가. 이것이 1970년대 이후의 검토과제가 되었다. 그러나 병에 걸려 연구활동도 할 수 없게 된 그는 그의 목표를 달성하지 못했다. 뒤에 남겨진 것은, 국제적 계기를 필수요소로 하지 않으면서 '인민투쟁'을 생산투쟁(자연과의 투쟁)으로 회수해버리는 형태로 일본고대사 속에 실체화된 '아시아적 공동체'－'수장제 생산관계'론이었다.

---

35) 石母田正, 〈國家史のための前提にたいして〉, 1967.
36) 石母田正, 〈ヴエトナム人民の闘いから日本の歷史家は何を學んでいるか〉, 1969.
37) 1973년 이와나미(岩波) 문화강연회에서 이시모다가 '역사학과 일본인론'이라는 제목의 강연을 할 때, 현재 일본인 속에 남아 있는 '아시아적'인 미개성에 대해 마루야마 마사오(丸山眞男)의 '고층(古層)'론을 인용하면서 말했다. 이때 일본사 속에서 통시적으로 확인되는 원초적인 법관념 같은 것을 이시모다는 '미개'라는 말로 파악한다. 마루야마의 고층론을 일본문화의 저류에 있는 '시제가 없는 사유의 주체적 형성의 형태'(田中聰, 앞의 〈シンポジウム'方法としての丸山眞男'によせて〉로 이해할 수 있다면, 이시모다의 공동체론에 보이는 시간관념과 공통되는 면이 있다.

이후의 수장제 생산관계론과 인민투쟁사론은 타자의 시각을 가질 수 없는 것이었다. 전자는 율령국가체제를 '이차적인 생산관계'로 간주함으로써 국제적 계기까지 포함한 국가권력론으로 논할 수 없었기 때문에, 결과적으로 총체적 노예제론의 변종(예농제隷農制 등)으로 회수되었다. 이후 연구는 그 세분화(군지급 재지수장의 지배 아래에 촌락수장을 상정하는 등) 혹은 생산관계론과의 관련을 묻지 않는 자율적인 국가제도의 내재적 발전 · 변용과정의 해명으로 전개되어갔다.

후자는 다양한 사회집단에 의한 반국가투쟁의 구체적인 모습을 끄집어내면서 각각의 질적인 편차와 방향의 차이를 충분히 관련 짓지 못하고, 고대국가상을 사회 억압의 군사적 체제(레닌적 국가론)로 단순화하여 설득력을 상실해갔다. 아마 이시모다는 양자 사이 괴리의 필연성에 불편함을 느끼고서, 정치적 교통이라는 국제적 계기를 국가 형성의 중요한 요소로 간주하고, 양자를 연결하는 정치적 범주로서 '제국주의'에 주목했을 것이라고 생각된다. 그러나 그의 '제국주의' 규정은 '인민'과 마찬가지로 시대를 한정하지 않은 융통무애(融通無碍)의 것이었고, 결국 개념의 확산을 불러왔다(제국적 구조, 소제국 구조 등).

일본에 마르크스주의 공동체론이 수용되는 과정에서 여러 형태를 취하며 존재하던 다양한 가능성[38]은, '타자'를 결여했다는 사실에 의해 제약됨으로써 지금 그 유효성을 잃어버린 상황에 있는 것은 아닐까?

4. 다시 '동아시아'라는 과제로

이제까지의 이시모다론이 그 개인의 사상과 학문의 이력으로서 '내재적'·'정합적'으로 설명하고 명시하지 않았던 것까지도 읽고자 했기 때문에 놓쳐버린 기본적인 문제에 대해 고민하면서 여기까지 말해왔다. 이상은 시론이고, 생각해야 할 사항은 더욱 많다.

이후 일본 고대사학 연구에서 중대한 과제의 하나는, 이시모다가 30년 전에 보여준 '아시아적 수장제'의 틀—단적으로 말하면, 균질적인 공동체의 실체화—을 어떻게 넘어설 것인가 하는 문제이다. 이념으로서 '아시아적 공동체'를 재발견하는 것이 아닌, 또 고대사회 속에서 근대적인 역사 주체로서 개인을 재발견하는 것도 아닌, 공민/이적상을 새로 읽는 방법론이 필요하다.

그때 질문되는 것은 역사적 실체로서 '동아시아'라는 연구 시각의 유효성이 아닐까? 고대의 이적 연구에서 언급되는 동아시아는,

---

38) 예를 들어, 일본에 마르크스주의 생산양식론이 수용된 1930년대 이론가였던 하야카와 지로(早川二郎)는 전 단계에 형성된 공동체간·개인간의 지배예속관계가 다음의 경제적 구성 아래에서도 계승되어 '토지 소유 관행' 등의 형태를 띠고 기능한다고 하는, 언뜻 시대성을 도외시하는 이해방식을 보인다. 이것은 노예제나 농노제라는 생산양식은 특정 시대에만 대응한다는 정식적(定式的) 이해에서 보면 기묘하다고 할 수 있는데, 그 관행들은 동시대 국가·공동체와의 관계 속에서 일정한 유효성을 가지고 새로 읽히고 유지되는 것이지 결코 고대 이래 동일한 예속관계가 반복되는 것은 아니다. 필자는 예를 들어 하야카와가 '아시아에서 공동체적 관계의 잔존'이라고 파악한 문제를 일본사에서 공동성의 재구성에 대한 질문으로 지금 다시 새로 읽는 것도 가능하다고 생각한다. 田中聰, 앞의 〈轉機としての《日本歷史教程》—早川二郎のアジア的共同體論〉.

필자의 의견으로는 구체적인(정치 · 경제 · 문화에서) 교통관계 무대의 막연한 총칭에 지나지 않는다. 예를 들어 왜국 · 일본과 중국왕조의 국교에서 보이는 것과 같은 정치권의 일체성을 반드시 상정하면서 구사되고 있는 것은 아니다.[39] 통설은 이적집단이 조빙(朝聘)을 하지 않고 곧 민족국가를 구성하지 않은 채 산재했기 때문에, 일본으로의 귀속을 통해 중화제국을 중심으로 한 동아시아 국제질서에 간접적으로 참가할 수밖에 없는 존재였다고 이해하는데, 사실인가? 오히려 현재 '동아시아 문화권'의 역사 서술과정에서 이적과 같은 불안정하고 중층적인 존재를 제외해온 것은 아닌가?

이적을 타자로서 고대사 속에 재정립하는 것은 동아시아라는 공간적 틀을 상정하는 의미를 다시 생각해보는 것과 관련이 있을 것이다.

(번역 윤해동)

---

39) 李成市, 〈古代東アジア世界論再考〉, 《歷史評論》 697, 2008.

전후시와 전후역사학의 조우

1950년대의 서사시적 갈망

이와사키 미노루

서사시적인 것의 갈망은 국민적 역사학운동의 핵심에 닿는 요구이자 감수성이었다. 그러나 실제로 거기서는 자신들 일본민족은 결락되고 결여된 민족으로 우선 주체화되어야 하는 반면, 조선민족이나 민족해방투쟁을 하고 있는 아시아의 다른 민족이야말로 '규범'이 되는 민족으로 파악되고 있다.

이와사키 미노루(岩崎稔)

와세다대학 제1문학부 철학과를 졸업하고, 후지와라 야스노부(藤原保信) 교수 아래서 동대학원 정치학연구과 박사과정을 수료(정치사상 전공)했다. 헤겔 연구와 정치사상 연구를 전문으로 했다. 일본학술진흥회 특별연구원과 릿쇼(立正)대학 비상근 강사를 거쳐 1990년부터 도쿄 외국어대학 외국어학부 전임강사가 되었고, 1994년에 동대학 조교수를 지냈다. 현재는 동대학 대학원 총합국제학연구원 교수이다. 3년간 쾰른과 라이프치히에서 동시에 재외(在外) 연구를 했다.

인간의 정치적인 판단과 행위의 근거가 되는 철학적 해명에 일관되게 몰두하면서, 1990년대 이후에는 버블 붕괴 후 일본에 나타난 역사수정주의 사조와 대결하는 논문을 다수 썼다. 또 집단적 기억과 사회적 상기(想起)에 초점을 맞춰 이를 이론적으로 해명하는 작업을 진행했다. 국립대학 법인화 문제 등, 대학론에서도 수도권 네트워크 창설에 참가해 반대운동에 나서고 있다. 1990년대 중반에 역사가 나리타 류이치(成田龍一), 교육학자 오우치 히로가즈(大內裕和)와 'Workshop in Critical Theories=WINC'라는 대학을 가로지르는 국제적 연구회를 조직하고, 아카데미즘과 현실의 사회 과제를 중개하는 자리를 만들어 젊은 연구자 육성에 힘쓰고 있다. 2008년부터 도쿄 외국어대학 출판회의 초대 편집장으로 활동하고 있다.

공동 편저로 《繼續する植民地主義 ― ジェンダー/民族/人種/階級》(青弓社, 2005), 《戰後思想の名著 50》(平凡社, 2006), 《21世紀を生き抜くためのブックガイド ― 新自由主義とナショナリズムに抗して》(河出書房新社, 2009) 등이 있다.

1. 《황무지》파의 시와 그 '지연'

전후 '식민지주의의 계속'이라는 커다란 문제를 앞에 두고 필자는 우회로로 전후시(戰後詩)를 둘러싼 어떤 논점을 문제 삼고자 한다. 구체적으로는 전후시를 대표한다는《황무지》시에 나타나는 초상〔喪〕의 형태에 의문을 제기하면서, 1950년대 역사가들이 논한 역사와 민족이라는 문제에 대해 약간의 고찰을 더해보고자 한다.

전후 계몽이나 전후역사학 등과 함께 이미 오래전부터 전후시의 종언을 언급해왔는데, 그것은 역시 시가 전후를 결정지은 수많은 획기적인 논문이나 평론과 함께, 혹은 그 이상으로 전후 정신을 보여주는 특별한 지표로서 기능했음을 방증한다. 예를 들면, 아유카와 노부오(鮎川信夫)의 〈다리 위의 사람(橋上の人)〉에서 다음의 구절은 어떨까.

매장하는 날은 말도 없고

---

* 이 글을 정리하는 데 전후사상연구회의 이케가미 요시히코(池上善彦), 나리타 류이치(成田龍一), 사토 이즈미(佐藤泉), 도베 히데아키(戸邊秀明), 아울러 이타가키 류타(板垣龍太) 등과의 토론에서 많은 시사를 받았다. 깊이 감사를 드린다. 또한《列島》제1~12호(1952~1955)를 참고문헌으로 삼았음을 밝힌다.

입회하는 사람도 없었다,
분노도, 비애도,
불평의 유약한 의자도 없었다,
하늘을 향해 눈을 뜨고
그대는 그저 무거운 신발 속에 발을 집어넣고 조용히 누워 있었다.
"잘 가게. 태양도 바다도 믿을 것이 못 되네"
M이여, 지하에 잠든 M이여,
그대 가슴의 상처는 아직도 여전히 아픈가.

—〈다리 위의 사람〉[1]

전후 정신이 어떤 기억을 계류점(繫留点)으로 하는지를 고하고 있는 이 시는 지금까지 얼마나 많이 인용되어왔던가. 원래는 압도적인 긍정자원(肯定資源)인 '태양'과 '바다'조차도 이미 '믿을 것이 못 된다'고 단정하는 듯한 죽은 자들—인용부호 속의 말은 불완전한 유언으로서 시인에게는 들릴까 말까 한 곳에 있다. 죽은 자들과 살아남은 자들과의 넘기 어려운 단절이 이 광경이 나타낼 수 있는 전부일 것이다.

시인은 죽은 자의 아픔에 대해 "아직도 여전히 아픈가"라고 멀리서 물을 수밖에 없는, 즉 당사자가 아닌 입장에서 묻는 것으로밖에 응답하지 못한다. 그럼에도 여전히 행해지는 이 응답에서는 아픔을 직접 자신의 것으로 하지 못한 채, 그래도 그 부재의 아픔을 대신할

1) 鮎川信夫, 〈橋上の人〉, 荒地出版社 編, 《荒地詩集(1951)》, 早川書房, 1951, 40쪽.

수밖에 없는 살아남은 자신의 존재 자체가 새로이 곤란한 상처로 남겨져 있다. 발화(發話)의 의무와 발화의 불가능성 양쪽 모두를 끌어안은 '전후시'의 위치가 거기에서 생겨나는 것이다. 결코 청산할 수 없는 죽은 자에 대한 부채감이 전후의 어떤 윤리의식을 만들어냈고, 또 그런 것으로 이해되어왔다. 한편으로는 전후의 생생한 일상이 시작되고 죽은 자들은 본질적으로 매장되는 일 없이 잊히기 시작하기 때문에, 초상을 치러야 한다는 부채감에서 생겨난 윤리성은, 퇴색해버리는 것에 대해 더 큰 심적 채무를 질 것인지 아니면 과감히 벗어버릴 것인지 선택의 기로에 봉착하게 된다.

동일한 문제는 다무라 류이치(田村隆一)의 〈입관(立棺)〉에도 나타나 있다.

나의 시체에 손대지 마라
너희들의 손은
'죽음'을 만질 수 없다
나의 시체는
군집(群集) 속에 섞이어 비에 젖게 하라
우리에게는 손이 없다
우리에게는 죽음을 만질 만한 손이 없다

—〈입관〉[2]

'우리'는 죽은 자를 만질 수가 없다. 그러나 죽은 자한테서 벗어

---

2) 田村隆一, 〈立棺〉, 《荒地詩集(1952)》, 早川書房, 1952, 20~21쪽.

나 살아 있는 자들의 질서에 그대로 동화할 수도 없다. 전후시 중에서도《황무지》의 시인들은 이 탈구(脫臼) 감각을 그려내는 솜씨에서 두드러진 존재였다. 그 서정은 무엇보다도 철두철미한 '초상 치르기'인 것이다. 단, 이때 주의해야 할 것은 다음과 같은 점이다. 여기에 나타나 있는 '초상 치르기'가 전후 시인들의 윤리성의 구조라 하더라도, 이러한 전후의 광경이 일반적으로 착각하는 것처럼 패전 직후 시기의 그것일까 하는 점이다. 실제로《황무지 시집(荒地詩集)》이 성립되고 수용되는 것은 1940년대 후반이 아니라 1950년대 전반의 일이다. 더욱이 그 몇 년간은 그야말로 일본의 전후 자기 이해가 확립되는, 동시에 무언가가 잊히는 과정이기도 했다. 이 '지연'의 의미를 간과해서는 안 된다. 이 글이 전후시를 문제 삼는 것은 이 '지연'에 사학사적인 물음과 통하는 무언가가 포함되어 있을 것이라고 생각하기 때문이다. 그리고 이 '지연' 속에서 비로소 전후적인 서정이 구축되었고, 또 더러는 지배적인 전후상(戰後像)도 형성되었던 것이 아닐까?

《황무지》파에 대해 이미 사카이 나오키(酒井直樹)는 그것이 "어떤 종류의 역사적 실천을 이루고 있다는 것, 또한 설령 유산한 것이었다고 하더라도 적어도 역사에 대한 의도적인 간섭이었다"고 지적했다.[3] 사카이는 전후시를 전쟁 중에 시인들이 맞닥뜨린 악몽 같은 체험에 대한 목격자로서의 서술이라고 생각하지는 않는다. 즉, "공동의 역사적 경험이었던 전쟁은 패전에 이어 행해진 다양한 담론활

---

3) 酒井直樹,〈戰後日本における詩と詩的言語〉, 神島二郎 · 前田愛 · テツオ · ナジタ 編,《戰後日本の精神史》(岩波モダンクラシックス), 岩波書店, 2001, 310쪽.

동의 소산이었"으며, "아마도 전후시의 쟁점은 그 자체가 담론으로 구성된 실체로, 지금까지 보통 역사로 이해되어왔던 것과 언어에 의한 고정화를 빠져나가는 일종의 경험과의 관계 그 자체였다"[4]고 한다. 사카이는 시가 쓰인 직접적인 시기가 실제와 어긋나 있다는 것만을 말하려 한 것은 아니다. 그 발언 속에 근원적이면서도 구성적으로 편입되어 있는 어떤 기원의 선취(先取)라는 의제를 철학적으로 문제 삼고 있는 것이다. 사카이는 그렇기 때문에 전후시의 시인들이 하나의 문제에 봉착한다고 말한다. "이러한 시인들이 어떻게 그들의 언표(言表)의 위치를 전후 사회 속에서 확정했는가. 혹은 더 특정해서 말하자면 시인들이 이야기할 것이 정해져 있는 예정된 위치를 무비판적으로 받아들이지 않는 것이 어떻게 가능하다고 생각했는가."[5] 예를 들어, 서두에서 인용한 아유카와의 시에서는 죽은 친구 M의 유언집행인 자격으로서만 그것이 가능해지는 것일까. 그러나 현실은 정반대의 모습을 나타내고 있다. 새로운 전후체제 아래에서도 "과거는 공동적 표상체계에 그렇게 심각한 분열을 초래하지 않은 채로 현재 속에 통합된 듯한 감이" 있다. 그렇게 되자 《황무지》파는 그러한 전후의 일상에 대해 비연속을 대치시키지 않을 수 없었다. "그 때문에 그들은 시인이라면 틀림없이 친숙하게 느낄 현재의 표상체계 속에서 부여되는 어떠한 언표의 위치라도 거부하지 않을 수 없었던 것이다."[6] 즉, 그 시는 죽은 자의 유언이 정당하게 존중되

4) 酒井直樹, 위의 글, 311쪽.
5) 酒井直樹, 위의 글, 317쪽.
6) 酒井直樹, 위의 글, 319쪽.

고 또 집행되는지의 여부를 감시하는 작업이지도 못한 채, 그저 현재세계에서 죽은 자들의 유언이 조금도 이해되지 못함을 고할 따름이다.

그런데 이와 같이 갈파한 사카이는 거기에서 전후시로서 《황무지》파만을 문제 삼고 있다. 그러나 《황무지》를 전후시의 대표로 삼는 것 자체가 이미 전후 이해에 대한 의제의 일부가 되어버리는 것은 아닐까. 만일 사카이의 논의를 받아들여 이를 좀 더 넓게 혹은 더 구체적으로 재검토한다면 사태는 어떻게 보일까. 이런 말을 하는 이유는 《황무지》 시인들이 가장 긴박한 '전후적인' 시를 간행하던 그 시기에 현실성을 가진 시인들의 조류로서 더욱 폭주하는 시적 현실이 진행되고 있었기 때문이다.

첫 번째로 이 시기에 '서클시'라고 불리는, 노동자와 농민, 지역의 자주적인 그룹에 의한 자발적인 시쓰기운동이 매우 광범위하게 동반되었다는 점을 굳이 상기하고자 한다.[7] '서클'이라는 말은 지금은 기껏해야 대학교의 학생 서클을 연상시키는 정도로 거의 아무것도 환기시키지 않는 말이 되어버렸다. 그러나 1931년에 구라하라 고레히토(藏原惟人)가 러시아어에서 따와서 서클이라고 했을 때, 그것은 일상생활 속에 쐐기와 같이 파고드는 문화 정치학의 칼끝을

---

7) 예를 들면 센자키 긴메(先崎金明)의 《서클활동 입문(サークル活動入門)》 등, 이 시기에는 수많은 서클활동론이 있다. 특히 서클시에 대해서는 이노카와 교(井之川巨)가 편집한 《강철의 불꽃은 지지 않는가—에지마 히로시 · 다카시마 세쿄의 시와 사상(鋼鐵の火花は散らないか—江島寬 · 高島青鐘の詩と思想)》(社會評論社, 1975)과, 이노카와 교가 쓴 《시와 상황—내가 인간인 것에 대한 기억(詩と狀況—おれが人間であることの記憶)》(社會評論社, 1974) 등을 참고하기 바란다.

의미했다. 특히 전후 직후부터 1950년대 전반에 이르는 서클은 '사상의 과학연구회(思想の科學硏究會)'가 엮은 《공동연구집단(共同硏究集團)》[8]에 해명되어 있듯이 지역과 학교 · 직장에서 매우 광범위하게 조직된 활동이었지만, 당시는 아직 고도 경제성장으로 사회변용을 일으키기 이전의 사회였기에 문화활동의 전선일 수 있었다.

둘째로 이러한 서클시운동에 힘입어 또한 그것을 상징하듯이, 1952년부터 1955년에 걸쳐 전국 서클 시지(詩誌)를 기반으로 《황무지》와는 전혀 다른 지향성을 나타내는 《열도(列島)》라는 시지가 출판되었다는 점이다.[9] 따라서 전후시의 이 시기를 《황무지》만으로 이야기하는 것은 명백히 불충분하다. 그리고 《황무지》와 《열도》의 절정은 모두 1950년대 전반에 존재했다. 물론 두 잡지는 단순히 당파적으로 나뉘어 있었던 것이 아니라 함께 동시대적인 역사의식을 강하게 가지면서도 상호보완적으로 존재했다.[10] 《황무지》에 대해 '지연'이라고 했지만 그 대항축이라고 할 만한 《열도》라는 계기 없이는 이 '지연'이 지니는 의미도 이해할 수 없다. 그러나 《황무지》가 전후를 대표하는 서정으로 거의 정착된 데 비해 《열도》에 체현되는 그것은 자칫 묵살되기 십상이다. 이와 같이 《열도》가 전후시사(戰後詩史)에서 완전히 뒤로 밀려나는 이유는 무엇일까? 분명히 《열도》에 실린 각 시의 수준 차에 그 이유가 있을 것이다. 노동자의 시, 정치시, 그리고 프롤레타리아 시의 계승을 지향하던 《열도》의 시작품

---

8) 思想の科學硏究會 編, 《共同硏究集團 ― サークルの戰後思想史》, 平凡社, 1976 참조.

9) 《열도》에 대해서는 《詩誌《列島》完全復刻版》(전12권, 土曜美術社出版販賣)이 있다.

은 동시대의 동태와 완전히 동떨어진 곳에서 볼 때는 지나치게 소박하거나 편협한 슬로건에 빠져 수준이 떨어지는 작품이 포함되어 있다는 사실을 부정할 수 없다. 그러나 그것을 뒷받침해주는 무수한 서클시의 존재, 서클운동의 리얼리티 속에서 평가할 때는 또 다른 양상을 띠게 된다.

2. 〈화승총의 노래〉와 서사시적 선망

《열도》에는 《황무지》에서는 볼 수 없었던, 한반도에서 일어나고 있는 전쟁에 대한 초조감과 격분을 표명한 작품이 많다. 《열도》는 혁명운동이나 좌익운동과 매우 친화적이다. 《열도》는 대담한 사회

---

10) 시지 《열도》의 활동은 1952년부터 1955년까지이다. 그에 대해 나카가와 빈(中川敏)은 다음과 같이 말하고 있다. "마쓰가와(松川) 사건이 1949년에 일어나 한국전쟁과 저널리즘 관계자의 레드퍼지(red purge)는 이미 1950년에 시작되었고, 도쿄대 포포로(ポポロ) 사건과 유혈 메이데이가 1952년에 일어나 우치나다(內灘) 투쟁이 격화되어 마쓰가와 사건 공정재판 요구운동이 고조되는 것이 1953년이다. 그리고 일본공산당 육전협(六全協)은 1955년의 일이다. 그렇게 열거해보면 그 활동기가 얼마나 힘든 시대였는지를 알 수 있다. 전후시에 대해 이야기할 때 《황무지》와 《열도》가 종종 나란히 거론된다. 그것은 이 두 그룹이 강한 시대의식을 안고 전후시의 주류에 편승했음을 스스로 의식하고 있었기 때문이며, 틀림없이 그 영향력, 견인차적인 활동이 큰 것이었기 때문이다. 이 두 그룹은 각각 고유의 생각을 가지면서도 결코 폐쇄적이지 않았다. 그러기에 두 파 모두 시로서는 상당히 많은 독자를 얻었던 것이다. 한쪽만 읽던 사람도 물론 있었지만 양쪽 모두 읽던 사람도 적지 않다. 양쪽 모두 전후라는 역사의식을 강하게 안고 있었고, 전후시의 주류에 편승하는 것에 대한 의미를 생각하고 있었다." 中川敏, 〈列島について〉, 木島始 編, 《列島詩人集》, 土曜美術社出版販賣, 1997, 424~425쪽.

화와 아방가르드를 내세우고 있다. 1952년《열도》의 창간사에서 노마 히로시(野間宏)는 다음과 같이 쓰고 있는데, 이것은 아마도《열도》의 가장 빈약하면서도 문제가 많은 부분이 아닐까 한다.

> 시가 일본 전역을 뒤덮으려는 시대가 오고 있다. 현재 일본의 어디를 가도 시 잡지, 시 팸플릿, 시집, 시 전단지를 돌리지 않는 곳이 없다. 시는 공장 안에서 읽히고, 직장에서 읽히고, 산에서 읽히고, 가정에서 읽히고, 곳곳에서 읽혀 많은 일본인의 생활 속에 확실히 자리를 잡게 되었다. …… 시는 정말로 일본인의 사명을 자유롭게 하여 어떠한 때에라도 일본민족을 올바른 목표를 향해 나아갈 수 있는 민족으로 만들어줄 것이다.[11]

'전문 시인'들의 시가 아니라 생활 속의 시를 치하하며, 그것이 곧 일본민족이 올바른 목표를 향해 나아가도록 해준다는 식의 성급한 사고는 정작《열도》의 동인들 사이에서도 항상 의문시되었고, 논의되어왔다.《열도》는 항상 '풍자'와 표현의 기술, '정치시'와 '서클시'가 무엇인가를 특집으로 꾸몄다.

하지만《열도》안의 의견 교환은 사전에 하나의 노선을 가지고 시작된 것이라고는 도저히 생각할 수 없는 혼란 상황도 보인다. 예를 들어,《열도》를 중심에서 떠맡아 반기지투쟁을 제재로 한〈우치나다(內灘)〉*라는 서사시적인 작품도 구상했던 시인 이데 노리오(井手則

11) 野間宏,〈詩誌《列島》發行について〉,《列島》創刊號, 葦の會, 1952.

雄)는 역시 창간호에 실린 〈시인의 발아기(詩人の發芽期)〉에서 다음과 같은 위기감을 표명했다.

> 새로운 외침은 현대사의 해독(害毒)에 의해 그 출발점에서 돌연 한계를 맞아 영탄적인 감정의 보합상태나 울트라적 공전이 되어 시문학으로서 성장할 수 있느냐 없느냐 하는 중요한 선상에서 제자리걸음을 하고 있다. 그 근저에는 민족의 서정정신의 새로운 발현이라는 중요한 문제가 자각되어 있으면서도, 그것이 국제적인 인간 감정으로 고조되지 못하고 단카(短歌)** 적인 모노노아와레(物の哀れ)***의 정서로 회귀되어, 이를 극복하는 방법의 단서를 찾지 못하기 때문에 저조를 면치 못하고 있다.[12]

* 이시카와(石川)현 우치나다를 가리킨다. 1952년에 한국전쟁으로 인해 포탄 수요가 급증하면서 미군은 일본 업체가 생산한 포탄의 성능을 실험하기 위한 검사장이 필요했는데, 이 과정에서 우치나다가 포탄 검사장 건설지로 결정되었다. 이에 대해 이 지역에서는 우치나다투쟁이라 불리는 대대적인 반대운동을 전개했다. — 옮긴이

** 일본의 전통적 시가를 대표하는 단시로, 5구 31음절로 이루어진 정형시(定型詩)를 말한다. '단카'라는 호칭이 사용된 것은 메이지유신(明治維新) 이후부터이다. — 옮긴이

*** 보고 듣고 만지는 사물에 의해 촉발되는 정서와 애수, 일상과 유리된 사물이나 사상을 접했을 때, 마음 깊은 곳에서 흘러나오는 적막하고 쓸쓸하면서 어딘지 모르게 슬픈 감정 등을 말한다. 이는 특히 일본 헤이안시대의 왕조문학을 이해하는 데 중요한 문학적 · 미적 개념이자 미의식의 하나이다. — 옮긴이

12) 井手則雄, 〈詩人の發芽期〉, 위의 《列島》 創刊號, 8쪽.

이데는, 이 단카적 서정과의 대결, 즉 민족적 서정정신의 창출이라는 과제는 '서사적인 것'을 묘사할 수 있느냐 없느냐에 달려 있다고 한다. 세키네 히로시(關根弘)나 미토코 히로미(御床博美) 등《열도》의 주요 동인들도 계속해서 이와 같은 문제를 제기했다. 그때 '민족적 서정'과 '민족적 서정정신'이라는 말이 열쇠가 된다.

《열도》의 동인들 중에 방금 언급한 바와 같이 단적인 민족적 서정이 요구되고 국민 주체와 민족적 시간 혹은 각성이 요구되는 것에 대해, 불과 몇 년 전까지만 해도 여전히 대일본제국의 동원이라는 레토릭이 넘쳐나던 것을 생각하면,《황무지》가 서 있는 지점과 비교해 단숨에 후퇴한 것이 아니냐는 지적이 있을 수 있겠다. 즉《열도》에는 전전(戰前)적인 것, 의사(擬似) 공동체적인 것으로 항상 수렴되어가는 예전의 이미지와 어딘가 동일한 구조가 배태되어 있는 것처럼 느껴질지도 모른다. 확실히《황무지》는 전시의 노동시와 국민시가 추구하던 소리 내어 읽는 행위에 등을 돌린, 철두철미하게 '읽히고 묵독되는 시'였다. 그에 반해《열도》는 다시 불리는 시, 노동자들 간의 목소리가 되는 시이고자 하는 점도 이러한 상황과 맞물려 있다.

이와 같이《황무지》가 형태를 갖추고 또《열도》가 등장한 1950년대 전반의 정치 상황은, 일본공산당이 1950년 1월에 코민포름으로부터 비판을 받아 이후 수년간 심각한 혼란상태에 빠져 있던 시기에 해당한다.[13] 이 시기의 코민포름 지도부는 아시아 각 지역에 공통으로 무력투쟁을 전개할 것을 요구했지만, 일본에서는 비판을 계기로 공산당 내부에 대립이 확대되어, 옥중 18년의 권위에 의해 지도부를 형성한 도쿠다 규이치(德田球一) 등과, 코민포름의 비판을 발판으로 삼아 지도부 비판을 개시한 그룹 사이에 어쩔 수 없는 분열이 일어났다. 특히 비판을 '소감(所感)'이라는 형태로 받아들인 이른바 '소감파'는 코민포름을 지지한 '국제파'를 먼저 배제했으나 오히려 자신들이 코민포름의 노선을 따라 일방적으로 지하로 잠행해버리고 말았다. 이 시기에는 또 '역 코스'가 현저해져 1950년 6월 6일의 지령 등에 의한 레드퍼지(red purge)*가 강행되고, 이에 대해 무력을 포함한 대치가 운동방침이 되었다. 이런 가운데 확실한 반미무장투쟁으로서 1952년 5월에 피의 메이데이가 있었고, 6월에는 스이타(吹田)·히라가타(枚方)·오스(大須) 사건 등 구체적인 행동이 실행되었다. 점령군 미국에 대해 민족해방투쟁의 입장에서 싸운다는 지향성이 역사학에서는 국민적 역사학운동으로 발전했고, 또 문학에서는 더 막연하기는 했지만 국민문학논쟁으로 나타났다. 전후 좌익의 문학적 거점이던 《신일본문학》도 공산당의 분열에 선동되어 《인민문학》과의 분열상태를 경험한다. 이와 같은 반미민족주의의 확산이 《열도》와 그 동인 시인들이 나오게 된 배경이다. 그런 와중에 "과거에 관한 그들(즉 시인들)의 끊임없는 이야기는 많은 역사적

---

13) 이 시기의 소감파 프로그램에 대해서는 일본공산당 도쿄도위원회 교육위원회 책임편집의 《일본공산당 당성고양문헌(日本共産黨黨性高揚文獻)》(駿台社, 1952) 등이 있다. 최근 이 시기의 체험에 대해 훌륭한 연구가 나오고 있는데, 그 가운데 하나로 와키타 겐이치(脇田憲一)의 《한국전쟁과 스이타·히라가타 사건—전후사의 공백을 메우다(韓國戰爭と吹田·枚方事件—戰後史の空白を埋める)》(明石書店, 2004)가 있다.

* 레드퍼지는 1950년대에 일본에서 일어난 공산주의세력 축출 행위로, 당시 일본을 점령하고 있던 연합군 최고사령관인 맥아더의 지령으로 공산당원과 그 동조자들이 공직과 기업에서 추방된 일을 가리킨다. 이로 인해 1만 명이 넘는 사람들이 실직했으며, 그 이후로 일본에서는 노동운동이 침체되었고 질적 전환이 이루어졌다. —옮긴이

이야기와 마찬가지로 과거에 생긴 일 그 자체보다는 현재 그들의 공동성(共同性) 구성(構成)을 향해 있었다"는, 《황무지》에 대한 사카이의 지적은 그대로 《열도》의 시인들에게도 적용될 수 있다. 《열도》도 마찬가지로 "현재 그들의 공동성 구성"을 행하고 있었던 것이다.

그 이유는 바야흐로 민족해방전쟁의 와중에 있는 《열도》의 시인들에게 민족적 서정이나 서사적인 것이 어떤 공통의 규범으로서 요구되고 있었기 때문이다. 거기에서도 시를 현실의 반영으로 보아서는 안 된다. 민족적 실체가 존재하기 때문에 그것을 읊조리는 것이 아니다. 오히려 서사시적인 것의 갈망이다. 이런 서사시적인 것을 생각할 때 《열도》가 등장했던 무렵에는 소설의 김달수(金達壽)와 어깨를 나란히 하는 존재로 어떤 한 시인이 아주 커다란 설득력을 가지고 받아들여지고 있었다. 바로 조선인 시인 허남기(許南麒)이다. 허남기는 《열도》에도 자주 등장하는데, 창간호에 〈나는 용기에 대해 생각한다(俺は勇氣について考える)〉[14]라는 시를 기고했다. 그 중에서도 허남기의 서사시 〈화승총의 노래(火縄銃のうた)〉는 앞서 《열도》가 갈망한 민족적 서정정신이나 서사시 가운데 어쩌면 유일한 성공 사례라 할 수 있을지도 모른다. 그 한 구절을 살펴보자.

준아
너는 지금
총을 닦고 있다

---

14) 許南麒, 〈俺は勇氣について考える〉, 앞의 《列島》 創刊號, 12~13쪽.

너는 지금
문경(聞慶) 조령(鳥嶺)의 떡갈나무와
충주 산간의 선철로 만들어진
그 신령한 백 냥짜리 총
이 할머니가
혼숫감으로 가지고 온
옷 한 벌과
은가락지와 은비녀 내다 팔아
간신히 할아버지에게 쥐어줄 수 있었던
그 화승총을 닦고 있다.

준아
너는 지금
총을 닦고 있다,
너는 지금
동학란과
기미년 만세사건이라는 두 개의 난을
네 할아버지와
네 아버지에게 몸 바친
그 녹슨 총,
피와 눈물과 땀에 절어
바람과 비와 흙 속에서 살아온
할아버지와 아버지의 유일한 유물
그 화승총을 닦고 있다.

—〈화승총의 노래〉[15]

'준아'란 상대를 부르는 소리이다. 〈화승총의 노래〉는 '준'이라 불리는 젊은이에게 그 할머니가 들려주는 이야기였다. 세 개의 시간이 층을 이루며 지금부터 그가 나가는 전쟁에서 손에 들게 될 화승총의 내력을 전개해가는 구조로 되어 있다. 복잡한 비유법은 아니다. 단순한 표현을 연거푸 말하고 반복해 그만큼 길고 여유 있는 넉넉한 호흡으로 그려지는 전형적인 서사시의 형태를 이루고 있다. 세 개의 시간 가운데 하나는 동학농민운동, 즉 일본군을 청일전쟁에 개입하게 한 민중적 궐기이다. 또 하나는 제1차 세계대전 이후 3 · 1독립운동과 그 유혈탄압에 대한 투쟁이다. 그리고 '준'은 지금 한국전쟁기의 빨치산전투에 그 화승총을 들고 참전하려 하고 있다. 허남기의 '전기(傳記)'라고 하는《닭은 울지 않을 수 없다(鷄は鳴かずにはいられない)》에서는, "작자가 시종일관 노래하는 화승총이야말로 조선 젊은이의 조국과 민족에 대한 열렬한 사랑, 불굴의 투지, 침략자에 대한 증오와 복수를 쏟아부은 영웅적인 전쟁의 상징"[16]이라고 한다. 이 다층적인 전쟁의 기억은 1950년에 한반도에서 일어난 절실한 저항을 시로 읊어 민족해방투쟁의 서사적 유형을 이루었고, 최근에는 예를 들어 조정래(趙廷來)의 대하소설《태백산맥(太白山脈)》[17]과도 일맥상통하는 해석 모델을 형성하고 있다.

이 〈화승총의 노래〉에서는《황무지》의 발화(發話)가 불가능한 위

15) 許南麒,《火縄銃のうた—長編敍事詩》(青木文庫), 青木書店, 1952.

16) 孫志遠 編著,《鶏は鳴かずにはいられない—許南麒物語》, 朝鮮青年社, 1993, 65쪽.

치와는 정반대로, 시로서는 안정된 발화 장소가 확보되었다고 할 수 있지 않을까. 〈화승총의 노래〉의 서사시적 형식에서는 일종의 이야기꾼인 할머니가 반복적으로 여러 시공(時空)을 직접 연결시켜주는 화자가 된다. 구체적인 장소, 자연의 사물, 과거의 사건이 그때마다 매우 단순한 상호 참조관계를 이루면서 모든 것이 민족적 일체성의 부분으로 서로 반향하는 듯한 이미지의 공간을 만들어내고 있다. 그러나 빼앗기고 분단된 조선의 환유(換喩) 같은 공간에는 다층적인 분노와 비애와 통곡이 담겨 있기 때문에 결코 안일한 기본형이 되지 않는다. 여기서는 이런 서사시의 형식이 멋진 균형을 자아내어 성공을 거두고 있는 듯하다.[18] 허남기의 노래는 《열도》의 시인들 중에서 또 동시대의 서클시 중에서 당시 압도적인 반향을 불러왔다. 예를

---

17) 趙廷來, 筒井眞樹子 · 安岡明子 · 神谷丹路 · 川村亞子 譯, 《太白山脈》(全10卷), ホーム社, 1999~2000.

18) 허남기의 〈화승총의 노래〉의 온화하면서도 힘이 있는 심상에 매력을 느끼는 사람도 그런 그가 그 후 민족의 영웅으로서 김일성을 표현할 때의 계관시인적인 행동에는 완전히 머쓱해지고 말 것이다. 허남기는 특히 1959년 재일본조선인총연합회 결성 뒤에는 명확하게 조선민주주의인민공화국의 문화부장과 같은 역할을 담당하여, "김일성 주석과 김정일 서기의 배려 아래 조선민주주의인민공화국 인민회의 대의원이라는 영예를 짊어지고, 1972년에는 조선인민의 가장 빛나는 훈장인 김일성 훈장을 가슴에 단 조선의 문학자"로서 자리 잡게 된다. 분명히 〈화승총의 노래〉는 많은 반향을 불러일으켰다. 그는 또 1952년 9월에 《거제도—세계의 양심에 호소한다(巨濟島—世界の良心に訴える)》(理論社, 1952)라는 역시 서사시 형식의 작품을 발표한다. 이것은 한국전쟁 과정에서 연합군의 포로가 된 장병이 수용되어 있던 거제도에서 행해진 포로학살과 세균폭탄 사용을 충격적으로 고발한 시였다. 그 밖에도 《허남기시집(許南麒詩集)》(東京書林, 1955) 등이 있다. 그러나 이러한 시작품의 리얼리티도 현재로서는 매우 이해하기 어려워졌다. 하물며 허남기가 1980년대에 《남으로부터의 송가(南からの頌歌)》(未來社, 1986)와 같은 익찬

들어, 도쿄 남부의 대표적인 서클 가운데 하나인 '시모마루코(下丸子) 문화집단'에서 활약하던 젊은 시인 이노카와 교(井之川巨)는 '준아'라는 문구를 그대로 사람의 이름으로 이해하여 자신의 시 〈조선의 딸들(朝鮮の少女たち)〉에서 아무런 전거도 없이 그 이름을 부르고 있다.[19] 그런 일이 가능했던 것이다.

그럼 1950년대 역사가들은 이 서사시를 어떻게 읽고 있었을까? 〈화승총의 노래〉에 대한 비평 가운데 가장 유명하면서 공감할 만한 것으로 우리는 이시모다 쇼(石母田正)의 《역사와 민족의 발견(歷史と民族の發見)》에 수록된 〈어머니에 대한 편지—루쉰과 허남기에 부쳐(母についての手紙—魯迅と許南麒によせて)〉를 들 수 있다. 반미민족투쟁의 초미의 과제는 민족 주체를 구축하는 일이라고 여기

적(翼贊的)이고 비굴한 시집을 엮어, 〈화승총의 노래〉에서 이시모다가 본 서사시적 가능성의 최고 부분을 털어버리고 오로지 실체로서의 민족을 아주 정치적으로 선택하는 역할로 타락해버리는 것까지 알아버리면, 1950년대 그의 위치는 더욱 상상하지 못할 것이다. 그러한 훗날의 역사를 함께 생각해볼 때 〈화승총의 노래〉에도 확실히 복잡한 심경이 될 수밖에 없다. 참고로 허남기의 시에 대한 가장 호된 비판으로서 양석일(梁石日)의 〈초기 시론방법 이전의 서정—허남기의 작품에 대해서(初期詩論方法以前の抒情—許南麒の作品について)〉(《ユリイカ 特集=梁石日》, 青土社, 2000年 12月號)라는 훌륭한 비평이 있다. 그는 허남기의 서정에 대해 아마도 재일조선인의 실제 정치운동 속에서 허남기와의 관계, 혹은 세대적인 대립까지 염두에 두고 예리하게 비판했다. 그러나 거기에 있는 허남기와 양석일의 대립은 어떤 의미에서는 비유법의 대립이라고 할 수 있는 것을 포함하고 있는 듯하다. 어쨌든 여기서는 어디까지나 허남기론이 아니라, 그의 시작품이 동시대《열도》의 시인들에게, 또 국민적 역사학운동에 참여하는 역사가들에게 어떻게 받아들여졌는가 하는 점만 문제 삼기로 한다.

19) 井之川巨, 〈朝鮮の少女たち〉, 앞의 《詩と狀況—おれが人間であることの記憶)》, 67~68쪽.

는 일본의 역사가들에게 허남기의 작품은 바람직한 표본의 하나일 수 있었다. 길어지지만 인용해보겠다.

물론 이 시는 반란과 투쟁, 바꾸어 말하면 행동과 사건의 세계를 이야기하고 있습니다. 그것은 낮의 세계에 속합니다. 그렇지 않고는 서사시가 될 수 없습니다. 그러나 이 행동과 사건의 전개를 지탱해주고 있는 것이 이 시에서는 어머니들의 심정이며 인간의 고뇌의 내면, 밤의 세계입니다. 이 서사시가 어머니의 심정에 뒷받침되고 사건과 행동의 격심한 변화가 어머니의 한숨으로 물들어, 낮과 밤의 두 세계가 통일되어 있는 점에 나는 이 시가 성공한 커다란 이유가 있다고 생각하고 있습니다. 작자가 이 〈화승총의 노래〉를 "조선의 많은 슬픈 아내와 어머니와 딸들에게" 바치고 있는 것은 그야말로 이 서사시의 특질에 상응한다고 하지 않을 수 없습니다. …… 일찍이 역사는 영웅호걸에 의해 만들어진다고 믿었던 시대가 있습니다. 이제는 이런 말을 믿는 사람은 적어졌습니다. 역사는 인민의 혁명적인 행동에 의해 만들어지는 것임이 밝혀지고 있습니다. 그러나 반란과 봉기와 혁명 등의 선명한 행동과 사업은 그대로 머물러 있는 것이 아닙니다. 반란과 봉기의 물결이 잠잠해지더라도 그 전통과 정신이 고갈되지 않고 다음 세대로 전해져가기 위해서는 그 전통을 보존하는 장소가 없어서는 안 됩니다. 그리하여 전통이 허공에 떠 있거나 관념으로서 독립된 존재가 아니라 그것이 역사적으로 의의를 지닌 힘이 되기 위해서는 언제고 인간의 일상의 영위, 생활의 일부가 되어 있어야만 합니다.

> 이 전통을 보존하는 장소=생활이야말로 어머니들 세계의 한 특질입니다.[20]

이시모다의 평가 속에서 어머니들의 표상은 이시모다의 의도에도 불구하고 여자들을 거기에 가두는 폐쇄적인 공간으로 기능하고 있음이 분명하다. 이것은 허남기가 모든 이미지를 민족 조선의 환유로 간주함으로써, 이 포괄관계 속에서 우선은 전통적인 자리매김을 그대로 확증하고 그것을 저항의 발판으로 삼고 있음을 생각하면 당연히 발생하는 문제이다. 이시모다의 찬사는 이와 같이 젠더론적인 시점에서 잠시만 보더라도 도저히 비판받지 않을 수 없는 점을 다수 포함하고 있다. 그러나 여기서 이 점에 대해서는 더 이상 깊이 거론하지 않겠다.

어쨌든 전통을 보존하는 무명의 사람들. 설령 그것이 혁명적 전통이라 부를 수 있는 것이라손 치더라도, "이 전통을 보존하는 장소=생활이야말로 어머니들 세계의 한 특질입니다"라는 내용이 일본국민의 그것과 바로 중첩되어버릴 때에는, 일견 사소한 그 유추가 커다란 차이를 낳을 것이라는 점만을 문제 삼고 싶다. 그와 같은 담론에서는 특히 그것이 미국 점령 아래 있는 일본민족의 운명을 암시하는 것으로 구가(謳歌)되는 점에서는, 이러한 민족을 둘러싸고 직시해야 할 과제를 너무도 쉽게 간과하도록 만드는 것이 아닐까. 이렇게 말해야겠다. 이시모다 등에 보이는 서사시적인 것의 갈망은 국

---

20) 石母田正, 《歴史と民族の發見—歴史學の課題と方法》(平凡社ライブラリー), 平凡社, 2003, 445~446쪽.

민적 역사학운동의 핵심에 닿는 요구이자 감수성이었다. 그러나 실제로 거기서는 자신들 일본민족은 결락되고 결여된 민족으로 우선 주체화되어야 하는 반면, 조선민족이나 민족해방투쟁을 하고 있는 아시아의 다른 민족이야말로 '규범'이 되는 민족으로 파악되고 있다. 재일조선인의 서사시로써 민족 정서가 이야기되고, 또 거기에 동일화되고 모색됨으로써 서사시적 선망으로 나타날 수밖에 없는 것이다.

3. 일국적인 '배반의 혁명'사관

국민적 역사학운동이 결국 일본공산당 소감파의 그릇된 정치 지도와 그를 반영한 정치주의로 인해 언제나 전적으로 부정되어온 것은 잘 알려져 있다. 많은 청년의 인생을 대가로 '조직'된 산손(山村)공작대*와 주가쿠(中核)자위대**는 지도부의 방향 전환으로 단숨에 부정되고 말았다. 국제파가 지도부가 되어 당의 분열을 해소한, 유명한 제6회 전국협의회가 그 전환의 상징이었다. 국민적 역사학운

* 산손공작대는 1950년대 일본공산당 임시중앙지도부(소감파의 유파를 이어받은 비정규집단)의 지휘 아래 무장투쟁을 지향한 비공식 조직이다. 마오쩌둥의 중국공산당이 농촌을 거점으로 한 것을 모방했으나 실효성은 거의 없었다고 한다.—옮긴이

** 주가쿠자위대는 1950년대 일본공산당이 이른바 '50년 문제'로 중앙위원회의 기능이 정지된 시기에, 임시지도부이던 소감파의 영향 아래에서 '사전협(四全協)' 이후에 조직되었다고 하는 Y조직의 하부 군사조직이다. 기본적으로는 지구위원회 아래에 조직된 군사조직의 명칭이다.—옮긴이

동을 포함하여 화염병 등에 의한 군사적인 반미민족투쟁 방침이 결국 당의 전환으로, 즉 육전협(六全協)에 의해 아무런 책임도 지지 않고 끝나버렸을 때, 스탈린 비판과 헝가리혁명이 또한 같은 시기에 일어남으로써, 앞서 말한 민중에 대한 호소는 그것이 품고 있던 문제와 함께 이중으로 역사로부터 사라져버린다. 이와 같은 반전 뒤에 남는 것은 이시모다가 주장했던 민중과, 시인이나 역사가들 사이의 말로 할 수 없는 단절의 경험에 불과하다. 예를 들어 구로다 요시오(黑田喜夫)의 1950년대 후반의 작품 〈공상의 게릴라(空想のゲリラ)〉는 그 궁극적인 폐색점(閉塞点)을 고하고 있다.

벌써 며칠째 계속 걸었다
등에 총을 메고
꾸불꾸불한 길은
낯선 마을에서 마을로 이어져 있다
하지만 그 너머에 낯익은 한 마을이 있다
그리로 돌아간다
돌아가야만 한다
눈 감으면 순간 떠오르는
숲의 모양
밭을 지나는 길
지붕
김치 담그는 법
친족 일동
나눠 깎는 전답

보잘것없는 격식과 영원히 변하지 않는 하얀 벽
손잡이가 떨어져나간 괭이와 타인의 땅
비참하게 죽어간 조상들이여
내몰린 어머니들이여
그곳으로 돌아간다
전에 본 기억이 있는 샛길을 지나
총을 들고 길모퉁이로 뛰쳐나온다
이제 시원(始原)의 원한을 푼다
복수의 계절이다
그 마을 건너편에 있다
길은 낯선 마을에서 마을로 이어져 있다
하지만 꿈속에서처럼 걷고 또 걸어도
낯선 경치뿐이다.
아무도 지나지 않는
누구와도 만나지 않는
어느 집으로 다가가 길을 묻는다
그러자 창문도 대문도 없다
벽만 있는 벙어리 집이 있다
다른 집으로 간다
역시 창문도 없고 대문도 없다
들여다보니 소리를 내는 것이라고는 아무것도 없이
이상한 색으로 빛나는 마을에 길은 사라지려고 한다
여기가 어디며
이 길은 어디로 가는 것이요

가르쳐다오
대답해
등에 멘 총을 내리고 무음(無音)의 군락으로 한 발 한 발 다가가자
그러나 무기는 가볍고
이런 낭패다
내 손에는 고작 삼 척 정도 되는 막대기가 들려 있을 뿐이지 않은가?

―〈공상의 게릴라〉21)

이 핍색(逼塞)의 길은 부정할 도리가 없을 정도로 확실하다. 구로다의 이 시는 1950년대 후반에 하는 그 전반 시기의 반전(反轉) 이야기이다. "창문도 없고 대문도 없"는 집 앞에서 자신의 무기조차 환시라는 것을 깨달을 때, 이시모다가 추구했던 민족이나 인민과의 일체성이라는 회로는 완전히 차단된다. 그뿐만이 아니다. 존재했던 것으로 향하는 통로가 닫히는 것이 아니라 요청하는 것 자체가 불가능해진다.

지금까지 문제 삼아온 것은 〈화승총의 노래〉라는 웅혼한 서사시에서 그 모델을 발견하고, 거듭해서 '서사시'를 논하고 갈망하고 또한 선망했던 《열도》의 시인들에 관한 것이다. 허남기가 그리는 민족적 서정정신을 일본국민, 일본민족의 규범으로 생각할 때 실제로 거

21) 黒田喜夫, 〈空想のゲリラ〉, 《詩と反詩―黒田喜夫全集·全評論集》, 勁草書房, 1968, 27~28쪽.

기에는 상당히 기묘한 곡해가 발생했다. 즉, 조선의 시인 허남기에게 가능한 서사시를 일본의 시인이나 역사가들이 갈망한다는 것은, 말 그대로 식민지 지배에서 해방으로, 나아가 전란 속에서 분단을 강요받고 있는 상실의 조선에서나 겨우 있을 법한 형식이 그대로 일본민족이 자신들의 민족 형편을 모색할 때 모델이 되는 것이다. 중요한 도착(倒錯)이 거기에 있다. 그런 점에 무자각한 이상 이 서사적인 것에 대한 갈망을 결코 달성하지 못할 뿐만 아니라, 그대로 아주 간단하게 정치주의적으로 반전될 수밖에 없다. 실제로 일본에서 이 반전은 1950년대 후반에 당으로부터의 이탈과 반스탈린주의에 관한 논의로 수렴되어 그 플롯 속으로 회수되고 만다. 1950년대 전반의 민족을 둘러싼 혹은 민족 서정을 둘러싼 토의는 결국 회고되지 않고 망각될 뿐인 것이다. 그리고 이 부분이 뒤로 물러남으로써, 전후를 둘러싸고 《황무지》에서 직접 이어온 초상의 형태만을 기억하는 것이 일반화된다.

이 점에 대해 커티스 게일(Curtis Anderson Gayle)은 《마르크스주의 역사학과 전후 일본의 내셔널리즘》의 서론에서 다음과 같은 적절한 지적을 하고 있다.

> 말할 것도 없이 전후 초기 일본의 역사적 · 사회적 상황을 고려하면 일본에 문화적 동질성을 전제로 한다거나 미국의 점령에 의해 문화적으로 식민지화되었다는 발상도 결코 정당한 것이 아니었다. 일본은 패전으로 제국의 판도를 상실했고, 그때까지의 식민지를 단지 상실한 것만은 아니다. 식민지 지배의 부정적 측면의 귀결은 여전히 전후 리얼리티의 일부를 구성하

고 있었다. 그러나 에스닉한 동질성 개념(단일민족)을 미끼로 일본민족이라는 소리 없는 '서발턴'의 역사를 발견할 수 있다고 기대하는 전후역사학의 사고는, 일본의 사회적 · 지리적 환경의 내부에 남겨진 사람들에게 체현되고 있는 일본의 식민지 지배가 초래한 부채를 등한시하고 있었다. 급진적인 입장을 취하는 역사가들이, 전후의 일본민족은 정통성이 없는 괴뢰적인 일본정부와 미제국주의의 쌍방에 굴종하고 식민지화되고 있다고 선언한 시점은, 실은 약 240만 명의 조선인이 옛 종주국 일본에 남겨져 사실상 그들이 전후 일본사회의 일부가 될 수밖에 없었던 시기이기도 했다. 그럼에도 일본국민이 에스닉한 민족이라는 등의 레토릭은 역사적 변혁을 위한 가장 중요한 위상을 표현하는 개념으로서 당시 계급이라는 이념보다도 우선되고 있었다. 마르크스주의 역사학자들은 그들이 경험하고 있던 지금 이 순간을 민족적인 행위 주체(역사적 변혁을 담당할 수 있는 사회적 · 정치적 세력)를 결집시킬 수 있는 절호의 기회로 삼고자 했다. 그러나 역으로 보면 민족의 인종적이고 에스닉한 궁극의 기준과는 합치하지 않는 사람들이 품은 꿈과 희망에는, 그러니까 일본민족이 식민화되고 있다든가 그로부터 해방을 희구하고 있는 자야말로 우리 일본민족이라는 식의 서사에 어울리지도 않는 노동자 계급이나 이질적인 사회 구성자들이 품고 있는 꿈과 희망에는 거의 무관심했다. 어떤 의미에서 마르크스주의 역사학자들에게는 일본의 경제 · 사회 · 문화는 물론, 더 나아가서는 정치와 군사까지도 식민지화되어버려 그로 인해 자기들이 지금 어려운 환경에 처해 있다는 사실이 일본에

사는 모든 사람들이 공유해야 하는 당연한 감각이었다. 그러나 거기서 잊힌 사람들의 입장에서 보자면 민족으로 해방된다는 발상 자체가 이미 특권인 것이다. 그리고 그 특권을 상상하는 것은 에스닉한 민족이라든가 그 민족의 과거라든가 하는 틀 속에서 설정되는 개념을 전제로 해야만 겨우 가능한 일이었다.[22)]

이와 같은 민족적 주체는 안정된 것으로 존재하는 것이 아니다. 오해해서는 안 될 것은 국민적 역사학운동이 민족적 주체를 요청하고 있는 것이지 반영하고 있는 것이 아니다. 그리고 《열도》 또한 시적 표현을 통해 그 과정에 개입하고 있었던 것이다. 더욱이 이 경우에는 일찍이 식민지 종주국으로서 그야말로 각 민족의 식민지화된 리얼리티에 책임이 있는 일본인들이, 일단 미국의 전후 지배 속에 있게 되자 이번에는 일찍이 식민지화된 사람들의 민족해방투쟁 에서 그 규범을 발견하고 있는 것이다. 자신들이 어디에 있는지에 대한 깊은 망각 없이는 민족해방투쟁의 범례를 동아시아의 모든 민족 가운데서 추구할 수는 없을 것이다. 그리고 이것은 그대로 《열도》의 시인들이 안고 있던 문제이기도 했다. 단순히 요청된 '마을의 역사'가 달성되지 못할 때, 즉 전통적인 민중이 나타나지 않을 뿐만 아니라 그것이 무장투쟁 방침에 의한 농촌으로의 잠행과 포기라는 형태로 최후를 맞이했을 때, 그것은 구로다의 〈공상의 게릴라〉와 같은 불모의 위치를 강요받을 수밖에 없다. 《열도》에서 서사적인 것에 대

22) Curtis Anderson Gayle, *Marxist History and Postwar Japaness Nationalism*, Routledge, 2002, p. 4.

한 내부 토의가 거듭되면서도 명확한 방도를 제시하지 못했던 것은 지금 언급한 문제가 있었기 때문이 아닐까.

4. 또 다른 초상의 가능성

그러나 《열도》에서 단순히 이러한 민족적 서정의 갈망 혹은 서사시적인 것의 선망과는 달리, 전후라는 규정 속에서 정말로 시대상황이 추구하는 것을 여전히 연속되는 초상의 문제로 생각하는 시인들도 존재했다.[23] 그리고 그것 역시 서클시로 표출되었다는 사실이 중요하다. 《열도》계 시인들의 계보에서 《황무지》의 초상의 문제를 대치하는 것을 오히려 여기에서 찾아낼 수 있다. 예를 들면, 《열도》의 시인들이 그 뒤에 만들어가는 다음과 같은 작품은 어떠한가. 거기서 그들이 보고 있는 것은 지금까지 말해온 민족적인 서사시성(敍事詩性)과는 다른 관계이다. 즉 반미민족투쟁에서 동심원적인 구조의 중심에 있는 민족을 단숨에 갈망 내지 선망하는 것이 아니라 바로 동아시아의 리얼리티로 일단 방향을 바꾸는 것이다. 예를 들어, 서클시인 가운데 대표적인 국철시인(國鐵詩人)이었던 하마구치 구니오(濱口國男)는 다음과 같은 〈동양귀(東洋鬼)〉라는 연작시의 작가이기도 했다.

---

23) 《열도시인집(列島詩人集)》은 《열도》에 참여한 시인들의 이후 작품을 포함해 하나의 계보를 재구성하고자 하는 시집이다. 이하에서는 시간적으로 《열도》보다는 나중이지만 그 흐름 속에 있는 시인들의 작품을 참조해보겠다.

이삼용(李三龍)은
두려워하는 기색도 없이 가슴을 풀어헤쳤다

풀어헤친 가슴에
총검을 들이대었다

느닷없이 발작을 일으켜
심장이 옥죄어들고 짓눌러오는 것은
오늘도 내 손에 남아 있는
이삼용의
단말마의 심장 고동

풀어헤친 가슴팍의 두께이다

—〈동양귀 Ⅲ〉[24]

흔히 〈변소의 노래(便所の歌)〉라는 아름다운 노동가의 작가로 곧잘 승화되기 십상인 하마구치이지만, 그것은 매우 일면에 불과하다.[25] 그는 남만주철도주식회사(만철) 직원이었다가 병사가 되어 중국 전선에서 남양군도를 전전하다 뒤에 다시 국철에 복직하여 국철 시인 서클에서 처음으로 시를 쓰기 시작했던 서클시인의 전형이다.

24) 濱口國男, 〈東洋鬼 Ⅲ〉, 木島始 編, 《列島詩人集》, 土曜美術社, 1997, 291쪽.
25) 하마구치 등의 시 이론에 대해서는 이시카와 이쓰코(石川逸子)의 《〈일본의 전쟁〉과 시인들(〈日本の戰爭〉と詩人たち)》(影書房, 2004)에서 많은 시사를 얻었다.

그에게는 그야말로 뉴기니 전선에서 인육을 먹는 경험을 강요받은 황국병사로서 스스로를 대면하는 시도 있다.

반복해 말하지만 그에게는 자신의 서정을 민족적 서정으로 단숨에 동심원적으로 확대해버리는 그런 감각은 없다. 허남기의 〈화승총의 노래〉를 자신들의 민족적 서정으로 수평이동시킨 듯한 발상보다 훨씬 가까운 곳에 자신이 표현할 수밖에 없는 전쟁의 기억이 있다.

혹은 같은 세대인 이노우에 도시오(井上俊夫)의 〈두부(豆腐)〉는 어떤가.

그럴 때는
흥분해 있으니까
이놈을 꼬치로 만드는 듯한
느낌밖에 없다
30명가량의 초년병에게
차례로 찌르게 했기 때문에
솜이 들어 있는 파란색 군복은
물론 벌집이야.
농업협동조합의 이사회가 끝난 뒤
스키야키 냄비를 끼고 앉아
술 냄새를 풍기는 한 사람이
어색한 손짓으로
시뻘건 고기 조각을 한 장 한 장 나란히 깔아놓고
그 위에
중국 농민들도 좋아하는

두부를 올려놓았다.

—〈두부〉[26)]

필자는 이노카와 교가 《편향하는 강인함(偏向する勁さ)》[27)]에서 잇고 있는 계보, 즉 저변 민중의 뿌리 깊은 저항과 반역의 문학 표현 속에서 비로소 이 시들의 의미를 발견해낼 수 있을 듯하다. 요시모토 다카아키(吉本隆明)는 《전후시사론(戰後詩史論)》에서 이노우에나 하마다 지쇼(浜田知章) 등의 동세대에 대해 "전후시에서 리얼리즘 방법의 도달점을 이야기하는 대표적인 시인"이라고 한 뒤에 다음과 같은 말을 하고 있다.

> 하마다나 이노우에 등이 전개하고 있는 벽돌쌓기 방법은 전전의 프롤레타리아 리얼리즘에서는 생각조차 할 수 없던 방법적인 전파의 가능성을 부여했다. 벽돌쌓기는 쌓아올린 것을 자기 파산하고 다시 포개어 쌓아올리는 조작을 정신적인 과제로 스스로에게 부과하지 않는 한 무용지물이 되어버린다 해도, 벽돌 배열법을 습득함으로써 만인에게 가능한 방법을 제시할 수 있게 된다. 하마다와 이노우에 주변에 공통의 방법에 의한 어떤 운동이 일어날 수 있었던 것은 그 때문이었다. …… 하마다 지쇼나 이노우에 도시오 등의 방법은 동적인 현실을 움직이는 채로 포착하기에는 적합한 방법이 아니다. 그러나 그들은 먼저

26) 井上俊夫, 〈豆腐〉, 앞의 《列島詩人集》, 353쪽.
27) 井之川巨, 《偏向する勁さ—反戦詩の系譜》, 一葉社, 2001, 27쪽.

현실을 영탄적으로 모방함으로써 도회적 '뿌리가 뽑힌 인간'이나 농민적 인텔리겐치아의 운명을 유산시키기를 원하지 않았던 것이다. 그들은 벽돌과 같이 현실의 단편을 모아 배열해 보임으로써 유동하는 현실의 한 단면을 영속적인 것인 양 표현하지 않을 수 없었다.[28]

적절한 평가이기는 하다. 그러나 요시모토는 《전후시사론》의 말미에서 이 1950년대의 시도에 대해 그야말로 과도기적인 무엇인 것처럼 욕설을 퍼붓고 있다. 그것은 이시모다의 어머니나 할머니의 상이기는커녕, 어머니와 자식 간의 애증의 가혹한 실상을 노래하는 스즈키 기미도리(鈴木喜緑)의 〈죽음의 1장을 포함한 사랑의 찬가(死の一章をふくむ愛のほめ歌)〉를 평가한 부분인데, 거기서 스즈키와 비교해 "세상의 이른바 서클시인이니 뭐니 하는 것은 하찮은 대중문화인 후보에 지나지 않는다"[29]고 무시해버린다. 실제로 하마다도 이노우에도 서클시운동의 다이너미즘 속에서 창작했고, 《열도》에 동참한 시인들이었다. 요시모토가 서클시운동을 종종 부정적으로 취급하는 것은 거기에서 지식인 · 당 · 대중의 융화적인 환상이나 은밀한 조작과 복종의 관계를 보기 때문일 것이며, 확실히 그것을 거절하여 대중의 본모습과 자립의 근거를 지켜보는 데 요시모토의 본령(本領)이 있다.

그러나 애초에 1950년대 서클시 붐을 그러한 당과 지식인과 대중

---

28) 吉本隆明, 《戰後詩史論》, 大和書房, 1978, 78~79쪽.

29) 吉本隆明, 위의 책, 131~132쪽.

이라는 삼자가 서로 상충하는 상태에서 이해하는 것만으로 충분한가. 1950년대 서클 문제를 스탈린주의의 문제로 해소해버리는 데에 실은 또 하나의 심각한 시야 협착이 있었던 것은 아닐까 하는 의심을 해볼 수도 있다. 오히려 또 하나의 맥락으로서 이 1950년대 서클 시운동을 민족의 서사시를 갈망하는 소박한 것이 아니라, 그야말로 《황무지》적인 발화 불가능성과 가능성을 가교할 수 있는 어떤 리얼리티로서 생각할 수는 없을까.

요약하자. 《황무지》가 전후 초상의 유형으로 정착하는 과정과 구조는, 1950년대 국민적 역사학운동에 강한 친화성을 가진 《열도》적인 시도가 폐색되고 망각되는 과정과 한 쌍을 이루고 있다. 그러나 《황무지》의 초상의 유형은 전후의 이야기에서 식민지 공간의 존재가 완전히 소거된 국민화에 더욱 친화적인 것이 아닐까. 여기에 《황무지》가 '전후적인 것'으로 새삼스레 평가됨과 동시에, 전후 정신의 종언과 함께 퇴색될 수밖에 없는 것으로 취급되는 까닭도 있다. 그러나 이 초상의 유형 역시 1940년대 후반부터 1950년대 몇 년간의 '지연' 속에서 정착된 것이다.[30] 즉 일단 존립하는 전후에서 그 기원의 광경으로서 역사적으로 산출된 것이다. 그 시기의 민족주의를 둘러싼 곡해나 도착의 경험을 소거하는 과정과 함께 유일하게 지배

---

30) 인용한 하마구치나 이노우에의 시도 전쟁터를 노래한다는 점에서는 《황무지》 속에 있는 전쟁터의 기억과 같다고 할 수도 있다. 그러나 예를 들어 《황무지》의 전쟁터에 관한 시는 주로 학도병의 시이고, 《황무지 시집(1952)》에 있는 기하라 고이치(木原孝一)의 시 〈무명전사〉와 같이 어디까지나 동원되어 병사가 된 젊은이의 시이다. 그것은 식민지주의나 전쟁범죄의 민족적 실상에 맞닥뜨리고 있는 《열도》 계보의 표현과는 초상의 의미를 파헤쳐가는 가능성에서도 차이가 있다.

적인 것으로 남은 것이다. 국민적 역사학운동이 명확한 사상적 대상화를 누락시키고 있듯이,《열도》역시 좌익 사조의 후퇴라는 정치적인 동태의 전환과 함께 잊히고 있음에 불과하다. 그렇다고 한다면, 전후시에서《열도》의 문제 역시 또 하나의 사학사적 차질이라 할 수 있다.

(번역 박미경, 교열 임경화)

고대 동아시아세계론을 다시 생각한다

이성시

인식 주체에 따라 '동아시아'가 제각기 다르다고 하면 그 논의는 전제를 잃게 되고, 처음부터 대상을 달리하는 지역 개념을 사용해 이루어지는 논의는 의미를 가질 수 없다. 우리는 이런 상황에 처해 있기 때문에, 새삼스럽게 왜 동아시아라는 지역을 설정하는가, 왜 동아시아라는 지역이 설정되어왔는가를 묻지 않을 수 없다.

이성시(李成市)

와세다대학에서 동양사학을 전공하고 동대학원에서 동아시아사를 전공했다. 1998년에 〈고대 동아시아의 민족과 국가(古代東アジアの民族と國家)〉로 박사학위를 받았다. 요코하마(橫浜) 국립대학 교육학부 조교수, 와세다대학 문학부 조교수를 거쳐 현재 와세다대학 문학학술원 교수로 재직 중이다. 서울대학교 한국문화연구소 특별연구원(1998)으로도 활동했으며, 2009년 1년간 성균관대학교 동아시아학술원 초빙교수로 재직 중이다.
지금까지 동아시아 고대국가(고구려 · 신라 · 백제 · 가야 · 발해)의 형성, 민족의 형성, 외교관계, 문화 교류에 관련된 실증적 연구와 함께 근대 일본 · 한국의 사학사 연구를 해왔다. 최근 논문은 〈식민지기 조선의 마르크스주의 사학 — 백남운의 《조선사회경제사》를 중심으로(植民地期朝鮮におけるマルクス主義史學 — 白南雲《朝鮮社會經濟史を中心に》)〉가 있다.
최근 한국의 석비(石碑)와 목간(木簡) 등의 출토문자를 연구하고, 국제공동연구(국립가야문화재연구소)를 통한 '자료의 사료화'라는 시도를 '필드역사학'으로 전개하고 있다. 한편, 교과서 문제를 계기로 2001년부터 일본과 한국의 인문학 연구자들과 '비판과 연대를 위한 동아시아 역사포럼'을 설립하고, 트랜스내셔널한 역사연구를 목표로 하고 있다. 그 성과로 한국에서는 《국사의 신화를 넘어서》(휴머니스트, 2004), 일본에서는 《植民地近代の視座》(岩波書店, 2004)가 간행되었다.
저서로는 《東アジアの國家と王權》(青木書店, 1997), 《古代東アジアの民族と國家》(岩波書店, 1998), 《古代東アジア文化圈の形成》(山川出版社, 2000), 《만들어진 고대》(삼인, 2001) 등이 있다.

1. 왜 동아시아세계론인가?

오늘날 '동아시아'라는 지역 개념은 일상생활에서 널리 쓰이고 있으며, 세계경제나 국제정치에서 동아시아 지역이 차지하는 중대성이 큰 관심사가 되고 있다. 유감스럽게도 이처럼 '동아시아'라는 지역 개념이 많이 쓰이고 있음에도 현재 일본에서는 '동아시아'가 구체적으로 어느 지역을 가리키는지에 대한 공통적인 이해가 사라지고 있다. 예컨대 2004년부터 지금까지 '동아시아 공동체' 관련 기사가 자주 신문지면을 요란하게 차지하고 있지만, 현재 일본의 매스컴에서 쓰는 '동아시아'는 분명히 ASEAN+3(동남아시아 국가연합+한국 · 중국 · 일본)을 가리킨다.[1)]

한편, 한국에서 쓰이고 있는 '동아시아'는 몇 년 전까지는 한국 · 일본 · 중국의 삼국을 가리켰지만, 최근에 이 지역은 '동아시아'를 대신해 '동북아시아'로 불리고 있다. 또한 일본의 경제학자들은 한국에서 '동북아시아'로 불리는 지역을 '북동아시아'로 부르는데, 이

---

1) 북한에서 '동아시아론'이 실재하는 사정에 대해서는 黃漢旭, 〈アジア太平洋地域經濟發展での基本は東アジア地域經濟〉, 《社會科學院學報》 41, 2004年 2月, 평양 참조. 단 이 논문의 필자는 '동아시아'를 '동북아시아와 동남아시아'로 규정하고 있다.

호칭도 정착하고 있다.

'동아시아'에 해당하는 공통의 지역 범위를 찾아내기 어려운 상황에서 우리가 문제 삼는 것은, 전후 일본의 역사학계에서 사용해왔고 지금도 계속 많이 쓰고 있는 지역 개념인 '동아시아'의 학술적인 정의와 그 유래이다. 지역 개념은 그것이 사용된 시대와 인식 주체에 따라 가변적이지만, 원래 그것은 주관적이며 자의적이다. 그렇지만 국제적으로도 '동아시아'가 중대한 논의 대상이 되고 있는 지금, 그 개념을 사용하는 인식 주체에 따라 '동아시아'가 제각기 다르다고 하면 그 논의는 전제를 잃게 되고, 처음부터 대상을 달리하는 지역 개념을 사용해 이루어지는 논의는 의미를 가질 수 없다. 우리는 이런 상황에 처해 있기 때문에, 새삼스럽게 왜 동아시아라는 지역을 설정하는가, 왜 동아시아라는 지역이 설정되어왔는가를 묻지 않을 수 없다.

그래서 지금까지 일본 역사학계에서 공유해온 '동아시아' 개념을 그 성립과정으로 되돌아가 탐구하고, 그것이 전후 일본에서 어떤 성격의 지적인 시도였는가를 밝히면서, 고대사 연구에서 '동아시아' 지역을 문제 삼는 이유와 그 의의를 생각해보겠다.

2. 동아시아세계론의 이론적 사정거리

전후 일본의 역사학계에서 '동아시아'는 1960년대의 중요한 핵심 개념으로서 연구자를 끌어들였고, 이 개념 아래 많은 연구성과를 산출해왔다.[2] 오늘날 '동아시아'는 자명(自明)한 것처럼 일본 역사학계에서 널리 공유되고 있다. 하지만 처음으로 '동아시아'를 전근대에서 하나의 구조를 이루는 지역세계로 간주하고 그 세계의 구조적 시스템을 찾아낸 사람은 니시지마 사다오(西嶋定生)이며, 그 이론 체계를 '동아시아세계론'이라 한다. 전후 일본의 역사학계에서 사용하는 '동아시아' 개념은, 의식하든 말든 관계없이 니시지마가 이론으로 만든 동아시아세계론의 영향 아래 있었다고 해도 과언이 아니다.

니시지마는 '동아시아' 지역을 설정하면서 우선 '동아시아'의 고유한 문화권에 주목했다.[3] 이는 중국문화를 중심으로 한 하나의 문화권으로, 구체적으로는 한자를 매개로 한 유교, 한역(漢譯) 불교, 율령(律令) 등 중국에서 기원한 문화를 수용한 지역이다. 이 문화권에는 현재의 중국, 남북한, 일본, 베트남 지역이 해당한다고 한다.

'동아시아'가 중국문화권 · 한자문화권이라고 하면, 그러한 문화권이 형성되는 전제조건으로서 중국을 중심으로 하는 국제관계와 주변 여러 나라 · 민족과의 국제관계가 문제된다. 중국황제는 한(漢)대 이후 주변 여러 나라와 민족의 수장들에게도 중국의 작위나 관직을 수여해 이들과 군신관계를 맺었다. 이와 같이 중국황제와 주변 여러 나라 · 민족의 수장들 사이에 관작 수수(官爵授受)를 매개로 맺은 관계를 책명(冊命; 임명서)에 의해 봉(封)하는 행위와 연관시켜 책봉(冊封)체제라고 이름 붙였다.[4]

---

2) 幼方直吉 · 遠山茂樹 · 田中正俊 編, 《歴史像再構成の課題—歴史學の方法とアジア》, 御茶ノ水書房, 1966.

3) 西嶋定生, 〈序說—東アジア世界の形成〉, 《世界歷史》 4(岩波講座), 岩波書店, 1970.

여기서 유의해야 할 점은, 현재의 중국 · 남북한 · 베트남 · 일본을 포함하는 '동아시아' 지역에 하나의 문화권이 형성되었다고 하더라도 이는 오로지 문화가 문화로서 확대 · 연장되어 형성된 것이 아니라, 책봉체제라는 독자적인 정치구조가 그 배경에 존재했고 이 정치구조를 매개로 중국문화가 확대 · 연장되었다는 지적이다. 문화권과 정치권이 일체가 된 이런 자기 완결적인 세계를 '동아시아세계'라고 한 것이다.

이와 같이 니시지마가 제창한 동아시아세계론의 기본 구상은 〈6~8세기의 동아시아(六~八世紀の東アジア)〉(《日本歷史》 2, 1962)라는 논문에서 처음 발표되었고, 그 다음에 발표된 〈서설—동아시아세계의 형성(序說—東アジア世界の形成)〉(《世界歷史》 4, 1970)이라는 논문에서 그 이론의 전체 내용이 분명해졌다. 이 두 논문은 상호보완적인 관계에 있다. 후자는 니시지마가 구상한 동아시아세계론의 핵심 논문이다. 여기에서 그는 '동아시아세계'가 역사적 세계로서 자기 완결적인 문화권이며, 또 독자적 정치구조에 따라 유기적인 연관성을 갖는 지역으로서, 고대부터 전근대까지 역사적으로도 근거 있는 지역세계를 형성해왔던 자취를 확인했다.

전자는 동아시아세계를 자기 완결적인 세계로서 기능하게 한 정치구조인 책봉체제가 지닌 메커니즘을 해명한 것이다. 6세기부터 8세기까지의 중국왕조와 그 동쪽에 위치한 여러 나라(고구려 · 백제 · 신라 · 왜 · 발해)와의 관계를 통해, 중국왕조를 중심으로 한 정치체제가 동아시아 국제관계를 움직이는 기초였다는 것을 논증해,

4) 西嶋定生, 〈六~八世紀の東アジア〉, 《日本歷史》 2(岩波講座), 岩波書店, 1962.

동아시아 여러 국가간의 관계를 규제한 질서체제(책봉체제)를 밝혔다.

여기에서 추출된 '책봉체제'란 중국왕조를 중심으로 하는 동아시아의 국제질서, 국제정치를 움직이는 형식이다. 동아시아의 국제관계는 이 체제를 매개로 실현되었고, 한번 실현되면 그 논리에 따라 자기 운동을 시작했으며, 문물제도(문화)의 파급도 이에 따르는 것으로 규정되었다. 이러한 책봉체제의 논리는 그 논문이 발표된 시점부터 큰 반향을 불러일으켰으나 동시에 여러 가지 비판을 수반했다.

대표적인 비판으로는 다음과 같은 것들이 있다. 먼저 책봉체제는 국제관계를 규정하는 국가 상호간의 역학관계를 놓치고 있으며, 국제관계의 실체나 주변 여러 나라와 민족의 주체적 외교와 발전을 경시한다는 비판이다.[5] 다음으로 책봉관계란 중국황제와 주변 여러 민족 사이의 지극히 한정된 관계에 지나지 않으며, 그것은 주변 여러 민족과 맺는 관계의 일부분을 규정할 뿐이라는 지적이다.[6]

그 중에서도 후자는 현재의 눈으로 보면 책봉체제가 가지고 있는 본질적인 문제인데도 그 당시에는 거의 큰 의미를 가질 수 없었다. 토머스 쿤(Thomas Kuhn)의 패러다임론에서 볼 수 있는 바와 같이, 대다수 연구자들이 책봉체제론을 역사학계의 지배적인 패러다임으로 수용하자, 반증이 되는 개별 사실들이 비판적인 힘을 가질 수 없었던 것이다.

어쨌든 현재 시점에서 보면 책봉체제는 한정된 시대와 지역의 분

---

5) 鬼頭清明, 《日本古代國家の形成と東アジア》, 校倉書房, 1976.

6) 堀敏一, 《律令制と東アジア世界》, 汲古書院, 1994.

석에서 추출된 정치구조론으로서 다시 검토해야 할 문제를 안고 있다.[7] 특히 중요한 문제점은 책봉체제라는 정치구조가 중국문화를 그 동쪽에 위치한 여러 나라에 확대 · 연장한 사실을 전제로, 그 이후는 논증하지 않고 지역과 시대를 확대 · 연장하면서 책봉을 매개로 한 문화권의 형성을 논하고 있는 것이다. 니시지마가 논증을 시도한 것은 어디까지나 6세기부터 8세기까지의 중국왕조와 그 동쪽에 위치한 여러 나라(고구려 · 백제 · 신라 · 왜 · 발해)와의 관계에 지나지 않았다. 그가 관작을 매개로 한 중국문화의 확대 · 연장에 관해 언급한 것은 왜를 제외한 네 나라뿐이다. 더욱이 경시할 수 없는 점은 책봉체제론을 구체적으로 검증하는 시대에 왜국이 유교, 불교, 율령을 수용하는 과정을 보면 중국왕조와의 책봉관계를 전혀 찾을 수 없다는 것이다.

책봉체제가 동아시아의 정치 변동을 만들어내는 원동력이 된 것은 사실이다. 그러나 책봉이라는 중국황제와의 정치관계만이 중국문화권의 형성으로 이어졌다고 말할 수는 없다. 게다가 중국문화의 확대 · 연장이 책봉에 의해 뒷받침된 적은 결코 없었다.

이러한 문제를 안고 있으면서도 동아시아세계론은 동아시아 전근대의 국제관계를 해명하는 틀로서 지금까지 일본 역사학계에서 가장 중요한 학설의 자리를 차지하고 있다.

---

7) 李成市, 《東アジア文化圈の形成》, 山川書店, 2000, 44~48쪽 참조. 金子修一, 〈東アジア世界論と冊封體制〉, 田中良之 · 川本芳昭 編, 《東アジア古代國家論》, すいれん舍, 2006.

3. 일본 전후역사학과 동아시아세계론

니시지마 사다오는 근대세계가 형성되기까지 2천 년 가까이 전개되어온 동아시아의 정치 · 사회 · 문화를 고찰하는 틀로서 자신이 제창한 동아시아세계론의 유효성에 대해, 고대에서 20세기에 이르기까지 일본사가 전개되어온 과정에 입각해 그 자취를 확인할 수 있다고 강조했다.[8] 무엇보다도 니시지마에 의해 동아시아세계론은 일본사에 깊이 관계되는 문제로서 의식되었다.[9]

무릇 동아시아세계론의 구상은, 전전(戰前)의 체제 아래 독선적으로 특이하게 전개된 일본사(황국사관皇國史觀)를 극복하고, 다시 세계사의 맥락 속에서 일본사를 이해하려고 한 시도이며, 그것을 위한 이론이었다. 동아시아세계 속에서 일본사, 일본문화를 어떻게 인식하는가 하는 문제는 니시지마에게 언제나 중요한 관심사였다.[10]

그래서 우리는 왜 니시지마가 '동아시아세계'의 형성을 역사적으로 문제 삼았는가를 물어볼 필요가 있다. 동아시아세계론의 유래를 찾아가면 1950년대로 거슬러 올라가고, 그 시대의 현실과 깊이 관련된 사실에 당도한다. 그러한 경위를 명확하게 전하는 것이 니시지

---

8) 특히 西嶋定生, 〈東アジア世界と日本〉(《歷史公論》 1~2-11, 1975年 12月~1976年 11月 게재), 《古代東アジア世界と日本》, 岩波書店, 2001 ; 西嶋定生, 《中國史を學ぶということ》, 吉川弘文館, 1995 논문 참조.

9) 李成市, 〈近代國家の形成と日本史に關する覺え書き〉, 《現代思想》 1996年 8月號, 28~29쪽.

10) 西嶋定生, 〈なぜ日本史を世界史として理解することが必要か〉, 앞의 《中國史を學ぶということ》.

마가 만년의 마지막에 쓴 에세이 〈세계사상에 대하여(世界史像について)〉이다.[11]

이 에세이는 1990년대에 새로 간행된 이와나미(岩波) 강좌 《세계역사》에 부쳐서, 니시지마가 먼젓번 《세계역사》(1970~1974)에서 편집위원으로서 당시 어떻게 씨름했는가를 술회한 것이다. 이에 따르면 먼젓번 《세계역사》의 편집방침을 책정할 즈음에, 스스로 집필자의 한 사람으로서 기획하고 참여한 《일본국민의 세계사(日本國民の世界史)》(岩波書店, 1960)의 구상을 발전시켜서 새로운 세계사상을 구축하는 것이 처음부터 계획되었다고 회상한다. 여기에서 중요한 점은 이 글을 통해 동아시아세계론이 세계사상을 체계화하는 일환이었음을 간파할 수 있다는 것이다.

이 에세이에서는 '세계사상'의 구상에 대해 다음과 같이 말한다. 지구의 여러 지역이 단일한 세계로 변한 시기는 19세기 이후이다. 그 이전의 지구에는 복수의 세계가 병존했고, 그 속에서 16세기 이후에 유럽세계가 여러 세계를 포섭해가다가 이윽고 19세기에 이르러 근대세계는 범지구적인 규모에서 단일한 세계로 완성되었다. 실은 이러한 인식이야말로 《일본국민의 세계사》의 편자인 우에하라 센로쿠(上原專祿)가 그린, 세계사의 구상 그 자체였다.[12]

'세계사상'의 자주적인 형성을 국민적인 과제로 내세우며 일생 동안 이를 추구한 역사가로 알려진 우에하라 센로쿠는, 1950~1960

---

11) 西嶋定生, 〈世界史像について〉(《世界歷史》 月報 25, 岩波講座, 1997), 앞의 《古代東アジア世界と日本》.

12) 西嶋定生, 〈八年間のゼミナール〉, 《圖書》, 岩波書店, 1960年 10月.

년에 걸쳐 기회 있을 때마다 세계사에서 현대 아시아에 대한 일본인의 문제의식이 희박하다고 호소했다. 일본은 미국의 정치적 종속 아래에 있고, 이 상태로는 전후 아시아 · 아프리카의 여러 나라와 마주 대할 수 없으며, 이렇게는 참으로 세계사를 살 수 없다고 우에하라는 심각하게 느꼈다. 그는 제1차 세계대전 이후의 세계질서는 유럽인이 지배 대상으로서 만들어낸 유럽인의 질서(단일한 세계)이며, 아시아 · 아프리카의 여러 나라와 연대해 그 지배 · 종속의 구조를 부정하고 구조 전환을 달성하는 것이 현대의 절실한 과제라고 받아들였다.[13)]

요컨대 우에하라는, 유럽인의 세계사가 유럽의 역사적 경험의 심부(深部)에서 유럽 고유의 역사적 과제를 해결하기 위해 구상된 역사라고 한다면, 일본은 아시아 · 아프리카 여러 나라와 연대해 스스로 역사적 과제에 대응하기 위한 자신의 세계사를 새로이 구상해야 한다는 코페르니쿠스적 전환을 제기한 것이다.[14)] 즉 진정한 의미의 단일한 세계는 근대에 이르러 비로소 형성된 것이며, 근대 이전에는 자립성을 가진 복수의 여러 세계가 병존했다. 거기에는 일체화된 세계는 존재하지 않았고, 고유한 문화와 지역적인 통합을 가지고 서로 독립한 복수의 역사적 세계(동아시아, 인도, 이슬람, 사하라 이남 아프

13) 上原專祿, 《民族の歷史的自覺》, 創文社, 1953 ; 上原專祿, 《アジア人のこころ》, 理論社, 1955 ; 上原專祿, 《世界史像の新形成》, 創文社, 1955 ; 上原專祿, 《世界史における現代のアジア》, 未來社, 1956 ; 上原專祿 編, 《日本國民の世界史》, 岩波書店, 1960 등 참조.

14) 우에하라 센로쿠의 '세계사의 전략'에 대한 이해는 고지마 기요시(小島潔) 씨의 가르침을 받은 것이다.

리카, 라틴아메리카, 동유럽, 서유럽, 북유럽, 소비에트, 미국, 캐나다와 대양주)가 병존한 데 지나지 않았다. 이러한 여러 세계의 병존상태가 세계자본주의의 발전으로 인해 단일한 세계로 구조 전환되지 않을 수 없었던 시대가 바로 근대였다.[15)]

우에하라에게 일체화된 세계의 형성 · 발전과정이야말로 세계사와 다름 없으므로, 세계사론이란 그러한 일체화된 세계가 어떻게 성립했는가, 그것이 어떻게 전개했는가, 저 '동아시아세계', '인도세계', '이슬람세계', '서유럽세계'라고 하는 여러 세계가 현재 어떠한 모습을 취하기 시작했는가를 다시 검토해 현대의 역사적 특징과 문제 상황을 밝히는 것이었다.

이러한 시점에서 세계와 마주 대할 때, 1950년대부터 1960년대에 걸친 동아시아의 현실은, 중국 · 조선 · 베트남 · 일본의 네 지역이 세계 정치의 문제 구조 속에서 밀접한 관련을 맺으며 존재하고 있는 것으로 간주되었다. 즉, 네 지역 모두가 민족의 독립이라는 문제를 안고 있으며, 미국의 베트남전쟁을 매개로 국가 모순, 민족 모순의 대립이 나타난 공통의 장으로서 지역세계를 형성하는 것으로 인식되었다.[16)]

구체적으로 한반도는 대한민국과 조선민주주의인민공화국으로, 중국대륙은 중화인민공화국과 중화민국(타이완)으로, 인도차이나에서는 북베트남과 남베트남으로, 일본에서는 자민당과 사회당 두 정

---

15) 上原專祿, 〈世界史像の新形成〉(《世界史講座》 月報 1, 東洋經濟新聞社, 1954), 앞의 《世界史像の新形成》.

16) 上原專祿, 〈歷史硏究の思想と實踐〉, 《歷史地理敎育》 102, 1964年 11月.

당의 대결과 같이, 당시의 동아시아는 미국의 제국주의적 지배에 대항해서 싸우지 않을 수 없는 점에서 공통의 문제와 일체성을 가지고 있는 지역세계였다. 이렇게 해서 네 지역의 공통항이 인식되었기 때문에 베트남은 '동아시아'에 없어서는 안 될 일부분이며, 이들 지역의 과거를 캐어 들어가 연구한다면 2천여 년 동안 책봉체제를 통해 형성된 정치권과 문화권이 드러나게 된다. 1950년대부터 1960년대에 걸친 현실 인식이 없이는 동아시아세계론이 있을 수 없었던 것이다.

니시지마 사다오는 이러한 현실적이고도 실천적인 과제와 씨름한 우에하라 센로쿠의 문제의식을 계승했으므로, 적어도 우에하라의 〈세계사상의 구상(世界史像の構想)〉을 전제로 해서 동아시아세계론이 제기되었음을 그의 회상에서 간파할 수 있다.[17]

우에하라가 인식한 동아시아 지역의 현실을 전제로 해서, 위와 같은 일체성이나 유기적 연관성을 가진 동아시아가 고대 이래 역사적으로 근거 있는 지역세계를 형성해온 자취를 구체적인 역사과정 속에서 확인하고 이론적으로 체계화한 것이 '동아시아세계론'이다. 요컨대 동아시아세계론의 구상은 전후 일본이 직면한 위기에 대한 대응에서 기원했으므로, 이를 잉태해 탄생시킨 당시 일본과 아시아의 현실적인 과제와 밀접하게 관련이 있었다.

이 글의 첫머리에서 말한 바와 같이 원래 광역의 지역을 설정하

17) 니시지마 사다오는 자신이 설명하는 '동아시아세계론'과 우에하라 센로쿠의 세계사상의 사상과 관련해 에세이 형식의 〈세계사상에 대하여〉에서만 언급하고 있을 뿐, 이외에서는 전혀 언급하고 있지 않다.

는 것은 지극히 주관적이며 자의적이다. 설정된 지역은 그것을 인식하는 주체의 시각에 따라 형태화되고 가시화되어 확실한 공간으로서 등장한다. 주지하는 바와 같이 '동아시아'뿐만 아니라 '동남아시아'도 결코 자명한 지역 개념이 아니다. 일본 역사학계에 정통한 일부 연구자를 제외하면 한국 역사학계에서 '동아시아'는, 1990년대 초기까지 한국사의 주체적 발전과 한국문화의 독자성을 부정하는 '대동아공영권'과 같은 틀로 간주된 때가 있었다. 중국에서도 '동아시아'라는 틀은 최근까지도 한국 이상으로 거의 일반화되지 않았다.[18)]

돌이켜보면 '아세아', '대동아'에서 시작해 전후의 '동아시아'에 이르기까지 이들 광역의 지역 개념은, 일본인들이 아시아 사람들과 대화를 하는 가운데 만들어낸 것이라기보다, 그것을 주장할 때 의식한 것은 오히려 '서양'이며 '서구'·'구미'였다. 요컨대 '아세아', '동아', '대동아', '동아시아'는 일본인에 의한, 일본인을 위한 논의였으며, 그 지역에 살고 있는 사람들과는 연고(緣故)가 없는 설정 기준에 의거했다고 말할 수 있다.[19)]

지금까지 일본에서 '동아시아'가 이야기될 때, 그 타자로서 '동아시아'와의 대화는 거의 없이 어디까지나 모놀로그였음을 부정할

18) 다만, 최근 중국에서도 지역문화권으로서 '동아시아'가 주목받으며 다양한 논의가 전개되고 있는 것에 유의할 필요가 있다. 그러한 동향에 대해 石源華·歐陽小剛, 〈"東亞漢文化圈與中國關係" 國際學術會議總括〉, 中國中外關係史學會 編, 《中國中外關係史學會通訊》 19, 2004年 8月 참조.

19) 中見立夫, 〈地域概念の政治性〉, 溝口雄三 外 編, 《アジアから考える》, 東京大學出版會, 1993.

수 없다. 동아시아세계론도 그 예외는 아니었다.

4. 동아시아세계론의 재검토를 위한 방법론적 시각

1) 문제 설정의 실존적 현재성

'동아시아세계론'은 이 이론을 잉태해 탄생시킨 당시 일본과 아시아의 현실적인 과제와 밀접하고도 불가분한 관계를 맺고 있다고 지적했다. 이러한 당시의 역사적 배경을 무시한 채, 현재 그냥 그대로 무비판적으로 동아시아세계론을 원용(援用)한다면 여러 가지 문제를 불러모으는 꼴이 된다.

동아시아세계론을 19세기 이래 '일국사'를 극복하는 틀로서 인식하는 논자도 있다. 하지만 니시지마의 저작을 보면 애초부터 그에게 일국사를 극복한다는 문제의식은 희박하며, 오히려 일국사의 극복이라는 생각은 발상 차원에서도 없고, 극복해야 할 과제로도 없다. 앞서 말한 바와 같이 니시지마에게 동아시아세계론은 철두철미한 일본사의 문제였다.

예컨대 니시지마 저작의 여기저기에 등장하는 "우리 나라 문화", "일본의 독자문화", "일본의 고유문화", "독자적 민족문화", "일본문화의 개성적 성격", "일본의 독자적 창조물"이라는 말에서 볼 수 있는 바와 같이, 그는 이 용어들을 일본문화의 고유성을 동아시아 속에 자리매김하는 과정에서 추출된 특징으로 삼고 있다. 하지만 이들 용어가 근대 일본에서 가상(假想)된 '서양'의 시선 속에서 발견되고 상상된 것이라는 의심이 니시지마에게는 티끌만큼도 없었다.[20]

오히려 니시지마에게 극복해야 할 대상이란, 전전의 황국사관과 같은 자기 완결적인 일국사이며 유아독존적인 일본사관이었으므로, 그는 '일본사'가 어떻게 동아시아 지역과 깊은 관계 속에서 연동했고, 동아시아문화권에서 어떻게 존재했는가를 추구했다. 그것은 당시로서는 의미가 큰 현실적인 과제였다.

역사연구의 과제는 지극히 실존적이며, 그 과제를 설정하는 인식 주체가 놓인 정치적 · 사회적 · 문화적 상황에 구속된다. 중요한 것은 거기에서 설정된 문제의식이나 과제를 상황 변화에 따라 끊임없이 다시 인식해야 한다는 사실이다. 니시지마가 되풀이해서 주장하듯이, "역사를 배운다는 것은 우리가 미래를 지향하기 때문에 과거에 눈을 돌리는 실천적 행위이다"라고 한다면, 우리의 현재 과제에 입각해서 동아시아세계론의 틀도 다시 검토되어야 한다.

동아시아세계론이 연구 주체의 현재성 및 실존과 밀접한 관련이 있음에도 당시 국제사회의 존재 방식에 기인한 '동아시아'라는 개념에 대한 본질적인 이해를 결여한 채, 그 후 일본 역사학계는 동아시아세계론의 표층만을 계승하면서 그 본질적인 다이너미즘을 무시해왔다.[21] 그 발상을 심원한 곳에서 계승했다고 한다면 당시에는 시야에 넣을 수 없었던, 지금 직면하고 있는 현실에서 동아시아세계론의 재검토가 이루어져야 했을 터이다.

예컨대 오늘날 국민국가 시대에 구축된 '일국사'의 재검토는 여

---

20) 李成市, 앞의 〈近代國家の形成と日本史に關する覺え書き〉.

21) 그 원인 중 하나는 니시지마 사다오가 자신의 '동아시아세계론'의 사상적 배경에 대해 만년의 마지막까지 언급하지 않았던 것에 있다.

러 가지 관점에서 이루어지고 있지만, 그것은 20세기 말 서유럽에서 전개된 EU통합의 추이와 무관하지 않다. 이러한 현실을 앞에 두고 더 명확히 자각하게 된 점은, '국민국가'나 '민족'이 최종 도달점에 놓여야 할 것이 아니라 그것 역시 근대의 산물이며, 어떤 역사적 과정의 현상이라는 인식이 아닐까 하는 것이다.[22]

동아시아세계론에는 근대 국민국가나 민족을 자명한 것으로 삼고 그것을 고대에 투영해서 고대부터 근대 · 현대에 이르기까지 어떤 종류의 일관성을 상정해온 데가 있다. 동아시아세계론 속에서 '일본' · '조선' · '중국' · '베트남'은 비역사적 개념으로서, 움직이기 어려운 자명한 것으로 실재하고 있다.[23] 동아시아세계론이 동아시아 지역의 관계성을 문제로 삼고 있는데도 한국학계로부터 '민족주의적' 반발을 잇따라 받은 배경도 이러한 문제에 기인한다. 이와 같은 의미에서 동아시아세계론이 일국사적 역사관과 밀접한 관계를 가진 점에도 주목할 필요가 있다. 앞으로도 계속해서 이러한 관점에서 동아시아세계론의 이론적 부하성(負荷性)에 대해 근본적인 재검토가 요망된다.

2) 고대 동아시아의 신라와 왜국

동아시아세계론의 또 하나의 문제점은, 이 이론의 핵을 이루는 책봉체제로는 실증할 수 없는 문제가 너무 많다는 것이다.

22) 西川長夫, 《國民國家の射程》, 柏書房, 1998 ; 西川長夫, 《戰爭の世紀を越えて》, 平凡社, 2000 참조.

23) 李成市, 앞의 〈近代國家の形成と日本史に關する覺え書き〉.

니시지마는 관작을 매개로 한 중국황제와 주변 여러 민족 수장과의 책봉관계에 의해 한자문화권이 형성된 것을 무엇보다도 강조해 왔다. 책봉체제는 동아시아에서 정치권 형성의 열쇠이며 문화권 생성의 원동력이라고 말할 만한 요인으로 자리매김되었다. 그러나 실증의 차원에서는 반드시 책봉이라는 특수하고 구체적인 정치관계만이 한자문화권의 형성에 관계되는 것은 아니다. 하물며 중국에서 기원하는 한자, 유교, 율령, 한역 불교의 확대 · 연장이 책봉에 의해 실증적으로 입증된 것도 아니다.

예컨대 니시지마는 왜의 나국(奴國) 왕이나 야마타이국(邪馬台國)과 중국왕조와의 책봉관계를 특필하고, 그러한 관계를 매개로 해서 한자의 최초 전파와 수용을 논했다. 한자에 대해서는 한정적이지만 긍정할 수 있다고 하더라도, 이미 말한 대로 일본열도에서 유교 · 불교 · 율령을 본격적으로 수용한 것은 6세기 이후이며, 그 후 8세기까지 왜는 중국왕조와 어떠한 책봉관계도 맺지 않았다. 적어도 일본과 베트남 지역에서는 책봉관계와 중국문화의 확대 · 연장 사이에 불가분한 관계를 찾을 수 없다.[24)]

그래서 주목하고 싶은 것은, 한편으로는 7세기 후반에 한반도에서 신라의 정치적 통합으로 새로운 체제가 성립하고, 다른 한편으로는 일본열도에서도 진신(壬申)의 난(672) 후에 등장한 새 권력(덴무天武 · 지토持統 천황) 아래 새로운 체제가 성립한 사실에 대해서이다. 이 시기는 한반도와 일본열도에 성립한 두 개의 고대국가가 '동아시아'에서 중요한 지표인 한자, 유교, 불교, 율령에 관계되는 여러

---

24) 李成市, 앞의 《東アジア文化圈の形成》.

제도를 그 이전의 것들과 다른 수준에서 확립한 시기로 간주할 수 있다. 확실히 이때는 동아시아에서 전개된 한자문화권의 형성에서도 중요한 획기적 시기이다.

바꿔 말하면 백제 · 고구려 멸망 후에 성립한 신라의 국가체제는 지배 영역 전체를《주례(周禮)》에 의거한 천하 개념인 구주(九州)로 관념화하고, 새로운 지배체제를 구축해서 정치 · 사회 · 문화 등 전반에 걸친 여러 제도를 문무 · 신문왕 시대(661~692)에 완성한다. 왕경 정비, 지방제도와 군사 · 관료제도, 국가 불교의 정비, 국가 제사의 재편 등에 걸쳐서 당의 제도를 모델로 삼은 체제가 문무 · 신문왕 시대에 집권정치의 일환으로 확립되어간다.[25)]

일본열도에서도 천황이라는 군주의 칭호가 성립한 것은 덴무 · 지토 시대가 되고 나서이다. 따라서 천황을 중심으로 한 중앙집권국가가 생긴 것도 이 덴무 · 지토 시대라는 견해가 유력하다. 또한 국호가 왜국에서 일본으로 바뀐 것도, 율령이 편찬된 것도 같은 시기였던 것으로 생각되어, 덴무 · 지토 시대는 실로 '일본'이라는 율령국가가 확립된 가장 중요한 시기였다는 지적이 있다.[26)]

이 점을 좀 더 명확히 하기 위해 모리 기미유키(森公章)가 지적하는 덴무 · 지토 시대에 실시된 정책의 특징을 열거한다면 다음과 같다.

① 덴무는 천황이라는 호칭을 처음으로 칭한 군주이다.

---

25) 李成市,〈新羅文武 · 神文王代の集權政策と骨品政策〉,《日本史硏究》500, 2004年 5月.

26) 森公章,《日本の時代史 3ー倭國から日本へ》, 吉川弘文館, 2002, 99~102쪽.

② 덴무왕대에는 중국식의 연중행사를 채용한 것이 많고, 중국적인 의식을 정비함으로써 군주의 위엄을 높이는 정책을 기도했다.

③ 덴무는 재래의 신기(神祇)신앙을 중시하고, 천신(天神)과 지기(地祇)에게 폐백(幣帛)을 올리는 것〔奉幣〕이나, 중앙 · 지방의 저명한 신사에 신불(神佛) 조상신 등을 모시거나 제사지내는 것〔奉祀〕도 자주 했다. 대상제(大嘗祭)*를 창시한 것도 덴무왕대였다.

④ 덴무 · 지토 시대를 통해 진호(鎭護)국가를 위한 불교가 정비되고, 왕립 사원의 조영, 불교 행사의 거행, 지방의 보급, 사찰 조영의 지시, 승관제(僧官制) 시행, 승니(僧尼) 통제의 강화 등이 이루어졌다.

⑤ 덴지(天智)왕 말년에 태정관(太政官)**을 중심으로 한 국정 중추부가 형성되고, 율령제적 중앙관제로의 전환이 기도되며, 진신의 난 후에는 호족들의 관료화가 진행되었다.

⑥ 676년에 봉호(封戶)***를 서국(西國)****에서 동국(東國)*****으로 이급(移給)해서, 야마토(大和, 倭) 왕권 이래 서국에 기반을 둔 왕족 · 호족과 관계 있는 지역과의 연계를 끊고 동국에 할당하는 정책을 기도했다.

---

* 천황이 즉위한 뒤 처음으로 거행하는 신상제(新嘗祭)로서, 그해에 거둔 햇곡식을 천황이 직접 천조대신(天照大神) 및 천신 · 지기에 바치며 제사지내는 것을 말한다. 재위 중에 한 번만 거행하는 대제(大祭)이다.—옮긴이

** 율령관제의 최고행정기관을 뜻한다.—옮긴이

*** 율령제 아래에서 상급 귀족의 봉록인 식봉에 지정된 호(戶)를 말한다.—옮긴이

**** 당시 한반도와 인접한 규슈(九州) 지역을 일컬었다고 한다.—옮긴이

***** 당시 현재의 나가노현, 에히메현 동쪽의 도카이(東海), 도산도(東山道) 지역을 일컬었다고 한다.—옮긴이

⑦ 덴무시대 전반에 중앙 관인(官人)·관사제(官司制)의 확립에 착수해서 호족들의 관료화가 진행되었다.

⑧《고사기(古事記)》와《일본서기(日本書紀)》가 편찬되고, 일본어 표기법의 체계화가 추진되었다.

⑨ 후지와라쿄(藤原京) 천도는 694년이지만, 그 조영 자체는 이미 덴무시대에 착수되었다. 도성에 조방제(條坊制)를 채용한 최초의 수도인데, 동서남북으로 정연하게 관통하는 대로·소로에 의해 구획된 경(京)이 있고, 그 중심 지역인 궁(宮)에 관사(官司)들을 비롯해 내리(內裏)-태극전(太極殿)-조당원(朝堂院)의 중추부가 성립되었다.

이처럼 덴무·지토 시대의 집권정책을 염두에 두고서 신라 문무·신문왕 시대의 집권정책에 주목하고, 그것들과 덴무·지토 시대 여러 정책과의 관련성을 구체적으로 지적하면서, 그 상징적인 연관성의 하나로서 덴무시대 '8색의 성(八色之姓)'*이 신라 골품제의 성립과 밀접한 관계에 있다는 것을 논한 적이 있다.[27]

흥미롭게도 새로운 정치체제가 한반도와 일본열도에서 거의 동시에 형성된 과정에서 특징적인 것은, 신라·일본 양국 모두 당과의 외교활동이 가장 저조했던 시기에 해당한다는 것이며, 특히 일본에서는 당과의 외교 교섭이 전혀 없었다는 사실이다. 두 번째로 신라와 일본 간에 전무후무한 빈번한 교섭이 있었다는 사실이다.[28]

---

* 684년에 정해진 여덟 종류의 가바네(姓). 가문을 중시한 가바네의 서열에 따라 예부터 내려온 씨족을 새로운 정치질서에 재편성했다.—옮긴이

27) 李成市, 앞의 〈新羅文武·神文王代の集權政策と骨品政策〉.

그렇다고 하면, '동아시아세계'에 중국왕조를 모델로 한 전형적인 고대국가가 확립되는 시기에, 중국왕조와 교섭을 하지 않으면서도 한편으로는 신라와 일본의 상호교섭이 두텁고 가까웠다는 사실은, 한자문화권 형성의 계기를 찾는 과정에서 경시할 수 없다. 요컨대 중국의 주변 여러 나라에게 '동아시아세계'의 형성(한자문화권의 형성)이란, 중국왕조와의 외교관계만이 아니라 그 밖의 요인이 강력히 작용했을 가능성이 있다고 보아야 한다.

바꿔 말하면 중국왕조와 교섭이 없으면서도, 왜 중국왕조(당)를 모델로 한 국가를 절실하게 모방했는가를 묻지 않을 수 없다. 물론 이러한 체제 확립기에 당과 교섭이 없었다고 하더라도, 한반도나 일본열도에서 '동이(東夷)'의 여러 민족은, 한(漢)대 이래 고대 중국에서 형성된 황제 지배를 중심으로 하는 국가구조의 이념을 외교를 통해 받아들여서, 제각기 국가상을 모색하며 점차 고대국가를 형성해갔다고 볼 수 있다. 설사 그렇다고 하더라도 유의해야 할 점은, 중국왕조와의 2국간 관계뿐만 아니라 이른바 주변 여러 국가간의 상호교섭이 국가구조의 모방과 수용에 중요한 역할을 했다는 사실이다.[29]

필자의 견해에 따르면, 덴무 · 지토 시대에 시행된 여러 정책의 배후에는 신라와 교통함으로써 영향을 받은 신라의 여러 집권정책

---

28) 李成市, 〈統一新羅と日本〉, 武田幸男 編, 《古代を考える — 日本と朝鮮》, 吉川弘文館, 2005.

29) 한자 수용의 문제를 이 같은 시점에 입각해서 언급한 적이 있다. 李成市, 앞의 《東アジア文化圈の形成》; 李成市, 〈漢字受容と文字文化からみた樂浪文化〉, 早稻田大學アジア地域文化エンハンシングセンター 編, 《アジア地域文化學の構築》, 雄山閣, 2006.

이 알맞은 참조계(參照系)가 됐다. 게다가 일본 왕권에게 신라 왕권은 단지 참조계로서만 존재하는 것이 아니라, 그러한 신라의 집권정책을 지켜보며 연구해 신라가 수용한 당률(唐律) 지식을 이해하면서, 독자적인 국가 구상에 의거해 신라를 뛰어넘을 만한 정책을 구상한 것이 아닌가 생각된다.[30] 결국 덴무 · 지토 시대의 집권적인 여러 정책은 백제 왕권을 포섭한 왜 왕권이 신라보다 상위에 서는 것을 지상명제로 삼아 탄생한 것이 아닌가 추측된다. 그러한 왜국에게 신라를 능가하는 체제란, 신라가 자기가 처한 일정한 조건 아래 선택적으로 수용한 당의 제도에 준거하면서도, 신라가 자기 규제한 당의 제도 그 자체이어서, 그것을 더 한층 이념적으로 수용하려고 한 것임에 틀림없다.

요컨대 백제 · 고구려의 멸망 이후 전에 없던 위기 속에서 신라와 왜국 간에 집권적 국가 형성이 목표로 되었지만, 그때 왜국은 당을 모델로 형성된 신라의 체제를 참조하면서도 그것을 뛰어넘기 위해 당률을 절대 규범으로 희구한 것으로 추측된다. 동아시아 국제정세의 급격한 변화에 대응하기 위해 신라와 일본에서 취한 집권정책은 상호간의 긴장 속에서 상대를 의식하면서 새로운 국가제도를 모색한 것이며, 그 결과 집권적인 국가체제, 한자 · 유교 · 불교 · 율령을 지배 원리로 삼은 국가체제가 성립한 것이다. 국제적인 위기에 대응하기 위해 상호간에 집권적인 지배체제를 구축했고, 그 결과로 인민에 대한 지배가 강화된 것이다. 오랫동안 자기를 억압해온 세계 제국의 지배 방식이 고대국가의 모델로 채용된 역사적 경위에 주목하

30) 李成市, 앞의 〈新羅文武 · 神文王代の集權政策と骨品政策〉.

기 바란다.

여기에서 새삼 강조하고 싶은 점은, 이상에서 말한 신라와 왜국의 국가 형성과 그 모델이 된 당의 여러 제도는 책봉체제론으로는 풀 수 없는 여러 문제를 내포하고 있지만, 그와 동시에 동아시아세계론이 제기한 문제의식 없이는 결코 건져 올릴 수 없다는 사실이다.

5. 새로운 동아시아세계론을 위하여

거듭 지적한 바와 같이, 동아시아세계론은 전후 일본의 역사 연구자가 어떻게 세계와 마주 대할 것인가라는 문제의식에서 출발해 만들어낸 역사적인 산물이었다. 그것은 일본인들을 위한 '세계사상'을 갈망하던 이들이 세계와 마주 대하기 위해, 그러한 매우 실천적인 과제에 대답할 수 있도록 구축된 역사의 틀이기도 하다.

동아시아세계론의 원천에는 우에하라 센로쿠의 세계사 구상이 있었으며, 그것은 1950년대에서 1960년대에 걸친 일본인들의 현실 과제에 대응하는 가운데 구상된 것이었다. 동아시아세계론의 구성 자체는 현실과 마주 대하고 그 시대의 역사적 과제에 부응하려고 한 특수한 일본인의 문제 설정이었다. 또한 동아시아세계론은 철저한 일본사의 문제였다. 그 핵심이 일본사 문제라면 그로부터 나오는 역사적인 물음 역시 일본사의 문제로 수렴되지 않을 수 없다.

바야흐로 '동아시아' 문제는 일본뿐만 아니라 한국 역시 직면하고 있는 절실한 과제로서, 최근 10년간 다양한 논의가 많이 나오고 있다. 이러한 상황에서 동아시아세계론을 볼 때, 그 문제점은 더 선명해질 것이다.

이미 지적한 바와 같이, 현재의 유럽사(세계사)는 16세기 이후 유럽인의 세계 확대에 따라 수반된 유럽 고유의 역사적 과제에 부응하기 위해, 유럽의 역사적 경험의 심부에서 그들 자신의 과제를 해결하는 과정에서 구상된 역사였다. 그렇다고 하면 동아시아 여러 나라가 연대해서 자신들의 (동아시아 여러 나라의) 역사적 과제에 부응하기 위한 세계사를 새로이 구상해야 할 것이다.

그렇게 하기 위해서 마땅히 우리는 철저하게 현재의 동아시아 여러 나라가 안고 있는 현실 과제에서 출발해, 동아시아의 절실한 문제를 해결하기 위해 과거를 물으면서 새로운 동아시아사, 새로운 동아시아세계론을 추구해야 할 터이다.

동아시아세계론은, 이를테면 일본이라는 1인칭에서 구상된 역사의 틀이기에 '동아시아' 역시 1인칭의 문제일 수밖에 없었던 약점이 있었다. 따라서 '동아시아에 살고 있는 사람들이 안고 있는 과제'라는 식으로, 2인칭으로 이야기할 수 있는 절실한 과제가 역사라는 과거로부터 제기될 때야말로 새로운 동아시아세계론이 더 풍요로운 틀이 될 수 있을 것이다.

동아시아 여러 나라는 19세기 이후 구미 열강과의 갈등을 경험하고 또 동아시아 내에서 서로 갈등을 되풀이하는 가운데, 유럽인이 만들어낸 근대에 직면했다. 게다가 근대 유럽에서 만들어진 근대성을 체험하고 동아시아 내부에서 침략이나 식민지 지배를 강요받는 과정에서 더욱 가혹하고 격렬한 근대를 살았다. 이러한 과정을 거치면서 동아시아 여러 나라는 근대국가를 형성해왔다.

그러한 동아시아 여러 나라가 현재 안고 있는 큰 문제 중의 하나는, '식민지 근대'가 만들어낸 가혹하고 격렬한 근대가 각각의 사회를 강하게 구속하고 있다는 사실이다. 여기에서 말하는 식민지 근대란 식민지 지배를 적극적으로 평가하는 '식민지 근대화(moderni-zation in colony)'와는 달리, 근대를 문제로서 인식하고 그것이 식민지화-피식민지화의 상호작용 속에서 가장 선명하고 강렬하며 또 원리적으로 노정된다고 생각하는 것이다.[31] 동아시아의 근대는 동일한 문명권 속에서 식민지 근대를 서로 강요한, 말하자면 공범(共犯)관계를 형성해온 점에 그 특징이 있는 것처럼 보인다. 그리고 탈식민주의적(postcolonial)인 상황이[32] 일본을 포함한 동아시아 여러 나라에 깊게 두루 펴져 있다고 생각되는 것은 어쩔 수 없다.

이러한 맥락에서 우리가 논의해야 할 과제는, 동아시아에서 전개된 19세기 이후 근대국가의 형성과정과 그로 인해 현재 직면하고 있는 여러 문제로 귀착된다. 특히 동아시아의 탈식민주의적 상황을 직시하고, 서로 안고 있는 근대의 어려운 문제를 극복해야 할 공통의 문제로서 인식하며, 거기에서 해방되는 길을 추구하는 사고방법이

31) 宮嶋博史 · 李成市, 〈序文に變えて〉, 宮嶋博史 外 編, 《植民地近代の視座―朝鮮と日本》, 岩波書店, 2004.

32) 'postcolonial'의 'post'가 가진 뉘앙스에 대해서는 鵜飼哲, 〈ポストコロニアリズム―三つの問い〉, 複數文化研究會 編, 《〈複數文化〉のために》, 人文書院, 1998, 44쪽의 다음과 같은 지적에 따른다. "'포스트'는, 콜로니얼리즘은 끝나지 않는다, 끝날 수 없다, 끝나지 않는 콜로니얼리즘이라 해도 좋은 현상, 일반적 의식 속에서는 과거로 간주되고 있으면서도 현대의 우리 사회나 의식을 깊숙이 규정하고 있는 구조, 그것을 어떻게 생각할 것인가, 그것과 어떻게 마주 대해가야 할 것인가 하는 문제제기가 그 접두사에는 포함되어 있다."

절실히 요구되는 것은 아닐까. 그렇다면 마땅히 이러한 현실 분석에서 새로운 동아시아세계론이 다시 출발해야 함은 자명한 일이다.

(번역 박환무)

• 참고문헌

1부 · 오리엔탈리즘 속의 내셔널히스토리

'세계사'의 일본적 전유 — 랑케를 중심으로

〈ルードヰイッヒ・リース先生略傳〉,《史學雜誌》, 13編 8號, 1902.

《史觀》第96冊,〈鈴木成高先生年譜〉·〈鈴木成高先生主要著作目錄〉·〈編集後記(鈴木成高先生古稀頌辭に代えて)〉, を含む, 1977.

《西都原史蹟調査報告書》, 宮崎縣, 1926.

《藝文》, 19卷 5號(坂口博士追悼號. 執筆者: 植村淸之介, 大類伸, 喜田貞吉, 桑原隲藏, 新村出, 田中秀央, 長壽吉, 三浦周行, 村川堅固, 安藤俊雄, 市村與一, 大村作次郎, 岡島誠太郎, 菅原憲, 中原與茂九郎, 三木田熊藏, 森瑞樹), 1928.

《ランケ紀念講話》(《史學界》第6卷 別刷), 1904.

家永三郎,《日本の近代史學》, 日本評論新社, 1957.

京都大學文學部 編,《京都大學文學部五十年史》, 京都大學文學部, 1956.

京都大學西洋史硏究室 編,《讀書會大會 — 五十年の步み》, 京都大學西洋史硏究室, 1982.

高山岩男,《世界史の哲學》, こぶし書房, 2001.

高坂正顯,《歷史的世界》, 京都哲學叢書 第25卷, 燈影舍, 2002.

高坂正顯,《歷史の意味とその行方》, こぶし書房, 2002.

高坂正顯·西谷啓治·高山岩男·鈴木成高,《世界史的立場と日本》, 中央公論社, 1943.

廣松涉,《〈近代の超克〉論 — 昭和思想史への一視角》, 講談社學術文庫, 1989.

箕作元八,〈ランケの歷史硏究法に就きて〉,《史學雜誌》10編 6號, 1899.

金井圓,〈歷史學 ― ルートヴィヒ・リースをめぐって〉,《お雇い外國人 ― 人文科學》, 鹿島出版會, 1976.
金井圓・吉見周子 編,《わが父はお雇い外國人》, 合同出版, 1978.
大橋良介,《京都學派と日本海軍 ― 新史料〈大島メモ〉をめぐって》, PHP新書, 2001.
大久保利謙,《大久保利謙歷史著作集 7 ― 日本近代史學の成立》, 吉川弘文館, 1988.
大久保利謙,《日本近代史學史》, 白揚社, 1940.
大類伸,〈西洋史學發達の回顧と展望〉,《歷史教育》7卷 9號, 1926.
鈴木成高,《世界史における現代》, 創文社, 1990.
鈴木成高,《歷史的國家の理念》, 弘文堂, 1941.
鈴木成高,《ヨーロッパの成立・産業革命》, 京都哲學叢書 第6卷, 燈影舍, 2000.
鈴木成高,《ランケと世界史學》, 弘文堂, 1939.
鈴木成高・林健太郎,〈〈對談〉ランケ史學の神髓〉,《世界の名著 續 11 ― ランケ》, 1974.
李成市,〈コロニアリズムと近代歷史學 ― 植民地統治下の朝鮮史編修と古蹟調査を中心に〉, 寺內威太郎・李成市・永田雄三・矢島國雄,《植民地主義と歷史學》, 刀水書房, 2004.
米谷匡史,〈戰時期日本の社會思想 ― 現代化と戰時改革〉,《思想》882號, 1997.
北山茂夫,〈日本近代史學の發展〉,《日本歷史 22 ― 別卷 1》(岩波講座), 岩波書店, 1963.
山室信一,《思想課題としてのアジア ― 基軸・連鎖・投企》, 岩波書店, 2001.
山中謙二,〈明治三十年以後の西洋史〉,《歷史教育》7卷 9號, 1926.
森哲郎,〈歷史思想 ― '世界=歷史'の思索共同と諸差異〉, 大橋良介 編,《京都學派の思想 ― 種々の像と思想のポテンシャル》, 人文書院, 2004.
西田幾多郎,《西田幾多郎全集》第12卷, 岩波書店, 1979.
西田幾多郎・西谷啓治 外,《世界史の理論 ― 京都學派の歷史哲學論攷》, 京都哲學叢書 第11卷, 燈影舍, 2000.
西川洋一,〈東京とベルリンにおけるルートヴィヒ・リース〉, 東京大學史料編纂所 編,《歷史學と史料研究》, 山川出版社, 2003.
西川洋一,〈史料紹介: ベルリン國立圖書館所藏ルートヴィヒ・リース書簡について〉,《國家學會雜誌》115卷 3・4號, 2002.

小林敏明,《廣松渉 — 近代の超克》, 講談社, 2007.
岸田達也,《ドイツ史學思想史研究》, ミネルヴァ書房, 1976.
安田敏朗,《近代日本言語史再考 — 帝國化する'日本語'と'言語問題'》, 三元社, 2000.
岩井忠熊, 〈日本近代史學の形成〉, 《日本歷史 22 — 別卷 1》(岩波講座), 岩波書店, 1963.
野口洋二,〈鈴木成高先生を悼む〉,《史觀》第120冊, 1989.
永原慶二,《20世紀日本の歷史學》, 吉川弘文館, 2003.
永井和,〈東アジアの '近世'問題〉, 夫馬進 編,《中國東アジア外交交流史の研究》, 京都大學學術出版會, 2007.
田中茂,〈有吉忠一知事と西都原古墳發掘調査〉,《宮崎縣地方史研究紀要》9, 1983.
前川貞次郎,《歷史を考える》, ミネルヴァ書房, 1988.
酒井三郎,《日本西洋史學發達史》, 吉川弘文館, 1969.
中村善太郎,〈故坂口博士の學歷とその學界に於ける業績(上・下)〉,《史林》13卷 2・3號, 1928.
池田哲郎,〈明治三十年以前の西洋史〉,《歷史教育》7卷 9號, 1926.
天野貞祐,《天野貞祐全集 3 — 信念と實踐》, 栗田出版會, 1971.
村岡晢,《レーオポルト・フォン・ランケ — 歷史と政治》, 創文社, 1983.
村川堅固,〈ルードヴィヒ・リース教授の逝去〉,《史學雜誌》, 40編 4號, 1929.
坂口遼 編,《ある歷史家の生涯 — 坂口昂とその家族たち》, 丸善出版サービスセンター, 1978.
坂口昂,〈《世界史論進講錄》を讀む〉,《藝文》9卷 6號, 1918.
坂口昂,〈狗尾錄〉,《藝文》4卷 9號, 1913.
坂口昂,〈民族と國民と世界文化〉,《日本社會學院年報》5卷 1・2・3號, 1918.
坂口昂,〈史料解放の議〉,《歷史と地理》1卷 1號, 1917.
坂口昂,〈時代の趨勢と史家の任務〉,《史林》1卷 1號, 1916.
坂口昂,〈十年前〉,《藝文》11卷 6號, 1920.
坂口昂,〈雅典の栞〉,《藝文》2卷 5號, 1911.
坂口昂,〈外人の見たる日本に於ける最近の '宗教改造'・'新神道'〉,《藝文》3卷 11號, 1912.

坂口昂, 〈日本のビスマルク〉, 《史林》 7卷 3號, 1922.
坂口昂, 〈在支那耶蘇會に關する研究の片々〉, 《史學雜誌》 10編 8號, 1899.
坂口昂, 〈國民的國家の發展と歐州の大戰亂〉, 《京都教育》 269號, 1915.
坂口昂, 〈獨乙領波蘭の國史教育(上 · 下)〉, 《歷史と地理》 1卷 2號 · 3號, 1917.
坂口昂, 〈獨逸史學の二大百年記念(上 · 下)〉, 《史林》 9卷 1 · 2號, 1924.
坂口昂, 〈エルザス · ロートリンゲン問題〉, 《歷史地理》 23卷 4號, 1914.
坂口昂, 〈エルザス · ロートリンゲンの現在及び將來〉, 《歷史地理》 23卷 5號, 1914.
坂口昂, 〈フイヒテとランケ〉, 《藝文》 5卷 1號, 1914.
坂口昂, 〈マルチニ氏韃靼戰爭記につきて〉, 《史學雜誌》 9編 2號, 1898.
坂口昂, 〈ミッキエヴィチ最後の日〉, 《藝文》 7卷 1號, 1916.
坂口昂, 〈ライプニッツの〈支那の最近事〉について〉, 《內藤先生還曆祝賀支那學論叢》, 弘文堂, 1926.
坂口昂, 〈ランケの史學と彼れの體驗したる革命との關係〉, 《史學雜誌》 37編 11號, 1926.
坂口昂, 〈ランプレヒトを憶ふ〉, 《史林》 1卷 4號, 1916.
坂口昂, 〈リース博士《世界史》〉, 《史林》 6卷 3號, 1921.
坂口昂, 〈リース博士の近著《世界史》〉, 《史學雜誌》 31編 1號, 1919.
坂口昂, 〈ローマンチック時代に於ける一青年史家の生立(上 · 下)〉, 《史林》 5卷 1 · 2號, 1920.
坂口昂, 《世界史論講》, 岩波書店, 1931.
坂口昂, 《(增訂版)世界に於ける希臘文明の潮流》, 岩波書店, 1924.
坂口昂, 《概觀世界史潮》, 岩波書店, 1920.
坂口昂, 《歷史家の旅から》, 中公文庫, 1981.
坂口昂, 《獨逸史學史》, 岩波書店, 1932.
坂口昂, 《獨逸帝國境界地方の教育狀況》, 朝鮮總督府, 1913.
河上徹太郎 · 竹內好 外, 《近代の超克》, 富山房, 1979.
齊藤孝, 《昭和史學史ノート—歷史學の發想》, 小學館, 1984.
黑田多美子, 〈一歷史學者のみたドイツ領ポーランドにおける教育政策 — 坂口昂《獨逸帝國境界地方の教育狀況》をめぐって〉, 《獨協大學ドイツ學研究》 21號,

1989.
イ・ヨンスク,《'國語'という思想 — 近代日本の言語意識》, 岩波書店, 1996.
エヴァンズ, リチャード J., 今關恒夫・林以知郎 監譯,《歷史學の擁護 — ポストモダニズムとの對話》, 晃洋書房, 1999.
グーチ, G. P., 林健太郎・林孝子 譯,《十九世紀の歷史と歷史家たち(上・下)》, 筑摩書房, 1971.
マイネッケ, フリードリヒ, 矢田俊隆 譯,《世界市民主義と國民國家 — ドイツ國民國家發生の研究》, 岩波書店, 1968.
マイネッケ, フリードリヒ, 中山治一・岸田達也 譯,《ランケとブルクハルト》, 創文社, 1960.
メール, マーガレット,〈明治國家と日本近代史學の成立 — 現東京大學史料編纂所をめぐって〉, 伊藤隆 編,《日本近代史の再構築》, 山川出版社, 1993.
メール, マーガレット, 近藤成一 譯,〈明治史學におけるドイツの影響 — どれ程意義ある影響だったのか?〉, 東京大學史料編纂所 編,《歷史學と史料研究》, 山川出版社, 2003.
ランケ, レオポルト・フォン,《世界の名著 47 — ランケ 中公バックス》(責任編集 林健太郎), 中央公論社, 1980.
ランケ, レオポルト・フォン, 鈴木成高・相原信作 譯,《世界史概觀 — 近世史の諸時代》, 岩波文庫, 1941.
ランケ, レオポルト・フォン, 林健太郎 譯,《ランケ自傳傳》, 岩波文庫, 1966.
ランケ, レオポルト・フォン, 相原信作 譯,《政治問答 他一篇》, 岩波文庫, 1941.
ランケ, レオポルト・フォン, 相原信作 譯,《强國論》, 岩波文庫, 1940.
ランケ, レオポルト・フォン, 村岡哲 譯,《世界史の流れ — ヨーロッパの近・現代を考える》, ちくま學藝文庫, 1998.
リース, ルードヴィッヒ,〈空前絶後の最大史家〉,《史學雜誌》10編 1號, 1899.
リース, ルートヴィッヒ, 原潔・永岡敦 譯,《ドイツ歷史學者の天皇國家觀》, 新人物往來社, 1988.
リース, ルートヴィヒ, 坂口昂・安藤俊雄 譯,《世界史の使命》, 岩波書店, 1922.
リース, ルドウィヒ,〈史學會雜誌編纂ニ付テ意見〉,《史學會雜誌》1編 5號, 1890.

《東洋時報》第101號, 1907.
〈東洋學研究談話會〉,《史學界》第7卷 第7號, 1905.
〈東洋學研究談話會の活動を促す〉,《國學院雜誌》第12卷 第2號, 1906.
〈東洋學會(?)の發會〉,《史學雜誌》第16編 第7號, 1905.
〈東洋學會設立の計畫〉,《史學雜誌》第16編 第6號, 1905.
〈東洋協會趣意書竝びに規約〉,《臺灣協會會報》第100號, 1907.
〈白鳥先生を送る〉,《言語學雜誌》第2卷 第2號, 1901.
京大學史史料研究會 編,《東京大學年報》第6卷, 東京大學出版會, 1994.
國松久彌,〈リヒトホーフェンの人類地理學思想〉, 國松久彌 編著,《リヒトホーフェン—現代地理學の課題と方法》, 古今書院, 1976.
宮地正人,〈幕末・明治前期における歷史認識の構造〉, 田中彰・宮地正人 校註,《日本近代思想大系 13 — 歷史認識》, 岩波書店, 1991.
近衛篤麿日記刊行會 編,《近衛篤麿日記》第4・5卷, 鹿島研究所出版會, 1968・1969.
旗田巍,〈近代における東洋史學の傳統〉,《歷史學研究》270, 1962.
旗田巍,《朝鮮史》(岩波全書), 岩波書店, 1951.
金澤庄三郎,〈國語に就きて思へる事ども〉,《國學院雜誌》第4卷 第3號, 1898.
金澤庄三郎,〈日韓兩國語同系論〉,《東洋協會調査部學術報告》第一冊, 1909.
南滿洲鐵道株式會社,〈序〉,《滿洲歷史地理》, 南滿洲鐵道株式會社, 1913.
內藤虎次郎,〈日本文化とは何ぞや(其一・二)〉, 1921・1922(《日本文化史研究》, 弘文堂書房, 1924).
內藤虎次郎,《新支那論》, 博文堂, 1924(《內藤湖南全集》第5卷, 筑摩書房, 1972).
稻葉君山,《朝鮮文化史研究》, 雄山閣, 1925.
東京帝國大學 編,《東京帝國大學五十年史(上・下)》, 東京帝國大學, 1932.
白鳥庫吉,〈《日本書紀》に見えたる韓語の解釋〉,《史學雜誌》第8編 第4・6・7號, 1897(《白鳥庫吉全集》第3卷, 岩波書店, 1970).
白鳥庫吉,〈歐洲大戰爭と東洋との關係〉,《白鳥庫吉全集》第10卷, 岩波書店, 1971.
白鳥庫吉,〈東洋史に於ける南北の對立〉,《東洋史講座》第16卷, 國史講習會,

1926(《白鳥庫吉全集》第8卷, 岩波書店, 1970).
白鳥庫吉, 〈歷史と地誌との關係〉, 《史學會雜誌》第1號, 1889.
白鳥庫吉, 〈我が國の强盛となりし史的原因に就て〉, 《世界》第11號, 1904(《白鳥庫吉全集》第9卷, 岩波書店, 1971).
白鳥庫吉, 〈言語上より見たる朝鮮人種〉, 《人類學雜誌》第30卷 第8號, 1915(《白鳥庫吉全集》第3卷).
白鳥庫吉, 〈烏孫に就いての考〉, 《史學雜誌》第11編 第1號 · 第12編 第1～2號, 1900～1901(《白鳥庫吉全集》第5卷, 岩波書店, 1970).
白鳥庫吉, 〈戎狄が漢民族に及ぼした影響〉, 《東洋哲學》第8卷 第1號, 1901(《白鳥庫吉全集》第8卷).
白鳥庫吉, 〈日 · 韓 · アイヌ三國語の數詞に就いて〉, 《史學雜誌》第20編 第1～3號, 1909(《白鳥庫吉全集》第2卷, 岩波書店, 1970).
白鳥庫吉, 〈日本人種論に對する批評〉, 《東亞之光》第10卷 第8號, 1915(《白鳥庫吉全集》第9卷).
白鳥庫吉, 〈朝鮮の日本に對する歷史的政策〉, 《世界》第5號, 1904(《白鳥庫吉全集》第9卷).
白鳥庫吉, 〈支那の北部に據つた古民族の種類に就いて〉, 《史學雜誌》第11編 第4號, 1900(《白鳥庫吉全集》第4卷, 岩波書店, 1970).
白鳥庫吉, 〈淸韓人の國民性に就て〉, 《東洋時報》第118 · 119號, 1908(《白鳥庫吉全集》第10卷).
白鳥庫吉, 〈學習院に於ける史學科の沿革〉, 《學習院輔仁會雜誌》第134號, 1928(《白鳥庫吉全集》第10卷).
白鳥庫吉, 〈韓史槪說〉, 《叡山講演集》, 1907(《白鳥庫吉全集》第9卷).
白鳥庫吉, 〈ハンガリア國史の梗槪〉, 《史學界》第7卷 第2號, 1905(《白鳥庫吉全集》第10卷).
白鳥庫吉, 《東洋史上より觀たる日本》(岩波講座 日本歷史), 岩波書店, 1934.
三宅米吉, 《日本史學提要》, 普及舍, 1886(文學博士三宅米吉著述集刊行會 編, 《文學博士三宅米吉著述集(上)》, 目黑書店, 1929).
三ッ井崇, 〈'일선동조론(日鮮同祖論)'의 학문적 기반에 관한 시론 — 한국병합 전후

를 중심으로〉, 《한국문화》 제33호, 2004.

三ッ井崇, 〈近代アカデミズム史學のなかの'日鮮同祖論' ― 韓國併合前後を中心に〉, 《朝鮮史研究會論文集》 第42集, 2004.

三ッ井崇, 〈白鳥庫吉の歷史認識形成における言語論の位相 ― 朝鮮語系統論と朝鮮史認識をめぐる言說から〉, 《史潮》 新48號, 2000.

三ッ井崇, 〈日本語朝鮮語同系論の政治性をめぐる諸様相―金澤庄三郎の言語思想と朝鮮支配イデオロギーとの連動性に關する一考察〉, 《朝鮮史研究會論文集》 第37集, 1999.

上原淳道, 〈東洋史學の反省〉, 《歷史評論》 150, 1963.

上田万年, 〈新村出筆錄〉, 《言語學》(シリーズ名講義ノート), 教育出版, 1975.

西宮紘, 〈後藤新平と日米關係〉, 《環》 8, 2002.

石田幹之助, 〈白鳥先生小傳 ― その略歷と學業〉, 1942(《白鳥庫吉全集》 第10卷).

石川遼子, 〈東京外國語學校の再興と朝鮮語教育 ― 日淸戰爭と日露戰爭のあいだ〉, 《人間文化研究科年報》(奈良女子大學) 第12號, 1997.

石川遼子, 〈露・淸・韓語學科設置の構想〉, 《人間文化研究科年報》 第13號, 1998.

小倉芳彥, 〈日本における東洋史學の發達〉, 《世界歷史 別卷》(岩波講座), 岩波書店, 1971.

松村潤, 〈白鳥庫吉〉, 江上波夫 編, 《東洋學の系譜》, 大修館書店, 1992.

安藤彥太郎・山田豪一, 〈近代中國研究と滿鐵調查部〉, 《歷史學研究》 270, 1962.

永田雄三, 〈トルコにおける'公定歷史學'の成立―'トルコ史テーゼ'分析の一視角〉, 寺內威太郎・李成市・永田雄三・矢島國雄, 《植民地主義と歷史學 ― そのまなざしが殘したもの》, 刀水書房, 2004.

五井直弘, 《近代日本と東洋史學》, 青木書店, 1976.

遠山茂樹, 《戰後の歷史學と歷史意識》, 岩波書店, 1968.

井上直樹, 〈日露戰爭後の日本の大陸政策と'滿鮮史'―高句麗史研究のための基礎的考察〉, 《洛北史學》 第8號, 2006.

井上哲次郎, 〈東洋史學の價値〉, 《史學會雜誌》 第24號, 1891.

中見立夫, 〈地域概念の政治性〉, 《アジアから考える 1 ― 交錯するアジア》, 東京大學出版會, 1993.

增淵龍夫, 〈歷史認識と國際感覺 — 日本の近代史學史における中國と日本〉, 《思想》 462 · 468, 1963(《歷史家の同時代的考察について》, 岩波書店, 1983).

津田左右吉, 〈白鳥博士小傳〉, 《東洋學報》 第29卷 第3 · 4號, 1944.

和田清, 〈滿蒙史論〉, 《アジア問題講座 7 — 民族 · 歷史篇(一)》, 創元社, 1939.

後藤新平, 〈台灣統治ニ關シ訓示シ部下官僚ニ贈言セシ覺書〉, 1906(《環》 10, 2002).

リヒトホーフェン, 國松久彌 譯, 〈現代地理學の課題と方法〉, 國松久彌 編著, 《リヒトホーフェン — 現代地理學の課題と方法》, 古今書院, 1976(원전은 F. von Richthofen, *Aufgaben und Methoden der heutigen Geographie*, 1883).

リヒトホーフェン, 望月勝海 · 佐藤晴生 譯, 《支那(Ⅰ) — 支那と中央アジア》, 東亞研究叢書 14, 岩波書店, 1942.

James Bryce, "The Relations of History and Geography", *The Contemporary Review*, vol. XLIX, 1886.

Stefan Tanaka, *Japan's Orient: Rendering Pasts into History*, University of California Press, Berkley, 1993.

국사는 어떻게 구성되었는가? — 한국 근대역사학의 창출과 통사체계의 확립

《고종순종실록》 36권, 광무 1년 10월 11 · 13일.

고은 · 박현채 · 한영우, 〈통일조국의 국호를 제안한다〉, 《역사비평》 21, 1993.

구범모, 〈정치적 정통성에 관한 이론적 고찰〉, 《정치적 정통성 연구》, 한국정신문화연구원, 1990.

구희진, 〈한국 근대개혁기의 교육론과 교육개편〉, 서울대학교 사회교육과 박사학위논문, 2004.

김여칠, 〈1906년 이후의 국사교과서에 대하여〉, 《역사교육》 36, 1984.

김여칠, 〈개화기 국사교과서를 통해 본 역사의식(Ⅰ) —《역사집략》을 중심으로〉, 《사학지》 14, 1980.

김여칠, 〈開化期 國史敎科書를 통해서 본 歷史認識(Ⅰ)(Ⅱ)〉, 《서울교대논문집》 13 · 16, 1980 · 1982.

김여칠, 〈개화후기의 국사교과서연구(상 · 중 · 하)〉, 《서울교대논문집》 17 · 18 · 19, 1984 · 1985 · 1986.

김여칠, 〈한국개화기의 국사교과서와 역사인식〉, 단국대학교 사학과 박사학위논문, 1985.

김용섭, 〈우리나라 근대역사학의 성립〉, 이우성 · 강만길 편, 《한국의 역사인식(하)》, 창비, 1975.

김용섭, 〈일본 – 한국에 있어서의 한국사서술〉, 《역사학보》 31, 1966.

김태현, 〈구한말 국사교과서 분석연구〉, 《역사교육론집》 3, 1982.

김택영, 《동국역대사략》(1899), 한국개화기교과서총서 12, 아세아문화사, 1977.

김택영, 《역사집략》(1905), 한국개화기교과서총서 15, 아세아문화사, 1977.

김흥수, 〈개화세력의 교육사상〉, 《국사관논총》 83, 1999.

김흥수, 〈한말의 국사교과서 편찬〉, 《역사교육》 33, 1983.

도면회, 〈황제권 중심 국민국가체제의 수립과 좌절(1895~1904)〉, 《역사와현실》 50, 2000.

박광용, 〈우리나라 이름에 담긴 역사계승의식 — 한 · 조선 · 고려관〉, 《역사비평》 21, 1993.

박찬승, 〈한말 신채호의 역사관과 역사학〉, 《한국문화》 9, 1988.

白東鉉, 〈러일전쟁 전후 '민족' 용어의 등장과 민족인식〉, 《韓國史學報》 10, 2001.

백영서, 〈'동양사학'의 탄생과 쇠퇴〉, 《창작과비평》 126, 2004.

스테판 다나카 지음, 박영재 외 옮김, 《일본 동양학의 구조》, 문학과지성사, 2004.

신채호, 〈독사신론〉, 단재신채호선생기념사업회 편, 《(개정판)단재신채호전집(상)》, 형설출판사, 1977.

앙드레 슈미드 지음, 정여울 옮김, 《제국 그 사이의 한국》, 휴머니스트, 2007.

양정현, 〈근대개혁기 역사교육의 전개와 역사 교재의 편성〉, 서울대학교 사회교육과 박사학위논문, 2001.

오항녕, 〈성리학적 역사관의 성립: 초월에서 현실로〉, 《조선시대사학보》 9, 1999.

은정태, 〈대한제국기 '간도문제'의 추이와 '식민화'〉, 《역사문제연구》 17, 2007.

이만열, 《한국근대역사학의 이해》, 문학과지성사, 1981.

임대식, 〈일제시기 · 해방후 나라 이름에 반영된 좌우갈등〉, 《역사비평》 21, 1993.

정구복, 〈《동국통감》에 대한 사학사적 고찰〉, 《한국사연구》 21 · 22합집, 1978.
정창렬, 〈한말의 역사인식〉, 《한국사학사의 연구》, 을유문화사, 1985.
조동걸, 《현대한국사학사》, 나남, 1998.
최경환, 《대동역사》(1905), 한국개화기교과서총서 17, 아세아문화사, 1977.
최양호, 〈개화기 역사교육의 실태 연구 — 玄采의 《東國史》와 林泰輔의 《朝鮮史》 비교 분석을 중심으로〉, 《이원순교수화갑기념사학논총》, 교학사, 1986.
최혜주, 〈한말의 고구려 · 발해 인식〉, 《한국독립운동사연구》 23, 2004.
프라센지트 두아라 지음, 문명기 · 손승회 옮김, 《민족으로부터 역사를 구출하기》, 삼인, 2004.
학부 편집국, 《교과용도서일람》, 1910.
학부, 《국민소학독본》(1895), 한국개화기교과서총서 1, 아세아문화사, 1977.
학부, 《조선역대사략》(1895), 한국개화기교과서총서 11, 아세아문화사, 1977.
학부, 《조선역사》(1895), 한국개화기교과서총서 11, 아세아문화사, 1977.
한영우, 〈《동국통감》의 역사서술과 역사인식(상 · 하)〉, 《한국학보》 15 · 16, 1979.
한영우, 〈18세기 후반 남인 안정복의 사상과 《동사강목》〉, 《조선후기사학사연구》, 일지사, 1989.
한영우, 《한국민족주의역사학》 일조각, 1994.
현채, 《동국사략》(1906), 한국개화기교과서총서 16, 아세아문화사, 1977.
홍이섭, 〈구한말 국사교육과 민족의식〉, 《홍이섭전집》 7, 연세대학교출판부, 1974.
宮地正人, 〈幕末 · 明治前期における歷史認識の構造〉, 《日本近代思想大系 13 — 歷史認識》, 岩波書店, 1991.
梁啓超, 〈論正統〉, 《飮氷室文集(下)》, 廣智書局, 1905.
永原慶二, 《20世紀日本の歷史學》, 吉川弘文館, 2003.
林泰輔, 《朝鮮史》, 1892.
酒井直樹, 〈通史という實踐系について〉, 《日本通史》 月報 21, 岩波書店, 1995.

《新興》 5호, 1931. 7.

京城帝國大學 編, 《京城帝國大學一覽》.

朝鮮史學會 編, 《朝鮮史講座》.

靑丘學會 編, 《靑丘學叢》.

고병익, 《아시아의 역사상》, 서울대학교출판부, 1969.

박광현, 〈경성제대와 '新興'〉, 《한국문학연구》 26, 2003.

백영서, 《동아시아의 귀환》, 창비, 2000.

스테판 다나카 지음, 박영재 외 옮김, 《일본 동양학의 구조》, 문학과지성사, 2004.

역사학회 편, 《現代韓國歷史學의 動向 1945~1980》, 일조각, 1982.

윤남한, 〈동양사연구의 회고와 과제〉, 《역사학보》 68, 1975.

윤남한, 〈회고와 전망〉, 《역사학보》 49, 1971.

정재각, 〈동양사 서술의 문제〉, 《역사의 여운》, 고려대학교출판부, 1973.

정재각, 〈동양사 서술의 문제〉, 《역사학보》 31호, 1967.

조동걸, 《現代韓國史學史》, 나남, 1998.

채희순, 《동양사개론》, 고려출판사, 1954.

하세봉, 《동아시아 역사학의 생산과 유통》, 아세아문화사, 2001.

姜尙中, 《オリエンタリズムの彼方へ》, 岩波書店, 1996.

京都大學國文學科 編, 《小倉進平博士著作集》 2, 1975.

京都帝國大學 編, 《京都帝國大學史》, 京都帝國大學, 1943.

宮崎五十騎, 《槪觀朝鮮史》, 四海書房, 1937.

今西龍, 《朝鮮史の栞》, 近澤書店, 1935.

旗田巍 編, 《シンポジウム, 日本と朝鮮》, 勁草書房, 1969.

旗田巍, 《朝鮮と日本人》, 勁草書房, 1983.

稻葉岩吉, 《朝鮮文化史硏究》, 雄山閣, 1925.

服部宇之吉, 〈朝鮮帝國大學の特色〉, 《朝鮮地方行政》, 1924. 4.

史學會, 《史學會雜誌》(創刊號), 1889. 12.

山口正之, 《朝鮮西敎史》, 雄山閣, 1967.

松本善海,《東洋史料集成》第1篇, 1955.
松月秀雄,〈若き世代に與ふる書〉,《國民文學》, 1942. 4.
齋藤實,〈京城帝國大學醫學部開講式訓辭〉,《文教の朝鮮》, 1926. 6.
井上哲次郎,〈東洋史學の價值〉,《史學會雜誌》, 1891. 11.
川村溱,《大東亞民俗學》, 講談社, 1996.
秋葉隆 · 赤松智城,《滿蒙の民族と宗教》, 大阪屋號書店, 1941.
秋葉隆 · 赤松智城,《朝鮮巫俗の硏究(上 · 下)》, 大阪屋號書店, 1938 · 1939.
戶川芳郎,〈漢學シナの沿革とその問題点〉,《理想》, 1966. 6.
ステファン · ディルセー, 池端次郎 譯,《大學史(上)》, 東洋館出版社, 1988.

2부 · 공전하는 한국의 탈식민주의 역사학

'숨은 신'을 비판할 수 있는가?— 김용섭의 '내재적 발전론'

강만길,《분단시대의 역사인식》, 창비, 1978.
김보현,〈박정희정권기 저항엘리트들의 이중성과 역설〉,《사회과학연구》제13집 제1호, 서강대학교 사회과학연구소, 2005.
金容燮教授 停年記念 韓國史學論叢刊行委員會,《韓國近現代의 民族問題와 新國家建設》, 金容燮教授停年記念韓國史學論叢 3, 지식산업사, 1997.
김용섭,〈光武 年間의 量田 — 地契事業〉,《韓國近代農業史硏究(2)》, 일조각, 1988.
김용섭,〈近代化 過程에서의 農業改革의 두 方向〉,《韓國近現代農業史硏究》, 일조각, 1992.
김용섭,〈導論 — 朝鮮後期의 農業問題와 實學〉,《韓國近代農業史硏究(3)》, 지식산업사, 2001.
김용섭,《朝鮮後期農業史硏究(1)》, 일조각, 1970.
김용섭,〈일본 – 한국에 있어서의 한국사 서술〉,《역사학보》31, 1966.
김용섭,〈朝鮮後期의 經營型富農과 商業的 農業〉,《朝鮮後期農業史硏究(2)》, 일조각, 1971.

김용섭, 〈토지제도의 史的 推移〉, 《韓國中世農業史硏究》, 지식산업사, 2000.

김인걸, 〈1960, 70년대 '內在的 發展論'과 韓國史學〉, 《韓國史 認識과 歷史理論》, 金容燮敎授 停年記念 韓國史學論叢 1, 지식산업사, 1997.

미야지마 히로시(宮嶋博史), 〈동아시아의 근대화, 식민지화를 어떻게 이해할 것인가?〉, 임지현 · 이성시 엮음, 《국사의 신화를 넘어서》, 휴머니스트, 2004.

방기중, 《한국근현대사상사연구: 1930 · 40년대 백남운의 학문과 정치경제사상》, 역사비평사, 1992.

이매뉴엘 월러스틴 지음, 백승욱 옮김, 《우리가 아는 세계의 종언》, 창비, 2001.

이세영, 《한국사 연구와 과학성》, 청년사, 1997.

이영훈, 《朝鮮後期 社會經濟史》, 한길사, 1988.

이해주 · 최성일 편역, 《韓國近代社會經濟史의 諸問題》, 부산대학교출판부, 1995.

임지현, 〈한국서양사학의 반성과 전망〉, 《역사비평》 8, 1990년 봄호.

조동걸, 《現代韓國史學史》, 나남, 1998.

조석곤, 〈식민지근대화론과 내재적 발전론 검토〉, 《한국근대 토지제도의 형성》, 해남, 2003.

민족과 진리는 하나일 수 있는가?— 이기백의 실증사학

〈이기백 선생 1주기 추모 좌담회 — 진리의 파수꾼, 이기백 선생〉, 《한국사 시민강좌》 37, 일조각, 2005,

길현모, 〈랑케 사관의 성격과 위치〉, 전해종 · 길현모 · 차하순 공저, 《역사의 이론과 서술》, 서강대 인문과학연구소, 1975.

김기봉, 〈한국 근대 역사 개념의 형성 — '국사'의 탄생과 신채호의 민족사학〉, 《한국사학사학보》 12, 2005.

김기봉, 〈랑케의 'wie es eigentlich gewesen' 본래 의미와 독일 역사주의〉, 《호서사학》 39, 2004.

김기봉, 〈'기억의 장'으로서 동아시아 — 국사에서 동아시아사로〉, 《역사를 통한 동아시아공동체 만들기》, 푸른역사, 2006.

노용필, 〈이기백 《국사신론》·《한국사신론》의 체제와 저술 목표〉, 한국사학사학회 제80회 연구발표회 발표문, 2008. 12. 27.

라인하르트 코젤렉 지음, 한철 옮김, 〈역사는 삶의 스승인가〉, 《지나간 미래》, 문학동네, 1998.

백승종, 〈"진리를 거역하면 민족도 망하고 민중도 망한다"—역사가 이기백의 '진리지상주의'에 대한 몇 가지 생각〉, 《역사와 문화》 9, 2004.

신채호, 〈浪客의 新年漫筆〉, 단재신채호선생기념사업회 편, 《단재신채호전집(하)》, 형설출판사, 1972.

스테판 다나카 지음, 박영재 외 옮김, 《일본 동양학의 구조》, 문학과지성사, 2004.

이기백, 《민족과 역사》, 일조각, 1971.

이기백, 《한국사학의 방향》, 일조각, 1978.

이기백, 《연사수록》, 일조각, 1994.

이기백, 《한국사산고》, 일조각, 2005.

이기백, 〈한국사의 진실을 찾아서〉, 《한국사 시민강좌》 35, 일조각, 2004.

E. H. 카 지음, 김택현 옮김, 《역사란 무엇인가》, 까치, 1997.

이종욱, 《민족인가, 국가인가? 신라 내물왕 이전 역사에 답이 있다》, 소나무, 2006.

A. Munslow, *The Routledge Companion to Historical Studies*, London and New York, 2000.

Ranke, "Über die Idee der Universalhistory", published in E. Kessel, "Rankes Idee der Universalhistory", in: *Historische Zeitschrift 178*, 1954.

J. W. Scott, "History in Crisis: The Others' Side of the History", *The American Historical Review 94(3)*, 1989.

국가/근대화 기획으로서의 서양사—민석홍의 유럽중심주의 역사학

《독일연구》 4, 2002. 12.

《역사와 문화》 12, 2006. 12.

《월간중앙》 70, 1974. 1.

한국서양사학회, 《서양사론》 95, 2007. 12.

강정인, 〈서구중심주의의 세계사적 전개과정〉, 《계간 사상》, 2003년 가을호.

곽차섭 엮음, 《미시사란 무엇인가: 역사학의 새로운 가능성 — 미시사의 이론 · 방법 · 논쟁》, 푸른역사, 2000.

김영한, 〈한국의 서양사 연구 — 경향과 평가〉, 《서양사론》 95, 2007. 12.

노명식 · 이상신, 〈서양사학의 어제와 오늘〉, 역사학회 편, 《현대한국역사학의 동향(1945~1980)》, 일조각, 1982.

로스토우 지음, 강명규 · 이상규 옮김, 《경제성장의 제 단계: 반맑스주의관》, 법문사, 1981.

민석홍 엮음, 《프랑스혁명사론》, 까치, 1988.

민석홍 외, 〈권두대담: 혁명과 진보〉, 《세대》 75, 1969. 5.

민석홍, 〈4 · 19 정신론〉, 《신동아》, 1965. 4.

민석홍, 〈5 · 16의 역사적 의미 — 그것은 우리에게 무엇을 의미하는가?〉, 《사상계》 146, 1975.

민석홍, 〈Maximilien Robespierre의 정치사상연구〉, 《서양근대사연구》, 일조각, 1975.

민석홍, 〈Saint-Just의 정치사상연구〉, 《학술원논문집》 33, 1994.

민석홍, 〈로스토오의 경제사관〉, 《세계》 2, 1960

민석홍, 〈명령과 복종의 양자관계〉, 《육군》 144, 1970.

민석홍, 〈미래의 창조〉, 《중앙》 1, 1968.

민석홍, 〈부르죠아혁명〉, 《사상계》 44, 1957.

민석홍, 〈불란서는 왜 혁명을 택하였는가〉, 《국제평론》 5, 1960.

민석홍, 〈불란서혁명의 이념〉, 《사상계》 27, 1955.

민석홍, 〈새로운 민족신화의 창조〉, 《정경연구》 31, 1967.

민석홍, 〈서구의 근대화 이념과 한국〉, 《한국 근대화의 이념과 향방》(동국대학교 개교 60주년기념 학술심포지엄 논문집), 1967.

민석홍, 〈앙시앙 레짐과 프랑스혁명의 성격 — 수정주의의 비판〉, 미셸 보벨 · 민석홍 외 지음, 《프랑스혁명과 한국》, 일월서각, 1991.

민석홍, 〈역사〉, 《정경연구》 127, 1975.

민석홍, 〈역사의 객관성과 주관성〉, 《역사학보》 31, 1966.
민석홍, 〈역사의 현 단계〉, 《사상계》 182, 1968.
민석홍, 〈역사적 선례와 의미〉, 《지역개발연구》 1, 1969.
민석홍, 〈위기와 역사의식 — 슈펭글러-토인비의 역사철학적 문명사관을 중심으로〉, 《정경연구》 148, 1977.
민석홍, 〈자유 앞에 패배한 군정 — 호국경 크롬웰의 군사독재〉, 《사상계》 123, 1963.
민석홍, 〈쟁취된 자유민주주의 — 혁명 후를 주시해야 한다〉, 《화백》 4, 1960.
민석홍, 〈종교개혁과 근대사회의 성립〉, 《문리대학보》 제2권 1호, 1954.
민석홍, 〈중산계급의 확대와 안정〉, 《정경연구》, 1966.
민석홍, 〈토인비의 문명사관과 미래상〉, 《신동아》, 1975. 12.
민석홍, 〈한국문화 · 문화인〉, 《정경연구》, 1967. 12.
민석홍, 〈현대사와 자유민주주의 — 사월혁명의 이해를 위하여〉, 《사상계》 83, 1960.
민석홍, 《서양근대사연구》, 일조각, 1975.
민석홍, 《서양사개론》, 삼영사, 2005.
민석홍 · 고병익, 《중등사회생활과 세계사(하)》, 상문원, 1956.
민석홍 · 나종일 · 윤세철, 《고등학교 세계사》, 교학사, 1984.
역사문제연구소 엮음, 《학문의 길, 인생의 길》, 역사비평사, 2000.
유진오 · 한우근 · 고병익 · 민석홍 · 서수인, 문교부 검정교과서 《사회》 2, 일조각, 1973.
차용구, 〈프랑크-랜디스 논쟁에 대한 사학사적 검토 — 반서구주의적 역사해석의 지적 계보를 중심으로〉, 《서양사론》 89, 2006. 6.
차하순, 〈한국 西洋史學界의 형성: 1945~1959〉, 《한국의 학술연구: 역사학》, 대한민국학술원 인문 · 사회과학편 제7집, 2006.
차하순, 《서양사학의 수용과 발전》, 나남, 1988.
최갑수, 〈민석홍의 학문세계: 한국 서양사 및 프랑스사학의 건설자〉, 《프랑스사 연구》 6, 2002. 2.
Edward W. Said, *Orientalism*, New York: Random House, 1978.
Janet L. Abu-Lughod, *Before European Hegemony: The World System A. D. 1250-1350*, Oxford: Oxford University Press, 1989.
Martin Bernal, *Black Athena: The Afroasiatic Roots of Classical Civilization*, Vol.

1, *The Fabrication of Ancient Greece, 1785–1985,* New Brunswick, NJ: Rutgers University Press, 1987.

Nils Gilman, *Mandarins of the Future: Modernization Theory in Cold War America*, Baltimore: Johns Hopkins University Press, 2003.

국민도 아닌 민족도 아닌 소수자의 역사—전후 일본의 재일조선인사 연구

〈大震災犠牲者追悼記念會〉, 《アカハタ》, 1947. 9. 1.

〈相つぐ騒亂をどう思う〉, 《毎日新聞》, 1952. 8. 1(夕刊).

〈紹介 — 日朝協會〉, 《歷史評論》 第159號, 1963年 11月號.

〈日朝親善協會生る〉, 《アカハタ》, 1949. 4. 21.

〈衆議院本會議議事錄〉, 1952年 3月 29日.

〈震災犠牲者追悼大會〉, 《アカハタ》, 1946. 9. 5.

姜在彦, 〈在日朝鮮人問題の文獻〉, 《季刊三千里》, 1979年 夏號.

姜德相, 〈關東大震災に於ける朝鮮人虐殺の實態〉, 《歷史學硏究》 第278號, 1963年 7月號.

旗田巍, 《朝鮮史》, 岩波書店, 1951.

金錫亨, 〈書評 — 朴慶植 · 姜在彦《朝鮮の歷史》について〉, 《朝鮮問題硏究》 1958年 4月號.

朴慶植, 《在日朝鮮人 · 强制連行 · 民族問題》, 三一書房, 1992.

朴慶植, 《朝鮮人强制連行の記錄》, 未來社, 1965.

朴慶植, 《解放後在日朝鮮人運動史》, 三一書房, 1989.

常磐炭鑛勞動組合, 《常磐炭鑛勞動組合十周年記念勞動史 — 俺らのあゆみ》, 1956.

遠山茂樹 外, 《世界の歷史 — 日本》, 毎日新聞社, 1952.

鄭大均, 《在日 · 强制連行の神話》, 文藝春秋, 2004.

泉靖一, 〈日本人の人種的偏見 — 朝鮮問題と關連して〉, 《世界》 1963年 3月號.

歷史學硏究會 編, 《太平洋戰爭史》 第4卷, 東洋經濟新報社, 1954.

イトムカ鑛山勞動組合, 《イトムカ鑛山勞動組合十年の步み》, 1956.

3부 · 독백하는 일본의 전후역사학

'민중사상사' 연구의 출발 — 야스마루 요시오(安丸良夫)의 방법적 혁신

《思想》634(特集: ハーバート・ノーマン), 岩波書店, 1977.

《新しい歷史學のために》81~82, 京都民科歷史部會, 1962(安丸良夫,《'方法'としての思想史》, 校倉書房, 1996).

犬丸義一,〈現代日本のマルクス主義歷史學〉, 永原慶二 編,《講座マルクス主義研究入門 4 — 歷史學》, 青木書店, 1974.

金原左門,《'日本近代化'論の歷史像 — その批判的檢討への視点》, 中央大學出版部, 1974.

鹿野政直,《'鳥島'は入っているか — 歷史意識の現在と歷史學》, 岩波書店, 1988.

牧原憲夫,《客分と國民のあいだ — 近代民衆の政治意識》, 吉川弘文館, 1998.

色川大吉,〈困民黨と自由黨 — 武相困民黨をめぐって〉,《歷史學研究》247, 1960.

色川大吉,〈自由民權運動の地下水を汲むもの — 北村透谷と石坂公歷〉,《歷史學研究》259, 1961.

色川大吉,《明治精神史》, 黃河書房, 1964.

石母田正,〈政治史の對象について〉,《思想》395, 岩波書店, 1957(《石母田正著作集》13, 岩波書店, 1989).

成田龍一,〈〈書評〉安丸良夫《文明化の經驗》, あるいは民衆史の位相について〉,《UP》427, 東京大學出版會, 2008.

成田龍一,〈〈書評〉安丸良夫《現代日本思想論》, あるいは歷史家という生き方〉,《UP》379, 東京大學出版會, 2004.

成田龍一,《歷史學のスタイル — 史學史とその周邊》, 校倉書房, 2001.

小關素明,〈歷史學と公共性論〉, 山口定 外 編,《新しい公共性》, 有斐閣, 2003.

小關素明,〈日本近代歷史學の危機と問題系列〉,《立命館大學人文科學研究所紀要》78, 2001.

小路田泰直,〈戰後歷史學を總括するために〉,《日本史研究》451, 2000.

松本武祝,〈戰時體制下の朝鮮農民 — '農村再編成'の文脈〉,《歷史學研究》729,

1999(《朝鮮農村の'植民地近代'經驗》, 社會評論社, 2005).
須田努,《イコンの崩壊まで — '戰後歷史學'と運動史硏究》, 青木書店, 2008.
安丸良夫, 〈近世思想史における道德と政治と經濟 — 荻生徂徠を中心に〉,《日本史硏究》49, 1960.
安丸良夫,《出口なお》, 朝日新聞社, 1977.
永原慶二,《20世紀日本の歷史學》, 吉川弘文館, 2003.
二宮宏之, 〈戰後歷史學と社會史〉, 歷史學硏究會 編,《戰後歷史學再考 — '國民史'を超えて》, 青木書店, 2000.
井上清,《日本近代史の見方》, 田畑書店, 1968.
趙景達,《植民地期朝鮮の知識人と民衆 — 植民地近代性論批判》, 有志舍, 2008.
趙景達,《異端の民衆叛亂 — 東學と甲午農民戰爭》, 岩波書店, 1998.
趙景達,《朝鮮民衆運動の展開 — 士の論理と救濟思想》, 岩波書店, 2002.
酒井直樹, 〈安丸良夫を讀む〉, 歷史學硏究會 近代史部會 例會 報告.
中山伊知郎, 〈近代化の歷史的評價〉,《中央公論》76-9, 1961.
中村政則,《戰後史と象徵天皇》, 岩波書店, 1992.
和田春樹, 〈現代的'近代化'論の思想と論理〉,《歷史學硏究》318, 1966.
戶邊秀明, 〈轉向論の戰時と戰後〉,《岩波講座 アジア・太平洋戰爭 3 — 動員・抵抗・翼贊》, 岩波書店, 2006.
キャロル グラック, 梅森直之 譯, 〈戰後史學のメタヒストリー〉,《日本通史 別卷 1 — 歷史意識の現在》(岩波講座), 岩波書店, 1995(《歷史で考える》, 岩波書店, 2007).
ジョン. W. ホール, 金井圓・森岡淸美 譯, 〈日本の近代化 — 概念構成の諸問題〉,《思想》439, 岩波書店, 1961.
タカシ フジタニ, 〈〈解說〉オリエンタリズム批判としての民衆史と安丸良夫〉, 安丸良夫,《日本の近代化と民衆思想》(平凡社ライブラリー), 平凡社, 1999.
ラナジット グハ, 竹中千春 譯, 〈植民地インドについての歷史敍述〉・〈反亂鎭壓の文章〉,《サバルタンの歷史 — インド史の脫構築》, 岩波書店, 1998.
Carol Gluck, "The people in history: recent trends in Japanese historiography", *The Journal of Asian Studies XXXVIII*, November 1978.

E. O. ライシャワー,《日本近代の新しい見方》(講談社現代新書), 講談社, 1965.
John W. Dower, "E. H. Norman, Japan, and the uses of history", *in Origins of the modern Japanese state : selected writings of E. H. Norman*, edited, with an introd. by J. W. Dower, New York: Pantheon Books, 1975.
Takashi Fujitani, "Minshushi as critique of orientalist knowledge", *positions 6(2)*, Fall 1998.

'공동체론'의 차질—이시모다 쇼(石母田正)의 일본 고대사학

犬丸義一,〈歴史における人民・人民闘争の役割について〉,《歴史評論》202, 1967.
磯前順一 解說,〈石母田正《歴史と民族の發見》〉(平凡社ライブラリー版), 2002.
吉田晶,《日本古代村落史序說》, 塙書房, 1980.
吉村武彥,〈古代の社會構成—《講座日本歴史》1〉, 東京大學出版會, 1984.
大町健,〈《日本の古代國家》における二元的構造論の克服と殘存—古代國家の成立と民族〉,《歴史學硏究》782, 2003
大津透,《律令國家支配構造の硏究》, 岩波書店, 1993.
東島誠,〈中世自治とソシアビリテ論的展開〉,《歴史評論》596, 1999.
歴史學硏究會,《戰後歴史學を検證する—歴硏創立70周年記念》, 歴史學硏究會, 2002.
李成市,〈古代東アジア世界論再考〉,《歴史評論》697, 2008.
李成市,〈新たな現實と東アジア史〉,《本鄕》25, 2000.
李成市,《東アジア文化圈の形成》, 山川出版社, 2000.
牧原憲夫,《客分と國民のあいだ—近代民衆の政治意識》, 吉川弘文館, 1998.
山尾幸久,〈石母田正氏の古代國家論〉,《新しい歴史學のために》189, 1987.
石母田正,〈古代における'帝國主義'について—レーニンのノートから〉(著作集 4卷), 1972.
石母田正,〈古代の身分秩序〉(著作集 4卷), 1963.
石母田正,〈官僚制國家と人民〉(著作集 3卷),《日本古代國家論》, 1973.
石母田正,〈國家史のための前提について〉(著作集 4卷), 1967.

石母田正, 〈國家と行基と人民〉(著作集 3卷), 《日本古代國家論》, 1973.
石母田正, 〈近代史學史の必要について〉(著作集 4卷), 1971.
石母田正, 〈東洋社會研究における歷史的方法について—ライオット地代と貢納制〉(著作集 13卷), 1971.
石母田正, 〈民會と村落共同體—ポリネシアの共同體についてのノート(一)〉(著作集 13卷), 1967.
石母田正, 〈日本古代における國際意識について—古代貴族の場合〉(著作集 4卷), 1962.
石母田正, 〈天皇と'諸蕃'—大寶令制定の意義に關連して〉(著作集 4卷), 1963.
石母田正, 〈歷史學と'日本人論'〉(著作集 8卷), 岩波市民講座, 1973. 6.
石母田正, 〈總體的奴隷制〉(著作集 13卷), 1958.
石母田正, 〈ヴェトナム人民の鬪いから日本の歷史家は何を學んでいるか〉(著作集 13卷), 1969.
石母田正, 《日本の古代國家》(著作集 3卷), 岩波書店, 1971.
石上英一, 〈古代東アジア地域と日本〉, 《日本の社會史》 1, 岩波書店, 1987.
石上英一, 〈律令國家と天皇〉, 1992(《律令國家と社會構造》, 名著刊行會, 1996).
熊田亮介, 〈古代國家と蝦夷・隼人〉, 《日本通史》 4(岩波講座), 1994.
義江彰夫, 《歷史の曙から傳統社會の成熟へ》, 山川出版社, 1986.
田中聰, 〈古代の南方世界— '南島'以前の琉球觀〉, 《歷史評論》 586, 1999.
田中聰, 〈夷人論—律令國家形成期の自他認識〉, 《日本史研究》 475, 2002.
田中聰, 〈일본 고대에서의 '우리' 와 '그들' 의 경계—이적(夷狄)론의 과거와 현재〉, 임지현 엮음, 《근대의 국경, 역사의 변경》, 휴머니스트, 2004.
田中聰, 〈シンポジウム'方法としての丸山眞男'によせて〉, 《歷史と方法》 3, 青木書店, 1998.
田中聰, 〈民夷を論ぜず—九世紀の蝦夷認識〉, 《立命館史學》 18, 1997.
田中聰, 〈轉機としての《日本歷史教程》—早川二郎のアジア的共同體論〉, 磯前・ハルトゥニアン 編, 《マルクス主義という經驗》, 青木書店, 2008.
中林隆之, 〈國際的契機と東洋的專制國家〉, 《歷史學研究》 782, 2003.
土井正興, 〈人民鬪爭史研究の深化のために〉, 《歷史學研究》 372, 1971.

戸田芳實,〈前近代の人民闘争について〉,《歴史學研究》372, 1971.
カール・マルクス, 手島正毅 譯,《資本主義的生產に先行する諸形態》, 大月書店, 1959.

전후시와 전후역사학의 조우—1950년대의 서사시적 갈망

《列島》第1～12號, 葦の會, 1952～1955.
吉本隆明,《戰後詩史論》, 大和書房, 1978.
木島始 編,《列島詩人集》, 土曜美術社, 1997.
思想の科學研究會 編,《共同硏究集團 — サークルの戰後思想史》, 平凡社, 1976.
石母田正,《歷史と民族の發見—歷史學の課題と方法》(平凡社ライブラリー), 平凡社, 2003.
石川逸子,《〈日本の戰爭〉と詩人たち》, 影書房, 2004.
孫志遠 編著,《鷄は鳴かずにはいられない — 許南麒物語》, 朝鮮青年社, 1993.
野間宏,〈詩誌《列島》發行について〉,《列島》創刊號, 葦の會, 1952.
梁石日,〈初期詩論方法以前の抒情 — 許南麒の作品について〉,《ユリイカ 特集=梁石日》, 青土社, 2000年 12月號.
日本共産黨 東京都委員會 教育委員會 責任編輯,《日本共産黨黨性高揚文獻》, 駿台社, 1952.
田村隆一,〈立棺〉, 荒地出版社 編,《荒地詩集(1952)》, 早川書房, 1952.
鮎川信夫,〈橋上の人〉, 荒地出版社 編,《荒地詩集(1951)》, 早川書房, 1951.
井手則雄,〈詩人の發芽期〉,《列島》創刊號, 葦の會, 1952.
井之川巨,《詩と狀況 — おれが人間であることの記憶》, 社會評論社, 1974.
井之川巨,《偏向する勁さ — 反戰詩の系譜》, 一葉社, 2001.
井之川巨 編,《鋼鐵の火花は散らないか — 江島寬・高島青鐘の詩と思想》, 社會評論社, 1975.
趙廷來, 筒井眞樹子・安岡明子・神谷丹路・川村亞子 譯,《太白山脈》(全10卷), ホーム社, 1999～2000.

酒井直樹,〈戰後日本における詩と詩的言語〉, 神島二郎・前田愛・テツオ・ナジタ 編,《戰後日本の精神史》(岩波モダンクラシックス), 岩波書店, 2001.
許南麒,〈俺は勇氣について考える〉,《列島》創刊號, 葦の會, 1952.
許南麒,《巨濟島 — 世界の良心に訴える》, 理論社, 1952.
許南麒,《南からの頌歌》, 未來社, 1986.
許南麒,《許南麒詩集》, 東京書林, 1955.
許南麒,《火繩銃のうた — 長編敍事詩》(青木文庫), 青木書店, 1952.
脇田憲一,《韓國戰爭と吹田・枚方事件 — 戰後史の空白を埋める》, 明石書店, 2004.
黑田喜夫,〈空想のゲリラ〉,《詩と反詩 — 黑田喜夫全集・全評論集》, 勁草書房, 1968.
Curtis Anderson Gayle, *Marxist History and Postwar Japaness Nationalism*, Routledge, 2002.

고대 동아시아세계론을 다시 생각한다

堀敏一,《律令制と東アジア世界》, 汲古書院, 1994.
宮嶋博史・李成市,〈序文に變えて〉, 宮嶋博史 外 編,《植民地近代の視座 — 朝鮮と日本》, 岩波書店, 2004.
鬼頭淸明,《日本古代國家の形成と東アジア》, 校倉書房, 1976.
金子修一,〈東アジア世界論と冊封體制〉, 田中良之・川本芳昭 編,《東アジア古代國家論》, すいれん舍, 2006.
森公章,《日本の時代史 3 — 倭國から日本へ》, 吉川弘文館, 2002.
上原專祿 編,《日本國民の世界史》, 岩波書店, 1960.
上原專祿,〈歷史研究の思想と實踐〉,《歷史地理教育》102, 1964年 11月.
上原專祿,《アジア人のこころ》, 理論社, 1955.
上原專祿,《民族の歷史的自覺》, 創文社, 1953.
上原專祿,《世界史における現代のアジア》, 未來社, 1956.
上原專祿,《世界史像の新形成》, 創文社, 1955.
西嶋定生,〈なぜ日本史を世界史として理解することが必要か〉,《中國史を學ぶということ》, 吉川弘文館, 1995.
西嶋定生, 〈東アジア世界と日本〉, 《古代東アジア世界と日本》, 岩波書店, 2001.
西嶋定生, 〈六～八世紀の東アジア〉, 《日本歷史》 2(岩波講座), 岩波書店, 1962.
西嶋定生, 〈序說 — 東アジア世界の形成〉, 《世界歷史》 4(岩波講座), 岩波書店, 1970.
西嶋定生, 〈世界史像について〉, 《古代東アジア世界と日本》, 岩波書店, 2001.
西嶋定生, 〈八年間のゼミナール〉, 《圖書》, 岩波書店, 1960年 10月.
西川長夫, 《國民國家の射程》, 柏書房, 1998.
西川長夫, 《戰爭の世紀を越えて》, 平凡社, 2000.
石源華 · 歐陽小剛, 〈"東亞漢文化圈與中國關係" 國際學術會議總括〉, 中國中外關係史學會 編, 《中國中外關係史學會通訊》 19, 2004年 8月.
幼方直吉 · 遠山茂樹 · 田中正俊 編, 《歷史像再構成の課題 — 歷史學の方法とアジア》, 御茶ノ水書房, 1966.
李成市, 〈近代國家の形成と日本史に關する覺え書き〉, 《現代思想》 1996年 8月號.
李成市, 〈新羅文武 · 神文王代の集權政策と骨品政策〉, 《日本史硏究》 500, 2004年 5月.
李成市, 〈統一新羅と日本〉, 武田幸男 編, 《古代を考える — 日本と朝鮮》, 吉川弘文館, 2005.
李成市, 〈漢字受容と文字文化からみた樂浪文化〉, 早稻田大學アジア地域文化エンハンシングセンター 編, 《アジア地域文化學の構築》, 雄山閣, 2006.
李成市, 《東アジア文化圈の形成》, 山川書店, 2000.
鵜飼哲, 〈ポストコロニアリスム — 三つの問い〉, 複數文化硏究會 編, 《〈複數文化〉のために》, 人文書院, 1998.
中見立夫, 〈地域槪念の政治性〉, 溝口雄三 外 編, 《アジアから考える》, 東京大學出版會, 1993.
黃漢旭, 〈アジア太平洋地域經濟發展での基本は東アジア地域經濟〉, 《社會科學院學報》 41, 2004年 2月.

HUMAN LIBRARY

역사학의 세기—20세기 한국과 일본의 역사학

비판과 연대를 위한 동아시아 역사포럼 기획
도면회 윤해동 엮음

1판 1쇄 발행일 2009년 6월 1일

발행인 | 김학원
편집인 | 한필훈 선완규
경영인 | 이상용
기획 | 최세정 홍승호 황서현 유소영 유은경 박태근
마케팅 | 하석진 김창규
디자인 | 송법성
저자 · 독자 서비스 | 조다영(humanist@humanistbooks.com)
조판 | 홍영사
스캔 · 출력 | 이희수 com.
용지 | 화인페이퍼
인쇄 | 청아문화사
제본 | 경일제책

발행처 | (주)휴머니스트 출판그룹
출판등록 | 제313-2007-000007호(2007년 1월 5일)
주소 | (121-869) 서울시 마포구 연남동 564-40
전화 | 02-335-4422 팩스 | 02-334-3427
홈페이지 | www.humanistbooks.com

ISBN 978-89-5862-281-9 93900

만든 사람들

기획 | 최세정(se2001@humanistbooks.com) 박태근
편집 | 김수영
디자인 | 송법성